国家古籍整理出版专项经营资助项目

宋版古籍佚存书录（二）

书目卷

夏其峰 编著

山西出版传媒集团
三晋出版社

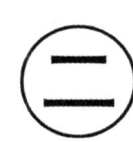

宋諱注廟諱御名。

龍川文集三十卷　宋陳亮撰

宋紹熙四年（1193）陳贊刻本。

餘師錄四卷　宋王正德撰

此書前有自序，稱紹熙四年，則是宋時人。其書輯前代論文之論，自北齊下迄於宋。此宋志不著錄，文淵閣書目載王正德餘師錄一部一册，年久無傳本，惟載於永樂大典中。

紹熙五年　甲寅（1194）

新刊名臣碑傳琬琰之集上集二十七卷中集五十五卷下集二十五卷　宋杜大珪輯

宋刻元明遞修本。半葉十五行，行二十五字。白口，左右雙邊。密行細字，刻工甚精。世傳以為宋本。郘亭書目云：陽湖孫氏有宋刊，今此書正有"伯淵宋元秘籍"、"孫星衍伯淵氏"二印，蓋即五松園舊物，確為宋本。鄧氏群碧樓有此本，當借影以補足之。（缺四卷）前有大字序，半葉七行，題"紹熙甲寅春暮之初謹書"不著撰人。藏印有"楝亭曹氏藏書"、"長白敷槎氏堇齋昌齡圖書印"、

“曹仁虎印”、“來應習菴”、“林元潤印”、“孚嚴”、“得心子章”、“顧煊審定”、“伯淵宋元秘籍”、“孫星衍伯淵氏”、“小學齋”、“辛卯”、“黄鈞”、“次歐”、“當湖小重山館胡氏篴江珍藏”。北京圖書館藏書。浙江省圖書館藏宋刻本。四庫全書底本。

紹熙州縣釋奠儀一卷

宋紹熙五年（1194）八月牒後有潭州諸官銜名八行。此書刻本已佚，傳世有舊抄本。

桐汭新志二十卷　宋趙子直撰

直齋書録解題：宋紹熙五年太守林棐爲序。通考作紹定。

新入諸儒議論杜氏通典詳節十二卷圖譜一卷

宋紹熙五年（1194）南京擇善堂刻本。半葉十四行，行二十二字。北京大學圖書館藏有宋本。

家語十卷　魏王肅注

宋紹熙五年陸游題識。

釋冠必用集一卷　宋周渭撰

宋紹熙五年（1194）當塗縣齋刻本。瞿志云：

影宋鈔本卷末有紹熙甲寅當塗縣令沈郯刊於正己堂二行。

陳學士吟窗雜錄五十卷 宋陳應行編
宋紹熙五年（1194）浩然序。

吳郡樂圃先生餘稿十卷附錄一卷 宋朱長文撰
其姪孫思編，紹熙甲寅（五年1194）序曰：樂圃文集百卷，家藏古今篇帙萬計，建炎兵火為灰，思自幼訪餘稿僅存十一，各類為卷，募工鋟本。

苕溪漁隱叢話前集六十卷後集四十卷 宋胡仔撰
宋紹熙五年（1194）陳奉議刻本。半葉十三行，行二十二字。白口，左右雙邊。前有戊辰三月上巳日胡仔元任序。序後有"紹熙甲寅槐夏之月陳奉議刊於萬卷堂"二行。

五經 易經、書經、詩經、禮記、春秋
宋紹熙間（1190—1194）婺州刻本。

白文八經 易、書、詩、周禮、禮記、孝經、論語、孟子。
宋紹熙間（1190—1194）刻小字本。半葉二十行，行二十七字。雕刻至精。羅振玉因宋世諱諸字，定為紹興時刻本。季滄葦舊藏。毘陵陶氏影印行世。

五經正義　唐孔穎達撰

宋紹熙間（1190—1194）兩浙東路茶鹽司刻毛詩正義四十卷（今亡），禮記正義七十卷，合浙東漕司先刊之易、書、周禮成五經正義，皆正經正疏萃見一書。頗便披繹，又加讎正精審。

尚書圖

宋紹熙間（1190—1194）刻本。插圖多達七十餘幅，是規整的上圖下文形式。

纂圖互注毛詩二十卷附舉要圖一卷　漢毛亨傳　鄭玄箋　唐陸德明音義

宋紹熙間（1190—1194）建陽書坊刻本。半葉十二行，行二十一字，注雙行二十五字。白口左右雙邊。故宮博物院藏。

龍學孫公春秋經解十五卷　宋孫覺撰

宋紹熙間（1190—1194）邵輯刻本。紹熙四年（1193）邵輯序。

春秋比事三十卷　宋沈棐撰

宋紹熙間（1190—1194）陳亮刻本。

論語注疏解經二十卷　魏何晏注　宋邢昺疏

宋紹熙兩浙東路茶鹽司刻本，存卷十一至末凡十卷。半葉八行，行十六字，注文雙行二十二、三字不等，疏字作白文。白口，左右雙邊。版心下記刻工姓名，有李林明、張亨、符壽、許文、沈思忠、沈仁舉。宋補刻版心上記大小字數，下記刻工姓名楊明、王桂、沈珍、晏正、德潤、陳松、徐榮、祝明。卷中明補作白口，又卷十二第八葉黑口。宋諱避至敦字。此書半部原裝百冊，白麻紙所印，為內閣大庫故物，流歸德化李氏，然不見北京大學圖書館藏李氏書目。又其刻工人名，多同紹熙三年本禮記正義，避至敦字亦合，蓋諸經之一。

資治通鑑二百九十四卷　宋司馬光撰

宋紹熙間（1190—1194）建刻大字本。半葉十二行，行二十一字。版心上記字數，下記刻工姓名，有王德先、仇明、趙守叔、漢興、仲明、童新、張龙、汪君恭、劉世昌、翁秀、汪宗茂、蕭昱、袁益、黃天口、劉悦、黃鼓叔、漢臣、袁盛、胡文夫、黄梓、仲云、胡觀仁、全中、翁定、震卿、彭震甫、景從、江中、胡定夫、見可、趙琦、幼敏、王友、周辰、真卿、趙珏、劉景雲、以仁等。每卷首行題資治通鑑卷第幾，第二、三行低一格，題温公銜名奉敕編集，其官位各卷不同。第四行低三格，題某朝紀，小字注曰，起某某盡某某凡幾年，干支用太歲名，第五行低四格，題某帝。欄外有耳，亦題某帝。卷首載英宗御製序。先是四部叢刊印行時，校閲者僅見宋諱缺筆至構字止，故定爲紹興重刻本。長洲章君式之取校胡刻，謂與江安傅氏雙鑑樓百衲本第六種版框字體相似，其原有脱文訛字，此均訂補，且指出宋諱惇字，亦已缺筆，定爲建刻之重校本，其説良信，今影覆閲，見有宋諱所缺之筆，每加勘補，俾復原形，痕跡甚顯者，是且可定爲元時重修本。缺卷一百三十九、一百四十、二百十四至十六、二百六十至六十七均鈔配。藏印有“盧文弨印”、“武陵李子”、“張齊之印”、

"懷濟"、"泰峰見過"、"嶽雪樓主人口口昭鑒私印"、"克菴"、"乾坤清趣"、"銀光世家"等。上海涵芬樓藏，已印入四部叢刊中。

東都事略一百三十卷　宋王偁撰

宋紹熙間（1190—1194）眉山程舍人宅刻本。半葉十二行，行二十四字。白口，左右雙邊。版心上記字數，下記刻工姓名，有丁二、丁三、丁山、丁正、卜二、卜元、卜升、卜生、卜正、于正、于有、于全、卞元、卞正、文正、方二、方太、方正、方生、方全、王一、王才、王元、王五、王立、王必、王甫、元政、元和、左正、石正、石生、田玉、史正、江正、成生、朱正、朱永、朱奎、任三、任和、仲正、沈三、汪正、汪安、言有、祁三、李正、李玉、李生、李雲、吳正、呂三、呂生、何正、周正、周太、高大全、唐文、唐正、孫正、袁和、陳三、陳玉、黃正、張元、張杏、程正、程和、程生、程高、蘇正等人。目錄後有楷書二行木記"眉山程舍人宅刊行

已申上司不許覆板。國立中央圖書館藏。日
本米古樓藏有此書，狩谷望之手跋曰：讀書
敏求記載東都事略宋刻僅見此書。
東萊先生標注三國志詳節二十卷　晉陳壽撰
宋呂祖謙節錄
宋紹熙間（1190—1194）建陽書坊刻巾箱本。
故宮博物院藏。
諸儒集注永嘉陳先生兩漢博議二十卷　宋陳季
入注附音司馬溫公資治通鑑一百卷　宋陸唐老撰
宋紹熙間（1190—1194）刻本。蜀中有音注本，浙
中有增本。張公文有增續本。
雅撰
宋紹熙間（1190—1194）建安魏縣刻本。
監本音註文中子十卷　隋王通撰
宋紹熙間（1190—1194）建刻巾箱本。故宮博
物院藏。滂喜齋藏書記載有此書。
監本音註文中子十卷　隋王通撰
宋刻巾箱本。前五卷題監本音注，後五卷題
纂圖音注，前有世系年表河汾肄子王壬編，
其後裔也。每半葉十三行，行大小俱二十三

字。阮逸注下有注云，逸建陽縣文瑞里人，本朝王堯臣榜乙科，本朝上空格，宋諱徵、敬字缺筆，可知為宋槧也。舊為梅花山馬氏藏書。附藏印：“宋本”、“甲”、“海昌馬思贊印”、“仲安一號漁邨”。

翻譯名義集七卷　宋釋普潤大師法雲編

宋紹熙間（1190—1194）集賢刻本。半葉七行，注雙行，行二十字，大字一約占小字四。故宮博物院藏四册。

音注韓文公文集四十卷外集十二卷　唐韓愈撰　宋祝充注

宋紹熙間（1190—1194）夔州刻本。半葉十二行，行二十三字，注雙行同，白口四周雙邊。序文半葉十行，行十八字。版心中縫陰陽葉分注大字若干，小字若干，或在上魚尾上，或在下魚尾下，不一。刻有姓名有蔣清、劉合、劉張、劉華、周張、楊陳、劉辛、陳辛、方志、方堅、黄森、陳楊、王、宗、寶、吳蔡、仲、周、呈、震、安、遇、趙德、李漢序。宋諱至敦字。鈐有“知止堂”、“瞭綠堂"、"知足不辱知止不殆"、"陳仰道後"、"陳淳之印"、"淳"、"陳淳私印"、"盧倬私印"、"李長英印"、"潘氏寅叔珍藏"、"吳郡潘寅書藏書記"、"□仲瓚父"、"靜虛樓"等印。傅增湘稱：韓集舊有六家註，均收入魏仲舉集注中，單行存者，惟此祝充一家。傳世韓文單註以此為僅存孤本。文祿堂已影印行世。北京圖書館藏。

朱文公校昌黎先生集四十卷外集十卷遺文一卷　唐韓愈撰　宋朱熹考異　王伯大音釋
宋紹熙間（1190—1194）建刻本。故宮博物院藏。

龜溪集十二卷　宋沈與求撰
宋紹熙間（1190—1194）沈説刻本。

坡門酬唱集二十三卷　宋邵浩編
宋紹熙間（1190—1194）永嘉張叔椿刻本。

慶元元年　乙卯（1195）

附釋文尚書註疏二十卷　漢孔安國傳　唐孔穎達疏
宋慶元元年（1195）建安魏縣尉宅刻本。半葉九行，行十六字，注文雙行二十二字。卷一後有"魏縣尉宅校正無誤大字善本"正書牌記一行。宋諱避至惇字。是書書體方整，墨如點漆，爲閩中精刻初印本，舊爲故宮摛藻堂藏書。

歷陽志十卷　宋程九萬　黄宜撰

直齋書錄解題：宋慶元元年（1195）刊爲序。

慶元統天曆一卷　宋楊忠輔撰

直齋書錄解題：丞相京鏜表進其曆議甚詳，至於星度明言不會測驗無候簿，可以立術最爲不欺，紹熙五年也，其末有神殺一篇，流於陰陽拘忌俚俗。

造化權輿六卷　不著撰人名氏

陸游跋稱：楚公舊藏有九伯父大觀中題字，淳熙壬寅得之，故第廢紙中用別本讐校而缺其不可知者兩本，俱通者亦具疏其下，六月謹記。後十四年慶元元年重校凡三日而畢，時年七十有一。渭南文集卷二十七。按：宋志爲趙自勔撰。

新編近時十便良方四十卷

宋蜀中萬卷堂刻本，半葉十三行，行二十二

字。原四十卷，今存卷十一至卷十七，卷二十一至二十三，凡十卷。前有慶元元年汾陽博濟堂序文。總目後有萬卷堂刻新編近時十便良方附有刻書目錄，太醫局方、普濟本事方、王氏博濟方、海上方、日門方、初虞世方、雞峰普濟方、蘇沈良方、李畋該聞集、孫尚藥方、本草衍義、南陽活人書、郭氏家藏方。萬卷堂作十三行大字刊行，庶便檢用，請詳鑒。此爲蜀本，萬卷堂當是成都眉山地區書坊名號。黄氏士禮居舊藏，百宋一廛賦著錄。現藏北京圖書館。

傷寒補亡論二十卷　宋郭雍撰

宋慶元元年（1195）朱子跋，郭長陽醫書及淳熙八年自序。按：是書久無傳本，近歲吴船齋來徐錦稱其第十六卷明時已缺，見於劉氏序文鈔錄相沿更多魚豕兹搜集諸本校勘確審。（道光心太平軒重刊本）。

揮麈錄前錄四卷後錄十二卷三錄三卷餘話二卷

宋王明清撰

宋慶元元年（1195）龍山書堂刻本。半葉十一行，行二十字。细黑口，左右雙邊。宋諱缺筆至敦字。餘話目錄後有龍山書堂刻書咨文稱："此書浙間所刊，止前錄四卷，學士大夫恨不得見全書。今得王知府宅真本全帙四錄，條章無遺，誠難世之異書也。敬三復校正，鋟木以衍其傳，覽者幸鑒。龍山書堂謹咨。"審其字體刀法，知是明清成書後建陽書肆龍山書堂刻本，初印精湛，紙墨俱臻上乘。清初毛氏汲古閣影宋抄本，即據此影抄。北京圖書館藏。

傅忠肅公文集三卷　宋傅察撰

宋慶元乙卯（元年 1195）刻本。周必大序。

莆陽知稼翁文集十二卷　宋黃公度撰

宋慶元元年（1195）邵陽郡齋黃沃刻本。十行，行十八字。

慶元二年丙辰（1196）

史記集解索隱正義一百三十卷　漢司馬遷撰

劉宋裴駰集解　唐司馬貞索隱　張守節正義

宋慶元間（1195—1200）建安黃善夫刻本。半葉十行，行十八字，细黑口，左右雙邊。書後有正書牌記，建安黃善夫刊於家塾之敬室”。目錄後另有篆書牌記，建安黃氏刻梓”。是史記合集解、索隱、正義於一書。爲明時廖鎧、汪諒、王延喆、秦藩朱惟焯四本之祖。是史記三家注合刻最早之本。宋諱缺筆至敦字。黃氏爲建安名肆，除此書外，傳世有後漢書、王狀元集百家注蘇東坡詩二書。北京圖書館存六十九卷。日本上杉氏藏一全帙。此書已印入百衲本二十四史。

漢書注一百卷　漢班固撰　唐顏師古注

宋建安黃善夫紹熙五年(1194)至慶元二年(1196)刻本。半葉十行，行十八字，小字雙行二十四字。細黑口，四周雙邊，耳記篇名。有“建安黃善夫刊於家塾之敬室”牌記。有識語：“漢書一代良史也，君臣行實，萬世之龜鑒在焉。况文章最爲近古，學者尤所究心。此因刻梓集諸儒校本三十餘家，暨予五六友，澄思靜慮，讎對同異，是正舛訛，始於甲寅之春，畢於丙辰之夏，其用心勤矣。然識見孔陋，慮未審於是非。四方學古君子視其遺誤，能以尺紙示誨，敬即鐫改，亦麗澤之美意也。建安黃宗仁善夫謹。校字黃顧養正、校字陳熙受績、校字虞應仲誠之、校字劉之問元起、校字葉蕢子實"日本松本市立博物館藏。此爲黃善夫原刻初印本。

後漢書一百二十卷　劉宋范曄撰　唐李賢注　志　晉司馬彪撰　梁劉昭注

宋慶元二年（1196）建安黃善夫家塾刻本。半葉十行，行十八字。注文雙行，行約二十四字。細黑口，四周雙邊。版心魚尾下題後紀、後志、後傳幾，空二格題漢書幾。魚尾下題葉數，左欄外上方題紀志傳名。首卷標題光武帝紀第一，上空一格范曄，又空一格後漢書一上，次行低六格題唐章懷太子，空一格題賢字，又空一格題注字。以下各卷標題式同，惟無章懷注一行。目錄後有"建安黃善夫刊于家塾之敬室"楷書牌記二行。每卷末題校正若干字或題以監本校正若干字，或題此卷謹將諸本參校改正若干字。宋諱缺筆至敦字。字體與劉元起漢書相似，而微展擴，紙色墨光則尤過之。潘文勤師手跋："門人楊協卿海源閣藏宋元本最富，余皆得見之，木齋太史所藏與之埒，余昔未之見也。光緒己丑木齋舉第五名進士，以第二人及第出余門，始得見其所藏此本。其一·其康成識子書中無不字與舊說同，詢善本也。康生亦有一本，與此本同，至黃氏劉氏之敬室里詳行訂，堯圃所著中不備述書以識欣幸。光緒庚寅三月十四日吳縣潘祖蔭觀并識。"北京大學圖書館藏。

三朝北盟集編二百五十卷　宋徐夢莘撰

宋慶元二年（1196）下臨江軍鈔錄以進。是書藏園題記三朝北盟會編為影宋鈔本，半葉十四行，行二十四字。紹熙五年徐夢莘自序。

玉照新志六卷　宋王明清撰

宋慶元二年（1196）自序。一作慶元丙午，蓋丙辰之誤。

續添是齋百選方二十卷　宋王璆撰

宋慶元二年（1196）沔陽郡齋刻本。

新編近時十便良方四十卷

宋慶元二年（1196）武夷安樂堂刻本。前有慶元二年育山宋德之序，後有武夷□氏鋟木於安樂堂木記。半葉□行，行□字。日本楓山秘府藏影宋鈔本，據安樂堂本影鈔，題備全古今十便良方四十卷。

黃御史集十卷附錄一卷　唐黃滔撰

宋慶元二年（1196）黃沃刻本。原集久佚，此本乃宋淳熙中其後人所重編。

歐陽文忠公集一百五十三卷附錄五卷　宋歐陽修撰

宋慶元二年（1196）周必大刻本。為居士集五十卷、外集二十五卷、易童子問三卷、外制集三卷、內制集八卷、表奏書啓四六集七卷、奏議十八卷、河東奉使奏草二卷、河北奉使奏草二卷、奉事錄一卷、濮議四卷、崇文總目序釋一卷、于役志一卷、歸田錄二卷、詩話一卷、筆說一卷、試筆一卷、近體樂府三卷、集古錄十卷、書簡十卷、附錄五卷、載祭文、行狀、謚誥、墓誌、碑銘、傳、事迹、神清洞記諸篇，共一百五十三卷，又附錄五卷。半葉十行，行十六字。白口，左右雙邊。版心上記字數，下記刻工姓名，有丁受、丁仲文、允武、子奇、上官通、徐才、翁定、戴立、孫通、孫通邦、官達、鍾成、虞丙、曾春、沈榮、喻乙、喻楫、何念二、駱興、駱喜、況天祐、程成、汪才、鄭高、三應、三七、三七三、蔡懋、蔡和、蔡文、蔡武、蔡忠、蔡成、蔡錫、蔡思、蔡克明、鄧新、鄧俊、鄧發、鄧振、鄧一、~~鄧新~~、鄧壽、鄧援、鄧挺、胡元、胡辛、胡昌、胡彥、胡禹、劉臻、劉寶、劉中、劉忠、劉宗、劉聰、劉晉、劉克明、劉昌、劉明、劉茂、陳應、陳弁、陳楫、陳道、陳念二、陳應之、陳四、陳藏、陳應、陳全、陳茂、李奇、李四、李景山、葉新、葉源、吳仲、吳茂、余才仲、余章、余顯、余有、余高等人。每卷標題大題在下，小題在上，避宋諱極謹，至慎字止。內居士集、四六集、河東奏草字仿平原，為益公初刻本。餘卷無疏宕古雋，別為一體。全書模印精湛，缺二十六卷明人精為補入。附錄末有編定、校定、覆校銜名。更有周必大跋語，稱公集自汴京、江浙、閩、蜀皆有訛舛，而廬陵所刊又甚。此本重加編校，自紹熙辛亥，迄慶元丙辰，凡經六載。與其役者如周必大及曾三異、羅泌、孫謙益皆同郡名儒，去取刊正有依據，各著其同異於卷末。蓋在公集為最後之定本，亦元明諸刻之祖本。七百餘年之古刻，三千餘葉之編，世傳歐公全集當以此本為最。存一百三十三卷，餘卷明人精寫補全。北京圖書館藏。

平安悔稿十五卷後編六卷　宋項安世撰

宋慶元丙辰（二年1196）序刊。

紫微集不分卷　宋呂本中撰

前慶元二年（1196）陸游序，末有口幾後序。序謂鋟板吳郡，郡守沈公雅所裒集。

宋名賢四六叢珠一百卷　宋葉蕡輯

宋慶元二年（1196）建安陳彥甫家塾刻本。半葉十四行，行二十五字。目錄後有"建安陳彥甫刻於家塾"兩行。浙江省圖書館藏有此本。

慶元三年　丁巳（1197）

韻鏡一卷　宋張麟之撰

宋慶元三年（1197）刻本。前有紹興辛巳三山張麟之識識語，其略云，反切之要莫妙於此，不出四十三轉而天下無遺音，因撰字母括要圖後列數例以為沿流求源者之端。又有嘉泰三年麟之序，後慶元丁巳重刊本記。宋本黎庶昌刊入古逸叢書中。楊惺吾云，初名指微韻鏡，即鄭夾漈七音序略云七音韻鑑者也。

制勝方略三十卷　宋楊甫撰

直齋書錄解題：宋慶元丁巳（三年1197）自序。

陸狀元集百家注資治通鑑詳節一百二十卷　宋陸唐老撰

宋慶元三年（1197）建陽蔡文子校刻本。半葉十三行，行二十二字。宋諱玄、朗、匡、恒、慄、貞等。卷本題"會稽陸唐老集注，建安蔡文子校正"。序後有"新又新"三字陽文香鼎形印，"桂室"二字陽文爵形印。次撰序叙注姓名，姓氏後有"蔡氏家塾校正"六字木記。日本静嘉堂文庫藏有此本。鈐有"芳椒堂印"、"香修"、"張氏秋月字香修一字幼憐印"、"元照私印"，"嚴氏修能印"。

陸狀元集百家注資治通鑑詳節一百二十卷　宋陸唐老撰

宋慶元三年（1197）建安蔡建侯校刻本。有"蔡氏家塾校正"六字牌記。又名"增節音注資治通鑑"。此書又有建安蔡文子刊本，題建安蔡文子校正。卷十六以前半葉十二行，行十九字。卷十七以後半葉十三行，行二十字，餘皆與宋刊蔡氏家塾本同。

方氏編類家藏要方二卷　宋方夷吾編

宋慶元三年（1197）陳日華刻於臨汀。首有慶元丁巳自序，九行十五字。半葉十一行，行二十五字。版心有刻工姓名。陳日華經驗方有云，方夷吾所編集要方刻之臨汀，臨汀閩地，閩本粗惡，而此本乃大版大字，真為字彙之佳者，恐不是臨汀所刻。日本宗師烟柳坪藏上卷。

重修事物紀原二十六卷目錄二卷

宋慶元三年（1197）建安余氏刻本。半葉十一行，行二十一字。目錄後有：“此書係求到京本，将出處逐一比較，使無差謬，重新寫作大板雕開，并無一字誤落。時慶元丁巳之歲建安余氏刊。”日本靜嘉堂文庫藏。

猗覺寮雜記二卷　宋朱翌撰

前有慶元三年（1197）鄱陽洪邁序，云上下兩卷，凡四百三十五則，故紫微舍人桐鄉朱先生之所記。是書宋本何義門所見，半葉十行，行二十二字。跋曰：“康熙庚寅余年五十歲，虞山邵甘來以此書賀生辰，遂忘其貪而受之，觀書中所記不逮洪氏兄弟也。”

慶元府阿育王山廣利禪師語錄一卷

宋刻本。次題侍者德惟似澄如學編。半葉十一行，行二十字。按：府名、山名，中國古今地名大辭典均無，而有慶元縣。宋慶元三年析龍泉之松源鄉置，以紀年為名，明清皆屬浙江處州府。

古靈先生文集二十五卷神宗皇帝即位使遼錄一卷 宋陳襄撰

宋慶元三年（1197）陳曄刻本。慶元三年刊書跋："先王文哲公家集二十五卷，先君少師頃歲刊於章貢郡齋，垂三十有七，字將訛闕，曄今刊于臨汀郡齋，附以治平使遼一卷於後"。是書宋臨汀本無傳。

李學士新注孫尚書尺牘十六卷 宋李祖堯編注

宋慶元三年（1197）建陽蔡建侯刻本。半葉十二行，行二十字。目錄後有"蔡氏家塾校正"隸書木記。序文云慶元三禩閏餘之月，梅山蔡建侯行甫謹序。蓋與通鑑詳節同時所刻。

新刊國朝二百家名賢文粹三百卷

宋慶元三年（1197）書隱齋刻本。半葉十四行，行二十四字。白口，左右雙邊。據慶元二年眉山王稱序，慶元三年咸陽書隱齋刻書跋文，知此書爲慶元間眉山咸陽書隱齋刻本。書隱齋乃眉山書坊齋名，咸陽是其原籍。刻工王朝又刻太平寰宇記、太平御覽等書，其人乃南宋中葉眉山地區名匠。原書三百卷，現存二十餘卷，分藏北京圖書館、上海圖書館、北京大學圖書館。別有楊氏海源閣舊藏一帙，存一百九十七卷，卷第均經後人剜改，今藏北京圖書館。此書僅見直齋書錄解題著錄，宋以後未見翻版。

慶元四年　戊午（1198）

西谿易說十二卷　宋李過撰

四庫全書總目提要：此書有過自序，在慶元戊午（四年1198），謂幾二十年而成。此本佚去其序，而書中亦多缺文。蓋傳鈔譌脫，其書首爲序說一卷，分上下經。

周易玩辭十六卷　宋項安世撰

宋刻本，十行，行二十字。宋諱貞、慎等字缺筆。前有慶元四年自序。是書今惟有通志堂經解本，通志堂翻元大德本，大德本當即從此本出。北京圖書館藏有元翻宋本。此本仍爲此書傳世最善之本。

漢書注一百二十卷　漢班固撰　唐顏師古注

宋慶元四年（1198）劉元起家塾刻本。半葉十行，行十八字，注雙行二十三字。細黑口，四周雙邊。引用書目後有"慶元丙辰端陽日建安劉之問謹識記。"目錄後有"建安劉元起刊於家塾之敬室。"此書一説爲黄善夫刊於家塾，經劉元起改刻牌記後印本。北京大學圖書館藏書。

後漢書注九十卷　劉宋范曄撰　唐李賢注　志注補三十卷　梁劉昭撰　存四十九卷

宋慶元四年（1198）建安劉元起家塾刻本。半葉十行，行十八字，小字雙行二十四字。細黑口，四周雙邊。目錄後有"建安劉元起刊于家塾之敬室"牌記。並有慶元戊午（四年）劉元起識語，云："後漢之書，向者板行抵牾尤多，披閲之際，不無遺恨。本位近得京蜀善本，參考卷寫，的無舛誤，刻梓以傳。天下學士，伏幸詳鑒。慶元戊午良月劉元起謹識。"宋諱缺筆至敦字。版式與黄善夫本後漢書相似，蓋同時刻本。一説爲黄善夫本，劉元起改刻牌記後印本。日本國立歷史民俗博物館藏劉元起本。

建安志二十四卷　宋林光撰

直齋書錄解題：宋慶元四年（1198）郡守永嘉張叔椿俾僚屬成之。附續志，嘉定十二年府學士人所錄。

鄞江志八卷

直齋書錄解題：郡守古靈陳曄俾昭武士人李皋為之，時慶元戊午（四年1198）。郡有鄞江溪，故名。此即甬江福建之汀江入廣東曰韓江。

鄖城志十二卷　宋傅岩撰

直齋書錄解題：慶元戊午（四年1198）太守李樟序。

慶元敕十二卷令五十卷格三十卷式三十卷　宋京鏜等撰

直齋書錄解題：隨敕申明十二卷，總二百五十六卷。宋慶元四年（1198）表上之。

清波雜志十二卷　宋周煇撰

宋刻本（宋慶元四年）。半葉十二行，行二十字。白口，左右雙邊。版心上記字數，下記刻工姓名，有蔡成、蔡尤、蔡慈、蔡靖、蔡權、胡昌、胡彥、劉文、劉旻、劉宗、鄧發、鄧振等人。刻工姓名與吉州本歐陽文忠公集、文苑英華、帝王經世圖譜多同，因疑此書當是光宗朝吉州官版。卷上廣敦夏鼎，敦字注御名音同。宋諱至敦字止。白麻紙大字精善，宋刊上駟，世無二帙。續古逸叢書、四部叢刊續編印本，即據此帙影印。北京圖書館藏。

御覽詩一卷　唐令狐楚奉敕纂

宋紹興乙亥吳郡陸游記，慶元戊午（四年1198）再識時七十有四。

丹淵集四十卷拾遺二卷年譜一卷附錄二卷　宋文同撰

宋慶元四年（1198）家誠之邛州刻本。

慶元五年　己未（1199）

四書集注二十八卷　宋朱熹撰

宋慶元五年（1199）建陽書坊刻本。

禮書一百五十卷　宋陳祥道撰

宋慶元五年（1199）陳岐刻本。半葉十三行，行二十一、二十二字。此覆刻元祐本。

五代史記七十四卷　宋歐陽修撰　徐無黨注

宋慶元五年曾三異校刻本。半葉十行，行十八字，間有十九字者。白口，左右雙邊。版心上魚尾下記"五代史幾"，上記大小字數，下記刻工姓名，有王榮、愛之、子明、君粹、仲高、汝嘉、國賓、楚卿、德甫、季實、興宗、國用、呂嘉、程元、徐興等人。餘為單字天、謙、粹、成、仲、希、德、亨、祥、正、茂、榮、文、遠、壽、用、枝、祐、青、山、志、中等。宋諱貞、恒、桓、慎、讓、胡、玄、煦、構均為字不成，然亦有不盡避者。左闌外有耳，記"某紀"、"某傳"等字。卷十八後有"慶元五年魯郡曾三異校定"一行。卷二十三、二十四、三十四、五十七、五十八各卷後刊"魯郡曾三異校定"（或作校正）一行。此書涵芬樓影入百衲本二十四史中，原本藏中央圖書館。

兩漢刊誤補遺十卷　宋吳仁傑撰

宋慶元五年（1199）全州郡齋陳慶英刻本。

盱江志十卷　宋胡舜舉撰　續志十卷　宋童宗

說撰

直齋書錄解題：郡守胡舜舉紹興戊寅，郡人童宗說、黃敷忠為續志。慶元五年（1199）三山陳岐修刊。

清源志七卷　宋戴溪撰

直齋書錄解題：通判州事永嘉戴溪撰，時慶元己未（五年）太守信安劉穎也。

齊安志二十卷　宋呂昭問　厲居正重修

直齋書錄解題：郡守呂昭問，教授厲居正重修，慶元己未（五年）也。

鏖史三卷　宋王得臣撰

宋慶元五年（1199）洪邁重修刻本。九行，行十八字。下卷尾有：慶元郡守鄱陽洪邁重修"一行。清初影寫宋刊本，毛扆校並跋。劉承幹嘉業堂藏，卷中遇宋帝提行空格。卷末有"慶元五年郡守鄱陽洪邁重修"一行。

太平御覽一千卷　宋李昉等奉敕撰

宋慶元五年（1199）成都路轉運司刻本。半葉十三行，行二十二至二十四字不等。白口，左右雙邊。版心記刻工姓名，有茲仲、茲昌，

田祖、田介、田丑、田劉、田祖七、田釗、
王閏、田越祖、田鳳、田繼、王道七、王全、
王祖、王和、王重一、王重二、王師甲、王
宜、王朝、王龜、王正、王阿鐵、王騏、王
驥、王童四、王真、王郭一、王福、王乾、
王慶、王壬、王意、王重、王阿明、王阿查、
王淼、王世祖、王杏、王至、王由、王仲、
王耗、王徐、王庚、張陳、張高、張寅、張
童、張壽一、張壽三、張英三、張丑師、張
福祖、張祖孫、張丙、張阿丙、張祖、張全、
張元、張七、張八、張彭一、張彭二、張龜、
張長一、張道、張富、張順、張瑞、張阿剩、
張彭、張芝、張和、張英三、張壽、袁劉、
袁宜、袁定、袁次一、袁阿子、~~袁阿子~~、袁
阿石、袁留、趙祖、趙威、趙昌、趙十五、
趙丙、趙先、趙福、趙道、趙阿威、趙子孫、
趙宜、趙威、單遠、單桂三、單壽三、單壽
四、單輪保、輪保、單回、單阿回、單亥、
單阿亥、單阿四、單和九、宋正、宋正一、
宋阿已、阿已、宋石、宋阿石、宋成小、宋

庚、宋圭、宋正二、楊宜、楊五、楊岳、楊岳童、楊阿成、楊岳同、楊阿田、楊阿宜、劉介、劉阿木、劉師、劉阿戒、劉阿介、劉祖、文郭師、胡高、杜俊、任成、任宏、任純、任通、任成一、壬成一、任姑、李顶、李阿顶、李郭、李瓘、李誰、李山、程慶二、慶二、程龍慶、程童、程武、程章慶、謝忠、上開、吳三、趙葳、花芾、馮五、范開、孫剩、孫阿剩、杜俊、何典、徐壬、徐士、郭阿趙、郭召、郭阿召、阿召等。此本為寧宗慶元五年七月，錦屏蒲叔獻在成都府路轉運判官兼提舉學事時刻於治所。即周必大所說蜀本。卷首有蒲叔獻跋及雙流李廷允跋。蒲跋言刻書經過稱："吾蜀文籍，亘细畢備，而獨缺此書。叔獻叨遇聖恩，將漕西蜀，因重加校正，勒工鏤板，以與斯世君子共之。"李氏跋稱："太平御覽一書，皆纂輯百代要言……書成，始得流布世間，延閣竹帛已費網羅蒐采矣。……錦屏蒲公被命將輸兼提蜀學，簡策之外，澹無他營……募工鍥本，以廣斯文之傳。

廷允獲與校仇，凡金根亥豕皆釐正之，字三萬八千有奇……"。惟此本海内無存者，海外日本宫内省圖書寮、京都東福寺藏蜀刊殘九百四十五卷，静嘉堂文庫殘存二十九卷。張元濟借以影印，所缺二十七卷，則用喜多村直寬聚珍本補配。一九三五年商務印書館影印，印入四部叢刊三編中。

回溪史韻四十二卷　宋錢諷編

宋江西刻本，半葉十一行，行二十字，注雙行，白口，版心上記字數，下記刻工姓名，有庭，一字。宋諱弘、殷字皆缺筆。此書摘十七史中語，以韻編之。有慶元五年郡人鄭僑序，郡侯孜自彊刊此書，云正初世家錢塘卜居于嘉禾回溪之上。此書四庫全書未收，阮元進呈影鈔宋本，存二十二卷，缺卷六至十九、二十八至三十三、四十至四十五。故宫博物院藏。北京大學圖書館藏宋刻本卷三十三，原内閣大庫書。

具茨晁先生詩集不分卷　宋晁沖之撰

宋慶元五年（1199）黄汝嘉刻本。前有紹興十一年九月五日陵陽余汝礪序。卷首標題下有"江西詩派"四字。卷末有"慶元己未校官黃汝嘉刊行"一行。明嘉靖三十三年晁瑮據此本重刻。

雞肋集七十卷　宋晁補之撰

宋慶元五年（1199）黃汝嘉刻本。明嘉靖三十三年刻本據以黃本重刻。

晁氏客語一卷　晁氏儒說一卷　宋晁說之撰

宋慶元五年（1199）黃汝嘉刻本。卷末題"慶元己未校官黃汝嘉刊"。明嘉靖晁氏寶文堂重刻黃本。

道院集要三卷　宋晁迥撰　王古刪定

宋慶元五年（1199）校官黃汝嘉刻本。

倚松老人詩集二卷　宋饒節撰

宋慶元五年黃汝嘉重刻本，半葉十行，行二十字，白口，左右雙邊。版心上記字數，上魚尾下題"倚松一"，下魚尾下記葉數，下記刻工人名。卷二卷尾書名後有"慶元己未校官黃汝嘉重刊"一行。卷中間有補刊之葉。吳昌綬松鄰藏書。上海圖書館藏有殘本。

鴻慶居士文集四十二卷　宋孫覿撰

宋慶元五年（1199）周必大序。初刻於閩蜀誤雜，瞿汝文之子興國太守介宗重編此集。趙希弁讀書附志大全集五十七卷，疑即閩蜀本。

澹菴文集六卷　宋胡銓撰

宋慶元五年（1199）池州刻本。宋慶元五年己未八月門人楊萬里序云：先生既歿後二十年，其子澥與其族子澡，族孫祕萃裒集先生之詩文七十卷，目曰澹菴文集，欲刊板，貧未能。之官中都，舟過池陽，命郡文學周南、董振之，學錄何巨源校讐之。本就而孫侯移官山陽，雷侯孝友、李侯棫踵成之。據此，則澹菴集七十卷，始刊於池陽。

東萊先生詩集二十卷外集三卷　宋呂本中撰

宋慶元五年（1199）黃汝嘉刻江西詩派本。半葉十行，行二十字。白口，左右雙邊。版心上記字數，下記刻工姓名，有余章、吳定、新、興、卞、贇。又有補版刻工，有吳仲、高仲、黃鼎、曾茂、方定、敖仲明等。

外集目後有"慶元己未校官黃汝嘉增刊"一行。標題下有"江西詩派"四字。存卷十八至二十，外集三卷。北京圖書館藏。

清江三孔集四十卷　宋孔文仲　孔武仲　孔平仲撰

宋慶元五年（1199）王遵臨江軍刻。南渡後遺文散失，遵始訪求而刻之。前有慶元五年周必大序。陳振孫書錄解題稱文仲二卷，武仲十七卷，平仲二十一卷，與此本合。文仲兄弟與蘇軾、蘇轍同時並以文章名一世，故黃庭堅有"二蘇上聯璧，三孔立分鼎"之句。卷末王遵跋："三孔先生曰文仲經父，曰武仲常父，曰平仲毅父。元祐間是與二蘇齊名。當時黃太史有'二蘇上聯璧，三孔立分鼎'之句。其居鄉則與原父、貢父相後先，今雖庸人孺子皆知其有二劉三孔也。兄弟偕進士高第，經父舉賢良方正，對策極陳新法之害，直聲尤凜然。□厲名節，博學詞章則有未易伯仲者。若歷官出處大槩，實錄載之爲詳，獨其文世所見者惟毅父續世說、珩璜新論、詩戲凡三集。舊所稱經父集五十卷、詩書論語說、金華講義、内外制、雜文百餘卷，與毅父它文今皆不復傳。蓬來清江，敬拜□□□□□□□寥落無聞，家集又往往散逸，冥搜旁索□□□□□□□□八百餘篇。屬教授許成之、新蘄春知監徐得之編次，且屬新廣東帥幕劉性之、分寧知縣徐筠、清江主簿曾煥校定，蓬亦時自寓目於其間。既成，釐為上中下三帙，合四十卷，少傅大丞相益國周公題之以序，於是一家遺文一郡闕事得以粗舉。夫士君子之立言，其傳與不傳蓋有幸不幸，未遂以存亡顯晦為能否工拙也。況三先生名聲卓卓，自不可掩，奚待文而後見？而蓬竊有意於此，亦豈獨好其文，欲因是以取重於時哉！前輩之風流緼藉日以泯沒，凡可按以窺尋，想像其萬一者，幸未百年，尚可訪求，而卒置之，未免慊然于中，此蓬之所以拳拳也。卷數比舊所稱殊不類，度多闕遺，且雖參訂，終不無舛誤，懼復散亡，乃鋟諸梓，有志于是者幸竟成之！慶元五年四月望，朝奉大夫權發遣臨江軍兼管内勸農營田事濡須王蓮謹識。"

成都文類五十卷 宋程遇孫等同編

明刻本，十行十八字，黑口，四周雙邊。前有慶元五年（1199）四川安撫使袁說友序，後有銜名八行，均宋時川中官吏。蓋宋時始刻於成都。此則明嘉靖、萬曆刻本。

三場文海一百卷

宋人编輯，刊時已佚其名，慶元己未（五年1199）武夷桂林主人序，友人叔權近得前朝名公编類三場文海，始以君德治道中以職守貢舉、食貨、禮樂，終以兵制、風俗、儒學、度數。上起三皇，下迄五季凡三千五百餘年治亂興衰之跡，莫不支分派别，用之而不窮，酌之而不匱，是所望於善為文者。

慶元六年 庚申（1200）

周禮注疏五十卷 漢鄭玄注 唐賈公彥疏

宋慶元庚申（六年1200）沈作賓刻本，半葉八行，行十六字，小字二十二字。分五十卷。最佳。朱修伯藏。

春秋左傳正義三十六卷　唐孔穎達撰

宋慶元六年紹興刻宋元遞修本。半葉八行，行十六字，注文雙行，行二十二字。白口，左右雙邊。此爲春秋左氏傳經注單疏合刻第一本。慶元六年沈作賓帥浙東知紹興府，以浙東茶鹽司舊刊易、書、周禮及毛詩、禮記五經注疏，而春秋左傳獨闕，乃仿前五經版式刻於府治，故亦稱越州本。版心不記字數。刻工有宋瑜、丁拱、何昇、毛俊、許詠、朱益、方堅、葛昌、蔣信、王玩、張謙、方至、金滋、徐仁、何澄、張明、楊通、許貴、徐育、李侃、楊詠、李先祖、李允、黃安上、高松年、顧祐、張暉、李信、王受、楊昌、劉昭、李師正、吳志、李倚、王寶、宋琚、吳宥、王汝霖、王定、史伯恭、馬松、孫日新、蔣仲、王宇、朱渙、張堅、李斌、許誠之、卓定方、魏奇、江漢、陳選、葉敏、方茂、方忠、李涓、張斌、高異、宋通、陳晃、徐大中、王壽三、李倍、秦顯、王奇、楊璿、丁之才、余敏、王植、陳彬、張允、陳浩、

劉仁、嚴智、王明、李忠、胡良臣、沈彥、
方中、吳方宏、卓定、王信、吳淳、孫新、
符彥、張昇、張富、張彬、徐俊、周明、蔣
容、朱玩、張亨諸人，皆爲原版。其版心兼
記字數有刻工，有鄭埜、何鎮、石德潤、仇
婆息、劭夫、孫開一、子華、李祥、朱祥、
永昌、徐榮、高諒、陳一、徐友山、黃亨、
張三、王六、詹德潤、良富、洪福、何慶、
何建、陳允升、繆珍、張狗、徐因、陳閏、
金友、陳邦卿、鄭春、徐中、何通、曹榮、
董用、葛棘一、李諒、八斗、丁銓、李崙、
張子良、鍾昇、虞良、朱古、葛辛、洪來、
王大、童升、久昌、趙遇春、任阿伴、陳琇、
孫斌、畏正諸人，皆爲補版。各卷注有修職
郎新差婺州州學教授趙彥穖點勘一行。序後
記：「經傳正義都計壹伯肆萬壹阡伍伯叁拾字，
經傳叁拾陸萬字，正義陸拾捌萬壹阡伍伯叁
拾字。承奉郎守光祿寺丞臣趙安仁書　勘官承
奉郎守國子禮記博士賜緋魚袋臣李覺　勘官
承奉郎守國子春秋博士賜緋魚袋臣袁逢吉

都勘官朝請大夫國子司業柱國賜紫金魚袋臣孔維　詳勘官登士郎守高郵軍高郵縣令臣劉若訥　詳勘官登士郎守將作監丞臣潘憲　詳勘官朝請大夫太子右贊善大夫臣陳雅　詳勘朝奉郎守大理正臣王炳　登士郎守大理評事臣王煥再校　文林郎守大理寺丞臣邵世隆再校　中散大夫守國子祭酒兼尚書工部侍郎柱國會稽縣開國男食邑三百戶賜紫金魚袋臣孔維都校　淳化元年庚寅十月日　推忠佐理功臣金紫光祿大夫行尚書戶部侍郎參知政事上國柱太原郡開國侯食邑一千二百戶實封二百戶臣沔等進　推忠佐理臣功金紫光祿大夫行尚書戶部侍郎參知政事上柱國隴西郡開國侯食邑一千二百戶食實封二百戶臣辛仲甫　起復推忠協謀佐理功臣光祿大夫中書侍郎兼戶部尚書同中書門下平章事監修國史上柱國東平郡開國公食戶二千三百戶食實封六百戶臣呂蒙正。藏印有："秋壑圖書"、"季振宜印"、"滄葦"、"季振宜字詵兮號滄葦"、"徐健菴"、"乾學"、"崑山徐氏家藏"。还有"古文正方印一方。廣標準尺八寸三分。原上海涵芬樓藏書，現藏北京圖書館。

樂書二百卷 宋陳暘撰

宋慶元庚申（1200）建昌軍學南豐主簿林宇冲刻本。與禮書合刻。半葉十三行，行二十一、二十二不等，注文雙行二十二或二十六字。首有慶元庚申楊萬里序，建中靖國元年禮部劄子進表並序，表前署宣德郎秘書省正字臣陳暘上表。目錄首題廸功郎建昌軍南豐縣主簿林宇冲校勘。日本昌平學藏。樂書中間多元明補刊。

輶軒使者絕代語釋別國方言解十三卷 晉郭璞撰

宋慶元六年尋陽郡齋刻本。半葉八行，行十七字，注文雙行，行字同。白口，四周雙邊。版心上記大小字數，上魚尾下題方言幾，下記刻工姓名，可辨者有毛俊、余華、余俊、余華、劉度、章智，餘為各單字。宋諱缺筆廓字。前郭璞序，次慶元庚申會稽李孟傳刊書序，次慶元庚申東陽朱質序。此書慶元六年李孟傳知江州時刻於尋陽郡齋。鈐有：檇經閣收藏圖籍印"、"華亭朱氏"、"顧仁効收藏圖書"、"仁効"、"顧元慶鑒賞印"、"季振宜藏書"、"揚州季氏"、"滄葦"、"振宜之印"。李序闌外有"野竹齋装"墨書四小字，沈辨之舊藏。有沈曾植、繆荃孫、楊守敬、鄧邦述、章鈺、王闓運、袁克文、内藤虎、李盛鐸跋。四部叢刊印本，即據此帙影印。北京圖書館藏。

續後漢書四十三卷音義四卷　宋蕭常撰

前有進表，慶元六年周必大序。皕宋藏書志著有影宋鈔本。

役法撮要一百八十九卷　宋京鏜撰

直齋書録解題：自紹興十七年正月至慶元五年七月以前爲五十五門，又八十二小門，門爲一卷，外爲參詳目録等卷，雖多而文甚少，其書於三十縣差役，極便於引用。慶元六年上。

張太史明道雜志一卷　宋張耒撰

宋慶元庚申（1200）郡守東嘉陳升刊板道院并跋。

瑩雪叢說二卷　宋俞成撰

四庫總目提要：前有慶元庚申（六年）自序。稱年四十後，即不應科舉，優游黄卷，考究討論，付之書記，囊螢映雪，無所不為，歷積日久，遂成一編，目曰瑩雪叢說。

琅邪白雲二禪師語錄三冊

宋慶元六年刻本，半葉十二行，行二十字。前列子儔二則。琅邪名慧覺西洛人姓氏不載，臨濟第七世，白雲名法演，即五祖演，綿州人，姓鄧氏，臨濟第十世。琅邪中後錄門人元駿用孫法宗編集序，即用孫撰。白雲語錄有紹聖三年左宣德郎知台州黄巖縣事張景脩序。其初住四面山錄參學才良編次，住太平錄參學清遠集次，住海會錄參學昌淳集，其海會後錄參學智宣集。有紹聖二年宣德郎新差蘄州蘄水縣事兼兵馬監押武騎尉河間劉跋，揚州錄事參軍吳郡朱元符二序。末附偈頌四十一首半葉十二行，行二十字。其黄梅東山語錄，門人惟慶編。後載偈頌三十三首，第二十首為重會郭功父云淨空居士久相知，三十年來只片時，功甫名祥正。

每半葉十一行，行二十字。末有記云，依雲居本續添東山錄，慶元庚申正月上日識，故行款不同。有欽差處置邊務關防御史之章、季振宜印、滄葦等印記。北京圖書館藏黃梅東山語錄。

離騷草木疏四卷　宋吳仁傑撰

宋慶元六年（1200）羅田縣庠刻本。半葉十二行，行二十一字。白口，左右雙邊。版心上記字數，下記刻工姓名，後有吳仁傑自序，以行書上版。又慶元庚申方燦跋五行，稱吳先生見屬刊於羅田縣庠。後有校正銜名三行二州學生張師尹校對、羅田縣縣學生杜淳同校正、免解進士蘄州州學正充羅田縣縣學講書吳世傑校正。此為本書初刻本。知不足齋叢書本，即據此本校刻。孤本。北京圖書館已印入古逸叢書三編中。

陸士衡文集十卷　晉陸機撰

宋慶元六年（1200）華亭縣學刻本。半葉十行，行二十字。

陸士龍文集十卷　晉陸雲撰

宋慶元六年（1200）華亭縣齋刻本。半葉十一行，行二十字。白口，左右雙邊。版心上刻字數，中刻集名，下刻刻工姓名。有呂椿、高惠、高文、高正、高聰、朱隱等人。宋慶元六年徐民瞻刻晋二俊文集於華亭縣齋。宋諱缺筆至廓字。卷末原有華亭縣學監刊校正人銜名三行。又印書紙工墨錢等項印匠公文“二俊文集以慶元六年二月既望書成縣學職事校正監刊者題名於後，縣學司計進士朱奎監刊、縣學直學士進士孫坊校正、縣學學長鄉貢進士范公亮校正。二俊文集共四冊，印書紙共一百八十六張，書皮表背并副葉共大小紙二十張，工墨錢一百八十六文，賃版錢一百八十六文，裝背工糊錢。右具如前，二月日印匠諸成等具。”此書俱已佚。明正德間陸元大刻本，即據此本覆刻。原爲項氏天籟閣舊藏。萬曆二年項元汴有題記。鈐有“玉蘭堂”、“辛夷館印”、“梅溪精舍”、“項元汴印”、“滄葦”、“振宜之印”、“乾學徐健庵”、“仁和朱澂”、“結一廬藏書印"、"徐乃昌讀"等朱印。此爲現存陸雲詩文集的最早刻本。現藏北京圖書館。已影印行世，入古逸叢書三編中。

新刊五百家註音辯昌黎先生文集四十卷外集十卷　唐韓愈撰　宋魏仲舉輯　評論詁訓諸儒名氏一卷　昌黎先生序傳碑銘一卷　韓文類譜一卷　宋魏仲舉撰

宋慶元六年建安魏仲舉家塾刻本。半葉十行，行十八字。注文雙行，行二十三字。細黑口，左右雙邊。正集目録後據天祿琳琅書目序有慶元六禩孟春建安魏仲舉刻梓于家塾牌記，此本脱去。有清王棻、丁丙跋。明祁氏澹生堂、朱彝尊、惠棟遞藏。此書民國元年商務印書館已影印行世。南京圖書館藏。

新刊五百家註音辯唐柳先生文集四十五卷　唐柳宗元撰　宋童宗説　韓淳等註　魏仲舉輯

宋建本，半葉十行，行十八字。細黑口，左右雙邊。存卷十六至二十一，卷三十七至四十一，計十一卷。有黄丕烈跋。海虞瞿氏藏。

此書版式行款，字體雕工與南京圖書館藏宋

慶元六年魏仲舉刻新刊五百家註音辯昌黎先生文集四十卷全同，為魏仲舉同時所刻，殆無疑議。

五百家註音辯柳先生文集二十一卷外集二卷新編外集一卷龍城錄二卷附錄八卷　宋魏仲舉編

天祿琳琅書目：新刊五百家註音辯柳先生文集，魏仲舉集註，上集二十一卷、附錄二卷、外集二卷、新編外集一卷、龍城錄二卷，前載看柳文綱目一卷、宋文安禮柳先生年譜一卷、評論詁訓諸名儒名氏一卷。後附柳先生序傳碑記一卷、文集後序五篇。宋元正集四十五卷，此書自十二卷以下皆缺，書賈將目錄終移補二十一卷後，故無魏仲舉木記，然板式字體與韓集同，實為宋本。且正集尚存其半，而外集諸種卷帙完好，亦足珍。

都官文集三十卷　宋陳舜俞撰

宋慶元六年（1200）陳杞四明郡齋刻本。慶元六年十月望日曾孫大中大夫徽猷閣待制知慶元軍事兼沿海制置使杞謹書。

雲莊集五卷　宋曾協撰

四庫總目提要：據傅伯壽序，知為曾肇之孫、曾纁之子。乾道癸巳知永州卒。又稱慶元庚申（六年）協殁已二十八年，其子敷文閣福建運副使焕輯刊其文為二十通。

清真先生文集□卷　宋周邦彥撰

宋慶元六年（1200）知慶元陳杞刻本。

新雕宋朝文鑑一百五十卷　宋呂祖謙編

宋慶元庚申（六年1200）太平府學刻本。明天順八年嚴州府刻本，據以此本翻刻。國立故宮博物院藏明天順八年嚴州府刻本。

環溪詩話上下卷　宋吳沆撰

宋慶元庚申（六年）月湖何異序。後附環溪居士文通先生行實，淳熙丁酉臨江謝諤撰。

附釋文尚書注疏二十卷　唐孔穎達撰

宋慶元間（1195—1200）建安魏仲舉宗正堂刻本。半葉九行，行十六字。

呂氏家塾讀詩記三十二卷　宋呂祖謙撰

宋慶元間（1041—1048）呂祖儉刻巾箱本。半葉十二行，行十九字。

六經正訛六卷　宋毛居正校

宋慶元間（1195—1200）魏了翁刻本。

玉篇三十卷　梁顧野王撰

宋慶元間（1195—1200）建安蔡文子刻本。半葉十三行。

北史一百卷　唐李延壽撰

宋慶元間（1195—1200）建安蔡建侯刻本。

東坡先生奏議十五卷　宋蘇軾撰

宋慶元（1195—1200）刻本。半葉十行，行十八字。白口，左右雙邊。版心下記刻工姓名，有范仲、王政、王聞、丘文、張句十、程柳、蘇四、王成、單道等人。首鈐朱文曰吾詠三十後得考古刻善本，半收書積歲年，購求不惜清俸錢，巧偷豪取無取焉，子孫能讀信云賢，不然留為曉者，傳勿以故紙輕棄損。

東坡先生奏議十五卷　宋蘇軾撰

宋刻本，半葉十行，行十六字。白口，左右雙邊。雕工與宋慶元吉州本歐陽文忠公集宋代翻刻本相似。有補版，版心有"乙卯"、"重刊"等字。殘本。又附東坡年譜一卷。存第八卷至二十四葉。為僅存孤本。傅增湘藏。

永嘉先生三國六朝五代紀年總辯二十八卷目錄四卷　宋朱黼撰

宋慶元間（1195—1200）建安魏仲舉家正堂刻本。日本静嘉堂文庫藏有汲古閣影寫宋刻本。十四行，行二十三字。

昭德新編三卷　宋晁迥撰

宋慶元間（1195—1200）黄汝嘉刻本。

新刊五百家註音辯昌黎先生文集四十卷　唐韓愈撰

宋慶元間（1195—1200）建安黄善夫刻本。

樊川文集二十卷外集一卷別集一卷　唐杜牧撰

宋慶元間（1195—1200）建安魏仲舉家正堂刻本。

王狀元集百家註分類東坡先生詩二十五卷　宋蘇軾撰　題宋王十朋纂集　東坡紀年錄一卷　宋傅藻撰

宋慶元間（1195—1200）建安黄善夫家塾刻本。半葉十三行，行二十二字，注文雙行，行二十四字。細黑口，四周雙邊。卷首西蜀趙夔克卿、狀元王十朋龜齡二序。次注詩姓氏，首黃魯直，殿以下十朋兄弟三人，凡九十六家。姓氏後有"建安黃善夫刊于家塾之敬室"牌記二行。次傅藻東坡紀年錄。次門類，起紀行迄雜賦，凡七十九類。次目錄，次行題前禮部尚書端明殿學士兼侍讀學士贈太師謚文忠公蘇軾。宋諱或避或不避。蘇詩王注，四庫所收者二十九類，趙夔序則五十類。建安萬卷堂本增為七十二類。虞平齋務本堂又增為七十八類。此更廣為七十九類。其實各體詩未增，不過巧立名目，藉增聲價而已。前四卷印本稍後，餘均初印，紙墨俱勝，在南宋坊本中，洵推上乘。藏印有"張之洞審定舊槧精鈔書籍記"、"宗室文愨公家世藏"、"聖清宗室盛昱伯羲之印"、"周澍印"、"魯望氏"、"萬物過眼即為我有"。北京圖書館藏。

山谷別集二十卷　宋黃庭堅撰

宋慶元間（1195—1200）蒲田黃汝嘉增刻本。

象山集二十八卷外集四卷附語錄四卷　宋陸九淵

撰

宋慶元間（1195—1200）建安陳應行刻本。

内簡尺牘編注十六卷　宋孫覿撰

宋慶元間（1195—1200）蔡文子刻本。

謝幼槃集十卷　宋謝邁撰

宋慶元間（1195—1200）黃汝嘉刻本。

友林乙稿一卷　宋史彌寧撰

宋慶元間（1195—1200）三山鄭域刻本。

周益文忠公文集二百卷　宋周必大撰

宋慶元刻本。北京圖書館藏慶元殘本五卷。

陵陽先生詩四卷　宋韓駒撰

宋慶元間（1195—1200）黃汝嘉刻本。半葉十行，行十九字。次行題"江西詩派"，三行題"中書舍人韓駒子蒼"，書中祖宗朝廷等字，俱空格，當是宋刻江西詩派中之一種。收藏有"宋筠"、"蘭揮氏"、"吳元潤印"、"謝堂"、"香雨齋吳氏珍藏圖書"、"香雨齋"。

江西詩派一百三十七卷續派十三卷

宋慶元間（1195—1200）黃汝嘉刻本。直齋書錄解題著錄有“江西詩派一百三十七卷，續錄十三卷。”云：“自黃山谷而下三十五家，又曾紘思父子詩。”此即黃汝嘉所刻。傳有東坡先生詩集，慶元五年（1199）黃汝嘉刻“江西詩派”本。倚松老人文集，慶元五年黃汝嘉刻本。山谷集三十卷外集十一卷別集二卷，云：“江西所刻詩派，即豫章前後集中詩也。別集者，慶元中蒲田黃汝嘉增。”

增注東萊呂成公古文關鍵二十卷　宋呂祖謙撰

宋慶元間（1195-1200）建安蔡文子刻本。半葉十二行，行二十三字。白口左右雙邊。次行題“東萊呂祖謙伯恭撰，建安蔡文子字行之注。”版心上記字數，下記刻工姓名。宋諱恒、匡、桓、貞、敬均缺筆，“慎列”作“謹列”，“貞觀”作“正觀”。字體方整厚實，不似建本。每篇總評語在題目次行，詳評在本文每段或每句下。

聖宋名賢四六叢珠一百卷　宋葉棻輯

宋慶元間（1195-1204）建安陳彥甫刻本。

嘉泰元年　辛酉（1201）

吳興志二十卷　宋談鑰撰

宋嘉泰改元（1201）郡丞廣信傅兆敍序。

濠梁志三卷　宋張季樗撰

直齋書錄解題：郡守永嘉張季樗撰，嘉泰改元序。按：莊子與惠子遊於濠梁之上。在安徽鳳陽縣東。

清溪弄兵錄一卷　宋王彌大輯

記清溪方臘事迹，前半從泊宅編錄出，後半從□續會要中錄出。兩者從之，以備參考。嘉泰改元序。

芥隱筆記一卷　宋龔頤正撰

宋嘉泰元年（1201）東寧郡庠刻本。

梁溪漫志十卷　宋費袞撰

宋嘉泰元年（1201）施濟刻本。

畫史一卷　宋米芾撰

宋嘉泰元年（1201）筠陽郡齋刻本。寶晉山林集拾遺本。十行，行十六字，白口，左右雙邊。前四卷為詩，後四卷為寶章待訪錄。書史、畫史、硯史各一卷。為此書傳世最佳之本。

硯史一卷　宋米芾撰

宋嘉泰元年（1201）刻本。寶晋山林集拾遺本。十行十六字。白口，左右雙邊。刻于筠陽郡齋。楊氏海源閣藏。

帝王經世圖譜十卷　宋唐仲友撰　存八卷

宋嘉泰元年（1201）金式趙善鐻刻本。行字不等，細黑口，左右雙邊。版心上下黑口，兩魚尾間，上記卷數葉數，中下記字數及刻刻姓名。有劉宗、蔡文、蔡懋、蔡武、蔡思、胡彥、景平、胡元、時茂、曹榮等人。原書遇元亨利貞，改貞為正。宫、商、徵、羽，改徵為祉，庶徵、休徵、咎徵，改徵為證。玄酒改玄為元，其它宋諱殷、筐、恒、貞、戍、桓、慎字等，偶有缺筆。北京圖書館藏。

儒學警悟七集四十卷　宋俞鼎孫　俞經編

石林燕語辨十卷　演繁露六卷　嬾真子錄五卷　考古編十卷　捫蝨新語上集四卷下集四卷　螢雪叢說二卷

宋嘉泰元年（1201）俞聞中刻本。此書早於百川學海七十二年，既為叢書之祖，又為海內之孤帙。

杜工部草堂詩箋五十卷　唐杜甫撰　宋魯訔編　蔡夢弼箋

宋嘉泰元年（1204）建安蔡夢弼望道亭刻本。半葉十一行，行十九字。注文雙行，行二十五字。細黑口，左右雙邊或四周雙邊。耳記卷數葉數。宋諱缺筆至廓字，因推知此書當是嘉泰元年成書後建陽書肆第一刻本。通行古逸叢書本，源出宋末另一建本，文字錯亂，可據此本訂正。北京圖書館藏此本四十六卷。此書李木齋藏一殘帙，涵芬樓藏一殘帙，蔣汝藻藏一殘帙，海虞瞿氏每有一殘帙，四家合之可得全帙。

寶晉山林集拾遺八卷　宋米芾撰

宋嘉泰元年（1204）筠陽郡齋刻本。半葉十行，行十六字。白口，左右雙邊。米芾山林集百卷，靖康之變散佚殆盡。嘉泰元年其孫憲摭拾書史、畫史、硯史與其他詩文爲八卷，刊版筠陽郡齋。筠陽即今之江西高安。宋諱缺筆至惇字。有真賞、華夏二印，真賞齋賦著錄，世無二帙。四庫全書未收。末有嘉靖二十八年豐生跋文。北京圖書館藏，孤本，十冊，已印入古逸叢書三編中。

于湖居士文集四十卷附錄一卷　宋張孝祥撰

宋刻本（宋嘉泰元年）。半葉十行，行十六字。白口，左右雙邊。版心上記字數，下記刻工姓名，有陳榮、陳良、俞文俊、王祐新、俞永成、俞永、文俊、祐新、劉处仁、劉大有、处仁、大有、朱正、榮、永、文、良、正等人。宋諱匡、徵、襄、完、敦、廓字皆缺筆。前有嘉泰元年謝堯仁序，言為其弟張孝伯刊於豫章。次同年其弟江南西路安撫使知隆興府張孝伯序，言盡以家藏與諸家所刻，屬王大成讐校繼有所得，當為後集云云。此二序雖抄配者，而行款全同，當為自原書影寫。據序可知為嘉泰元年南昌所刻。末有附錄二十三葉，為傳、官誥、名人記序、詩及挽章。鈐有明文淵閣大印，為明內閣官書。盛昱舊藏，後為袁克文收得，又歸李思浩。四部叢刊印本，據此影印。

頤庵居士集二卷　宋劉應時撰

宋慶元六年陸游序，嘉泰改元楊萬里序云，其子四明劉叔向刻。

文苑英華一千卷　宋李昉等輯

宋嘉泰元年至四年周必大刻本。半葉十三行，行二十二字、二十三字不等。細黑口或白口，左右雙邊。嘉泰元年周必大告老家居，選派臨江軍巡轄王思恭督工刻印文苑英華一千卷，至四年告成。門客胡柯、彭叔夏據衆書詳加校正，成辨證十卷。此本宋諱缺筆至廓字。刻工與周必大校刻歐陽文忠公集多同，蓋即吉州刻本。每册封面副葉左下方有景定元年十月或十一月日裝背臣王潤照管訖木記一行，宋版書記裝背人姓名，僅此一見。據殘存卷刻工有丁俊、丁方、丁甫一、劉完、劉信、胡昌、胡彥、景年、喻澂、曾千、宗資、況天祐、劉克明、克明、田千、華太、龔進、陳友、甯壬、吳茂、鄧仁、劉仁、江全、時茂、一新等。北京圖書館藏一百三十卷。

梁溪詞一卷　宋李綱撰

宋嘉泰元年（1201）劉克遜序刻。

梅溪詞一卷 宋史達祖撰

宋嘉泰元年（1201）張鎡序。

嘉泰二年壬戌（1202）

中興禮書三百卷

凡吉、嘉、賓、軍、凶五類，分子六十八門。

王信序曰，淳熙七年權禮部郎官范仲藝編次，

八年行太常主簿陳賈彙之，刪修建炎以來以

至淳熙典禮續中興禮書八十卷，葉宗禮序。

嘉泰二年（1202）權禮部尚書貴士兼侍郎木

侍問，行太常主簿葉宗禮劄子校字宋一朝典續

修。

樂書目錄正誤一卷 宋樓鑰撰

宋嘉泰二年（1202）刻本。半葉八行，行字

不等。白口，左右雙邊。版心上記字數，下

記刻工姓名，有吾六、周受、張名遠刊、劉

子和、吳暉、刘景舟、羅烜、熊汝敬、蔡彥

章。擇是居叢書本，據此本翻刻。

嘉泰會稽志二十卷 宋施宿等纂 沈作賓修

宋嘉泰二年（1202）紹興府刻本。半葉十行，

行二十字。宋嘉泰辛酉紹興通判吳興施宿等撰，時龍圖閣學士沈作賓為守，而分任者，則郡人馮景中、陸子虡、朱鼎、王度、沈摯去郡，惟宿始終其事，陸游為之序。」紹興府今刊會稽志一部二十冊，用印書紙八百幅，古經紙十幅、葉紙二十幅，背古經紙平表一十幅，工墨錢八百文，每冊裝背，文右具如前。嘉泰二年五月日手分俞澄王思忠具。安撫使司校正書籍傅稺」。

清湘志六卷

直齋書錄解題：郡守永嘉陳峴俾教授林瀛修，嘉泰壬戌（二年1202）。

鹽鐵論十卷　漢桓寬撰

宋嘉泰二年（1202）刻本。半葉十行，行二十字。明人所見弘治十四年涂禎曰，承乏江陰得嘉泰壬戌本，如獲拱璧，命工刊梓。

野客叢書三十一卷　宋王楙撰

宋慶元改元自書于不期堂，嘉泰二年又書于儀真郡齋平石堂。明會稽鈕氏世學樓寫本。是書四庫著錄三十卷附野老紀聞一卷，未有嘉泰壬戌高郵陳造跋。

雲仙雜記十卷　唐馮贄撰

宋嘉泰二年（1202）郭應祥刻本。張大愚藏宋本，後有嘉泰二年應祥跋。九行十八字。用宋時舊州紙印，甚精。

却掃編三卷　宋徐度撰

清錢曾述古堂影寫宋刻本。半葉九行，行十八字。前徐度自記六行，後有跋十二行，題"嘉泰壬戌（二年）立秋日金華郡康□書於桂水郡齋"。又有桂陽軍司法參軍徐傑校正"一行。蓋影寫宋桂陽軍學刻本。

註東坡先生詩四十二卷　宋蘇軾撰　施元之顧禧注

宋嘉泰二年（1202）淮東倉司刻本。半葉九行，行十六字，小字雙行同，白口，左右雙邊。存四卷，周叔弢先生捐贈。北京圖書館藏。此本今傳世可考者凡有四部，都是殘本。以常熟翁氏所藏三十二卷及中央圖書館藏十九卷爲較多，其餘的嘉業堂藏四卷，海源閣僅二卷。中央圖書館藏本曾經明安桂坡、毛子晋、清宋牧仲、翁覃溪等遞藏。覃溪得到這部書後，珍若拱璧，而題其室曰"寶蘇齋"，每年十二月十九日，招集賓朋，設奠陳列此書，以拜東坡生日，當時名流桂未谷、李南澗、阮文達等數十人，或題詩、或跋語、或繪圖，書於本書各本的前後護葉，滿目琳琅。光緒末年此書歸於湘潭袁伯夔，不久袁氏寓所失火，藏書被焚，伯夔幾欲以身殉，幸家人冒火搶救，此書而出，僅書口、書腦頗有燒毁，尚無大損，諸家手書題記，今猶存百餘則，姑不論此書中前賢墨蹟可寶，此書在學術及校勘上也有價值。此書以編年為次，考注詳審。

白石道人歌曲四卷别集一卷　宋姜夔撰

宋嘉泰二年（1202）錢希武東巖讀書堂刻本。歌曲特文人餘事耳，或者少諧音律，白石留心學古有志雅樂，如會要所載奉常所錄，未能盡見也，聲文之美，概具此編。嘉泰壬戌（二年）刻于雲間之東巖、其家轉徙何隨珍藏者五十載，淳祐辛亥後歸嘉禾郡齋，于歲

令威夫豈謂然閔筆之以識。歲月端午日菊坡
趙與訔書。

嘉泰三年　癸亥（1203）

周易詳解十六卷　宋李杞撰
宋嘉泰癸亥（三年1203）謙齋居士李杞子才
自序。有文淵閣抄本。

慶元條法事類八十卷附開禧重修尚書吏部侍郎
右選格二卷　宋謝深甫撰
宋嘉泰三年（1203）頒行。直齋書錄解題：嘉
泰二年表上。曰嘉泰條法事類。

絳帖釋文二卷　宋曾槃撰
宋嘉泰三年（1203）桐川郡齋曾槃自刻本。

絳帖平六卷　宋姜夔撰
前有嘉泰癸亥（三年）七月九日鄱陽姜夔堯
章自序云：我太宗皇帝造淳化帖十卷。自後
潘尚書師旦刻於絳，絳帖傳至今者，潘刻為
勝，絳公庫本次之，厥後漫滅屢經補治，甚
至字畫亦謬，嘗以相校乃知其有三、四本也。
友人朱子大以絳帖遺余歸而玩之，因為之本
事釋文，名曰絳帖平。

石林居士建康集八卷　宋葉夢得撰

宋嘉泰三年（1203）刻本。嘉泰癸亥葉籍跋稱：“先君大卿手編建康集八卷，乃大父左丞公紹興八年再鎮建康時所作詩文也，別有總集百卷，昨已刊於吳興。里姪訦任總司酒官來索此本，欲寘諸郡庠，併以年譜一卷授之，庶廣以傳。”

龍雲先生文集三十二卷　宋劉弇撰

宋嘉泰三年（1203）吉守胡元衡刻本。前有周必大序稱，“龍雲卿先是汴京及麻沙刻公集二十五卷。紹興初會昌尉羅良弼編求別本纂增至三十二卷，凡六百三十餘篇。嘉泰三年賢守豫章胡元衡欲廣其書，予極屬羅尉之子泌繕寫定本授刻之。”

石湖居士集三十四卷　宋范成大撰

馬氏陳錄載其集一百三十六卷。宋嘉泰三年公之子莘茲求序於楊誠齋，求校於龔芥隱而刊於家之壽櫟堂，年湮版亡。明弘治癸亥金蘭館以活字印行止三十四卷。影鈔本半葉八行，行二十字。

檆溪居士集十二卷　宋劉才邵撰

宋嘉泰元年周必大序，三年楊萬里序，云其孫恪彙公集二十二卷。久佚。有文瀾閣傳鈔本。

碧溪詩話十卷　宋黃徹撰

宋嘉泰三年（1203）黃鍔刻本。

嘉泰四年　甲子（1204）

誠齋先生易傳二十卷　宋楊萬里撰

宋嘉泰四年（1204）刻本。淳熙十五年自序，又嘉泰四年後序。

晉書一百三十卷　唐房玄齡撰　何超音義

宋嘉泰四年至開禧元年（1203至1205）秋浦郡齋刻本。半葉九行，行十六字。白口，左右雙邊。小題在上，大題在下。每卷末附音義。版心下記刻工姓名，有王明、王大成、王元壽、王才、王辰、王大有、王政、李正、李春、李椿、唐彬、唐恭、劉用、劉彥中、劉彥龍、劉遇、熊才、曹甫、曹侑、士正、賈林、成華、駱興宗、丘全、夏義、張斌、吳才、蔣永、陳亮等人。嘉泰、開禧間陳謨知池州時刻於秋浦郡齋。有陳謨題稱："謨閒歲分經太學，因取監中諸史閱之，獨晉書無善本，嘗有意焉。未幾除奉常博士，故弗果，越明年蒙恩假守秋浦，不忘初意，到官首稽郡帑之贏，盈省節用費，用以供億之餘，鳩工鋟板，且與同志三友校閱是正，期與學士共之肇，工於嘉泰甲子六月，至開禧三月竣事。郡太守宣城陳謨。""池州州學學錄何臣源校正"、"宣城免解進士馮時校正"。"迪功郎前監紹興知旨酒庫丁黼校正"三行。宋諱缺筆至廓字。此書存五十四卷，缺卷一部分，據明萬曆刻本配補。萬曆本款式與此同，即據此本翻版。此本字大醒目，初印精湛，原為曾氏棟亭藏書，除棟亭書目外，公私書目俱未著錄。現藏北京圖書館。

華陽國志十二卷附錄一卷　晉常璩撰

宋嘉泰四年（1204）李壑刻本。前有嘉泰甲子李壑序，壑守臨邛時所鋟。

輿地廣記三十八卷　宋歐陽忞撰

南宋江州刻本，嘉泰四年、嘉定十三年、淳

祐十年遞修本。半葉十三行，行二十四字。
白口，左右雙邊。版心上記字數，下記刻工
姓名，有上官正、王文、朱正、朱先、朱才、
陳幸、陳仲、陳信、陳明、陳德、陳范、吳
全、蔡敵、蔡才、蔡從、葉遷、余用、金彥、
余闌、孔伯、熊海、沈章、沈良玉、曾鷹、
曾挺、連中、阮伯、楊先、楊肇畢、劉仲、劉
政、劉瑛、徐亮、鄧彥、趙詞、趙明、曹挺、
夏天瑞、李大、李木等。版心上間有"庚戌
刊"三字或"庚戌"白文二字。每卷尾有"淳
祐庚戌郡守朱申重修"一行。卷二十六後有
"嘉泰甲子郡守譙令憲重修"、"嘉定庚辰
郡守陸子虡重修"、"淳祐庚戌郡守朱申重
修"三行。蓋南宋江州刻，嘉泰四年、嘉定
十三年、淳祐十年遞修本。有顧廣圻、黃丕
烈跋。黃氏士禮居刻本，即據此快影刻。存
卷十八至三十八，計二十一卷。北京圖書館藏。

麗澤論說集錄十卷附錄三卷附錄拾遺一卷　宋
呂祖儉撰

宋嘉泰四年（1204）呂喬年刻元明遞修本。

半葉十行，行二十二字。黑口，四周雙邊。版心上記字數，下記刻工姓名，有丁明、丁亮、李岩、李信、李思義、李思貴、李彬、吳志、呂扶、周才、周文、周木、周分、周份、韋裕、姚彥、袁思人、陳清、陳靖、張世聰、張世聰、張本、張正、張仲辰、張彥忠、張敦、張榮、游寬、華志、焦儀、楊光、楊通、劉昭、劉照、趙中、韓公德、韓公輔、羅裕、羅榮。

葉氏錄驗方三卷

影宋舊鈔本。半葉十行，行十八字。版心有刻工姓名。卷末有淳熙丙午葉大廉跋及嘉泰甲子（四年）李景和跋僅占行。日本楓山秘府藏。

集千家註分類杜工部詩二十五卷附文集二卷年譜一卷　唐杜甫撰　宋徐居仁編次　黃鶴補注

宋嘉泰四年（1204）蔡夢弼刻本。有宋寶元二年王洙序，皇祐四年王安石序，元祐五年胡宗愈序，嘉泰四年蔡夢弼序。

東萊呂太史文集十五卷別集十六卷外集五卷
宋呂祖謙撰　麗澤論說集錄十卷　宋呂祖儉
輯　附錄三卷附錄拾遺一卷
宋嘉泰四年（1204）呂喬年刻本。半葉十行，
行二十字。白口，左右雙邊。版心上記字數，
下記刻工姓名，有丁明、丁亮、周文、周才、
吳志、吳春等。天祿琳琅舊藏。卷中有明補
版，多改爲四周雙邊。無麗澤論說集錄。又
一帙，爲明補印本，鈐翰林院滿漢文大官印，
卷中有四庫館臣簽改處，爲四庫底本。

東萊呂太史別集十六卷　宋呂祖謙撰
宋嘉泰四年（1204）呂喬年刻本。半葉十行，
行二十字。白口，左右雙邊。版心記子目，
有"家範"、"尺牘"、"讀書雜記"、"師
友問答"等字。上記字數，下記刻工姓名，
有丁明、丁亮、李信、李宮、李思賢、吳志、
吳春、楊先、周文、周才、周份、呂拱、張
文、張仲辰、張彥忠、張世臨、羅裕、羅榮、
韓公輔、陳靖、宋琚、姚彥、史永、劉昭、
趙中等人。卷中宋諱不盡避。開化紙濕墨印，

間有鈔補之葉。卷十六師友問答，吕喬年刊書跋題嘉泰四年。是書宋諱避至寧宗嫌名，當是最初刊本。原寶禮堂藏書。

皇朝文鑑一百五十卷目錄三卷　宋吕祖謙輯

宋嘉泰四年（1204）新安郡齋刻本。半葉十行，行十九字。白口，左右雙邊。版心上記字數，下記刻工姓名，有張明、張炳、張珍、張華、沈思忠、沈思德、沈仁舉、沈三、沈祥、李忠、李五、李中、李彦、李仁、李嘉、童遇、劉珏、劉明、劉旺、濮華、濮宣、濮進、方至、湯文中、湯執中、執中、胡文、胡永、王一、王全、王信、王江、王仁、王辛、王榮、王高、王中、陳行、陳仁、陳邦卿、陳杞、陳辛、陳文中、陳先、金滋、章文、章洋、高辛、夏義、徐仁、徐遠、徐文、徐永、徐文中、鳳文、程作、安忠、湟參、蔡文、蔡廷、吴仲甫、仲甫、黄申、江才、江仁、江亮、何允方、何宗器、孫斌、章亞明、任吉甫、宣忠、齊明、虞大全、大全、余必中、余安上、安上、余元中、范于、范堅、共支、沉成之、成之、俞永、俞元、俞英、曾何、鄭埜、榮得、楊十三、楊釆、葉禾、葉仁、朱大存、董煥、許成、梁松、呈參、必中、安中、元興、應華、文苑、元中等。宋諱讓、署、桓、構、瑋、敦、擴缺筆，而理宗諱不缺筆。為嘉泰新安郡齋初印本，非端平重修本。北京圖書館藏，存八十四卷，餘為抄本。涵芬樓已影入四部叢刊中。

是書另有嘉泰四年新安郡齋刻，嘉定間趙孝遹修，端平初劉炳修本。

三 謝詩 宋唐庚編

宋嘉泰重修本。半葉十二行，行二十二字。左右雙邊。版心上刻字數，下刻葉數，中有“三謝詩”字樣。卷首附葉有隸書“郭氏木葉齋鑒定宋本”，下鈐“臣指之”白文方印。另有“東郡楊氏鑒藏金石書畫印”白文方印。背面有印四枚：“關西節度系關西”朱文橢圓印、“楊以增字益之又字至晚堂晚號冬樵行一”朱文方印、“東郡海源閣藏書印”、“大連圖書館藏”。其第一葉有黃丕烈、汪士鐘楊紹和等印十八枚。末葉有邵彌等印六枚。卷末葉第二十二行低三格，有“嘉泰甲子郡守譙令憲重修”十一字。第二十一行低三格書“宋寧宗嘉泰四年”七字。卷末附有蔣杲錄唐子西書一則，記錄西疇書之意。背面後有“東郡楊紹和鑒藏金石書畫印”、“西清侍直”、“汪印憲奎”、“秋浦”，又有黃丕烈跋二則，鈐有“蕘翁”印等。此書爲寰宇內孤本，亦是傳世最早的三謝詩篇的版本。惜流落國外。一九八三年上海古籍出版社影印行世。

嘉泰間（1201—1204）

止齋春秋後傳十二卷　宋陳溥撰

宋嘉泰間（1201—1204）施栻任永嘉守時刻印。

左氏章指三十卷

宋嘉泰間（1201—1204）施栻任永嘉守時刻印。

孟子注疏解經十四卷　漢趙岐注　宋孫奭疏

宋嘉泰間（1201—1204）兩浙東路茶鹽司刻本。半葉八行，行十六字，注雙行二十二字。白口左右雙邊。版心上記字數，下記刻工姓名。

間有元刊之葉，與北京圖書館所藏同。此獨完全，極可珍貴。故宮博物館藏。

北京圖書館藏存卷三至四、十三、十四，卷各為上下。半葉八行，行二十二字。白口，左右雙邊。版心上記字數，下記刊工姓名，有丁銓、李信、毛俊、許貴、王榮、徐仁、丁之才、許詠、許成之、曹榮。宋代補刻工有占讓、何健、任阿伴、茂五、董用、吳玉、范華、章文、吳洪。別有元補數葉，無刻工名。宋諱匡、貞、恒、桓、慎、穀、敦皆缺末筆。每卷次行頂格某章句上下，乃若干章。下空一格題孫奭疏。三行低一格趙氏注。篇中疏以大字陰文"疏"冠之，各章皆連接而下，疏首章旨某句至某句監本以後皆刪去，此猶存舊式。

方輿勝覽前集四十卷後集七卷續集二十卷拾遺一卷　宋祝穆撰

宋嘉泰間（1201—1204）祝穆刻本。半葉七行，行十四字。

事文類聚前集六十卷後集五十卷續集二十八卷

別集三十卷　宋祝穆輯
宋嘉泰間（1201-1204）祝穆刻本。

程氏遺書二十五卷　宋程顥　程頤撰
宋嘉泰間(1201-1204)黄州刻本。半葉十一行，行二十字。刻工有王元、丘文、丘仁等。

褚人遺書一卷　南齊褚澄撰
宋嘉泰間(1201-1204)劉義先刻本。

施注蘇詩四十二卷東坡年譜一卷王注正譌一卷蘇詩續補遺二卷　宋施元之注
宋嘉泰中(1201-1204)施宿刻本。施宿嘗以是書刻版緣是遭論罷，故傳本頗稀。

石湖居士詩文集一百三十卷　宋范成大撰
宋嘉泰間(1201-1204)范莘刻本。

清真先生集二十四卷　宋周邦彦撰
宋嘉泰間(1201-1204)明州刻本。直齋書録解題：嘉泰中四明樓鑰始為之序，而太守陳杞刊之，蓋其子孫家居於明故也。樓鑰序：公嘗守四明而諸孫又寓居於此，嘗訪其家集而讀之參以他本，間見手稿，又得京本文選與公之曾孫鑄裒為二十四卷。中更兵火散墜已多，然足以不朽矣。居閒養痾為之校讐三數過，猶未敢以為盡。方湛水李左丞讀賦上前，多以偏旁言之，因為考之群書為音釋，闕其未知音，以俟博雅之君子，非敢自比張載劉逵為三都之訓詁也。鑰先世與公家有事契，且嘗受廛焉，公之詩文幸不泯沒，鑰之願也。制使侍判陳公政事之餘，既刊曾祖賢良都官家集，又以清真之文並傳以慰邦人之思，君子謂是舉也，加於人數等，類非文吏之所能序也。

文苑英華辯證十卷　宋彭叔夏撰

宋嘉泰間（1201—1204）周必大刻本。半葉十三行，行二十二、二十三字。嘉泰四年叔夏自序。則是辯證先刻而纂要繼刻。

風雅遺音三卷　宋王正大撰

宋嘉泰壬戌自序，甲子又識。嘉泰甲子陳式子序。

宋嘉泰間（1201—1204）岳珂摸刻各書。

金陀萃編五十八卷

天定錄八卷

桯史十五卷

愧郯錄十五卷

寶真齋法書贊二十八卷

玉楮集八卷

寶晋集十四卷　宋米芾撰

吁天辯誣錄

棠湖詩稿

開禧元年乙丑（1205）

周易卦爻經傳上下篇訓解二卷　宋蔡淵撰

此書經義考爲四卷，存三卷。今本止上下篇合一卷，繹其題名又似繫辭，以下原未嘗釋者。又朱氏錄有九峰後序，今本無之，而此有開禧乙丑（元年）自序，爲朱氏所不錄，意傳本或有異同。

童溪王先生易傳三十卷　宋王宗傳撰

宋開禧元年（1205）劉日新宅三桂堂刻本。半葉十四行，行二十四字。黑口，左右雙邊。北京圖書館藏。

春秋傳二十卷　春秋考十六卷　春秋讞二十二卷　宋葉夢得撰

宋開禧元年（1205）南劍郡齋葉筠刻本。開禧乙丑孫朝散郎筠識稱：先祖左丞著春秋讞、考傳三書，謂自其讞推之知吾之攻正為不妄也。而後可以觀吾傳，筠嘗併刻於南劍郡齋，真德秀為之序。惜讞考合三十卷，俱佚不傳，今止存此。即指春秋傳。

金石錄三十卷　宋趙明誠撰

宋開禧元年（1205）趙不謭刻本。半葉十行，行二十一字。白口，左右雙邊。存卷十一至二十卷。內有少量宋補版。宋皮紙印。此即清初馮文昌舊藏本。馮氏因有此書，特為刻一方「金石錄十卷人家者」鈐在自藏好書帖上，一時傳為佳話。此書散出後，經過不少有名的藏書家鑒藏，先後曾歸朱文石、鮑廷博、汪立、趙魏、阮元、韓泰華所有，清同治中流入潘祖蔭滂喜齋。由於這是金石錄僅傳的宋刻本，書雖不全，在當時卻被公認是書中珍品，原書藏印累累，題跋很多，有明朱大韶、清江藩、顧廣圻、汪喜孫、阮元、吳繪、西林春，翁方綱、洪頤煊、沈濤等跋。諸家跋歷言其佳處。潘氏滂喜齋藏書，凡藏上海圖書館。

傷寒論注十卷附明理論三卷後集一卷　金成無己撰

宋開禧元年（1205）張孝忠刻本。半葉十行，行二十字，白口，左右雙邊。版心下記刻工姓名，有王三、王五、石、政、諄等人。此書為張孝忠刊於郴山，當是此書第二刻本。

蘭亭博議一卷

影宋鈔本。前有開禧元年高文虎序，後有陸樗跋，但不言卷數。陳氏書録解題是蘭亭博議十五卷。淮海桑世昌澤卿撰蘭亭考十二卷，即浙東庾司所刻。視初本頗有刪改，初十五篇，今存十三篇，去其集字篇附見篇，其書始成本名博議，高内翰文虎為之序。葉適水心集亦有蘭亭博議跋，此本僅一卷，共三十五葉，分本序詩濬紀原八法、臨摹、審定、推評、習法、詠贊、傳刻、集字、釋禊十三類。首尾尚為完具，桑氏先成博議，後改作蘭亭考。此本或出於初定或後人節鈔，今十五卷本已亡，無可考證矣。

雲仙散錄一卷　題唐馮贄撰

宋開禧元年（1205）刻本。半葉九行，行十七字。白口，左右雙邊。每條標題白文。南京圖書館藏二冊殘本。已印入古逸叢書三編中。

元豐類稿五十卷　宋曾鞏撰

宋開禧元年（1205）趙汝礪建昌刻本。半葉十二行，行二十至二十五字不等。白口，左右雙邊。版心上記字數，下記刻工姓名。文中有夾注，行間異文旁註某一作某。內閣大庫佚出殘葉。張允亮有四葉，為卷四十三之第五十五至五十八葉。許寶衡藏卷三十一、三十二，凡二卷。此宋刊元豐類稿之僅存者，以雕工風氣審之，似是江西刊本。

象山集二十八卷外集四卷附語錄四卷　宋陸九淵撰

宋開禧元年（1205）刻本。有開禧元年楊簡序。

開禧二年　丙寅（1206）

石林奏議十五卷　宋葉夢得撰

宋開禧二年（1206）天台郡齋葉箋刻本。半葉十行，行二十五字。白口，左右雙邊。版心下記刻工姓名，有王仲、王震、周才、周信、林檜、金澤、陳亨、陳成、陳祐等人。黄賦注、黄書録云，末有跋稱，叔祖左丞，蚤以文學被遇三朝，爰自禁塗，寖登二府，此奏議之所獻納論思也。又云，頗多總集不載，往往口見者，爲之興歎。因鋟木天台郡口，以廣其傳。末題開禧丙寅六月既望，姪孫朝奉大夫改差權知台州兼管内勸農事借紫箋謹書。黄氏士禮居舊藏，有李中麓藏印。此書板式闊大，鐫雕雅雋，海内孤帙。惜流於海外日本靜嘉堂文庫。中國社會科學院文學研究所藏有汲古閣影寫宋刻本。

雲麓漫鈔十五卷　宋趙彦衛撰

宋開禧二年（1206）趙彦衛自刻本。

周益文忠公文集二百卷　宋周必大撰

宋開禧二年周綸刻本。半葉十行，行十六字，白口，左右雙邊。版心上記字數，下魚尾下記葉數，下記刻工姓名。有丁方全、丁万、丁万全、士王、方仲、方全、文伯、中成、永之、毋過、汪全、江度、吴文伯、周顯、祝士王、胡元、胡克俊、胡考、胡昌、胡俊、胡顯、景年、萬全、葉才、鄧仁、鄧明、鄧挺、鄧振、鄧授、鄧懋、蔡武、蔡思、蔡琨、蔡靖、蔡懋、劉一新、劉永之、劉克明、劉宗、鍾成、羅忠、陳友、思懋等人。每卷首小題在上，大題在下。避宋諱至廓字。開禧二年丙寅其嗣子綸與曾三異、彭叔夏、許凌羅克宣所校刊。凡必大名及其曾祖衎、祖詵、父利建名皆缺末筆。黄丕烈舊藏，入百廛一賦。此書寫刻精湛，與歐陽文忠公集、文苑英華媲美，可稱廬陵三絶。日本静嘉堂文庫藏六十九卷。北京圖書館藏二卷。

開禧三年 丁卯(1027)

增修東萊書說三十五卷 宋呂祖謙撰

宋開禧三年(1207)刻本。半葉十四行，行十九字。門人時瀾增修并開禧丁卯爲序。首有君臣名號譜系圖、傳授圖、禹貢圖說。是書清内藏袖珍本。北京圖書館所存前十五卷、其卷一至十二為汲古閣影鈔，僅有宋版三卷。
原書後五卷，亦為所鈔。

詩本義十五卷附鄭氏詩譜一卷　宋歐陽修撰

宋刻本。半葉十行，行二十字。白口，左右雙邊。版心上刊字數，下有刻工姓名，有鍾成、鄧挺、鄧桂、胡昌、蔡思、蔡可久、蔡懋、劉寅、劉滋、胡彥、蔡諒、蔡銳、可久等，餘為單字。宋諱缺筆至慎字。當刻於南宋孝宗之世。為世間孤本。原有開禧三年跋此已佚，抄配六卷。通志堂刻本即從此出。舊為潘氏滂喜齋藏。已印入四部叢刊三編中。

琴川志

宋開禧三年（1207）葉凱刻本。

開禧曆三卷立成一卷　宋鮑澣之撰

直齋書錄解題：進開禧三年記附統天曆推算至今頒曆用統天之名，而實用此曆時緣金人閏月與本朝不同，故於此曆加五刻，天道有常而造術就之非也。

三國六朝五代紀年總辨二十八卷　宋朱黼撰

存寸堂目有宋刻本，存目謂書百卷，起隋唐，終題識。此開禧中用兵時，書坊摘利射利之本。明末汲古閣影寫宋刻本，十四行二十三字。日本靜嘉堂文庫藏。此書四庫存目著錄，其書已不可追尋，各家藏目亦無之，惟直隸堂書目第三十號有此書，標明二匣，影宋本，三十五元售之陸心源，即是此本。

四 分律比丘尼鈔六卷

宋開禧三年（1207）刻本。卷上之上有：臨安府南山開化院住持賜紫妙智大師慧信施長財貳拾貫，徒弟比丘尼道海施財貳拾貫，妙宗妙瑩妙明各施財伍貫；卷上之下有：臨安府管内臨壇尼和尚主持湧泉山無盡庵如月施長財伍拾貫，文功德追薦先師崇妙寺主，徒弟超上座、通上座，先考唐四承事，先妣沈氏廿乙娘，亡兄唐大承事，亡兄唐小承事，亡兄唐九承事，亡姪唐大小承事，徒弟比丘尼法明施錢伍貫文追薦，先考陳七承事，先妣蔣氏妙堅比丘法顯施錢伍貫文追薦，先考陳二十郎，先妣朱氏八娘，比丘尼法興施錢伍貫文追薦，先考莫大郎，先妣毛氏十一娘，亡外婆葛氏大娘，比丘尼了定施錢伍貫文追薦，圓寂慧副寺，亡兄任百乙郎已上諸位尊魂俱仗斯緣咸生淨域者。"卷中之上有："臨安府南山極樂院住持賜紫慈濟大師宗如謹施長財仍率道俗共柒拾貫開此鈔板。"卷下之上有："臨安府菩提教院傳律管內臨壇比丘道謙同幹開板，臨安府管內臨壇宗主持菩提教院傳南山祖教勸緣重開。大宋開禧三年歲在丁卯歲除日畢工。武林雕字嚴信刊，武林經生王德明造。"

欒城集五十卷欒城後集二十四卷欒城三集十卷應詔集十二卷　宋蘇轍撰

宋開禧三年（1207）四世孫蘇森重刻本。三集末有淳熙六年筠州教授鄧光跋，淳熙己亥曾孫知筠州軍事詡跋。後有校勘官："文林郎筠州軍事判官倪思、從政郎充筠州州學教授鄧光、奉議郎知筠州高安縣事閭丘詠。"又開禧丁卯四世孫知筠州軍蘇森跋。

別本象山文集六卷　宋陸九淵撰

宋開禧三年（1207）高商老刻於撫州。是爲初本。

崑山雜詠三卷 宋龔昱輯

宋開禧三年（1207）崑山縣學刻本。半葉八行，行十五字。白口，左右雙邊。錄唐宋人歌咏崑山名勝物產之作。文字遠勝明人俞允文重輯本。此書最初刊於宋開禧三年，為僅存孤本。書前有嘉定改元朝散郎監察御史范之柔序文；後有開禧丁卯中秋儀真徐挺之識語。序跋俱在，且字體端莊，行格疏朗，款式大方，麻紙印造，墨色純正，完全是宋刻風貌，係開禧原刻宋代印本無疑。書中構、慎、敦字皆注廟諱。説明高、孝、光三帝嫌名全諱避，亦是宋刻之佐證。尤值得注意的是，此書字體楷中帶行，雅近歐陽詢書風，爲南宋文人中流行的書體，與一般宋本之整端正的字體不同，是以文人手書上版的寫刻本。雕板也很精工，轉折頓挫，筆意俱存，堪稱下真跡一等。宋本中寫刻本頗罕見，除此外，著名的尚有嘉定間刻友林乙稿，宋末刻草窗韻語等寥寥數種。此本在明嘉隆間已極罕見，明、清以降，亦不見有單刻、叢刊流布此書。惟民國初年，趙詒琛輯刻峭帆樓叢書收有此書。為清代汪士鐘家藏，鈐有"三十五峰園主人"、"三十五峰園主人所藏"、"汪印士鐘"、"汪印振勳"等印。後為常熟瞿氏鐵琴銅劍樓（舊名恬裕齋）所得，故此書又鈐"恬裕齋"、"鐵琴銅劍樓"等印。北京圖書館藏。已印入古逸叢書三編中

二蘇集　宋蘇軾、蘇轍撰

宋開禧間（1205-1207）眉山蘇森刻本。

花間集十卷　蜀趙崇祚編

宋開禧間（1205-1207）陸游校刊本。

嘉定元年　戊辰（1208）

漢書集注一百卷　漢班撰　唐顏師古注

宋嘉定元年（1208）建安蔡琪純父一經堂刻本。半葉八行，行十六字。注文雙行，行二十一字、二十二字不等。細黑口，四周雙邊。目錄前有"建安蔡琪純父刻梓於家塾"牌記。每卷末識云："右將監本杭本今越本及三劉宋祁諸本參校其有同異並附於古註之下。"本傳末標題後記正文若干字，註文若干字。楊氏

四經四史之齋藏宋本四史之一。宋諱缺筆至慎字。初印精湛、紙墨如新，可稱建本上乘。北京圖書館藏。

後漢書註九十卷　劉宋范曄撰　唐李賢注　志注補三十卷　梁劉昭撰　存七十三卷

宋嘉定元年（1208）建安蔡琪純父一經堂刻本。半葉八行，行十六字。注文雙行，行二十一字。黑口，四周雙邊。版心上記大小字數，左闌外有耳記篇名。目錄後有"皆嘉定戊辰季春既望刊於一經堂將諸本校證並無一字訛舛建安蔡琪純父謹咨"牌記。明吳寬、項篤壽舊藏。鈐有"叢書堂印"、"浙右項篤壽子長藏書"、"項篤壽印"、"項氏子長"等印。日本靜嘉堂文庫藏書。

後漢書注九十卷　劉宋范曄撰　唐李賢注　志三十卷　晋司馬彪撰　梁劉昭注補

宋嘉定元年（1208）白鷺洲書院刻本。半葉八行，行十六字。注文雙行，行二十一字。細黑口，四周雙邊。有耳。版心上記字數，大若干，小若干。下記刻工姓名，有李圭、李允、宋俊、宋鑑、宋圭、宋堅、趙祥、劉良、吴昇、陳明、彭云、曾春、鄧煒、徐進、潘日、余進、鍾政、戴和文、應發等人。宋諱缺筆至敦字。北京圖書館藏。

通鑑總類二十卷　宋沈樞撰

宋嘉定元年（1208）樓鑰刻本。

通鑑總類二十卷　宋沈樞撰

宋嘉定元年（1208）潮陽刻本。故宫博物院藏四十册。

太平惠民和劑局方六卷　宋陳師文撰

宋嘉定改元（1208）福建提舉司刻本。按：晁志爲十卷。晁氏曰是書初創於元豐，重修於大觀，後紹興、寶慶、淳祐遞修增加，蓋南宋醫院以此爲祖本。

塵纓二卷　宋唐時賢撰

宋嘉定改元（1208）鄭汝明跋。日本藏書。

續書譜一卷　宋姜夔撰

宋嘉定戊辰（1208）天台謝采伯刻本。是書咸淳九年左禹錫刊入百川學海中。

續畫譜一卷　宋姜夔撰

宋嘉定戊辰（1208）天台謝采伯刻本。

唐柳先生文集三十二卷外集一卷　唐柳宗元撰

宋乾道元年永州零陵郡庠刻，嘉定元年（1208）重修本。存卷二十九第一、二葉，卷三十二第九至十八葉，外集第一至二十九葉。半葉九行，行十七至十九字不等。後有嘉定改元汪棡跋："舊集日累月益，墨版蠹蝕，字體漫滅，至讀者有以悴爲倅，以遥爲遇者。因委新舂陵理掾朱君敏集諸家善本校讐之，更易朽腐五百餘版，釐革訛舛幾數百字，半朞而工役成，庶可以傳遠。或尚有缺漏，博古君子能嗣而正之，柳斯文之幸也。嘉定改元十月　日郡守鄱陽汪棡跋。"傅增湘稱：余藏有柳外集一卷，爲乾道元年永州郡斋刻本，有葉桯後序。其文之次第及行款均與此本同，卷中"送元嵩師詩"、"上宰相啟"、"上裴桂州狀"三首爲各本所無。第此本無葉桯序而有嘉定汪棡跋爲異耳。考經籍訪古志載柳集殘本九卷外集一卷，有乾道元年十二月十五日畢工一行，又有紹熙辛亥永州州學校錢重跋，略言爲之先后，且俾畫而其板之朽弊者。末亦附嘉定汪綱跋。可知余所藏者爲乾道初刊本，紹熙之補訂者爲二次補本，嘉定之釐正數百字而五百餘板者爲第三次補本。

日本靜嘉堂文庫藏書。

唐柳先生集四十五卷外集一卷附録一卷　唐柳宗元撰

宋嘉定元年(1208)嚴州州學重刻本。

山谷內集詩註二十卷外集註十七卷別集註二卷

宋黄庭堅撰　內集任淵註　外集史容註　別集史季溫註

宋嘉定元年(1208)錢文子序，史容序。

山谷编年詩集三十卷年譜二卷　宋黄庭堅撰

宋嘉定元年(1208)錢文季鋟本於眉山。今本不傳。

止齋集五十二卷　宋陳傅良撰

宋嘉定元年(1208)永嘉郡齋捷栻刻本。

誠齋集一百三十二卷　宋楊萬里撰

宋嘉定元年(1208)楊長孺刻本。

天臺集三卷別編一卷續集三卷別集六卷　宋李

庚撰　林師蒧增修

宋嘉定元年（1208）台州州學刻本。此為初

刻之本。

宏辭總類四十一卷後集三十五卷三集十卷四集

九卷　不著撰人名氏

直齋書錄解題：是書起紹聖乙亥訖嘉定戊辰

皆刻於建昌軍學。

方壺詞三卷　宋汪莘撰

宋嘉定元年自序曰詞至東坡，一變豪妙之氣

隱隱言外，二變為朱希真多塵外之想，三變

為辛稼軒乃寫胸中事，尤好稱淵明。余未嘗

作詞，今五十四歲，自秋至冬得三十篇，與

吳中諸友共之乃刊木。

笑笑詞一卷　宋郭應祥撰

宋嘉定元年（1208）滕仲因跋，長沙劉氏坊

刻百家。直齋書錄解題二十一卷，自南唐二

主詞至此凡九家。此本不傳已久。

嘉定二年己巳（1209）

張先生校正楊寶學易傳二十卷　宋楊萬里撰

張敬之校正

宋刻本，半葉十行，行二十字，小字雙行二十六字。細黑口，左右雙邊。前有自序及奏劄。門人張敬之校正，自淳熙戊申至嘉泰甲子成書。序後次以誠齋易傳投進本，末載劄二通，一嘉定元年八月下吉州錄進，一嘉定二年進呈宣付史館下吉州照會。此書鏤鍥精工，猶是當時初印。書中用朱筆句讀，遇宋諱字並加規識。有元鄭希聖，明朱良育，清楊紹和跋。鈐"宋本"、"鄭希聖印"、"三家村芭蕉林中散人吳郡西崦朱尗英書畫印"、"吳郡朱尗英西崦草堂印"、"尗英西崦"、"汲古閣"、"汲古主人"、"毛氏子晉之印"、"子晉私印"、"子晉書印"、"東吳毛氏圖書"、"汲古得修綆繫花鳴琴寉主人聽松風處書香千載傳之子孫"、"乾學"、"徐健菴"、"顧詔書印"、"慄堂駿佳"、"顧駿佳氏藏書"、"金粟之印"、"琅環精舍圖章"、"默齋秘玩"各印記。北京圖書館藏。

書集傳六卷　宋蔡沈撰

宋刻大字本，半葉八行十五字。版心上記字

數々下記刻工姓名有文、友、育、中、玉、
元、刘、子、宾皆為單字。所存末卷及拾遺。
嘉定己巳後序(二年1029)。為內閣大庫故物，
其存亦非足卷。

朱子語類(或稱朱子語錄)四十三卷　宋李道
　傳编
　宋嘉定二年(1209)李道傳编刻於饒州，曰饒錄。

脈經十卷　晋王叔和撰
　宋嘉定二年(1209)太醫局宋大任刻本。半
　葉十二行，行二十字。

脈經十卷　晋王叔和撰
　宋嘉定二年(1209)陳孔碩刻本。
　宋刻大字本。半葉八行，行十五字。版心上
　記字數，下記刻工姓名，有文、友、育、中、
　玉、元、刘、子、宾皆為一字。所存末卷及
　拾遺。嘉定己巳後序。為內閣大庫故物，其
　存亦非足卷。

歷代名賢氏族言類编六十卷　宋章定撰
　宋嘉定己巳(1209)自序。此有明抄本。

記纂淵海一百九十五卷　宋潘自牧撰
　宋嘉定二年(1209)刻本。半葉十三行，行

二十二字，細黑口，四周雙邊。嘉定己巳自序曰為部二十有二，為門一千二百四十有六，合一百九十五卷，總八十萬言。刻工有李三郎、李生、阮才、吳浩、金元、余有、范千、范崇、俞生、蔡文、劉四、劉和、劉秀、徐萬三郎、陳才、陳文、陳正、黃堅等人。北京圖書館藏一為五十六册，一為四十册。

青社黃先生伐檀集二卷　宋黃庶撰

宋嘉定二年（1209）兩浙西路轉運司判官黃㽦刻本。諸孫㽦序，曾伯康州使君與曾祖給事俱高祖朝散大夫之子，康州生太史，太史嘗刻太孫山宿趙屯二詩，跋云：先大夫平生刻意於詩，詩語法類皆如此，然世無知音，小子不肖晚而學詩，懼微言之，或絕故刻諸星子灣以俟來哲。今家藏伐檀集，間多訛作，又厄於兵火之變，是以傳本尚未見於世。紹興中我從兄吏部諱越將漕畿內嘗欲盡刊，我先世遺書未果，㽦又承乏於五十餘年之後，謹以是錄集而傳之，非敢曰成，我從兄之志而太史微言或絕之，懼尚幾不泯焉。嘉定二年秋九月望諸孫朝散郎直顯謨閣兩浙路轉運判官樂謹書。」

景文宋公集一百五十卷　宋宋祁撰　存十八卷

宋刻本，半葉十二行，行二十字。白口，左右雙邊。版心上記字數，下記刻工姓名。可辨者只張守中一人，及張、黄、品、照、義等一字。現存卷二十六至三十一，卷八十五、一百二十至一百二十五，凡十八卷。此書字體古勁，頗具樸厚之意，版式楷潤，麻紙瑩潔如玉，蝶裝，猶存宋代舊式。日本帝室圖書寮藏。

元憲集三十六卷　宋宋庠撰

宋嘉定二年（1209）上饒郡文學陳之强序稱：「宋公之典型雖在，而文集不傳於鄉郡，謂之缺典可也。寓公李令尹之家舊有繕本，太守令都運王公允初共為通守，每與之言欲借而刊之未能遂，持節宋西於其行以所藏之餘千縉屬之强與鋟木，以廣其傳。又分數州以速其就也。」

梁溪集一百八十卷附錄六卷　宋李綱撰

宋嘉定二年（1209）福建路提舉市舶司刻本。書前集英修跋云：「……公之孫大有欲刻此書久矣，是書前後序文諸老先生所述詳，穎獨喜公之有後，而是書以傳於世，故為之書其刊行之歲月。嘉定元年十月望日，朝議大夫集英修撰，知泉州軍事南郡章穎謹書。」

梁溪集八十卷總錄一卷　宋李綱撰

宋嘉定二年（1209）李大有刻八十卷。

慈湖先生遺書十八卷續集二卷　宋楊簡撰

宋嘉定二年（1209）曾熠序。

江湖長翁文集四十卷　宋陳造撰

宋嘉定二年（1209）陸游序。遭元兵燹不存。

嘉定三年庚午（1210）

易傳二十卷　宋楊萬里撰

宋嘉定三年（1210）吉州刻本。

春秋繁露十七卷　漢董仲舒撰

宋嘉定三年（1210）樓鑰序曰，所得京師本、萍鄉本、羅氏蘭堂本、後得潘景定本，更校付胡槻刊諸江右。又胡槻、程大昌跋。季滄葦舊藏。楊紹續編著錄有影宋鈔本。宋黃震曰，樓本胡槻刊於江東漕臺，其後岳珂刊於嘉禾郡齋。

復古編二卷　宋張有撰

影寫宋刻本。半葉五行，小字雙行十六字。
前後有大觀四年陳瓘、政和二年程俱二序。
紹興十三年王佐才序，嘉定三年樓鑰序於攻
媿齋。惟樓鑰序已佚。篆法極精，卷末有跋，
謂據錢求赤所藏宋本鈔本，無他本可校，舛
誤不能是正。藏印有黃印丕烈、蕘圃。原涵
芬樓藏。

皇朝大詔令二百四十卷　不著編輯人氏
宋嘉定三年（1210）建寧李大異刻本。

中興館閣錄十卷　宋陳騤等撰
宋嘉定三年（1210）刻，寶慶至咸淳增補本。
半葉九行，行十八字。白口，左右雙邊。版
心下有刻工姓名。國立中央圖書館。
據清黃氏川學齋傳鈔宋刻本，刻工有王椿、
王轂、李信、李益、宋貴、宋循、宋昌、嚴
智、嚴忠、施詢、孫仲、章宇、包瑞、洪源、
余攻、陳世昌、高俊、徐忠、趙旦、陶孝、
朱文貴。

刊謬正俗二卷　宋張有撰
宋嘉定三年（1210）四明樓鑰序於攻媿齋。宋

有數刊皆不存。

農書三卷　宋陳旉撰　蠶書一卷　宋秦觀撰

宋嘉定三年（1210）汪綱刻於高郵郡斋。

耕織圖詩無卷數　耕圖二十一　織圖二十四　宋樓璹撰

宋嘉定三年（1210）刻本。後有璹孫洪跋。

小兒衛生總微論方二十卷

宋嘉定三年（1210）太醫局刻本。

東觀餘論二卷　宋黄伯思撰

宋嘉定三年（1210）刻本。半葉九行，行十八字。白口，左右雙邊。卷中刻工陳靖、丁明、張彦忠、張世臨、李嵒等，嘉泰四年又刻呂祖謙東萊文集、麗澤論說集錄。呂集刻工除上舉五名外，又有宋琚、劉昭、羅裕等浙中名匠，因推知諸書實皆浙刻本。當時杭州附近地區刻書多由杭州工人担任，此書必有刻版機構，容再考之。卷末有嘉靖二十八年豐道生手跋，知即華夏真賞齋賦著錄之本。又有隆慶二年項元汴手跋，萬曆十二年元汴兄篤壽萬卷堂刻本，即據此帙上版。項本卷後有建安漕司刻梓一行，宋本未見。項氏蓋據紹興十七年黄訒序文刻版於建安漕司一語妄增，不足為據。上海圖書館藏書，已印入古逸叢書三編中。

淨心誡觀發真鈔三卷

宋嘉定三年（1210）臨安府菩提教院僧道諫刻本。

乖崖集十二卷附集一卷　宋張詠撰

宋嘉定三年（1210）郭森卿刻本。半葉九行，行十八字。晁公武讀書志著録十卷，直斋書録解題曰近時郭森卿宰崇陽刻此集并語録為十二卷。此即森卿刻本。前有其序，後附項平叔北峰亭記，題嘉定三年九月，則嘉定以後刻。黄蕘圃藏本咸淳乙巳左綿伊賡刻即出郭本。百宋一廛賦所謂讓乖崖於崇陽者也。其書僅有六卷，卷七至末，皆鳴書樓舊鈔。此本既為祖本，且首完好，摹印精美，誠足駕士禮而上之。黄本半葉十二行，行二十一字。蓋覆刻時行款多改易矣。畢秋帆、董蔗林兩尚書皆有藏印，另有沈上林、沈巽、東陽子、顧汝脩、蕉林藏書、秋颿、房樣、弟孫氏。

斐然集三十卷　宋胡寅撰

宋嘉定三年（1210）鄭肇之刻於湘中。

西塘先生文集十卷　宋鄭俠撰

宋嘉定三年（1210）刻本。九行十八字。

岳王家集□□卷　宋岳霖　岳珂编

宋嘉定三年（1210）岳珂序刻本。

劍南續稿六十七卷　宋陸游撰

宋嘉定三年（1210）陸子遹嚴州刻本。

嘉定四年　辛未（1211）

周易玩辭十六卷　宋項安世撰

宋慶元戊午自序，自跋。卷末有嘉定辛未米樂章跋。按晁氏附志其子寅孫刊於建安書院

春秋繁露十七卷　漢董仲舒撰

宋嘉定四年（1211）江右計臺刻本。半葉十行，行十八字，白口，左右雙邊。刻工有王相、王禮、胡俊等人。

春秋比事二十卷　宋沈棐撰

宋嘉定四年（1211）廬陵譚月卿刻，首有陳亮序。

漢雋十卷　宋林鉞撰

宋嘉定四年（1211）滁陽郡齋刻本。九行約十五字，小字雙行三十字。白口，左右雙邊。刻工有孫湛、張喜、孫濟、張明哲等人。前有自序，又魏汝功後序。每卷首行標漢雋卷第幾，次行低二格，列目次單低四格，列篇名下接本文猶存古本之式。板心有字數及刻工姓名。自序林鉞不作越，可證延祐庚申袁桷刻本之誤。此嘉定間趙氏原刻本，板印楮墨俱極精好。卷末有淩儀趙時偘二跋記，云右漢雋十卷，亦厄於開禧兵燼，余既重刊廣曆前後集因訪求舊本，再鋟木於郡齋。嘉定辛未中秋日。書法雅殆出手蹟。卷首有希之褱古閣藏二朱印。北京圖書館藏書。

經史證類備急本草三十一卷　宋唐慎微撰

宋嘉定四年（1211）劉甲梓州刻本。半葉十一行，行二十一字。注文雙行，行二十九字。白口，左右雙邊。版式闊大，大字疏朗，有顏柳體勢，蜀刻之精者，與廣都裴氏本文選甚相類。前有嘉定四年知潼川軍府事劉甲序，

言初槧於江西，再槧於南陵，今又點勘於東
倅。蓋梓州覆刻宋淳熙十二年轉運司刊本。
此本卷中尚存淳熙十二年江西刻書銜名。鈐
有"吳仲内氏"、"吳氏家藏"二印。又楊
氏諸印。楊氏海源閣藏書，楹書隅錄未著
錄。北京圖書館藏書。

崇陵比事一卷附錄一卷　宋楊萬里撰
宋嘉定四年（1211）金陵郡齋劉錡刻本。十
行，行十八字。共一百四十四則。黃丕烈藏。

唐摭言十五卷　五代王定保撰
宋嘉定四年（1211）宜春郡齋刻本。（最佳）
凡一百有三門，述唐代貢舉之制特詳，多史
志所不及。卷末有嘉定辛未重午日柯山鄭昉
跋稱：唐以進士為重，摭言所載最為詳備，
刊宜春郡齋與好事者共之。

嘉泰普燈錄三十卷　宋釋正受撰
宋嘉定四年（1211）杭州淨慈寺刻本。半葉十行，行二十
字。白口，左右雙邊。版心有錢塘李師正刊
六字，為他書所罕見。有李信、李懷、李保、
李侍、李思忠、阮裕、張栢、宋琦、方至、

吳志、何昇、劉昭、金滋、高翼諸人。具總目一葉記「錢塘李師正刊」。前嘉定辛未黄汝霖撰正受行業，次上皇帝書，次總目。卷三十音釋後有「此板見在淨慈寺長行庫印行」二行。後有嘉泰四年三月乙酉太中大夫充寶謨閣待制致仕山陰縣開國子食邑五百户賜紫金魚袋陸游謹書二葉。宋諱缺筆至廓字止。日本帝室圖書寮藏一全帙。北京圖書館藏殘本六卷。

楚辭集註八卷辯證二卷　宋朱熹撰

宋嘉定四年（1211）楊楫刻于同安郡齋。半葉八行，行十九字。白口，左右雙邊。版心上記字數，下記刻工人名。存辯證二卷。宋諱殷、貞、恒、頊、讓、詬、慎、匡諸字均缺筆。字體秀勁，是閩版之最佳者。有門人楊楫跋："慶元乙卯楫自長溪往侍先生于考亭之精舍，時朝廷治黨人方急，丞相趙公謫死于道，先生憂時之意屢形于色。忽一日出示學者以所釋楚辭一編，楫退而思之，先生平居教學者首以大學語孟中庸四書，次而六經又次而史傳，至于秦漢以後詞章特餘論及之耳，乃獨爲楚辭解釋，其義何也？然先生終不言，楫輩亦不敢竊有請焉。歲在己巳，忝屬胄監，與先生嗣子將作簿同朝，因得録而藏之。今以屬廬文游君參校而刊於同安郡齋。嘉定四年七月朔日，門人長樂楊楫謹述。”此辯證二卷傅增湘藏。此書直齋書録解題卷十五著録僅有集註與辯證，而後語單行，正與此本同。因知此書初行之本，迨宋末始與後語並刊之。鈐有“清譽堂藏書記”、“范從楫印”

筠溪文集二十四卷　宋李彌遜撰

前有嘉定四年（1211）四明樓鑰序，卷末有其孫珏跋爲之刊板。

詳註周美成詞片玉集十卷　宋周邦彦撰　宋陳元龍注

宋嘉定四年（1211）刻本。半葉十行，行十七字。注文雙行，行字同。細黑口，左右雙邊或四周雙邊。前有嘉定辛未（四年）劉肅序。有黄丕烈校跋並題詩。北圖藏書。

詳註周美成詞片玉集十卷　宋周邦彦撰　宋陳元龍注

宋刻本，十行，行十七至十九字，注文雙行，行字同。細黑口，左右雙邊。書名題片玉幾、玉幾、葉號，下記字數。宋諱僅匡、慎二字缺筆。有朱彊邨跋稱："美成詞刻於宋世者，一為清真詩餘，見景定嚴州續志；一圈發美成詞見詞源；一清真詞見直齋書錄解題，又有溧水三英諸本皆無注，其曹杓注清真詞亦見書錄解題，書亦久佚，茲集劉必欽序，謂病舊注之簡略，遂詳而疏之，疑即據曹注本故編次與清真詞表合。黃蕘圃藏本與是本略同而劉序稱嘉定辛未其為宋刻無疑。此雖刪去嘉定辛未十許字，然叢其注語較黃本為詳明，卷五注中尤相徑庭，其為少章手自刪改，覆刻亦無疑，且當時印布較廣，故視黃本之初稿為稍漶漫，半塘老人謂元刻者，蓋未覩黃本，因標明嘉定，且有異同也。己未春莫明訓先得出以見示，漫識數語，且述是帙之遠勝黃本，固不必以印工而軒輊之也。上彊邨民孝臧記。"藏印有"毛晉"、"子晉"、"毛氏子晉"、"雪苑宋氏蘭揮藏書記"、"臣筠"、"三晉提刑"、"孫楫"、"篤航"、"張氏南伯”、“張南伯書畫印”、“朱履素書畫印”、“劉嶽之印”、“雲查”，“韓”、“玉山珠海口家”、“華韻書堂”、“遺子孫”、“子孫保之”。北京圖書館藏。

嘉定五年　壬申（1212）

周易集解十卷　唐李鼎祚撰

宋嘉定五年（1212）鮮于申之重刻于學宮。士禮居有影宋本。半葉八行，行十八字。首題易傳卷第幾，下題李氏集解。今所行十七卷本作周易集解。下云唐資州李鼎祚輯。非其舊也。前列易傳序，偁祕書省著作郎臣李鼎祚序。次載晁公武書，又次李燾書，又次鮮于侃書，又次侃子申之書。末附易略例，後載計用章序。凡遇貞、恒等字俱缺筆。此書自北宋慶曆四年臨邛計用章屬所親眉陽孫景初募工刊刻，南宋乾道二年資中郡守鮮于侃刻之學宮，嘉定五年侃子申之以版複蕪老且字小不便于覽者，乃將大字刻之漕司。此即從嘉定本影寫者，用明時戶口冊薄紙。上有嘉請五年等字。既薄且輕，反面印格摹寫工整絶倫，纖毫無誤。前有"毛褒字華伯號質庵印"、褒即毛晉長子，知為汲古閣藏書。裝潢極精，以墨箋為面，背藏經紙作截，殆所謂宣綾色角藏經箋也。凡十册。

漢隸字源五卷碑目一卷附字一卷　宋婁機撰

宋刻本，半葉五行，注雙行十七字。首洪景盧序，大字，半葉五行，行十一字。次綱目碑目，半葉九行，行十九字。白口，左右雙邊，版心上記大小字數，下記刻工人名，有劉中、張中、葛芸、江發、杜顯、李祐等人。末有附字三葉，葉尾有嘉定壬申重修題記四行："文正公集並奏議、漢隸字源歲久漫滅，嘉定壬申郡丞莆陽宋鈞重修。"書衣有何紹基跋云："此宋版字源朱笥河先生藏本，今歸道州何氏。憶得此書時與吾仲弟子毅共相欣賞。今毅殁已七年，每一檢閱，不勝愴愴。咸豐乙未二月幾望記。"鈐有"華之方印"、"大興朱氏竹君藏書之印"、"朱錫庚印"、"劍光閣印"、"道州何氏"、"何紹基印"、"子貞"等印。北京圖書館藏。

大事記十二卷通釋三卷解題十二卷　宋呂祖謙撰

宋嘉定五年（1212）吴郡學舍刻本。

歐公本末四卷　宋呂祖謙撰

宋嘉定五年（1212）嚴陵詹義民刻本。半葉九行，行十八字。白口，左右雙邊。版心上記字數及刻工姓名，有方忠、方茂、王信、王茂、吴彦、吴政、吴珙、宋琳、宋蓁、李忠、李珍、彦珍、徐宗、徐佾、徐通、濮進等人。避宋諱至敦字止。後有嘉定五年嚴陵詹義民刻書跋。書法秀美，體兼歐柳。用元延祐官冊紙所印。自書録解題以後不見於著録，真秘笈也。日本靜嘉堂文庫藏書。

宗忠簡公遺事四卷　宋王鎔輯

此書記宋将宗澤事，並以碑記題咏附焉，有嘉定五年劉克莊序。

歷代故事十二卷　宋楊次山編

宋刻本，半葉八行，行十六字。白口，左右雙邊。版心記刻工姓名，有方至、王玩、朱玩、吴志、吴椿、宋琚、高畏、陸選、趙中、劉昭、陳元等人。前有嘉定四年楊後序，標

"坤寧殿題"。(嘉定五年)。本書摘史記、前後漢書、三國志、晉書、南北史、唐書、五代史、左傳、家語、說苑、新序、國策諸書。楊次山手書上校。書法雅秀而兼疏古之意。

是書陸心源藏書志題歷代故事，楊後序亦稱歷代故事，而原目乃記諸史節要，不知何由，蓋有諸史節要歷代故事之名。四庫未收，各家書目亦未著錄。日本靜嘉堂文庫藏。

呂氏鄉約附鄉儀　宋呂大鈞撰

宋嘉定五年(1212)刻本。半葉七行，行十四字。注文雙行，行十六、七字。白口雙邊。字大如錢。版心下刻工有蔣旻、蔣瑩、沈忠、沈祀、沈森、蔡仁等人。徐乃昌得之丁氏持靜齋。

容齋隨筆十六卷續筆十六卷三筆十六卷四筆十六卷五筆十卷　宋洪邁撰

宋嘉定五年(1212)洪伋章貢郡齋刻本。補配明會通館活字銅版印本。隨筆、續筆為宋刻本，半葉十行，行二十一字。白口，左右雙邊。版心上記字數，下記刻工姓名，有蕭諒、鄧鼎、黄珍、蕭文趑、文趑、蕭譚、蕭文顯、文顯、黄遇、黄寬、劉源、奇湮、方源。此書涵芬樓印入四部叢刊續編。繆荃孫跋稱：容齋隨筆、續筆三十二卷，宋嘉定刻本，半葉十行，行二十一字。上有刻工姓名，題下四格，卷後書名空二行，皆宋板例。貞元、貞觀、貞定、貞惠並作正，桓公作威公，魏公徵作魏證，殷武作商武，顓頊作顓帝，慎戒作謹戒，完顏亮作元顏亮，匡、朗、勗、樹、玄、弘、讓、殷、徵則缺筆，慎、貞缺二筆，與他宋本不同。蘇州市圖書館藏初、二集各十六卷。

容齋隨筆十六卷續筆十六卷三筆十六卷四筆十六卷五筆十卷　宋洪邁撰

宋嘉定五年(1212)江西提刑司刻本。

楚辭集注八卷辯證二卷後語六卷　宋朱熹撰

宋刻本，半葉九行，行大小皆十八字。通體完善，字大悅目。惟序首　序首一葉影宋抄補字極工。後語末有子在跋及嘉定壬申(五年)鄒應龍後序。蓋南宋槧初印本，鐫刻精善，裝池古雅可寶。卷一卷四卷七辯證上有源字印，無姓不可考。

范文正公文集二十卷別集四卷　宋范仲淹撰

宋嘉定五年（1212）鄱陽郡齋刻本。元天曆歲寒堂重刻此本。半葉十二行，行二十字。白口，左右雙邊。版心上記字數，魚尾下記文正集卷幾，下記葉數，最下記刻工姓名。前有蘇軾序，別集後有乾道丁亥鄱武俞翊跋，淳熙丙午北海綦煥跋。跋後有嘉定壬申仲夏重修一行，官銜二行："朝奉郎通判饒州軍州兼管內勸農營田事宋鈞，朝請大夫知饒州軍州兼管內勸農營田事趙旧識。"

范忠宣集二十卷　宋范純仁撰

宋嘉定五年（1212）台州州學刻本。

范忠宣集二十卷　宋范純仁撰

宋嘉定五年（1212）沈圻刻本。半葉十二行，行二十字。前有四明樓鑰序，又嘉定辛未姪孫范之柔跋，又嘉定壬申沈圻、廖視、陳宗衛三跋。忠宣集是初印本而紙墨頗劣，永州地僻之窳，與宋本佳刻相去懸殊。觀序跋疑是單行，不與元天曆歲寒堂同。陸存齋以此書爲嘉定刻本，而永州地僻，刻工不精，近人書目，但録元天曆刊二范本，未見此刻，當用陸説定爲宋本。

象山集二十八卷外集四卷附語録四卷　宋陸九淵撰

宋嘉定五年（1212）江西提舉倉司袁燮刻本。宋史藝文志、文獻通考並作象山集二十八卷，外集四卷，總計之，與燮所刊本卷數相符。

象山先生文集二十八卷外集四卷　宋陸九淵撰

宋嘉定五年（1212）陸持之刻本。

止齋先生文集五十二卷　宋陳傅良撰

宋嘉定五年（1212）永嘉郡齋徐鳳刻本。前嘉定戊辰曹叔遠序。後嘉定癸酉曹叔遠跋。跋後有木記："嘉定壬申郡文學徐鳳鋟板於永嘉郡齋。"半葉十三行，行二十五字。北京大學圖書館藏有此書。

友林乙稿一卷　宋史彌寧撰

宋嘉定五年（1212）四明史氏家刻本。半葉八行，行十六字。白口，左右雙邊。版心書名題反乙二字，上記字數，下記刻工姓名，有李春、之先二人，餘為發、樟、嚴、成、春、先、之各單字。宋諱玄、弦、絃、泫、禎、勗等缺筆。首葉題作者姓名寧字亦缺末筆，疑係史氏後裔家刻避其人之諱。黄丕烈舊藏，百宋一廛賦著録稱，真本流麗娟秀兼饒古雅之趣，在宋集中別有風神，故目為逸品云云，展卷把玩良不虛也。藏印有“式男”“天錫收藏”、“寂仲子”、“中書”、“學古”、“開卷一樂”、“汪士鐘讀書”、“士鐘”、“閬源父”、“三十五峯園主人”、“汪印文琛”。此本已影印行世。北京圖書館藏。

唐詩紀事八十一卷　宋計有功撰

宋嘉定壬申（五年）王禧序云，慶元辛酉始得是書，命吏傳録翻閲累年手自讐校及鋟之於懷安郡斋。

呂聖求詞一卷　宋呂濱老撰

直斋書録解題載詞一卷與此合。前有嘉定壬申趙師岌序，稱其詩寫憂國之思則婉媚深窈視美成耆卿伯仲耳。秦少游又稱其詠梅詞不減東坡。而集中不載。毛晉補錄於汲古閣刊本跋尾。

白石道人歌曲四卷別集一卷　宋姜夔撰

宋嘉定五年（1212）刻於雲間。

按：序為嘉定壬戌，無此年號，疑為壬申之誤。

嘉定六年　癸酉（1213）

六經　周易、尚書、毛詩、周禮、儀禮、春秋

宋嘉定六年（1213）國子監刊定。

大易粹言十二卷　宋曾穜撰

宋嘉定癸酉（六年1213）張嗣古重修本。

春秋經傳集解三十卷　晉杜預撰

宋嘉定六年（1213）臨川郡江公亮刻本。半葉八行，行十七字。

春秋後傳十二卷　宋陳傅良撰

宋嘉定六年（1213）施械永嘉郡齋刻本。傳有宋殘施械本。

附釋文互注禮部韻略五卷

宋刻本，半葉十行，行小字四十，大字一當小字四。白口，左右雙邊。版心上記字數，

下記刻工姓名。卷五後有牌子"嘉定六年四
月望鋟板於雲間洞天"。鈐有"玉蘭堂"、"梅
谿精舍"、"季振宜讀書"、"滄葦"、"乾
學"、"王雲私印"諸印記。此書為揚州何
氏舊藏，當為第一刻本，瞿氏藏本恐尚在後。
五卷末嘉定牌子恐是後人補刻，其實刻本尚
在前，或高、孝宗時所刻。

史記正義一百三十卷　漢司馬遷撰　唐張守節
正義。
宋嘉定六年（1213）萬卷樓刻本。

史記集解索隱一百三十卷　劉宋裴駰　唐司馬
貞撰
宋嘉定六年（1213）萬卷樓刻本。

嘉定鎮江志二十二卷　宋盧憲撰
清張金吾云原書不著撰人名氏，則成於嘉定
癸酉（六年1213）。直齋書錄解題為三十卷。

涇川志三卷　宋王栐撰
直齋書錄解題：宋嘉定六年（1213）癸酉趙
南塘為序。

忠經一卷　題漢馬融撰

宋嘉定六年（1213）張革刻本。前有黄震序，後有乾道己丑陳欽跋。嘉定六年張革跋。有嘉慶庚申竹汀居士錢大昕觀款。道光丙戌心青孫原湘觀款，道光庚寅陽山邵淵耀觀，並錢天樹、王宗誠、李兆洛題識三則。錢天樹跋稱：“李長為漢南太守比擬孝經而作是書其有功於名教不淺。讀書敏求記云，鄭司農為注，是本黄震序，後有標題一行云，忠經篆注，然祇有一十八體篆書，并釋文而注御無之，張革重為校正刻於嘉定六年。此係宋本且以各體篆文書刻尤為不可多得秘籍也。嘉興錢天樹跋。”收藏印有：葉盛、文嘉、休永、孫從添、吳岫、錢曾、白陽山人各印。

棠陰比事一卷附錄一卷　宋桂萬榮編

宋嘉定六年（1213）金陵郡齋刻本。有嘉定辛未張虙序，四明桂萬榮自序。

周髀算經二卷附音義一卷　題漢趙君卿注　北周甄鸞重述　唐李淳風注釋　宋李籍音義

宋嘉定六年（1213）鮑澣之汀州刻本。半葉九行，行十八字。細黑口，四周雙邊。卷末有北宋元豐七年校進諸臣銜名六行，又有嘉定六年知汀州鮑澣之後跋，毛斧季因謂此係元豐七年秘書省刊板，绝非事實。毛氏汲古閣抄本，即據此本影抄。影抄本有刻工傅文、葉才、蔡文、吴顯、嵬甫、嵬才、葉全、葉定、蔡政、陳文、何全。上海圖書館藏此宋刻本。故宫博物院藏汲古閣影寫宋刻本。

九章算經五卷　魏劉徽注　唐李淳風等注釋

宋嘉定六年（1213）鮑澣之汀州刻本。半葉九行，行十八字。細黑口，左右雙邊。嘉定六年知汀州鮑澣之刻古算經之一。存卷一至卷五，凡五卷。天祿琳琅舊藏毛氏汲古閣抄本，即據此本影抄。上海圖書館藏。毛氏汲古閣抄本有刻工游旻、徐子成、徐成、魏信、徐定、余太、餘房單字有定、旻、全、俞、太等。故宫博院藏汲古閣抄本亦存五卷。

張丘建算經三卷　北周甄鸞、唐李淳風注　唐劉孝孫細草

宋嘉定六年（1213）鮑澣之汀州刻本。九行，行十八字。細黑口，左右雙邊。嘉定六年知

汀州軍鮑澣之刻古算經之一。毛氏汲古閣抄本，即據此本影抄。原爲徐氏傳是樓藏書，今分藏上海圖書館、北京大學圖書館。故宮博物院藏毛氏汲閣影抄本有刻工余仲成、仲成、傅汶、媿茂、媿中、媿元。

孫子算經三卷　唐李淳風等注

宋嘉定六年（1213）鮑澣之汀州刻本。半葉九行，行十八字。細黑口，左右雙邊。嘉定六年知汀州軍鮑澣之刻古算經之一。毛氏汲古閣抄本，即據此本影抄。上海圖書館藏。故宮博物院藏毛氏汲古閣影宋抄本。刻工有傅璋、丁用、陳圭、傅。

五曹算經五卷　唐李淳風注

宋嘉定六年（1213）鮑澣之汀州刻本。半葉九行，行十八字。細黑口，左右雙邊。版心下記刻工姓名：葉全、葉才、葉定、孫政、王定、何全、傅文、陳文、吴顯、魏信。卷末有北宋元豐七年九月日校定，教授宣德郎秘書省校書郎臣葉祖洽上進，五曹算經一部共一册，附校勘銜名數行。又嘉定六年鮑澣之序。嘉定六年知汀州軍鮑澣之刻古算經之一。毛氏汲古閣抄本，即據此本影抄。北京大學圖書館。故宮博物院藏有毛氏汲古閣影抄本。

夏侯陽算經三卷　〔夏侯陽　北周甄鸞注

清康熙間毛氏汲古閣影寫宋嘉定六年鮑澣之汀州刻本。半葉九行，行十八字。版心僅數葉上記字數，下記刻工姓名，有蕭子、子、俞、魏信、俞左、何正、定、葉定。故宮博物院藏。

緝古算經一卷　唐王孝通撰並注

清康熙間毛氏汲古閣影寫宋嘉定六年鮑澣之汀州刻本。半葉九行，行十八字。白口，左右雙邊。版心上記字數，下記刻工人王定。有毛氏印及天祿繼鑑諸璽。故宮博物院藏。已印入天祿琳琅叢書第一集中。

數術記遺不分卷　題漢徐岳撰　北周甄鸞注

宋嘉定六年（1213）鮑澣之汀州刻本。半葉九行，行十八字。細黑口，左右雙邊。此書南宋初已罕見，鮑澣之於三茅寧壽觀道藏中抄得，嘉定六年刻於汀州，遂傳於世。是書鈐有"徐乾學印"、"黄金滿籯不如一經"、"傳是樓"、"健菴收藏圖書"等印。北京大學圖書館藏。

算學源流一卷　不著撰人

宋嘉定六年（1213）鮑澣之汀州刻本。半葉九行，行十八字，细黑口，左右雙邊。後有嘉定五年鮑澣之跋。刻印極精，蓋與數術記遺等書均嘉定汀州刻本。鈐有傳是樓印。北京大學圖書館藏。

楚辭八卷　宋朱熹集註　辯證二卷　宋朱熹撰
反離騷一卷　漢揚雄撰

宋嘉定六年（1213）章貢郡齋刻本。半葉七行，行十五字，注文雙行，行字同。白口，左右雙邊。嘉定六年王渗刻於章貢郡齋，章貢即今江西贛州。後附揚子雲反離騷。存六卷，首二卷清人抄補。刻工鄧鼎乃當時吉州地區名匠。此為本書傳世最早刻本。北京圖書館藏。

曹子建文集十卷　魏曹植撰

宋嘉定六年（1213）刻本。半葉八行，行十五字。白口，左右雙邊。版心下記刻工姓名，王彥明、劉世寧、世寧、徐仲、劉祖、陳朝俊、李安、于宗、之先、葉才、陳俊、高信、王明等，餘為單字或姓或名。四庫全書總目為嘉定六年刻本，蓋即文獻通考所載十卷本。版刻精妙，字大悅目，杭州王氏藏書，係黃麻紙所印。此帙涵芬樓影入續古逸叢書。

梁溪先生文集一百八十卷　宋李綱撰

宋嘉定六年（1213）邵武軍刻本。半葉九行，行二十字。白口，左右雙邊。卷中敬、廓字注光宗廟諱，今上御名。陳彭壽跋稱："忠定公三朝耆德，彭壽願執鞭而可得，公符樵北適在鄭鄉，公之去世六十載，英風義概，凜凜如存。敬以公所著刊於郡齋。若夫出處大節，前輩諸公言之詳矣。彭壽竊附名以托不腐。嘉定癸酉立秋日天台陳彭壽書。"上海圖書館藏三十八卷，為黃氏士禮居舊藏，百宋一廛賦著錄，疑即此本。

龍川文集四十卷　宋陳亮撰

宋嘉定六年（1213）邱真長刻於金華州學。

蓮峰集三十卷　宋史堯弼撰

宋嘉定六年（1213）史師道刻本。宋嘉定癸酉任清叙曰，舊集湮沒，今蓮峰兄之嫡孫師道取而再刊之。又乾道丙戌荀齋言，所著文凡三十卷，刊出與衆共之。此跋不署名氏，當是初刊之歲（乾道二年），並與再刊俱已不傳。其卷不同，蓋今之傳鈔卷也。

嘉定七年　甲戌（1214）

嘉定吏部條法總類

宋嘉定六年（1214）二月頒行。

列女傳七卷續列女傳一卷　漢劉向撰

宋嘉定七年（1214）建安余氏勤有堂刻本。是一部有完整木刻插圖刊本，它採用上圖下文插圖形式，已形成了建陽插圖本的風格，是版畫史上的重要作品。

莆陽比事七卷　宋李俊甫撰

宋嘉定七年（1214）福清林瑑書莆田刻本。林瑑書刊書跋云："僕至郡之三月，李君幼杰來訪，出其書一編，閱之莆陽比事綱目也。

其言才千有餘，其事上下千百年間可法、可勸、可喜、可愕，無所不有，於是嘉其亡，嘆其勤也。命工就錄全帙，延訪儒生往復訂正，凡逾年而書始成，乃鋟木以傳……嘉定甲戌四月下浣王融休璩書於儒雅堂。”

通鑑總類二十卷　宋沈樞撰

宋嘉定潮陽刻本。半葉十一行，行二十二字，細黑口，版心刻門類，上記字數，下記刻工姓名，有平江張俊刋、陳仁、大、王、趙、可、原等。嘉定七年樓鑰序。

新吳志二卷　宋張國均撰

直齋書錄解題：新吳志，篇名。嘉定甲戌序刋。

農書三卷　宋陳旉撰　蠶書一卷　宋秦觀撰

宋嘉定七年（1214）真州郡齋刻本。

酉陽雜俎二十卷　唐段成式撰

宋嘉定七年（1214）周登刻本。

愧郯錄十五卷　宋岳珂撰

宋嘉定七年（1214）鄭定嘉興刻本。半葉九行，行十七字。白口，左右雙邊。版心上記字數，下記刻工姓名，有曹冠英、曹冠宗、曹翁宗、石昌、劉昭、劉典、馬祖、馬烈、王顯、王遇、王信、王寶、王中、王椿、王壽、丁松、丁祐、丁良、朱春、金滋、金祖、董澄、李仁、李涓、蔣榮、蔣榮祖、吳彬、吳松、沈昌、沈敏、沈思恭、宋先、宋芾、宋祥、宋琴、尤仁、范文、范中、唐貴、唐亮、方先、林芽、吳椿、高文等人。前有嘉定焉逢淹茂歲圉如既望序，序後題嘉定焉逢淹茂梓於禾中。海源閣楊氏藏，有徐乾學、吳和藏印。此書已卯入四部叢刊續編中。

桯史十五卷　宋岳珂撰

宋刻元明遞修本。半葉九行，行十七字。黑口，左右雙邊。嘉定閼逢閹茂自序。刻工有王通、王顯、朱芾、宋芾、宋琴、沈良、沈能、吳懋、周恭、蔣興祖、劉昭等。北京圖書館藏。

雲谷雜記四卷首一卷末一卷　宋張淏撰

宋嘉定五年楊楫序，嘉定七年章穎序。

王荆文公詩註五十卷　宋王安石撰　李壁註

宋撫州刻大字本。半葉七行，行十五字，注文雙行。白口，左右雙邊。版心上記大小字數，下記刻工姓名。卷中註語間有剜補擠寫者，各卷後庚寅增注及抽換之葉，即曾極景所補。前嘉定七年魏了翁序，以手書上板。其門人李西美以是書板行。此本今存十七卷。吳興劉氏嘉業堂藏凡六册。板心刻工嚴思敬與撫州本周易合。

歐陽修撰集七卷　宋歐陽澈撰

宋嘉定七年（1214）臨川胡衍刻本。

嘉定八年　乙亥（1215）

西漢會要七十卷　宋徐天麟撰　存八卷

宋嘉定建寧郡齋刻本。版式闊大，半葉十一行，行二十字，注文雙行，行字同。細黑口，左右雙邊。版心上記大小字數，下記刻工姓名，有余仁、余士、余岩、李生、吳才、廣安、余李、葉滇、范志、應祥、速子及劉、周、葉、思、魯、慶、堅、奎、王、西、吳仁、呂、傳各一字。西漢會要四庫所據出傳鈔本，各家書目多不見著錄，惟莫友芝經眼錄稱見應敏齋寶時藏宋刻本，乃馬笏齋玉堂故物，旋歸之持靜齋丁氏。上海圖書館藏宋嘉定建寧郡齋刻元明遞修本。

速川志十卷　宋陶武撰

直齋書錄解題：宋嘉定乙亥（八年1215）刊

剡錄十卷　宋高似孫撰

宋嘉定八年（1215）史安之刻本。（嵊縣志）今惟有清代翻刻本。嘉定八年歲次乙亥縣人鄞人史安之序，剡錄十卷。錄皆高氏所作。凡山川、城池、版圖、官治、人傑地靈，佛廬仙館、詩經畫史、草目蟲魚無所不載。度此板可支百年，後之人毋以印刷而輒廢此書也。嘉定八年歲次乙亥縣人鄞人史安之序。

緯略十二卷　宋高似孫撰

影宋本。半葉十二行，行二十二字。前有嘉定乙亥（八年）似孫自序。首題緯略卷幾，次行高似孫續古集，每卷有總目。此書著錄家無宋本。

補漢兵志一卷　宋錢文子撰

宋嘉定八年（1215）王大昌刻本。半葉七行，

行十三字。嘉定甲戌門人陳元粹序，又乙亥
王大昌跋。後有鋟板淮南漕廳益廣其傳一行。

劉忠肅救荒錄五卷　宋劉居仁撰
宋嘉定八年（1215）真德秀刻本。

晦庵先生朱文公語錄四十三卷　宋朱熹撰
宋嘉定八年（1215）李道傳池州刻本。半葉
十行，行二十字。白口。左右雙邊。版心上
記字數，下記刻工姓名，有王亨、蔡浩、阮
瓊、陳新、吳椿、張成、劉大明、楊雍、詹
悅、王明、葉正、王震、吳志、劉昭、王元
壽、葉茂、田良、朱檜年、黃昌、董先、侯
琦、仲文子。

童蒙訓三卷　宋呂本中撰
宋嘉定八年（1215）金華呂氏祠堂刻本。樓
昉序：客授金華太守邱公先生語次及此書，將
求善本刊之官學或太史祠中，使流布於世。
因從臾成之曰，書出於呂氏刻於祠堂宜也。
會公有民當乃出錢五萬，以從初約呂兄巽伯
喬年家所藏本最爲精密，前此長沙郡龍溪學
宮嘗鋟木而訛舛特甚。巽伯又是正而刊之，

庶幾可以傳矣。（嘉定乙亥）。

蘆浦筆記十卷　宋劉詩昌撰

宋嘉定八年（1215）六峰縣齋劉詩昌自刻本。書末有嘉定乙亥自跋稱捐俸刻於六峰縣齋。則當為縣令，但六峰不知為何地。前有嘉定癸酉自序。

楚辭集註　宋朱熹撰

宋嘉定間（約1215）刻本。刻書地區為湖北陽新。北京圖書館藏。劉少山先生捐贈。

玉臺新詠十卷　陳徐陵編

宋嘉定八年（1215）陳玉父刻本。半葉十五行，行三十字。明崇禎六年趙均小宛堂刻本。十五行，行三十字。細黑口，左右雙邊。前徐陵序及宋永嘉陳玉父序。次崇禎六年吳郡寒山趙均刊書序，稱詳加對證。此本據宋本覆刻，在傳世諸本中號為精善，然據馮班跋稱，所據宋本是麻沙本，紕繆甚多，趙氏所改亦得失參半。又謂宋本行款參差不齊，趙刊整齊劃一云云。則亦未為盡善也。

二馮先生集四十五卷　宋馮山　馮獬撰

宋嘉定八年（1215）瀘州周銳刻本。馮安岳~~岳~~集三十卷，今僅存詩十二卷，餘已佚。澥集何惠固彥序，澥集則全佚。

呂氏家塾增注三蘇文選二十七卷　宋蘇洵　蘇軾　蘇轍撰　存卷一至八。

宋嘉定八年（1215）建安蔡文子刻本。卷首題"東萊先生呂祖謙伯恭選撰"，"建安蔡文子行之增注"。全書二十七卷，選書策史論為多，以備士子帖括之用。合三蘇選一百二十餘篇。宋刻本，半葉十四行，行二十五字，注文雙行，細黑口，左右雙邊。宋諱不避，遇宋帝空一格。版心題"文一"等字。前有嘉定乙亥重午日武夷隱吏序。疑即當時所刊。鈐有"毛晉"、"部中堂庚寅年收書印"等。

嘉定九年　丙子（1216）

五經正義　周易正義十四卷　尚書正義二十卷　毛詩正義四十四卷　禮記正義七十卷　春秋左傳正義三十六卷　唐孔穎達撰

宋嘉定九年（1216）興國軍學刻。聞人模書後云：

"本學五經舊板，乃僉樞鄭公仲熊分教之日所刊，實紹興壬申歲也。歷時滋久，字畫漫滅，且缺春秋一經。嘉定甲戌（七年），有孫緯來貳郡，嘗商略及此，但為費浩瀚，未易遽就。越明年，司直趙公師夏，易符是邦，模因有請，慨然領略，即相與捐金出粟。模亦撙節廩士之餘，鳩工鋟木。書將成，參院葉公凱下車觀此，且惜五經舊板之不稱，模於是併於守貳，復得工資。更帥主學權幕沈景淵同計置而更新之。迺按監本及諸路本而校勘，其一二舛誤。併考諸家說而訂正，其偏旁點畫，粗得大概，庶或有補於觀者云。嘉定丙子年正月望日聞人模敬書。"

韓　韓詩外傳十卷　漢韓嬰撰

宋嘉定九年（1216）楚黃錡材刻本。半葉九行，行十七字。

春　春秋經傳集解三十卷　晉杜預撰　附音義一卷　唐陸明德撰　經傳識異三卷　宋聞人模撰

宋嘉定九年（1216）興國軍學刻本。半葉八行，行十七字。白口。左右雙邊。版心上記字數，下記刻工姓名，有王純、王璉、朱大成、吳仁、吳彥、余永、余份、彥章、胡甫、姚臻、高山甫、高隽、高顯祖、徐文、張成、張道、陳壽、詹仲、詹英、鄧壽、蔡祥、劉永、劉全等人。中記左氏幾。卷三十後記：經凡一十九萬八千三百四十八言，注凡一十四萬六千七百八十八言。後附經傳識異四葉，後列校書官銜名五行：“從事郎興國軍判官沈景淵、迪功郎興國軍軍學教授聞人模、朝奉郎通判興國軍兼管內勸學營田事鄭樺、朝奉郎前權發遣興國軍兼管內勸學營田事趙師夏、奉議郎權發遣興國軍兼管內勸學營田事葉凱。”有聞人模跋：“本學五經舊板乃僉樞鄭公仲熊分教之日所刊，實紹興壬申歲也。歷時浸久，字畫漫滅，且缺春秋一經。嘉定甲戌夏，有孫緝來貳郡，嘗商略及此，但為費浩瀚，未易遽就。越明年，司直趙公師夏易符是邦，模因有請，慨然領略，即相與捐金出粟，模亦撙節廩士之餘，鳩工鋟木。書將成，奏院葉公凱下車觀此，且惜五經舊板之不稱，模於是併精於守戴，後得工費，更帥主學糧幕掾沈景淵同討置而更新之，廼按監本及參諸本而校勘其一二舛誤，併考諸家宋說而訂正其偏旁點畫，粗得大概，庶或有補於觀者云。嘉定丙子年正月望日聞人模敍書"。下列各卷均係鈔配：莊公第三、閔公第四、昭元第二十、昭二第二十一、昭七第二十六、定上第二十七、定下第二十八。鈐有"枝山"、"允明"、"文炳珍藏子孫永寶"、"金澤文庫"諸印。日本帝室圖書寮藏，北京圖書館藏卷二十二，餘卷俱缺。此書楊守敬及日本島田翰、森立之等，均謂此本最善，非該書其它宋本所能及也。

春秋經解十三卷　宋孫覺撰

宋嘉定丙子（九年1216）汪綱刊於新安。另有宋邵武刻本。佚。

建炎以來朝野雜記甲集二十卷、乙集二十卷　宋李心傳撰

宋嘉泰二年自序，乙集嘉定九年為序。

活人事證藥方二十卷　宋劉信甫編

宋嘉定九年（1216）建安余恭禮宅刻本。半葉十一行，行二十一字。细黑口，左右雙邊。前總二葉半葉六行，列諸風、諸氣、傷寒、虚勞，補益、婦人、脾胃、水腫、瀉痢、喘嗽、小腸氣、脚氣、頭風、痔漏、癰疽、瘡瘍、補損、小兒、消渴、通類凡二十門。嘉定丙子從政郎新監行在惠民和劑局葉麟之棠伯序。半葉八行。序後有牌子一行："建安余恭禮宅刻梓"。本書標題加"桃溪居士"四字。總目標題後有牌子"余幼習儒醫長游海外凡用藥救人取効者及秘傳妙方隨手抄錄集成部帙分為門類計二十餘卷每方各有事件引證皆可取信于人並係已經試驗之方為諸方之祖不私于己以廣其傳庶使此方以活天下也桃溪居士劉信甫編"。目錄前有牌子："藥有金石草木魚蟲禽獸等物其出温涼寒熱酸鹹甘苦有毒無毒相反相惡之類切慮本草浩繁卒難檢閱今將常用藥性四百餘件附于卷首庶得易於辨藥性也"。收藏印記有："吉口氏藏"、"芽櫻書院"、"伊澤氏酌源堂圖書記"、"積意館藏書記”。以上日本人印。“陳介海外搜奇印記”、“淳化館主珍藏”、“周暹”、“鄭□□”、“譚駒”。此書卷首共有三牌記，敘述編著緣由，刊刻人，目錄體例甚詳，在宋板書中爲罕見，刊刻者“建安余恭禮宅”，爲目前所知的孤證。存一册，含卷首總目，著者牌記，序言，刻書牌記、目錄歌訣藥性解説等。此書並海內外孤本，且爲早年流傳至日本之中土佚書。清末楊守敬在日本訪書發現，以後由國人購歸。民國曾經著名藏書家周叔弢、莫伯驥等人遞藏。

活人事證方後集二十卷

宋刻本。半葉十一行，行二十一字。目錄首有題言。日本雲川僕藏。

小兒衛生總微論方二十卷　不著撰人

宋嘉定丙子（九年1216）太醫局刻本。

新編分門標題皇鑑箋要六十卷　宋林駉撰

前有嘉定丙子（九年）林駉德頌序。是書久佚。諸家書目俱未著錄。分門編纂曰君德、君政、官制、貢舉。科目曰用人、臣道、儒

學、兵制、賦役、財用、荒政、時弊凡十三
門，每門又各分類，每類為一篇。

溫隱居海上仙方一卷　宋溫大明撰
宋嘉定九年(1216)刻本。書成於嘉定間，溫氏
自序署"嘉定丙子(九年)中秋日"。

嘉定十年丁丑(1217)

厚齋易學五十卷附錄二卷　宋馮椅撰
宋嘉定十年(1217)自序。宋刻久佚，有文
瀾閣抄本。

儀禮經傳通解三十七卷續二十九卷　宋朱熹撰
門人黃幹訂
宋嘉定十年南康道院刻元明遞修本。半葉七
行，行十五字，注文雙行同，細黑口，左右
雙邊。版心上記字數，下記刻工姓名，有胡
宗、胡景、胡桂、胡興、胡果、王文、吳元、
吳仁、馬忠、虞全、余千、翁達、蔡延、蕭
杰、劉永、劉立、劉斌、劉才、劉生、陳元、
陳甲、范仁、范圭、虞丙、虞生、阮才、考
友、秦淳、藍萬等人。據序為嘉定十年丁丑
南康道院刻本。北京圖書館藏。

四書章句集註二十八卷　宋朱熹撰

半葉八行，行十五字，白口左右雙邊。論語集註十卷序説一卷，孟子集註十四卷序説一卷。以上宋嘉定十年當塗郡齋刻嘉熙四年淳祐八年十二年遞修本。中庸章句一卷，大學章句一卷。以上淳祐十二年當塗郡齋刻本。北京圖書館藏。

會稽三賦注一卷　宋王十朋撰　周世則注　史鑄

宋刊本，大版心，半葉九行，行十八九字，注三十至三十二字不等。注中有注，白口，左右雙邊。版心有"三賦"二字，上方分注大小字數，下方間記刻工姓名，有劉元、瞿宏。左闌外有耳，記"風俗"、"民事"、"蓬萊"等字。增注用陰文別之。宋諱廓字缺末筆，更加墨圍。字仿歐體，雋整可喜。間有補刊之版，則殊樸拙，然亦在宋元間。三賦者首為會稽風俗賦，題剡谿周世則注，郡人史鑄增注。次為民事堂賦，次為蓬萊閣賦，皆題愚齋處士注，即鑄也。三賦作於紹興丁丑官越簽幕時，不載梅溪集中。前有愚齋史鑄序，題嘉定丁丑，距作賦時正甲子一周。此書宋刻流傳有二本：一爲三卷，見於蕘圃題識，今藏日本靜嘉堂文庫，鐵琴銅劍樓瞿氏所藏嚴元本正與之同；一爲不分卷，楹書隅錄之季滄葦本，丁氏善本書目之影寫本，道光丁酉杜春生之翻刻本及此本是也。杜本，丁氏本皆云出於朱卧庵所藏，今不知流轉何所。黄蕘圃生平所見四本，惟顧八愚一本尚藏海源閣中，然則此册可與南瞿北楊鼎足而立矣。北京圖書館藏。

脉經十卷　晋王叔和撰

宋嘉定十年（1217）何大任刻本。半葉十二行，行二十字。卷首載林億等校定脉經序，並王叔和原序。末載熙寧元年二年進呈鏤板銜名，紹聖元年三年國子監牒文銜名及嘉定丁丑濠梁何大任後序，稱家藏紹聖小字本，歲陳漫滅，博驗群書正其誤千有餘字，鳩工劂刻。蓋是書初刻於熙寧至紹聖間，由大字本開作小字本，而此本又從小字本重雕。首尾完具，鐫刻精良，爲醫書中之秘籍。

北磵文集十卷　宋釋居簡撰

宋嘉定十年（1217）崔尚書宅刻本。半葉十四行，行二十四字，小字雙行，行三十三四字。白口，左右雙邊。版心書名署文幾，疑當時必與詩集同刻，上記字數，下記刻工姓名，只有徐珙、馬良、賈義、蔣榮祖四人，餘者或名或姓各單字。前有嘉定丁丑十月望日盱江張自明誠子敘，次永嘉普觀□間宣子跋，跋後有牌子："崔尚書宅刊梓"。居簡字敬叟，生潼川，居北磵久，人因以名之，遂以名其集。宋代釋子能文者，一契嵩著有鐔津集，二惠洪著有石門文字禪，居簡爲文自成一家，置二子之間，適成鼎足之勢。鈐有毛晉、曹楝亭藏印。北京圖書館藏。

北磵詩集九卷　宋釋居簡撰

宋崔尚書宅刻本。半葉十四行，行二十四字白口，左右雙邊。版心上記字數，下記刻工姓名，有史儀、馬良、馬祖、賈義、婁成等日本德富氏成簣堂文庫藏。

北磵詩集九卷文集十卷外集一卷　宋釋居簡撰

日本五山翻宋崔尚書宅刻本。半葉十四行，
行二十四字。白口，左右雙邊。版心上記字
數，下記刻工姓名。文集後有牌子一行："崔
尚書宅刊梓"。

嘉定十一年 戊寅（1218）

鄂公金陀粹編二十八卷 宋岳珂輯
宋嘉定十一年（1218）岳珂自刻於嘉興。自
序珂試守檇李之明年始刻家世蘇天之書於郡
塾，即漢劉佩章之義粹五編為一命之曰金陀。
（嘉定著雍攝提歲）。戴洙後序，岳忠武王
之孫有名珂者，彙集王之豐功茂績，著為金陀
粹編凡若干卷，其板舊刊之嘉禾，歲久板脫
壞無存，其文藏諸民間者，又遺闕而無全書。
省府經歷君佑之，乃為之徧求四方，得其殘
篇斷簡，參互考訂，合其次第，始克成書。復
得續集五卷於平江，蓋江西本也。通為□□
□比前尤詳，於是將刻梓於平章相國大新祠
堂之後，郎史陳君初庵為序。

衡州圖經三卷 宋孫德輿撰
直齋書錄解題：宋嘉定戊寅（十一年）刊。

致堂讀史管見三十卷　宋胡寅撰

宋嘉定十一年（1218）衡陽郡齋刻本。半葉十二行，行二十三字。白口，左右雙邊。版心上記字數，下記刻工姓名，有尤經、文口。嘉定十一年胡大壯序。宋諱慎、惇皆缺筆。宋嘉定戊寅其孫胡儒與將原書八十卷并為三十卷于衡陽開雕，與晁氏讀書志合。此為南宋讀史管見的第二刻本。

致堂讀史管見三十卷　宋胡寅撰

宋衡陽本、宛陵本合一。半葉十二行，行二十三字。版心上記字數，下記刻工姓名。書名署管見二字者多，其署全名加讀史二字，僅最前四卷，宛陵覆本，版口微短，餘無差異。是書成於紹興乙亥，閱二十七年為淳熙壬寅，其子大正刊於溫陵，是為最初刊本，凡八十卷。又閱三十六年為嘉定戊寅，其孫儒與併為三十卷，刊於衡陽，有猶子大壯序，與晁氏讀書志合。又閱三十六年為寶祐甲寅，劉震孫重刻於宛陵，姚牧菴重刊是書序，所謂歸於興文署之宣本。是本前後殊不一律，卷

一、二，卷三之半，卷四、卷七、八，卷十一、十二為衡陽刻本，其餘各卷，則以宛陵覆本為配。衡陽本刻工有曾大中、曾大有、周世先、楊琮、楊康民、楊辰、劉文、吳才、余有等。餘二十二卷刻工有尤達、王鼎、楊思成、文生、危文、畢中、必成、曹仪、劉拱、趙清茂、劉元吉、程成、吳宣甫、劉君叟、王杞、鍾季升、王桂、王宜忠、曹文仲、康年、尤涇、陳綉等。彼此無一同者，可為確證。宋諱玄、郎、匡、貞、楨、徵、讓、樹、澍、煦、桓、慎、惇，數字均避。書刻於寧理二宗之世，而廟諱至光宗為止，殆鋟刻時失於追補。藏印"季振宜藏書"、"崑山徐氏家藏"、"乾學"、"健菴"。涵芬樓藏。

華嚴經隨疏演義鈔六十卷

宋嘉定戊寅（1218）刻本。嘉定戊寅八月癸亥紫陽正庵僎識。

方是閑居士小稿二卷　宋劉學箕撰

宋嘉定十一年（1218）刻本，元刻本有嘉定十年趙蕃序，又十一年趙必愿序。

嘉定十二年己卯（1219）

資治通鑑綱目五十九卷　宋朱熹撰　存二十七卷

宋嘉定十二年（1219）溫陵郡齋刻本。半葉八行，行十七字，大小字同。白口，左右雙邊。版心雙魚尾，上記大小字數，下記刻工姓名，所存卷內有王中、李湞、潘亮、潘太、李文、李洽、李合、李千、李遷、曾立、蔡義、王友、丁方、黃光、楊恭、高宣、周明、李養、明義、虞全、虞文、吳中、蔡中、虞丙、范寓、葉永、余才、陳智、劉興、蘇定、江文、朱文、陳新、李元諸人。惟卷第九每葉均加千字文爲號，其刻工爲松年、馬祖、毛祖、王渙、吳春、曹鼎、顧達、蔡邠、詹世榮、徐珙、童遇、金祖、金嵩、金榮、呂信、徐信、楊潤、楊榮、蔣榮、陳壽、王進、陳伸、石昌、毛端、顧永、王汝霖、宋琚、徐義露、李仲、龐知柔、龐汝升、方中、錢宗、朱玩、陳良、張升、宋通、王壽、劉昭、求裕、吳祐、王恭、章忠、王定、陳浩、陳潤、沈忠、孫日孫、何澤等，在此一卷中，刻工多至四十九人，且與前後各卷均不相通，未知何因。宋諱缺筆至敦字。卷末有陳孔碩跋，是本爲真德秀守溫陵時刻于郡齋，竣工於嘉定己卯歲，然未避寧宗廟諱及其嫌名。卷首朱子序例表歲以首年句，因注逐年之上。行外書某甲子，遇甲字、子字，則以朱書別之。本書刊刻悉循其例，作朱書者以黑白地白文爲代。又紙背鈐"金粟山藏經箋"朱印記。按：續澉水志，大悲閣貯大藏經萬餘卷，其紙每幅有小紅印曰"金粟山藏經箋"。間有元豐年號，又無名氏"金粟寺志"，藏經簡紙硬黃，每幅有小紅印"金粟山藏經箋"計六百函。宋熙寧十年丁巳寫造。據此，則是本實爲此書初刻，且所用既爲宋紙必屬宋印，間有補版，亦仍爲宋刻。有明成化八年張穀跋，明秦嘉楫、陳所蘊、吳雲卿、陸應揚、張所敬、朱家法、沈明臣、張懋虞、張居正跋。王原吉、張謙齋、張秦岳，揆叙舊藏。藏印"王印原吉"、"杏花春雨江南"、"席帽山人王逵"、"松下生圖書印"、"謙齋"、"玉堂清暇"、"居正之章"、"江陵張氏泰岳藏書印"、"謙牧堂藏書記"、"謙牧堂書畫記"、"復然道人"。北京圖書館藏。

信安志十六卷　宋衛玠撰

直齋書録解題：嘉定己卯（1219）劉星時刻又葉汝明續志二卷，紹定初刊。

零陵志十卷　宋徐自明撰

直齋書録解題：宋嘉定己卯（1219）重修刻本。

政經一卷　宋真德秀撰

宋嘉定十二年（1219）泉州縣齋刻本。

盧川歸來集十卷附録一卷　宋張元幹撰

宋嘉定十二年（1219）其孫張欽臣刻本。

嘉定十三年　庚辰（1220）

紫巖易傳十卷　宋張浚撰

宋嘉定庚辰（1220）其曾孫獻之刻于舂陵郡齋

泰軒易傳六卷　宋李中正撰

是書後有嘉定庚辰（1220）廣川董洪跋，稱泰軒先生易鳴吾邦，凡卦爻之義皆於六畫之

中求之云云。後有日本國天瀑山人跋，稱足
足利學所貯文明中影本，日本佚存叢書，以
活字板擺印。四庫未收，阮相國嘗以進呈，
宋史藝文志不載，亦不見於諸家書目。

越絕書十五卷　漢袁康撰

宋嘉定庚辰（1220）丁黼序云：隋書經籍志
越書紀十六卷，崇文總目則十五卷。紹熙壬
子游吳中得許氏本譌舛特甚。嘉定壬申令餘
杭又得陳正卿本，之官中都借秘閣以三本
互相參考，擇其通者從之，為粗可讀遂刻之。

中興館閣書目三十卷　宋陳騤撰

宋淳熙五年上之，凡四萬四千四百八十六卷，
蓋亦盛矣，其間考究疏略不分焉。宋張攀撰，
嘉定十三年上，以淳熙後所得為續，凡一萬
四千九百四十三卷。

歷代名醫蒙求二卷附釋音　宋周守忠撰

宋臨安府太廟前尹家書籍鋪刻本。半葉九行，
行十七字。白口，左右雙邊。版心下記刻工
姓名，有余敏、任清。首嘉定庚辰（1220）
錢塘蘇霖序（行書六行）。末周守忠自撰後

序。序後有"臨安府太廟前尹家書籍鋪刊行
牌子一行。序後有目，本書四言韻語百聯，
凡二百事。每聯分注，注大字低一格，下句
注另起。鈐有"檇李"、"顧然繼叔"、"顧
氏定齋藏書"、"定齋"此三印朱文水印疑
是宋印。又"季振宜印"、"滄葦"、"季
振宜藏書"各印。此書字體視普通棚本爲大
注內引書如徐廣晉紀、梁七錄、吳均齊春秋
高道傳、譚賓錄、晉中興書、蜀異志、談藪
皆不經見。故宮博物院藏有此本。

鍼灸資生經七卷 宋王執中撰
宋嘉定十三年（1220）徐正卿刻本。

古今註三卷 晉崔豹撰
宋嘉定十三年（1220）丁黼刻本。半葉十行，
行十五字。白口，左右雙邊。版心下記"芝
秀堂"。後序跋云，右史李公守銅梁日刻崔
豹古今註，是正已備予在上饒得郡學本再三
參訂於第四篇，以下頗多增改故又刻之藝門
云嘉定庚辰四月望日東徐丁黼謹書。

風俗通義十卷附錄一卷 漢應劭撰

宋嘉定十三年（1220）丁黼刻本。嘉定庚辰丁黼跋曰，余在餘杭借本於陳正卿，舛訛已甚。爱其古鈔錄之，至中都得館中本及孔復君本，參考刊之夔學。元大德間無錫重刻宋嘉定丁黼本。半葉九行，行十七字。黑口，四周雙邊。是此書現存最早刻本。以元地畝冊紙背印刷。有"晉府書畫之印"、"敬德堂圖書印"、"子子孫孫永寶用"等藏印。原內閣大庫書。北京大學圖書館藏。

姬侍類偶二卷　宋周守忠撰

是書成於嘉定十三年，有朝奉大夫鄭域中序，及守忠自序。其意仿侍兒小名錄，其體例則以四言隔句用韻，如李瀚蒙求。凡八十有八聯，通付見注中者，共一百八十二人。浙江吳玉墀家藏本。

謝宣城詩集五卷　南齊謝朓撰

宋嘉定十三年（1220）洪伋宣州郡齋重刻本。半葉八行，行十八字。白口，左右雙邊。版心上記字數，下記刻工姓名，有侯琦、德章、潘暉、潘德璋等。上魚尾下記"謝集一"。

前目録九葉，目第二行低三格題"齊尚書吏部郎陳郡謝朓元暉"。本書~~第~~第一行標書名，次行低三格題"賦"字，三行低四格題"酬德賦并序"。避諱至廓、敦止。卷末有紹興丁丑秋七月朔東陽樓炤跋。又嘉定庚辰冬十二月望鄱陽洪伋跋，稱再刊於郡齋。此書存卷一、二後借李木齋藏本鈔配全。原劉啟瑞藏書。北京大學圖書館影寫宋刻本。

象山集二十八卷外集四卷附語録四卷　宋陸九淵撰

宋嘉定十三年（1220）建安陳氏刻本。據九淵年譜，集為其子持之所編，其門人袁燮刊於江西提舉倉司者，凡三十二卷。宋史藝文志、文獻通考並作象山集二十八卷，外集四卷，總而計之，與燮所刊本卷數相符。此本前有燮序，又有楊簡序。燮序作於嘉定五年，簡序作於開禧元年，在燮序前七年，而列於燮後，蓋刻版之時，以新序弁首，故翻刻者仍之。又有嘉定庚辰吳杰跋，稱是集為建安陳氏所刻。此書前後凡三刊，俱已不傳。

渭南文集五十二卷　宋陸游撰

宋嘉定十三年（1220）陸子遹刻本。半葉十行，行十七字。白口，左右雙邊。此為世傳游缺筆本。嘉定十三年放翁幼子子遹官建康府溧陽縣時，將其父文稿寄交杭州工人刻版。刻工陳彬、吳椿、董澄、金滋、馬祖、丁松年、徐珙、邵亨、劉昭、馬良等，皆當時杭州地區良工。明弘治間華珵銅活字本，即據此本排印。存四十六卷。黃丕烈士禮居舊藏，百宋一廛賦著錄。北京圖書館藏。

劍南詩稿八十五卷　宋陸游撰

宋嘉定十三年（1220）其子虡刊刻劍南詩稿八十五卷。

嘉定十四年　辛巳（1221）

復齋易說六卷

宋嘉定十四年（1221）嚴州刻本。宋嘉定十四年許興跋云："余聞復齋先生趙公之言久矣，假守嚴陵既逾年，公之門人喻仲可，始携其所著易說六卷，見過余齋觀之，其體察也精，其推研也審，其措辭不苟，其析理不浮，

益深究乎。文象之變而洞達乎，陰陽之情者
也，嗚呼，如公之賢而無後。余懼其久而或
泯，因屬喻君校勘刊置公之祠堂，與志學者
共之，併以公之行實大概刊附於後，俾來者
有考焉。嘉定辛巳六月望莆陽許興謹識」。

春秋集義五十卷綱領三卷　宋李明復撰
前有李俞進書表，嘉定十三年山陽度正序，
又十四年魏了翁跋。此書已佚，有文瀾閣鈔
本。

帝學八卷　宋范祖禹撰
宋嘉定十四年（1221）高安縣齋刻本。

善誘文一卷　宋陳錄撰
宋嘉定十四年（1221）其弟鍊序，柘居士虞
舜徒跋。是書咸淳九年左禹錫刻入百川學海

宗忠簡公集八卷　宋宗澤撰
宋嘉定辛巳（十四年）樓昉序。

嘉定十五年　壬午（1222）

周易集解十七卷　唐李鼎祚撰
宋嘉定十五年（1222）鮮于申之刻十卷本。
黃氏士禮居影宋刊印本，即宋嘉定十五年鮮于

中之刊十卷本。

逸周書十卷　晉孔晁注

宋嘉定十五年（1222）東徐丁黼刻本。

儀禮經傳通解續二十九卷　宋黄榦　楊復撰

宋嘉定十五年（1222）南康軍刻本。七行，行十五字，小字雙行同。黑口，左右雙邊。北京圖書館藏一卷，為元明遞修本。

大事記十二卷　宋呂祖謙撰

宋嘉定十五年（1222）吳郡學舍刻本。

華嚴經隨疏演義鈔六十卷

宋嘉定十五年（1222）鄭僎刻本。華嚴經疏鈔六十卷，唐清涼國師為後學說也。其始務傳不朽，刻梓於南山慧因院，歲月滋久，其板散亂闕雜於積壞中朽蠹斷缺，略無一全。予暇日親與其徒求遠訪失，僅得前三十卷，粗備發心，就敝庵讐校再寫重刻，三月而成復使藏之亢爽無俾遺逸。庶幾教說流行學徒悟解，方廣之真諦，清涼之寶語與斯世相為無窮。皇恩、佛恩以是普報。嘉定戊寅八月癸亥榮陽正庵僎識，幹緣師慧、妙清，首座宗德、西堂、普聞同校證，勸緣住持慧因院傳賢首宗教爲庵清雅。（三十卷後）。予於華嚴經疏鈔，再爲重刊著語板尾，道其大略矣。又未有續成後三十卷者，念曩日事叢業鉅，獨任之難，欲舍不爲甚，前功可惜，方思全之事已流聞，中殿降賜錢帛首佐其費，於是捐貲募衆不樂施，相距五載，亦遂畢工實壬午季春也。（嘉定十五年）。全編自此復傳重見日月之明，人之心悟，直造方廣與清涼爲徒，而其功則發端於宮闈，輔成於衆善斯佛祖親授也。見佛聞法同聲共贊當願如何，是月吉日拱衛大夫保康軍承宣使內，內侍省押班提點，皇城司畫功提舉皇城所主管，景靈宮主管，禁衛所主管、海巡八廂祥符縣開國伯食邑七百户鄭侯後跋"。（幹緣校正同上。卷六十後）。

大般若波羅蜜多經六百卷　唐釋玄奘譯

宋嘉定十五年至端平元年刻本。卷中間有題識云：卷二尾嘉定十五年十二月。卷五寶慶元年九月十三日。卷十一紹定三年正月二十日。卷三百六十五端平元年。卷四十云：吴縣東居元善道人　藏大字敬書，大檀越成忠郎趙安國一力刊經一部六百卷。全帙六百卷，中缺卷一、二百八十至二百八十二、三百一、三百二、三百三十、三百八十三、三百八十四、三百八十五、三百八十六、五百十一、五百十三、五百八十一、五百八十七、六百。傳稱大和西大寺舊藏。日本帝室圖書寮藏書。

黄氏集千家注杜工部詩史三十六卷　宋黄希　黄鶴注

宋嘉定十五年（1222）刻本。中央圖書館藏九卷。

梅溪續集二十九卷　宋王十朋撰

宋嘉定十五年（1222）刻本。

養生類纂二十二卷　宋周守忠撰　養生月覽二卷

宋刻本，半葉十二行，行二十六字。有嘉定十五年（1222）自序。日本藏書。

皇朝文鑑一百五十卷　宋呂祖謙撰

宋嘉定十五年（1222）趙彥適悉取舊板及漫

裂者刊而新之。

白石道人歌曲四卷别集一卷　宋姜夔撰

宋嘉定十五年（1222）刊於雲間。

嘉定十六年　癸未（1223）

儀禮經傳通解集傳集注三十七卷

宋刻本，半葉七行，行十五字，小字雙行，行字同。版心上記大小字數，下記刻工姓名。前有嘉定癸未孟秋四明張虙識，目録後載朱子乞修三禮劄子。後有嘉定癸未門人三山楊復及陳宓二跋。其書刻于南康道院，再刻於江左書院。宋諱缺筆至敦字。鈐有"高似鑑定宋刻版書"、"甲宋本"、"海叟氏"、"汲古閣主人"、"毛晉"、"灌家村翁"、"隱求書室"、"運涇太原叔子藏書記"、"沈士業印"、"耕野"諸圖記。

春秋講義四卷　宋戴溪撰

宋嘉定癸未（十六年1223）刻本。其長子栯鋟木於金陵學舍。沈光序。朱彝尊經義考注曰已佚。

增修互注禮部韻略五卷　宋毛晃增注

宋嘉定十六年（1223）國子監刻本。故宮博院藏書。

增修互注禮部韻略五卷 宋毛晃增注 毛居正重增

宋刻本，半葉十行，注文雙行，行三十二字。白口，左右雙邊。卷中刻工皆南宋中葉杭州地區良工。用元至元十二年、十三年公文紙印。疑即南宋監本。元時版送西湖書院，西湖書院重整書目中有禮部韻略一目，蓋即此本。上海圖書館藏。

建炎以來繫年要錄二百卷 宋李心傳撰

首高宗繫年要錄指揮，劄子附列銜名曾暄、汪逵、戴溪、曾從龍、黃中、李撲、錢文子、陳武、陳貴謙等奏。嘉定三年奉旨，次許奕狀進寫成五十册，次嘉定五年劄子，下隆州取索孝宗、光宗繫年要錄指揮，次嘉定十六年國史實錄院牒。末有銜名僅署其姓，曰吳、高、徐、魏、葛、朱、杜、程等。有文瀾閣傳鈔本。

嘉定赤城志四十卷 宋陳耆卿撰

宋刻黑口大字本，半葉十一行，行二十字。
嘉定十六年序。

少儀外傳一卷　宋呂祖謙撰

宋嘉定十六年（1223）刻本。有雲谷胡巖起
跋。書久湮沒，館臣輯自永樂大典，此書佚

貢舉條式不分卷

影宋鈔本。半葉十行，行十七字。版心下有
刻工姓名，版心題韻略條式，蓋附韻略而行
者，首行在國子監准紹興四年三月十八日，
敕韻略。前後所載舉人通知考擬格式，并廟
諱參照現行條式，改正雕印牒後有準嘉定十
六年十一月尚書省劄子。當為嘉定以後刻本。

脈粹一卷　宋蕭世基撰

宋嘉定癸未（十六年1223）李跋，蓋南渡以
後崇川王進甫重刊。

新刊續添是齋百一選方二十卷　宋王璆撰

宋嘉定十六年（1223）建安劉承父刻本。有
嘉定癸未建安劉承父刊識。

新刊履齋示兒編二十三卷　宋孫奕撰

宋嘉定十六年（1223）劉氏學禮堂刻本。半

葉十行，行十九字。首載開禧元紀孫奕自序，目錄後有牌記云，示兒一編孫先生之惠後學者滙矣，辨經傳之同異，核文之是非，詩之評，字之正，人物之綺談奇聞，與古靡所不載。歲月彌深，散亂磨滅，學者病之，本堂重加訂正，以壽諸梓，篤志義方者毋惜家置一通，癸未正月正元日晚學廬陵胡楷子式誌。是書聊城楊氏著錄云，癸未乃嘉定十六年，為劉氏學禮堂刊本。末有顧千里書跋。有「笠澤漁隱韓或士賢潛史遯卦名軒圖書印」、「存誠齋」、「錢氏敬先」、「錢氏家藏」、「子子孫孫永寶用」、「曹溶私印」、「潔躬」、「檇李蔣石林藏書畫印」、「蔣氏家藏印」。

硯箋四卷　宋高似孫撰　浙江巡撫採進本

四庫全書總目提要稱，是書成於嘉定癸未。前有自序，序末數語隱澀殆不可解。陳振孫稱似孫之文，好以怪僻為奇，殆指此類歟。

酉陽雜俎前集二十卷續集十卷　唐段成式撰

宋嘉定十六年（1223）鄧復刻本。前有嘉定癸未鄧復序稱：「段成式酉陽雜俎二十卷，唐書藝文志載之於兩部餘錄小說家，今陳君所刊止前集二十卷，又缺其序，余以家藏續集十卷，前集之序，畀之遂為全書。此書偶在所錄，陳君知而求之甚力，姑序所以俾廣以傳嘉定七禩永康周登書，惜其字畫漫漶，考諸舊籍乃再刊而新之"。

習學記言五十卷　宋葉適撰

宋嘉定十六年（1223）刻本。首有宋嘉定十六年十月門人山陰縣孫之宏序，末有汪綱鋟板郡齋跋文：今徐偉夫攜至一本~~王~~閱諸經史子前後排比第聚為一書，總五十一卷，發以序諗予鋟板郡齋。其書輯錄經史百氏，各為論述，條列成編，凡經十四卷，諸子七卷，史二十五卷，文鑑四卷。又南陽道轂題識。

通言十二卷　宋劉炎撰

此本為明嘉靖己丑光澤王所刻。前有梅南生序，稱得鈔本於金陵方思道。又有嘉泰甲子炎自序，嘉定壬午真德秀後序，嘉定癸未（十六年）葉克跋。

參同契三卷　題東漢會稽真人魏公伯陽撰

宋嘉定十六年（1223）紹興府刻本。
雲莊劉文簡公文集十二卷　宋劉爚撰　李正叔
編 宋嘉定十六年（1223）李熹序刊。
蕭秋詩集一卷　宋徐文卿撰
直齋書錄解題：嘉定癸未（十六年）序刊。
天臺前集三卷　宋林師蒧撰　别編一卷拾遺一
卷續集三卷　其子表民撰
宋嘉定十六年（1223）刻本。蓋初刻之本。
文苑英華纂要八十四卷辨證十卷　宋高似孫輯
宋刻本，半葉十行，行十七字。細黑口，左
右雙邊。據高似孫纂要自序，爲治使史公刊，
則辨證亦史所刊。高序作於嘉定十六年，而
嘉泰四年叔夏自序，則是辨證先刻而纂要繼
刊。書中避宋諱甚嚴。此本筆墨精妙，神采
奕奕，猶是宋刻初印。纂要目後有表章經史
之寶及徽國經史之章，兩內府物。兩書又皆
有練川黄豫卿朱記四藏印有"朱復廬鑑賞章"
"结一廬藏書印"。存卷一至六十一、存辨
證卷一至八。
萬首唐人絶句一百一卷　宋洪邁編

宋嘉定十六年（1223）刻本。半葉十行，行
二十字。自序合為百卷刻之蓬萊閣中（紹熙
元年）。越府刻七言至二十六卷，五言至二
十卷，而奉祠歸鄱陽，惟書不可以成，乃雇
婺匠續之于容齋，旬月而畢。二年十一月戊辰
邁題。自後有嘉定辛亥新安吳格識：會稽郡齋
修補書板事："唐人絶句詩乃內相洪公自采擇
暨守會稽嘗以此刊之郡齋，後三十年格獲繼
往躅暇日取是書伏而讀之，則歲月既久，固
已漫漶蠹闕多矣。因命工修補以永其傳。嘉
定辛亥孟秋下澣新安吳格謹識"。汪綱跋曰："唐人絶句
詩凡一百一卷，半刻會稽，半刻鄱陽。嘉定
癸未（十六年）新安汪綱守越，遂捐鄱陽本并
刻之，使合而為一，既畢工始識其末"。是歲
二月既望書於鎮越堂"。

嘉定十七年　甲申（1224）

漢書集注一百二十卷　漢班固撰　唐顔師古注
宋嘉定十七年白鷺洲書院刻本。半葉八行，
行十六字至十九字不等。注文雙行，行二十
一字。細黑口，四周雙邊。左闌外書耳記篇

名。版心上記大小字數，下記刻工姓名，有劉光、劉子先、子先、劉子宗、劉才叔、劉介叔、介叔、劉季明、季明、劉季發、劉南熙、劉仲、劉虎、劉宗、劉寬、劉俊、李允、李圭、李杰、李堯天、李景漢、李景從、李慶翁、李世父、李王、張仁、張仲、張中、王真、王季、王央、文玉、文年、陳明、陳茂、陳王、俞杞、喻梓、喻中、喻春、江玉、江佑、江雲、江漢、彭雲、龍雲、龍得雲、沈榮、吳昇、黃永、段凡、黎元、侯東、戴立、鄭壽可、董雲、曹西文、西文、鄧明、鄧煒、蔡萬、蔡瑚、蔡泰卿、蔡太卿、蔡詢、蔡泰、胡定、胡幸、胡車甫、余全、余旺、曾玉、曾春、曾振、曾雲、曾震、宋瑞、宋俊、宋國英、國英、周宗文、周幼敏、宗文、肖森、肖聲、陽壽、鍾華、中華、朱明、方年、尚森等人。宋諱缺筆至廓字。卷首後儒辨論後有「甲申歲刊于白鷺洲書院」二行。卷末記「右將監本杭本越本及三劉宋祁諸本參校，其有異同並附於古注之下」二行。序倒後附景祐刊誤及參校諸本及入注各書。
按：今考具刻工劉宗、喻楫、陳茂、戴立、
曾春、沈榮、胡辛等同慶元本歐陽忠公集。
又李吉、劉光、宋俊、段尺、陳茂、張仁、
宋端、蔡泰、蔡萬、鄧煒、陳明、江漢、張
仲、彭雲同江西本本草衍義。
中國版刻圖錄載：據吉安府志白鷺洲書院宋
淳祐辛丑吉州郡守江萬里建，至正間重修。
因推知甲申當是元世祖至元二十一年，此書
爲元初吉州白鷺洲書院刻本。前人肯定甲申
爲宋嘉定十七年，恐非事實。此書款式與蔡
純父本全合，即據蔡翻版，蔡本宋諱筆至廓
字，此書亦同，元刻本有時可避宋諱，不足
爲異。刻工鍾華、吳昇等數十人，與歐陽文
忠公集、周益公集、文苑英華等書南宋中期
吉州地區刻工，無一相合，亦此書刻於元初
之證。此書究是何時刻本，尚待仔細研究。
今姑仍舊題待證。近年劉氏嘉業堂刻本，所
據此帙影刻。北京圖書館藏書。

黃巖志十六卷　宋蔡範撰

宋嘉定甲申（十七年1224）刻本。

潮賾一卷　宋朱中有撰

宋嘉定甲申（十七年1224）序刊。

吳越春秋十卷　漢趙曄撰

越絶書十五卷　漢袁康撰

宋嘉定十七年（1224）新安汪綱兩書同刻。"吳越春秋十卷後漢趙曄所著，余既刻越絶書，遂并刻之，蓋二書實相表里，而曄又為郡人，其書固宜廣第訛舛特甚，惜無從可以是正云。嘉定甲申八月望日新安汪綱書"。"越絶書昔無善本，近得王文伯以蜀中所刻者見示參稽為可讀，因刊置郡齋，以補越中之闕云。嘉定甲申八月旦日新安汪綱書"。

蘭亭考十二卷附群公帖跋一卷　宋桑世昌撰

高似孫刪定并嘉定十七年為齊碩知台州時付梓。又有高文虎序。宋本清內府所藏，為文徵明故物，今已未見。直齋書錄解題原名蘭亭博議十五卷，刊於浙東庾司。又平津館藏書記作一卷，為影鈔本。有開禧元年高文虎序，陸楫跋。

醫說十卷　宋張杲撰

宋嘉定十七年（1224）刻本。九行十八字。有嘉定十七年彭方跋及李以制跋。美國國會圖書館藏有影宋鈔本。

自警編五卷　宋趙善璙編

宋嘉定十七年（1224）刻本。半葉十行，行二十字。

道德經廣聖義三十卷　蜀杜光庭撰

首有新編連相搜神廣記及搜語二條，次唐開元御贊，次真宗皇帝御製像贊并序，次老君度關銘并序，次孝宗帝御製原道論辨，次侍講程尚書為老通言撮要，次嘉定甲申（十七年）周觀復序（以當宋時刊行時所加），次杜光庭道廣聖義狀，次杜光庭自序，次王洄應後序。（卷首至此，道藏本所無）。卷尾有永平三年任知玄廣聖義印板後序，後列張廷光等官銜。又嘉定中徐天麟、章興宗、張洽等名跋。半葉十四行，字數不等。卷中禎字缺筆，蓋從宋槧傳錄者。是書卷數與宋志所載合，道藏本分為五十卷，非光庭之舊。

此為舊鈔本，日本求古樓藏。

溫國文正司馬公文集八十卷　宋司馬光撰

宋嘉定十七年（1224）武岡軍學刻本。此本與淳熙十年泉州公使庫刻本，兩書已佚。

司馬太師溫國文正公傳家集八十卷　宋司馬光撰

宋嘉定十七年（1224）重刻本。有嘉定甲申金華應謙之及陳冠兩跋，皆云公裔孫出泉本重刻，是傳家集又重刻本。

宛陵先生文集六十卷　宋梅堯臣撰　存卷十三至十八、三十七至六十，共三十卷。

宋嘉定十七年（1224）重修紹興刻本。半葉十行，行十九字，白口，左右雙邊。版心上記字數，下記刻工姓名，有王悅、金大受、金言、金明、顧友亨、唐顏、唐思恭、唐彬、劉青、劉中、侯奇、潘暉、張成、陳革、呂茂、戚孝諸人。每卷目錄接連正文，末葉記重修歲月銜名，凡十一行：「重修宛陵先生文集，自嘉定十六年端午修校至十七年正月上元日訖事。司書王安國監修、掌記殷賀、學諭黄士虎監修，學諭王應龍監修、直學戚去剛、學録黄約之，學政戚夢賓、文林郎充寧國府府學教授劉寅"。此本為紹興時刻而嘉定時重修者，如卷三十七内第四葉版心下方有"嘉定改元换"五字可證。卷末有紹興十年汪伯彦後序，衔為知宣州軍州學，蓋刻於宣城者，字體刀法頗與宋刻青山集相類。卷末附有島田翰跋語，謂曾見元翠巖精舍覆宋嘉定本於新平正毅先生許，是此集又有元刻。我國所傳只有明正統本。宋元兩刻不獨目所未觀，即前人著録亦不及。日本内野五郎家藏書。

吕氏家塾讀詩記三十卷　宋吕祖謙撰

宋嘉定間（1208－1224）眉山賀春卿刻本。

鬳齋考工記解二卷　宋林希逸撰

宋嘉定初年刻本，有插圖。

龍學孫公春秋經解十五卷　宋孫覺撰

宋嘉定間（1208－1224）汪綱修補本。

二典義一卷　宋陸佃撰

宋嘉定間（1208－1225）陸子遹嚴州刻本。真

齋書錄解題載：二典義一卷，尚書左丞山陰
陸佃農師撰。

司馬溫公書儀十卷 宋司馬光撰
宋嘉定間（1208-1224）泉州安溪縣印書局刻
本。這是我國最早以印書局命名的刻印機構。
同時還刻有：

西山仁政類稿

安溪縣志

竹溪先生奏議

典戍星曆封事奏錄

張忠獻帖

後村先生江西詩選

文房四友

王歐書訣

陳復齋修禊序

以上均為嘉定間（1208-1224）泉州府安溪縣
印書局刻印。

家禮五卷附錄一卷 宋朱熹撰
宋嘉定間（1208-1224）趙師恕刻本。

家禮五卷附錄一卷 宋朱熹撰

宋嘉定間(1208-1224)趙崇思刻本。

爾雅新義二十卷　宋陸佃撰

宋嘉定間(1208-1224)陸子遹嚴州刻本。直齋書録解題：爾雅新義二十卷，宋陸佃撰。頃在南城傳寫，凡十八卷，其孫子遹刻於嚴州爲二十卷。

禮部韻略五卷

宋嘉定(1208-1224)國子監刻本。

增修互注禮部韻略五卷　宋毛晃撰

宋嘉定間(1208-1224)毛居正刻本。

隋書八十五卷　唐魏徵撰

宋嘉定間(1208-1224)刻本。

聖政草一卷　宋高宗撰

宋嘉定間(1208-1224)陸子遹刻本。直齋書録解題：高宗聖政草一卷，陸游在隆興初奉詔修高宗政聖草，創凡例多出其手，未成而去，私竊不敢留稿，他日追記得此而書其後凡二十條。

育德堂奏議六卷　宋華幼學撰

宋嘉定間(1208-1224)建寧府刻本。半葉九行，行十八字。白口，左右雙邊，版心上記字數，下記刻工姓名，有江正、共生、江德、余士、賴正、葉仁、陳元、劉甫、劉生明、惠、媿、機、酉、石等。劉生明、余士於寧宗嘉定間在建安書院曾刻周易玩辭。據康熙建寧府志載幼學嘉定間任知府，因推知此書當是嘉定間建寧府刻本。同時又刻外制五卷，行款版式全同。宋諱缺筆至廓字。卷中語涉宋帝空一格，魏徵作魏證、公孫弘作公孫洪。四庫全書未收。敬鄉樓叢書本，即據此帙排印。書中藏印有"永哉蔡昭祖文印"、"蔡氏圖書子孫永寶用"、"永哉蔡氏文忠世家"、"與清堂"、"毛斧季收藏印"、"汲古閣世寶"、"毛扆之印"、"斧季"、"在在處處有神物護持"、"叔鄭後人"。都是為明末著名藏書家毛晉之子毛扆所鈐印記。可知此書在清初時曾為汲古閣珍藏，其後之流傳則無踪迹。迄至一九五六年，始由北京圖書館自修綆堂書店購得入藏。

嘉定十一年具注曆

宋嘉定十一年。日本存半葉。

朱子語類一百四十卷 宋朱熹撰

宋嘉定間（1208-1224）眉山史廉叔刻本。

新編類要圖注本草綱目四十二卷

宋嘉定間（1208-1224）劉信甫校刻本。十行行十九字。

紹興校定經史證類備急本草三十一卷 宋王繼先等纂

宋嘉定間（1208-1224）刻本。

鍼灸經十二卷 晉皇甫謐撰

宋嘉定間（1208-1224）太醫局何大任刻本。

鬻子一卷 宋陸佃校注

宋嘉定間（1208-1224）陸子遹嚴州刻本。直齋書錄解題：漢鬻子一卷。漢志凡二十二篇，陸佃農師所校。

鶡冠子注三卷 宋陸佃校注

宋嘉定間（1208-1224）陸子遹嚴州刻本。

夷堅志甲志二十卷乙志二十卷丙志二十卷丁志二十卷 宋洪邁輯

宋嘉定後建寧府刻本。此爲宋刻元印本。半

葉九行，行十八字。白口，左右雙邊。版心記刻工姓名，有上官佐、丘才、丘文、丘永、付成、余川、余元、余光、余如川、余周、吳從、阮正、周祥、官太、俞文、俞正、范仁、徐山、徐中、傅成、游元、黃中、黃仲、黃昌、黃歸、葉仲、劉盈、蔡才、蔡萬、羅定、羅明等人。卷末有明陸師道楷書墨蹟數行。據儀顧堂跋，謂此書八十卷本刊於建寧學，至元而缺四十二版，提學張紹先命沈天祿尋訪舊本，從周宏羽借得浙本補刊完全。此本字大行疏，為建本之佳者。阮元進呈本即據此本傳錄。原為嚴久能所藏，故有姬人張秋月香修名印。日本岩崎氏靜嘉堂文庫藏，皕宋樓故物。

夷堅甲志二十卷乙志二十卷丙志二十卷丁志二十卷．支甲十卷支乙十卷支丙十卷支丁十卷支戊十卷支庚十卷支癸十卷三志己十卷三志辛十卷三志壬十卷　宋洪邁輯

清影宋鈔本。清黃丕烈校並跋。此書藏上海何處不詳。

夷堅志曾在四川、婺州、杭州刻過，但多未有刻全四百二十卷。據直齋書錄解題著錄有四百二十卷。已多散失。

中華古今注三卷　宋馬縞撰

宋嘉定間(1208-1224)丁黼刻本。

東觀餘論不分卷　宋黃伯思撰　存七十三葉，以下鈔配。

宋刻本。半葉十行，行二十字。白口，左右雙邊。版心記“東觀”二字，或一“東”字下記刻工姓名，有魏筆、葉遷、葉雪、張回、張文、林厚、花再、余闌、一奴、賓、盛、句等。目錄半葉九行。後有勞權跋：“黃長睿父東觀餘論紹興丁卯其子訒刊於建安漕司嘉定間攻媿樓氏復以川本參校，即今所傳本也”。鈐有“真賞”、“華夏”、“簡易齋”“季振宜印”、“滄葦”、“季振宜藏書”“番陽王旦甫印”。北京圖書館藏。

華嚴隱居真誥一卷　梁弘景撰

宋嘉定間(1208-1224)福建閩清葛長庚鈔本。

道德經二卷

宋嘉定間（1208-1224）福建閩清蕭長庚鈔本。

唐御覽詩一卷　宋陸游校

宋嘉定間（1208-1224）陸子遹嚴州刻本。此書有放翁二跋，乃放翁校本，當是陸子遹守嚴州時所刊。

顏魯公文集十五卷補遺一卷附錄一卷　唐顏真卿撰

宋嘉定間（1008-1224）溫州刻本。直齋書錄解題云：館閣書目，嘉祐中宋敏求惜其文不傳，其刊於金石者為十五卷。今本序文劉敞所作，乃云吳興沈侯編輯，而不著沈之名。劉元剛刻于永嘉為後序，則云劉原父序，即宋次道集其刻於金石者，又不知何據。元剛復為年譜，益以拾遺一卷，多世所傳帖，且以行狀碑傳為附錄。魯公之裔孫裕，自五代時官溫州，與其弟褕祥皆徙居永嘉樂清。本朝世復其家，時褒錄其子孫，亦有科第者。

白氏文集七十一卷年譜一卷　唐白居易撰

宋嘉定初李大異刻本。

徂徠文集二十卷　宋石介撰

宋嘉定間（1208—1224）陸子遹刻本。趙希弁
讀書附志：徂徠集二十卷，陸子遹刻於新定

山谷編詩集三十卷別集二十卷年譜三卷 宋黃
庭堅撰
宋嘉定間（1208—1224）黃㽦刻本。

宗忠簡集□□卷 宋宗澤
宋嘉定間（1208—1224）四明樓鑰綴輯散佚以成是
書。

馮安岳集十二卷 宋馮山撰
宋嘉定間（1208—1224）瀘州周銳與馮獬集合刻之。
獬集全佚，山集散佚已久。

潏水集十六卷 宋李復撰
宋嘉定間（1208—1224）錢象祖任信州守時刻
本。

梁溪集一百八十卷附錄六卷 宋李綱撰
宋嘉定間（1208—1224）史氏刻本。
賦四卷、詩二十八卷、表本詔書二卷、擬制
詔四卷、表劄奏議六十四卷、劄子二卷、狀
三卷、書二十二卷、啟二卷、記二卷、序六
卷、贊二卷、頌箴銘詞一卷、論二卷、迂論

十卷、雜著六卷、題跋三卷、祭文祠疏二卷、碑志五卷、靖康傳信錄三卷、建炎進退志四卷、建炎時政記三卷，附錄年譜行狀等在外。

梁溪先生文集一百八十卷附錄六卷　宋李綱撰

宋嘉定間（1208—1224）天台陳彭壽刻本。

于湖居士集四十卷　宋張孝祥撰

宋嘉定間（1208—1224）刻本。半葉十行，行十六字。白口左右雙邊。版心上記字數，下記刊工姓名。中央圖書館藏。

陶山集二十卷　宋陸佃撰

宋嘉定間（1208—1224）陸子遹刻本。直齋書錄解題：陶山集二十卷，尚書左丞山陰陸佃農師撰。此書殆即其曾孫子遹所刻。

石湖詩集三十四卷　宋范成大撰

宋嘉定間（1208—1224）其子刻本。

白石詩傳三十卷詩訓詁三卷　宋錢文子撰

宋嘉定間（1208—1224）丁黼刻本。

劉給事集五卷　宋劉安上撰

宋嘉定間（1208—1224）留茂潛刻本。

陳少陽先生文集十卷　宋陳東撰

宋嘉定間（1208—1224）刻本。此書已不傳。

周美成詞片玉集十卷　宋周邦彥撰

宋嘉定間（1208—1224）建安蔡慶之刻本。十行行十七字。

文章正宗二十卷續集二十卷　宋真德秀編

宋嘉定間（1208—1224）真德秀刻本。

西昆酬唱集二卷　宋楊億撰

宋嘉定間（1208—1224）陸子遹嚴州刻本。新定續志：郡有經史詩文方書，凡八十種之一。故宮藏有影宋精寫本。十二行，行二十字。有王蓮涇、季滄葦藏印。

圈點龍川水心二先生文粹前集二十卷後集二十一卷　宋饒輝編

宋嘉定間（1208—1224）刻本。中央圖書館藏。

聖宋名賢五百家播芳大全文粹一百五十卷目錄十卷

宋嘉定間（1208—1224）唐山宋均抄本。

寶慶元年　乙酉（1225）

石鼓論語問答三卷　宋戴溪撰

四庫全書總目提要：是書卷首有寶慶元年許

復道序，稱淳熙丙午、丁未間，溪頭石鼓書院山長與湘中諸生，集所聞而為此書。朱子嘗一見之，以為近道。陳振孫書錄解題所載與相符。

六經正誤六卷　宋毛居正撰　存卷一、二、六餘皆鈔

宋刻本，半葉十行，行二十二字。白口，左右雙邊。版心上記字數，下記刻工姓名，有余武。前有寶慶初元臨邛魏了翁序。宋諱貞、恒、讓、勗、桓字缺筆。通志堂本即從此出，覆之無異，易為每行二十字。刻工余武相同寶慶二年刻東漢會要，因推之為福建所刻。北京圖書館藏。

史略六卷　宋高似孫撰

宋寶慶元年（1225）刻本，半葉十行，行二十字。白口，左右雙邊。版心上記字數，下記刻工姓名，只單記一字，昌、桂、珪、本。首有寶慶元年自序，稱寶慶元年十月十日修，十一月七日畢。高氏又著子略四卷，四庫全書總目載之，而不言別有史略之著。此書文

辭簡約，而引據精覈，多載逸書，爲讀史家不可缺之書。此書我國久已失傳，現藏日本國立公文分館。已印入古逸叢書續編。

新刊校定集注杜詩三十六卷　宋郭知達編

宋寶慶元年（1225）廣東漕司刻本。半葉九行，行十六字。注文雙行，行字同。白口，左右雙邊。版心上記字數，上魚尾下記書名，卷數，下魚尾下記葉數，最下記刻工姓名，有吳文、岑友、黃由、劉士震、黃中、鄧舉、吳文彬、劉文、余中、鄧辛、范貴、楊定、鄭宗、楊茂、魯時、朱榮、上官生、潘珏、陳敬甫、郭湛、莫衍、葉正、萬忠、黃中、吳元、文彬、岑達、劉彥、危杰、岑刁、劉閏等。每卷末有“寶慶乙酉廣東漕司鋟板”一行，後半葉有廣南東路轉運司判官曾噩等銜名四行。曾噩稱“蜀本紙墨字缺，不滿人意，茲摹蜀本，命士友正其脫誤”。此書一九八二年中華書局影印行世。

南陽集六卷　宋趙湘撰

宋寶慶元年（1225）趙大忠刻本。前有宋序，元符元年吴儔序，治平二年蔡戩序，治平二年文同序。後有寶慶元年六世孫朝散郎知慶元府昌國縣主管勸農公事賜緋魚袋趙大忠跋稱：“先世太傅南陽公當國初文章方興未盛之際，以詩聲為一時宗。其他著述遠過古作，備見於宋景文公之序及歐陽文忠公諸大賢之跋中。更兵火家藏散失，先伯父古隨通守復得丞相呂公之家。先君致政朝散，手加鈔錄，每恨未能鋟板，僥倅試邊郡徼倖以成初志，亦庶幾古人貽傳之意云”。是集南北宋之刻俱無所考。

寶慶二年　丙戌（1126）

春秋講義四卷　宋戴溪撰

宋嘉定十六年（1223）其長子桷鋟木於金陵學舍，沈光序。至寶慶丙戌（二年1226）半大年復刊於泰州。其序稱是書期於啓沃君聽，天下學士，不可得而聞，蓋非經生訓詁家言，故流傳未廣。陳氏書錄解題，不著於錄，殆以是歟，宋史藝文志作四卷，王瓚溫州志作三卷。朱彝尊經義考注曰已佚。今外絕無傳本，惟永樂大典所採，永樂大典所闕，則取黄震日抄所引補之，仍從宋史釐爲四卷。

東漢會要四十卷　宋徐天麟撰　存二十八卷

宋寶慶二年（1226）建寧郡齋刻本。半葉十一行，行二十字。注文雙行，行字同。細黑口，左右雙邊。版心上記字數，下記刻工姓名，有劉生、陳明、胡明、余富、吴元、吴圭、陳元、劉洪、華文、劉如、莊奉、余武丁和、翁正、劉右、劉永、共文、余秀、吴文、葉文、呂朋、蔡雲、范歸、俞克、余永徐志、何潤、丘永、蔡中、余卯、劉向、李仁、呂奉、江孫、官正、陳旦、蔡全、陳之余雲、俞克中、官如正等人。題"宋奉議郎武學博士臣徐天麟上進"。首有寶慶丙戌朴葉時序，次寶慶二年徐天麟自序。宋避諱嚴謹，若桓之爲威，或爲亘，慎之爲真，或爲謹，或爲審，巡之爲循，敦之爲享，或爲淳貞爲之正，頊之爲景，或爲田，旭爲明，讓爲遜，耿之爲景，完之爲全，恒之爲常，朗之爲嚶，或爲鳴，或爲鳩，軒之爲車，匡之為康，徽之為祉，或為證，或為正，或為召，或為調，胤之為嗣，豎之為宦，或為官，或為孺，朗之為明，署之為著，或為書，或為題，或為值，澍之為霔，構之為穤，樹之為植，竟為徑，懸之為垂，郭之為理，玄之為元，桔之為晤，購之為搞，或為重，煦之為吹，洹之為汪，湞之為真，楨之為真，皆他書所罕見。此為本書第一刻本。北京圖書館藏。河南省圖書館亦藏。

備急灸法一卷　宋聞人耆年撰

宋寶慶二年（1226）聞人耆年刻本。半葉十行，行二十四至二十六字不等。清光緒十六年上杭羅嘉杰覆刊以寶慶二年刻本翻刻。

類說十卷　宋曾慥輯

宋寶慶二年（1226）葉時為建安守時重刻本。寶慶間葉時為建安守，其家舊藏類說即為麻沙紹興十年所刻本，因感是書字小而刻劃不精，且多舛誤，擬予重刻，適搜有否續刊大字善本并前書版，均無。只好取藏舊本，稍加釐正鋟版于郡齋，以廣傳布。

北京圖書館藏有類說，宋曾慥輯。宋刻本。（建陽）。半葉十行，行十六字。耳記仇池閑覽、東軒等字樣。存仇池筆記、隱齋閑覽東軒雜錄各一卷，餘卷均缺。觀版式刀法紙墨，知是南宋中葉建本。汲古閣秘本書目宋版類說真本首冊，百宋一廛賦類說片鱗，均指此書。

宋景文筆記三卷　宋宋祁撰

宋寶慶二年（1226）上虞李衎跋。此書而後刻入百川學海中。

黃氏補千家注紀年杜工部詩史三十六卷　唐杜甫撰　宋黃希　黃鶴補注

宋寶慶二年（1226）建刻本。十八冊。故宮博物院藏。

艮齋先生薛常州浪語集三十卷　宋薛季宣撰

宋寶慶二年（1226）薛師旦刻於撫州。寶慶二年姪孫知撫州軍州師旦後序稱：叔祖所爲文富而猶有未脫稿者，先叔建安簿瀛早世其孫又幼，藏中書秘不復啟，頃華文書太傅持節東川嘗取奏劄簡牘刊於蜀，憾不得全，師旦守臨汝，因令師啟弟從其家篋中書詮次，得三十有五卷，而鋟諸梓。此獨篋中所存者，遺軼尚多焉，續未板刻傳者皆出繕寫。

迂齋標注諸家文集五卷　宋樓昉輯

不標卷次。先秦兩漢文為一集，九十四葉；唐文為一集，一百一葉；宋文為一集，三十八葉。存三集。宋刻本。半葉九行，行十九字。白口，左右雙邊。版心上記大小字數，中記"古文"二字，下刻刻工姓名一二字，有黄雲、李林、岳元、吴瑞、李琇、王昭、林挑、宋浩、行、文、拱、印、仁、雲、士、共、李、吴、林、金、浩、信、琇、用、永等。宋諱玄、朗、殷、匡、恒、貞、徵、勗、桓、完、構、慎、惇、敦、廓、讓皆為字不成。行間有圈有點有擲，批評語小字在行之右，每篇題下有總評數行。有寶慶丙戌嘉平月既望永嘉陳振孫序（行書七行）。卷首次行低六格題"鄞人樓昉暘叔"，三行頂格標"先秦文"，四行頂格標"樂毅"，五行低二格標"答燕惠王書"。先秦文四首，兩漢文十七首，昌黎文二十二首，河東文十四首，宋文二十首。某君跋云："此編即寧古文訣之初稿，文訣本之排編修益而成，不若此之簡當精確矣。"姚珤序文訣云："廬文陳君鏌諸梓，時寶慶丁亥。"~~編~~編陳振孫序為寶慶丙戌，蓋先成文訣一年。明正德二年文訣重刻於廣西，未述先有此編。天祿四庫皆莫蒐及，後世殆無聞焉。獨直齋書目傳之，迄今書目收之耳"。鈐有"項請之印"、"檇李項藥師藏"、"萬卷堂藏書記"、"寶墨齋記"、"季振宜印"、"滄葦"、"御史之章"、"櫨檀容印"、"兼海樓藏書印"。北京圖書館藏。

寶慶三年　丁亥（1227）

新刊輿地紀勝二百卷　宋王象之撰

宋嘉定辛巳自序，寶慶丁亥（三年）眉山李埴序。四庫全書總目云，王象之有輿地紀勝二百卷，今未見傳本，則亦佚失久矣。此本從宋雕本影寫。缺卷十三至十六，卷五十一至五十四，卷一百三十五至一百四十四，卷一百六十八至一百七十三，一百九十三至二百。共缺三十二卷。半葉十一行，行二十字。
皕宋樓藏書志載有此書。郘亭目載述古堂有
宋刻足本，未見。

官箴一卷　宋呂居仁撰
宋寶慶丁亥（三年1227）永嘉陳昉跋。是本
後刻入百川學海中。

近思錄續十四卷　宋蔡模纂
趙希弁讀書附志載：續近思錄十四卷。寶慶
丁亥（三年）蔡模纂晦庵先生之語以續之。

魏氏家藏方十卷　缺卷三
宋刻本。首載寶慶丁亥（三年1227）自序。
七行十三字。半葉十行，行十九字。左右雙
邊。版心有大小字數及刻刷名氏。是書大板
大字，楷法端正，真宋版之絕佳者。卷中有普
門院朱印。第一卷末書正三位知家卿所作，
歎齡既至六旬餘歌一首。屋代輪池（弘賢）
嘗鑑定為聖一國師書。普門院為國師所住。
知此本為其人宋時所持歸。（即此書宋時從
中國持歸日本）。日本聿修堂藏書。

詩經講義四卷　宋夏元鼎撰　浙江巡撫採進本。

四庫全書總目稱：是書前有寶慶二年樓昉序又有寶慶丙戌留元剛雲峰入藥鏡箋序一篇及元鼎自記自序二篇。寶慶丁亥（三年）王九萬後序一篇。俞琰席上腐談，稱元鼎註陰符藥鏡悟真三書，真西山為之序，與諸序所言悉合。今未見其入藥鏡悟真篇二註，而此書已無德秀序。殆傳寫佚之。然德秀西山文集亦不載其文，則莫喻何故矣。

燕翼詒謀録五卷　宋王栐撰

宋寶慶丁亥（三年）序於山陰求志堂。是書而後刻入百川學海中。

世説新語三卷　南朝宋劉義慶撰　梁劉孝標注

宋寶慶三年（1227）劉應登刻本。中央圖書館書目載有宋寶慶三年劉應登刻本。附刊評評語。

僧寶傳三十二卷　宋釋惠洪撰　安徽巡撫採進

四庫全書總目提要載：前有寶慶丁亥（三年1227）臨川張宏敬序，稱其本藏在廬阜，後失於回祿。錢塘鳳皇山僧慶遇，慮其湮没，因校雠鋟梓。然卷末題明州府大慈名山教忠報國禪寺住持比丘寶定刊版。又似刻於四明者，疑為重鋟之本。陳氏書錄解題作三十卷，文獻通考作三十二卷，蓋書本三十卷，後有補禪林僧寶傳一卷，又有臨濟宗旨一卷，共為三十二卷。

莊子音義三卷

宋寶慶三年（1227）魏峴刻本。

朱文公校昌黎先生文集四十卷外集十卷集傳一卷遺文一卷　宋朱熹考異　王伯大音釋

宋寶慶三年（1227）南平郡齋刻本。半葉十三行，行二十三字。黑口。王伯大刊跋云："郡齋近刊朱文公校定昌黎集附以考異而音義則舊所刻也……。寶慶三年季夏既望承議郎特添差通判南劍州兼管內勸農事王伯大謹書"。後又有麻沙書坊翻刻是書。在刊記中特別提到："本宅所刊系將南劍州官本為據，并將音釋附正集焉"。

九華集二十五卷附錄一卷　宋員興祖撰

宋寶慶三年（1227）其孫榮祖刊本五十卷。此書原五十卷，清初人目錄尚有著錄者，至乾隆時已不傳。

迂齋先生標注崇古文訣二十卷　宋樓昉輯

宋寶慶三年(1227)陳森刻本。半葉十二行，行二十三字。白口，左右雙邊。有黃丕烈手跋。此本密行细字，建本也。據寶慶二年刊迂齋標註諸家文集跋稱，蓋先成文訣一書之說，推知此書為寶慶三年所刻。日本靜嘉堂文庫藏。又一帙，殘存卷四至十一、十九至二十，計十卷。原潘宗周寶禮堂藏。

晦庵先生朱文公易傳二十三卷　宋朱鑑輯

宋寶慶間(1225-1227)朱鑑輯刻本。半葉十三行，行二十一字。

附釋文互註禮部韻略五卷

宋寶慶初年廣東漕司刻本。半葉九行，细黑口，左右雙邊。版心上記字數，下有刻工姓名，有劉千、劉羽、劉士震、陳文、陳敬甫、吳貴、吳衡、鄭安禮、吳文彬、上官生、鄧舉等人。又有岑恭作篆書者，宋槧中極希見。刻工吳文彬，寶慶元年又刻廣東漕司本九家注杜詩。杜詩開版宏朗，與此書字體刀法如出一轍，因疑是書為寶慶初年廣東漕司刻本。九家集注杜詩為福清曾噩偶刻，陸心源舊藏殘本五卷外，瞿氏鐵琴銅劍樓藏本卷帙最多，瞿氏書散，今不知飄墮何所。曾噩又刻大寶積經於廣州。宋時廣州刻書傳世者僅三種，附記此。附釋文互註禮部韻略，劉少山先生捐贈，北京圖書館藏。

子略四卷子略目一卷　宋高似孫撰

宋寶慶間（1225-1227）刻本。半葉十行，行二十字。注文雙行。刻工有王日、王進、吳充、吳茂、金振等人。日本藏書。

小學集注六卷　宋朱熹撰

宋寶慶間（1225-1227）顏育中刻印。

寶慶本草折衷二十卷　宋陳衍育撰

宋寶慶間（1225-1227）刻本。

太平惠民和濟局方十卷　指南總論三卷

宋寶慶間（1225-1227）刻本。

西湖高僧事略一卷　宋釋元敬輯

宋寶慶間（1225-1227）杭州瑪瑙寺僧元敬輯刻。

浪語集三十五卷　宋薛季宣撰

宋寶慶間(1225-1227)薛旦撫州刻本。

紹定元年戊子(1228)

周易總義二十卷　宋易祓撰

宋紹定戊子(元年1228)門人陳章序刊。一

書次題長沙邵孟祥校正,有紹定四年眉山李

壺跋於武信玉山堂。蓋非一刻但已不傳。

儀禮圖十七卷　宋楊復撰

宋刻本,半葉十行,行二十一字。首載晦庵

朱文公乞修三禮奏劄,次紹定戊子楊復自序

序後有陳普序,陳序每行上空一格行書。明

代補刊亦甚多~~補刊~~。板心上方有校正名氏。

下方有刻工名氏。日本藏書。

金陀粹編二十八卷續編三十卷　宋岳珂撰

宋紹定元年(1228)刻本。半葉九行,行十

七字。細黑口,左右雙邊。金陀書當時初係

刻於檇李,續編刻於南徐。端平元年合刻於

廟塾。

鄂國金陀續編三十卷　宋岳珂撰

宋紹定元年(1228)刻本。半葉九行,行十

七字。细黑口，左右雙邊。珂居在嘉興金陀坊，故以名書。粹编成於嘉定戊寅自序。續编成於紹定戊寅（元年）。元時嘉禾板已無存。元至正二十二年吳門朱元祐重刻於西湖書院。

東漢詔令十一卷　宋樓鑰编

宋嘉定十五年序。紹定戊子（元年1228）鄭清之跋。

開元天寶遺事二卷　五代王仁裕撰

宋紹定元年（1228）桐江學宮刻本。半葉十行，行二十字。陸子遹序稱"此書所載明皇時事最詳，至一話言一行事，大抵出於此書者多矣。紹定戊子刊之桐江學宮山陰陸子遹書"。

容齋隨筆十六卷續筆十六卷三筆十六卷四筆十六卷五筆十卷　宋洪邁撰

宋紹定元年（1228）周謹刻本。半葉九行，行十八字。明弘治八年華燧會通館銅活字本即據周謹刻本擺印。跋曰，"守章貢鋟梓郡斋，攜來守建復鋟。又臨川周謹跋曰："隨筆初刻

於藝，續至五筆刻於章貢。紹定改元得建溪
本，詳校錄全書，庶幾流傳益廣。

老學庵筆記十卷　宋陸游撰

宋紹定元年（1228）陸子遹刻本。這是唯一
的宋本。如果不是陸子遹刻本，陸游許多著
作可會失傳，陸子遹序曰："老學庵筆記先太
史淳熙、紹熙間所著也。紹定戊子刻之桐江
郡庠，幼子奉議郎權知嚴州軍州事兼管內勸
農事子遹謹書"。

醫說十卷　宋張杲撰

宋刻本，九行，行十八字。白口，左右雙邊
有嘉定甲申彭方，李以制跋，開禧丁卯江疇跋
此書後尚應有寶慶丁亥徐杲跋。紹定元年諸
葛興跋。二本均佚去。明嘉靖二十三年刻本
序云言得宋本覆刻云云。後有嘉定甲申彭方
李以制二跋。開禧丁卯江疇跋，寶慶丁亥徐
杲跋，紹定改元諸葛興跋，蓋即據宋刊付雕
者。此書爲宋紹定元年（1228）諸葛興刻本

鉅鹿東觀集十卷　宋魏野撰

宋紹定元年（1228）嚴陵郡齋刻本。半葉十

行，行二十字。白口，左右雙邊。雙魚尾，上魚尾上刻字數，上下魚尾間多刻有"鉅鹿東觀集某卷"字樣。下魚尾下刻有刻工姓名。刻工有呂起、劉振、林充之、林立、章昌、厲俊、金振、王恭、李日。卷中遇"皇宋"、"聖朝"、"皇恩"、"天子"、"皇儲"等前空一格。一般不避宋諱。此書十幾處"游"字缺末筆，以避其父諱，故"游"字缺末筆，前人考證當為南宋陸游之幼子陸子遹知嚴州時所刻。新定續志郡有經史詩文方書八十種，中有鉅鹿東觀集一目，蓋即此本。為國內孤本。（卷四至卷六配明鈔）。鈐有"古歙世家"、"朱印子濬"、"檇李曹氏收藏圖書記"、"曹溶之印"、"汪印士鐘"、"慈石讀書記"等印。書末有黃丕烈跋："此宋刻鉅鹿東觀集，余友顧抱冲得諸郡城華陽橋顧聽玉家，真稀世珍也。偶檢陸其清佳趣堂書目，知其清藏有元刻玉山雅集。檇李曹秋岳侍郎聞之，擬購去，而其清未之許。秋岳遂折節訂交，以宋槧魏仲先鉅鹿東觀集，孫奕示兒編相贈，古人拳拳愛書之意，迄今猶可想見。余始疑抱冲所藏或是其清故物。今從抱冲假歸，除卷首有曹溶私印、槜李曹氏收藏圖書記，方信此書即曹所贈陸者也。……乾隆己卯冬者，借魏集校畢。還書日，因記數語於卷尾餘紙云棘人黃丕烈"。北京圖書館藏。中華書局影印，入古逸叢三編中，以使孤本得以流傳。

絜齋集二十四卷　宋袁燮撰　袁甫輯

宋紹定初元跋曰，甫支缺略始彙次刊梓。武英殿聚珍版之絜齋集據以為祖本。

濂溪集七卷　宋周惇頤撰

宋紹定元年（1228）萍鄉胡安之叔器序，後跋云，編是集者周子世孫倫也，正之者郡博左子序也，刻之者郡貳黃子敏才也。跋之者新寧林山是歲乙未秋七月戊辰也。

潘逍遙集一卷　宋潘閬撰

宋紹定元年（1228）嚴陵郡齋刻本。陸子遹對魏潘、楊之詩推崇備至，作跋云：子遹竊惟此邦以嚴州名，為子陵也。以桐廬名郡，為桐君也。二君之所立，可以廉貪立儒，有不容稱贊者。皇朝之所以作風俗以未嘗不在是。方削平僭偽，平定戎虜告成，岱宗時，則有若潘先生閬、楊先生樸、魏先生野以高節簡如聖心，師表一世而句法清古，語帶烟霞，近時罕及。妄意以為可襲二公之風，謹刻梓於郡齋，以與有志世道者共之。紹定之元冬十一月山陰陸子遹書。"

東里楊聘君集一卷　宋楊樸撰

宋紹定元年（1228）嚴陵郡齋刻本。陸子遹對魏、潘、楊之詩推崇備至，作跋云："子遹竊惟此邦以嚴州名，為子陵也。以桐廬名郡，為桐君也。二君之所立，可以廉貪立懦，有不容稱贊者。皇朝之所以作風俗亦未嘗不在是。方削平僭偽，平定戎虜告成，岱宗時，則有若潘先生閬、楊先生樸、魏先生野以高節簡如聖心，師表一世而句法清古，語帶烟霞，近時罕及。妄意以為可襲二公之風，謹刻梓於郡齋，以與有志世道者共之。紹定之元冬十一月山陰陸子遹書。"

五峰胡先生文集五卷　宋胡宏撰

宋紹定元年（1228）跋。其子大石編刻。直

齋書錄解題謂五卷本，門人張栻為序。

紹定二年 己丑（1229）

四書管見十三卷 宋錢時撰

以論語古文，孝經古本，大學并中庸為四書

有紹定己丑（二年1229）自序。時本布衣，為

楊簡弟子，嘉熙二年肅國公喬行簡以時學行

薦於朝，因授官。喬劄子載今卷首。此書經義

群 考列入群經以與朱子所定四書不同。

皇朝編年綱目備要二十五卷 補刊編年備要五

卷 宋陳均撰

宋紹定二年（1229）刻本。半葉八行，行十

六字，注文雙行，行二十四字，細黑口，四

周單邊。左闌外上方標紀年。首陳均自序，

次紹定二年真德秀序，次紹定二年林岊序。

目錄第二十五卷，後隔行書"已後五卷見成

出售"。卷二十六至三十以影宋刊本，九朝

編年備要補，影宋本八行十六字，注文雙行

二十三字，細黑口，四周雙邊。闌外標紀年

日本靜嘉堂文庫藏。已影印行世。

九朝編年綱目備要三十卷　宋陳均撰

宋紹定二年（1229）刻本。半葉八行，行十六字。注雙行，行二十四字。細黑口，四周單邊。前有紹定二年三月辛卯建安真德秀序，次凡例，次目錄。鈐有"國學官書"、"晉府書畫之印"、"清樂軒"、"姜氏圖書"各印。劉啟瑞藏，內閣大庫舊儲。此書與上書同為一書。

四明志二十一卷　宋胡榘　羅濬纂修

宋寶慶三年（1227）修。宋紹定二年（1229）刻本。半葉十行，行十八字。注文雙行，行字同。白口，左右雙邊。版心上記大小字數，下記刻工姓名。有洪玠、洪春、洪楷、施華、方禮、王仁、王琳、王侃、王智、陳仁、顧達、顧清、任全、蔡邠、蔣咨、沈革、葉楨、徐志、葛桂、建安吳洪、建安范明刊等人。明、清寧波府，宋時謂之明州，亦稱四明，紹熙間升號慶元府。寶慶三年知府胡榘倡議重修志書，紹定元年羅濬編成，故世稱寶慶四明志。此為紹定原刻本，世無二帙，洵為

海内孤本。原缺卷九第二十二、二十三和卷
十一第十八至二十五各葉。書内鈐有"五福
五代堂古稀天子寶"、"乾隆御覽之寶"、"八
徵耄念之寶"、"太上皇帝之寶"、"天祿
繼鑑"。一九五癸年故宫博物院印本，即據
此帙影印。

吳郡志五十卷　宋范大成撰　汪泰亨等增補
宋紹定二年(1229)廣德李壽朋刻本。半葉
九行，行十八字。注文雙行，行字同。白口
左右雙邊。版心下記刻工姓名。有余政、陳
彬、馬松、楊潤、馬良、吳椿、蔣榮林、金
榮、朱祥、蔡仁、史俊、徐珙、馬良臣、王
震、蔣宗、蔣祖、蔣榮祖、徐珣、宋文、金
忠、余忠等。前有紹定二年趙汝談序，次目
録，目録後有"校勘進士何渾府學學諭劉九
思、校勘廸功郎新廣德軍軍學教授李起、校
勘從事郎充平江府府學教授汪泰亨，校勘國
學免解進士李宏"四行。擇是居仿宋刻本，
即據此本翻刻。國立中央圖書館藏。上海圖
有藏。

慈溪黄氏日抄分類九十七卷　宋黄震撰

宋紹定二年（1229）積德堂刻本。半葉十行，行二十字。白口，左右雙邊。版心上記字數，下記刻工姓名。有劉本、劉宗、劉伏、劉復、劉貴、劉宣、劉伯安、劉待者、江同、江屋、江童、江子明、付資、付仲名、付安貝、付孝成、陳厚、陳鳳、陳孝和、黄是、黄保、黄暄、黄子旻、孟柳、孟純、孟壽、虞亮、虞子記、虞子得、吳中、吳福、范通、范孝從、余壽、余長壽、周同、周壽、王貴全、景中、景舟、官永茂、薛永簡、林安、徐田、張名遠、章豪、葉壽、魏名、游名、宗文、原良、占宴、堯朱、玄保、育寄、子中、汝敎、士通、慶現、丁茂、昌之、吳洪、任全等，餘則或姓或名僅記一字。宋諱缺筆至慎字止。闌外記篇名。全書句讀，經文用圈，注用點，注引書及經文字用括號。緊要處用墨擲或聯點，讀音加圈發。張氏適園藏書志有黄氏經日鈔三十卷，目錄後有紹定二年菊月積德堂校正刊牌子。所記行款與北京圖書館所藏卷二十七、二十八兩卷相同。

童蒙訓三卷　宋呂本中撰

宋紹定二年婺州郡齋刻本。半葉十行，行二十字。白口，左右雙邊。版心雙魚尾，下魚尾下記葉數。卷下末葉有墨圍記："紹定己丑郡守眉山李嘉得此本於詳刑使者東萊呂公祖烈，因鋟木於玉山堂以惠後學。"海源閣遺書杭宗圖書館藏。

童蒙訓三卷　宋呂本中撰

宋紹定二年(1229)呂祖烈玉山堂刻本。半葉十行，行二十字。

樂善録十卷　宋李昌齡輯

宋紹定二年會稽郡齋刻本。半葉九行，行十八字。白口，左右雙邊。版心下記刻工人名一字。前有隆興二年陳郡胡晉臣跋，跋文視本書低三格，云寶章汪公出此編以鋟梓云。日本東洋文庫石田幹之助藏。此書已印入續古逸叢書中。

百壽字圖一卷

宋紹定二年(1229)史渭刻本。史渭任靜江令時所刻。

昌黎先生集考異十卷　宋朱熹撰

宋紹定二年（1229）池州張洽刻本。半葉十行，行二十字。白口，左右雙邊。版心上記大小字數，下記刻工姓名。有潘暉、李卞、蔣正、王亨、王壽、葉必先、從林、括林、金通、夏旺、金合、金萬、李全、葉合等人。卷末有"紹定己丑"年的張洽寫刻跋文。為黃池刻本。鈐有汲古閣毛氏、季振宜、徐乾學等著名藏書家收藏印章四十四枚。毛晉《汲古閣珍藏秘本書目》，徐乾學《傳是樓書目》以及北京圖書館、上海圖書館等單位的善本書目中，均不見著錄。只在季振宜的《季滄葦書目》中著錄為"韓文考異十卷，宋版"。清乾隆間修四庫全書所收的韓文考異十卷，乃是清初李光地據此本翻刻。可見此書既是祖本，又是海內孤本。山西省祁縣圖書館藏。

洛陽九老祖龍學文集十六卷　宋祖無擇撰

清初寫本。十行二十字。後有紹定二年郡文學趙體國跋，行書大字。清怡府舊藏。鈐明

善堂、安樂堂藏印。此書傳張幼樵家有宋本

橫浦集二十卷　宋張九成撰

宋紹定二年(1229)嚴州刻本。宋史藝文志

題張載集十卷。郡齋讀書志題張橫渠崇文集

十卷。

紹定三年庚寅(1230)

附釋文互注禮韻略五卷　不著撰人名氏

宋紹定三年(1230)藏書閣刻本。半葉十行

行二十一字。注文雙行，行三十三字。白口

左右雙邊。版心上記大小字數，下有刻工姓

名。有繆六、繆珍、王顯、丁琦、高文、徐

禮、文恭等人。卷末有"紹定庚寅上巳重刊

于藏書閣"十二字。此書首尾完整，白麻紙

印工精良。已印入四部叢刊三編中。北京圖

書館藏。

切韻指掌圖二卷　宋司馬光撰

宋紹定三年(1230)婺州麗澤書院刻本。司

馬□跋："右先文正公切韻指掌圖，近印本

於婺之麗澤書院。紹定庚寅"。

切韻指掌圖二卷　宋司馬光撰

宋紹定三年（1230）越之讀書堂刻本。序文八行十五字。檢例七行十六字，又八行十八字，又八行十六字，又十行十七字。次字母圖，次類隔圖，次字母四聲圖。其字母標以陰文。末有嘉泰癸亥番易董南一跋，跋後有紹定庚寅四世從孫□跋。兩跋皆行書，半葉九行，闌角有"程景思刊"四字。全書白口，左右雙邊。下方記刻工姓名，有顧、林寵、信、葉宝、万全、永、周文昌、万可、万千、陳琳、林宏、林盛、雯、永寧、中、呈。字體仿顏平原，敦厚方滿，惟第五十三葉似後補入者。藏印有"沈弘正印"、"字公路"、"陳寅之印"、"陳氏惟寅"、"任俠自喜"、"大雅"、"叢書堂印"、"東平王一十六世孫"、"天祿琳琅"、"天祿繼鑑"、"嘉慶御覽之寶"。卷中弘、貞、桓、玄、胡、匡均缺末筆。清宫舊藏。北京圖書館藏。

新唐書略三十五卷　宋呂祖謙撰

宋紹定三年（1230）麗澤書院刻本。

澉水志八卷　宋常棠撰

宋紹定三年（1230）孫代刻本二卷。

乖崖張公語録二卷　宋張詠撰

宋紹定三年（1230）刻本。半葉九行，行二十字。卷末有紹定庚寅刊於錢塘俞宅書塾木記。顧麐士怡園藏書。直齋書録解題言乖崖集舊本十卷，至郭森卿始併語録刊爲十二卷，此本刻在前，故單行不附本集。

人天寶鑑不分卷　宋釋曇秀撰

前有劉棐序，次紹定三年自序，末有紹定庚寅釋師曰、釋妙堪跋。其書裒載歷代高僧逸事遺言，每條之下注引書名，頗爲博洽，其大旨具於序中。前後序文八十四葉。日本仿宋刻無年月。

奇效良方瘡疹論不分卷

前有無名氏序，末題紹定庚寅（三年）春謹鋟梓以廣其傳。

定齋集二十卷　宋蔡戡撰

宋紹定三年（1230）其子蔡廙刻本。

紹定四年　辛卯（1231）

周易總義二十卷　宋易祓撰

宋紹定四年（1231）眉山李惠跋於武信玉山堂，題長沙邵孟祥校正。與紹定元年門人陳章刻本，蓋非一刻。俱已不傳。

絜齋家塾書鈔十二卷　宋袁燮撰

宋紹定四年（1231）象山書院刻。宋史藝文志作十卷，陳振孫書錄解題稱為燮子喬錄其家庭所聞，至君奭而止，則當時本未竟之書，且非手著。紹定四年其子甫刻置象山書院。蓋重其家學，不以未成完帙而廢之。葉盛菉竹堂書目，尚存其名，而諸家説尚書者，罕聞以證，知傳本久絕，故朱彝尊作經義考注云未見，今聖代博采遺編，珍籍秘文，罔不畢出，而竟未睹是書之名，則其佚久矣。謹從永樂大典所載為十二卷。袁甫跋：甫自幼洎長侍先君側平旦集，諸生及諸子危坐說書，夜再講率至二鼓無倦容。是編為伯兄手鈔，雖非全書，然發揮本心大旨具在。伯兄名喬，天資純正，用功勤篤，嘗宰溧陽，視民猶子，邑人德之，惜未盡行所學耳。甫悼先君之沒，幸伯兄之有傳，今又云亡，痛曷有已，遂刻是編，名曰《絜齋家塾書鈔》，而納象山書院，以與世學者共之。紹定四年。

儀禮經傳通釋祭禮十四卷　宋朱熹撰

宋紹定四年（1231）福州楊復刻本。半葉七行，行十五字。注文雙行。版心刻字數及刻工姓名，有袁中、蕭大榮、蕭杰等人。楊復跋云："先師朱文公集家鄉邦國王朝及喪祭禮皆以儀禮為經而諸書為傳，名曰儀禮經傳通釋……日邁月徵今十餘年，南康學宮舊有家鄉邦國王朝禮及張侯虙續刻喪禮，又取祭禮稿本刊而存之，以待後之學者……。紹定辛卯七月望日三山楊復謹序。"

禮記集說一百六十卷　宋衛湜撰

宋紹定四年（1231）趙善湘為鋟於江東漕院。越九年（即嘉熙四年1240）湜復釐訂，定為此本，自作前序後序，又作跋尾，述其始末甚詳，蓋首尾閱三十餘載，故採摭群言，最為賅博，去取亦為精審。

武經總要前集二十二卷後集二十一卷附行軍須知二卷百戰奇法二卷　宋曾公亮、丁度等撰宋紹定四年（1231）趙休國跋。紹定四年鄭魏挺跋。

鍼灸資生經七卷　不著撰人名氏　兩淮鹽政採進本

四庫全書總目提要：舊本題葉氏廣勤堂新刊，蓋麻沙本也。前有嘉定庚辰（十三年）徐正卿初刊序，稱東嘉王叔權作。又有紹定四年（1231）趙綸重刻序，稱澧陽郡博士王執中作。舊本冠以徽宗崇寧中陳承、裴宗元、陳師文等校奏醫書一表，與序與書皆不相應，考裴宗元、陳師文等，即校正太平惠民和劑局方之人，殆書賈移他書進表，置之卷端，欲以官書取重歟；然宋代官書，自有王惟德銅人鍼灸經，局可誣也。

磧沙藏　全稱平江府磧沙延聖院大藏經　簡稱磧沙藏或延聖寺藏　六千三百六十二卷

宋紹定四年至元至治二年平江府磧沙延聖院募刻本。磧沙延聖院在吳縣南境陳湖中，宋乾道間寂堂禪師創建。紹定四年設經坊，一名大藏經局，開雕全藏。藏主爲法忠禪師。

嘉熙、淳祐間校刻經卷甚盛。至元至治二年共歷九十一年始告成。每開六行，行十七字梵夾裝。五百九十一函，一千五百三十二部六千三百六十二卷，用千字文編號，函編號始天終煩。西安開元、卧龍兩寺存全藏约十分之八，今歸陝西省圖書館。太原崇善寺陸有全藏，僅缺四十八函，九百七十五卷。國内各大圖書館各存有若干册。一九三六年上海影印宋版藏經會影印，縮印原一帙（函）爲一册，改爲横長方綫裝本，五百九十一册目錄二册，共計五百九十三册。刻工人名約六百餘人。

集　千家注分類杜工部詩二十五卷　宋徐居仁輯

宋紹定四年素心齋刻。半葉十二行，行二十一字。小字雙行，行二十五至二十六字不等左右雙邊。宋刻本缺首序跋。首有目錄，次集注姓氏。目錄末有“紹定辛卯趙氏素心齋鏤刊梓行”十三字。題集千家注分類杜工部詩卷之一，次行東萊徐居仁編次，臨川黄鶴補注二行聯署，次行紀行上三字。又次行古詩四十首五字，又次行孫征二字，以下記注文。楮墨極精，尤為可喜。日本藏書。

網山集八卷　宋林亦之撰　浙江鮑士恭家藏

四庫全書總目提要：是書原集刊於紹定辛卯（四年），劉克莊序。今觀此本，詩僅二卷，而輓詩居一卷。文凡六卷，而祭文居二卷，祝文聘書居一卷，青詞募疏之類，不執於正者，又居一卷，殊不類克莊之所稱，其編尤為猥雜，疑原集散佚，無識者掇拾叢殘，重編此本，故遺其精華，而存其糟粕。宋人撰者，傳者日稀，既未睹全帙，姑以此本著錄。

象山文集三十二卷　宋陸九淵撰

宋紹定四年(1231)袁甫文重刻本。四庫全書總目提要著錄為紹熙四年辛卯，應為紹定四年辛卯。

紹定五年　壬辰(1232)

詩說十二卷總說一卷　宋劉克莊撰

宋刻本。半葉九行，行二十二字。白口，左右雙邊。版心上記字數，下記刻工姓名，有青惠、吉州吴玉、世光、光僅、道清、惠章、

劉昌等，餘為各單字。宋諱不謹。序六行十
七字。劉坦二跋七行十四字，低二格。其在
序後者字體墨色與全書不同，紙色亦異。當
是後刊補入。用羅紋紙印。缺卷二、十兩卷
有明吳寬、錢同愛識語。北京圖書館藏。清
道光藝芸書舍影宋刊本，即據此本翻刻，首
紹定壬辰十月信安劉克自序。目有"吉州吳
玉刊"，當為江西吉州所刻。

寶刻叢編二十卷　宋陳思撰

宋紹定二年元鶴山翁序。紹定辛卯直齋陳振
玉父跋。紹定五年孔山居士跋曰，肆有陳思
道人者，此所集前賢碑誌之目也。有一跋云
缺曰，道人居久京輦與士大夫接見聞之廣，
閱書之多，專搜遠討，輯為巨編。余嘉其志
且助其鋟梓之費書此為跋。是書宋本久已不
傳。今傳有宋寫本，北京圖書館藏卷一、卷
五，計二卷。烏絲闌，半葉十行，行二十字
白口，左右雙邊。版心上魚尾下記叢編卷幾
下記葉數。本文每條標題頂格，文字另行低
二格。印格所寫精工，白麻紙，蝶裝，蓋當

時進呈之書。內閣大庫故物。

思無邪

宋紹定五年（1232）四明陳煒刻石。

游宦紀聞十卷　宋張世南撰

宋刻本，半葉十行，行十八字，注文雙行。白口，左右雙邊。版心題記聞幾，上方記字數，下記刻工姓名，僅徐仁一人，餘單字。卷末有紹定壬辰李發先跋。語涉宋帝室則提行或空一格。宋諱有缺有不缺，購、敦字缺末筆。此書雕刻精整，其字體行格，頗似臨安書棚本，然無牌記可證。日本帝室圖書寮藏書。傳書堂載有明影鈔本，唐伯虎、黃蕘圃手跋。

山谷詩集注二十卷　宋黃庭堅撰　宋任淵注

宋紹定五年（1232）黃埒刻本。前有紹興乙亥冬十二月鄱陽許尹叙，稱黃陳詩集序，乃鈔補者。後有紹定壬辰（五年）日南至諸孫朝散郎行軍器監主簿并權知南劍州軍州兼管內勸農事節制本州屯戍軍馬借緋埒拜手敬識。

寶晋英光集八卷　宋米芾撰

宋绍定壬辰（五年1232）岳珂编刊寶晉英光
集於潤州米祠。

後樂集二十卷　宋衛涇撰
宋刻本七十卷，其子樵所编。绍定壬辰（123
守永州刊之。

文章正宗二十四卷　宋真德秀撰
宋绍定玄默執徐之歲序（即绍定五年）。
按：劉後村集云，文忠役湯漢與常平使者李鑑
葉力鋟梓。

绍定六年　癸巳（1233）

兩漢詔令二十三卷　西漢詔令十二卷　宋林虙
撰　東漢詔令十一卷　宋樓昉撰
宋绍定六年（1233）刻本。有影寫宋刻本。
半葉十行，行十八字。版心上有字數，下有
刻工姓名。西漢，宋諱缺筆。前有大觀三年
諧序。有绍定癸巳鄭清之序，绍定戊子婿
老序，翰林學士洪咨夔總論。鈐有："愛日精
廬藏書印"，"秦峰"印。

金章蘭譜一卷　宋趙時庚撰
宋绍定癸巳（1233）自序。

史六卷　宋朱長文撰

宋紹定癸巳（1233）朱正大刻本。有明影寫宋紹定癸巳朱正大刻本。半葉十一行，行十七字。卷中遇宋帝名皆注某宗廟諱。前有紹定癸巳姪孫正大序，半葉六行，行十字。次朱氏自序（元豐七年）。各卷篇目接正文，尚存古式。有吳焯手跋三則。鈐有「文氏家藏」、「江左布衣」、「錢謙益印」、「繡谷熏習」等印。

太上感應篇八卷　宋李昌齡傳　鄭清之贊

宋紹定六年（1233）胡微瑩刻。半葉十二行，行二十一字。題西蜀李昌齡傳，四明鄭清之贊。經文頂格，傳低一格，贊低二格。語涉宋帝空格。傳曰、贊曰黑地白文。如帝王、國主、朝代、年號、國名、地名、引用書名、篇名等均以白文別之。首載紹定六年胡微瑩刊成上進文表，稱御題太上感應篇八卷。趙希弁郡齋讀書志附志，題漢嘉夾江隱者李昌齡所編，亦作八卷，正與此合。是書缺四卷為內閣大庫散出者。

朱文公校昌黎先生集四十卷外集十卷遗文一

唐韓愈撰　宋朱熹考異　存卷十三、十四

二卷，又三十七、三十八，又集傳一卷。

宋紹定六年（1233）臨江軍學刻本。半葉

行，行十五字，注文雙行同。白口，左右

邊。版心上記字數，下記刻工姓名，有蔡

蔡珏、劉舉、胡祥、胡興、元壽、子文、

文慶。字大如錢，結體峻整，刻工精湛，

各家藏書目所無。卷首鈐：都省書畫之印

卷十四後有"温字十六號"墨記，上鈐"

部收藏書畫關防"朱記。天祿後目有大字

云是紹定癸巳臨江軍學刊，然未著行款，

字體刀工審之，其殆是乎！。北京圖書館

白石詩集一卷　宋姜夔撰

宋紹定六年（1233）刻本。

白石詩傳三十卷詩訓詁三卷　宋錢文子撰

宋紹定六年（1233）温州郡齋刻本。書行

序：先生姓錢氏諱文子字文季，永嘉人，

大學以兩優釋褐仕至宗正少卿，乾淳諸老

後，巋然後學宗師曰白石，其徒號之也。沒

今二十餘年。司馬文正公之孫，自行尚書郎，出守永嘉，行簡知先生有是書，而未廣也，又知郡太守之賢，可屬以此，訪求于湯尹之姪時大，俾偕詁釋刻諸郡齋。紹定六年。增訂四庫簡明目錄標注載：白石詩傳二十卷詩訓詁三卷，宋錢文子撰，門人丁黼刊。又紹定六年司馬述刊於永嘉。

營造法式三十四卷　宋李誡撰

宋紹定間（1228－1233）平江府刻本。半葉十一行，行二十二字。細黑口，左右雙邊。存卷十一至十三，凡三卷。北京圖書館藏。已印入古逸叢書三編中。

重廣補注黄帝内經素問二十四卷　唐王冰註

宋林億等校正。孫兆改誤

宋紹定間（1228－1233）刻本。半葉十行，行二十字，注文雙行，行三十、三十一字不等。白口，左右雙邊。版心下記刻工姓名，有付言、陳先、陳德、林仁、王文、鄭保、張詢、程保、周賜、薛悰、周才、鄭發、王太、任益、王椿、林宗、林一、鄭俊、鄭友、王仁、

黄与、丁保、江濤、周琳、黄逢、宋保、陳
英、王迪、林明、李昱、林茂、陳富、陳從
陳安、詹才、付及、李顯、黄興、林方、僕
方及各单字。明嘉靖二十九年顧從德仿宋刻
本，即据此本翻刻。

天竺靈簽

宋绍定間(1228-1233)刻本。有圖，每葉分為三段
下一半刻簽文和解說語，當中是圖解簽文的
畫面，約占一半篇幅，最上端一扁方框内题
吉凶事宜。

石屏詩集十卷　宋戴復古撰

宋绍定間(1228-1233)刻本。

端平元年　甲午(1234)

春秋集注綱領一卷

宋端平元年(1234)臨江軍學刻本。半葉十
行，行十八字，注雙行，行二十七字。白口，
左右雙邊。故宫博物院藏。

大學衍義四十三卷　宋真德秀撰

宋端平刻小字本。半葉十一行，行二十一字
注雙行，黑口。目题大字西山先生經筵大學

衍義。端平元年中狀進書表。宋諱敬、恒、
悙字皆缺筆。
心經一卷　宋真德秀撰
宋端平元年（1234）顔若愚刊於泉州府學本。
政經一卷　宋真德秀撰
宋端平元年（1234）大庾縣齋刻本。
崇陰比事一卷附録一卷　宋桂萬榮編
宋端平元年（1234）重刻本。半葉十行，行
十八字。嘉定癸酉劉隸書於金陵郡齋，嘉定
辛未張宓序，四明桂萬榮自序。又端平元年
後序。吴縣黄氏所藏宋本不載序跋。清道光
己酉金陵朱緒曾得之據以翻刻。以翻刻本補
之刻工有馬良、王錫、金成、徐祐、何彬、
賈端仁等。
大金國志四十卷　宋宇文懋昭撰
首有金國初興本末，次經進大金國志表，题
宋端平元年正月十五日淮西歸正人改授承事
郎工部架閣臣宇文懋昭上表。錢曾讀書敏求
記載其書下直書君康王出質且詳，列於遷宗
族等。於獻俘可謂無理於君至矣。故於上表

其書而端平君臣竟漫置不省何也。端平元年
上書表，首爲金國九主年譜、世系圖，凡卷
一至二十六帝紀，卷二十七功臣，卷二十八
二十九翰苑，卷三十楚國張邦昌錄，卷三十
一齊國劉豫錄，卷三十二至卷三十九制度，
卷四十許奉使行程錄。

金陀粹編二十八卷續編三十卷　宋岳珂撰
宋端平元年（1234）合刻於廟學。

周易參同契释三卷　宋陳顯微撰
宋端平元年（1234）王夷刻本。

關尹子言外經旨三卷　宋陳顯微撰
宋端平元年（1234）王夷刻本。

自警編　宋趙善璙撰　分甲乙丙丁戊五編
宋端平元年（1234）趙善璙於九江郡齋刻本
半葉十行，行二十字。白口，左右雙邊。版
心上魚尾下記"自警編甲"，下記刻工姓名
有梅保、茍道民、謝友、劉志中、周宗貴、
陳溪、胡文、章五、文民、文恕、文只、志
才、子秀、旱成、旱目、必文、人中、奂
友民、王必文、志才、張元威、蜀道民、

道琨、擧龍，間有一字者。前有嘉定甲申善琛自序。後有端平改元三月旦善琛跋。卷中遇帝等字皆空格，宋諱完、敦、惇等字缺末筆。各條均注出處。北京圖書館有藏書。

是書分甲至戊五編，甲編學問操修類，乙編齊家接物出處類，丙編事君類上，丁編事君類下，戊編政事類，附拾遺，此爲趙氏原本之舊。

龍洲集十四卷附録二卷　宋劉過撰

宋端平元年（1234）劉澥刻本。

致堂胡先生斐然集三十卷　宋胡寅撰

宋端平元年（1234）馮邦佐刊於蜀。日本靜嘉堂文庫藏明影寫宋端平元年刻本。此書有端平元年春刊於東州道院。前有嘉定三年八月望日南郡章穎序，端平元年九月戊申鶴山魏了翁序。

西漢文類二十一卷　東漢文類二十卷　宋陳鑑編

宋刻本。半葉九行，行十八字。白口，單邊。其文皆採自史傳不無刪節之病，並就本傳中

中忠言素謨。有端平甲午石壁野人自序。歸
安姚氏所藏。存西漢卷二之四，又六之十七，
凡十五卷。又見東漢一冊。蓋建陽書坊所刻
北京圖書館藏。

宋文鑑一百五十卷　宋吕祖謙奉敕編
宋嘉泰甲子（四年）沈有開刊板，序云諸處
未見刊板，惟建寧書坊有之，而文字多誤。
端平元年劉炳跋曰，鏤木之始，一付之刀筆
吏，欠補亡刊之功，後雖更定，譌缺猶多，
近於東萊家塾得正誤續本，命劉崇卿以他集
訂正之。凡刪改三千有奇，與刓改不可讀者
百餘板併新之。

端平二年乙未（1235）

詩傳遺說六卷　宋朱鑑輯
宋端平二年（1235）富川學宮刻本。是編乃
理宗端平乙未，鑑以承議郎權知興國軍事時
所成，具書首綱領，次序辨，次六議。鑑自
序曰：先公詩集傳，豫章、長沙、後山皆有
本，而後山校讐最精，第初脫稿時，音訓間
有未備，刻板已竟，不容增益，欲著補脫，

終弗克就。仍用舊板，葺為全書。補綴趲那，久將漫漶，竭來富川，郡事餘暇，輒取家本，新加是正，刻置學宮云云。

春秋集注十一卷綱領一卷　宋張洽撰

宋刻本，大版匡。半葉十行，行十八字，注雙行，行二十七字。白口，左右雙邊。版心下有刻工姓名，有周辰、周顯叔、劉和、李榮、陳勝伯、韓咏等人。有端平元年臨江軍牒文，又省牒，又張洽狀。又二年張洽照會，附小貼子，次春秋綱領。鈐有"平陽季子之章"、"平陽季子收藏圖書之印"，又有乾隆及天祿各璽，又"摛藻堂圖書印"。故宮博物院藏。

唐史論斷三卷　宋孫甫撰

宋端平二年（1235）黃準再刻於東陽倅廳。（東陽即建陽）。半葉九行，行十七字。前有自序，紹興二十七年張敦頤後序，後有端平二年黃準跋，云刊於東陽倅廳之雙檜堂。是書宋紹興二十七年（1157）南劍州學宮張敦頤刻本，隨後又有劉和甫家刻本，又此端平二年刻本。

諸儒鳴道集七十二卷 不著輯人名

宋端平二年（1235）閩川黃壯猷刻本。有宋氏攀光樓影宋刻本。半葉十二行，行二十一字。前有總目及黃壯猷跋語。濂溪通書一卷、涑水迂書一卷、橫渠正蒙八卷、橫渠經學理窟五卷、橫渠語錄三卷、二程語錄二十七卷、上蔡先生語錄三卷、元城先生語錄三卷、劉先生譚錄一卷、劉先生道護錄一卷、江民表心性說一卷、龜山語錄四卷、安正忘筌集十卷、崇安聖傳論二卷、橫浦日新二卷。"越有諸儒鳴道集最佳，年久板腐字漫，觀者病之，廼命工刓蠹填梓，隨訂舊本鋟足其文，今整楷焉。旹端平二禩八月吉日郡守閩川黃壯猷書"。是書各家鮮有著錄，惟綠雲樓書目有宋板一部。卷中慎、完、貞字皆缺末筆，是出於宋刻之證。

淨覺十諫書二冊

宋端平二年（1235）重刻本。台州白蓮比丘宗帆將釁教乘息錢開板流通，丹丘王庸刊（十諫書後）。端平二年台州白蓮比丘宗峴將鬻教乘息錢重開板流通（解謗及扶宗記後）。比丘宗峴續乘息錢開板（雪謗及析難書後）。王庸刊（止疑書後）。

楚辭集注八卷辯證二卷後語六卷　宋朱熹集注

宋端平二年（1235）朱鑑刻本。半葉九行，行十七字，注文雙行，行十八字。白口，左右雙邊。版心雙魚尾，上記字數，下記刻工姓名，有李仝、李可、劉才、劉正、劉珏、劉政、范元，餘為單字或姓或名。朱熹死後，經過十六年其孫朱鑑，集合了“集注”、“辯證”、“後語”三部分刻版行世。為現存楚辭集注最早最完備的刻本，也是最後的定本。鈐“翰林院印”、“座德堂章”、“華氏家藏”、“竹泉”、“樵雲後齋”、“武林高瑞南家藏書畫印”、“獻陵紀氏家藏”、“拙生”、“慎之”、“朱印錫庚”、“歸雲閣”、“關印蔚煌”、“臣許乃普”等印。白麻紙，十二冊。中國書店一九五八年購得，現藏北京圖書館。北京圖書館另藏一部，為海源閣舊藏，後歸東萊劉氏所得，劉叔俛捐獻給國家，現藏北京圖書館。一九五三年人民文學出版社據此本影印。後中華書局又影印。

誠齋集一百三十三卷　宋楊萬里撰

宋端平二年（1235）羅茂良校刊本。半葉十行，行十六字。白口，左右雙邊。版心有字數及刻工姓名，有劉元、劉玉、劉淵、劉峻、劉源、劉從、劉子春、劉子明、蔡永、蔡正、蔡平、蔡珽、蔡敬、蔡章、蔡欽、李文、李子允、陳英、陳公弼、蔡俊、胡祥、胡世明、蕭儀、鄧拱、鄧揆、鄧炳、彭元德、彭元慶、彭德彰、余坤、喻岩、周發、曹生、曹浙、元壽、中万等。首有端平二年劉叔燁序。每卷末有嘉定元年男長孺編定，端平元年門人羅茂良校正二行。第一百三十三卷為歷官告身詔書及謚告等後有跋：“……鋟木於端平初年六月一日畢工於次年乙未六月既望。計八十萬七千一百有八字”。此書刻工姓名同歐集，蓋廬陵家塾本。書法精妙，鐫巧墨彩具足。日本帝室圖書寮藏書。

千慮策二卷　宋楊萬里撰

宋端平二年（1235）羅茂良刻本。

端平三年　丙申（1236）

春秋通說十三卷　宋黄仲炎撰

四庫全書總目提要：書成於紹定三年，其奏進則在端平三年（1236）。自序謂春秋為聖人教戒天下之書，非襃貶之書。

朝野類要五卷　宋趙升撰

宋端平三年（1236）趙升自刻本。端平丙申重九文昌趙升向辰題識稱："僕自幼入京都觀公朝儀刑事名理及閑夫搢紳間衆所稱謂，皆蒙然無知識求之於書，甚為簡略或無載記。後歷聞諸師友老先生指誨，歲月寖久雖曰强記終不弱文遂寄之毫楮姑目，曰朝野類要，逮今歲自江歸舍而舊本間為蟲蠹之餘，棄之可惜，又以好事者來需第須別錄，既病且懶，遂移書札之費，謄而跋之于本，不獨有以應酬亦足以廣四方之見聞，惟其宮禁內職不復紀錄，非曰缺文實不敢也，觀者當察焉"。此識於雙桂書院。是書宋本不傳。

秋浦新志十六卷

直齋書錄解題：三山伯文以前志陋，重修時

端平丙申（1236）也。

小學史斷二卷　宋南宮靖一撰

宋刻本。半葉九行，行二十字。黑口，左右

雙邊。版心上記字數，大小分記，在陰葉半

面。下記刻工人名一字。前有端平丙申仲靖

自序。有黃丕烈、張蓉鏡跋。鈐有朱彝尊、

黃丕烈、張蓉鏡藏印。

陰常侍詩集一卷　梁陰鏗撰

宋端平丙申（三年）古汴趙與懃跋。宋本上

善堂著錄，為明趙氏脈望館舊藏，而後無考

古文苑二十一卷　宋章樵注

宋端平三年（1236）常州軍刻，淳祐六年盛

如杞重修本。半葉十行，行十八字。白口，

左右雙邊。注文雙行，行二十一字。版心下

記刻工姓名，有許忠、余曄、邵思、邵亨、

齊永裕、劉擧、求裕、邵思齊、袁裕等人。

宋諱避至敦字缺筆。有紹定章樵自序，吳淵

總序及江師心跋，又有盛如杞重修跋。海虞

瞿氏藏。已印入四部叢刊初編。又一殘本、
存卷一至四，有黃丕烈三跋。
言子三卷　宋王㷆編
宋端平初王鐍刻本。
準齋雜說二卷　宋吳如愚撰
宋端平間（1234－1236）陳昉刻本。
魏鶴山渠陽詩注一卷　宋魏了翁撰
宋端平間（1234至1236）刻本。
岳王家集□□卷　宋岳霖　岳珂編
宋端平元年（1234）重刻本。

嘉熙元年　丁酉（1237）

周易訂義八十卷　宋王與之撰
宋嘉熙元年（1237）刻本。是書前有真德秀紹定五年序，又有嘉熙元年趙汝騰後序。
資治通鑑綱目五十九卷　宋朱熹撰
宋嘉熙元年（1237）理宗下旨監中重刻本。
婦人大全良方二十四卷　宋陳自明撰
宋嘉熙元年（1237）序刻本。
源流至論前集十卷後集十卷續集十卷別集十卷
宋林駉撰　別集黃履翁撰

宋嘉熙丁酉（元年1237）刻本。半葉十二行

行二十二字。

重编海瓊玉蟾先生集六卷續二卷　宋葛長庚撰

宋端平丙申潘昉序，嘉熙丁酉鶴林彭耜序。

雪巖吟草甲卷忘機集一卷　宋宋伯仁撰

宋刻本，半葉十行，行十六字。計詩二十二

葉。題"苕川宋伯仁器之叟"。標題下隔一

地名人名，次行題"詩一百首"，空二行自

題一則："嘉熙丁酉冬但以歲月類抄，嘗刊是

藁，少作之未悔者與焉。今觀陵陽先生室中

語曰：賦詩十首，不若改詩一首。少陵有'新

詩改罷自長吟'之句。伯仁遂以已刊之草痛

為改削，且三去其一，或猶曰未，豈非勉予

進道之機歟！姑存備。"有自序五行，行八

字。鈐印章"结廬在人境"一首，又"雪巖

月錄詩七十首，附刊戊藁簡寄三十首。鈐有

"清娱閣藏書印"。已刊入密韻樓景宋本七

種。

古文苑二十一卷　不著編撰者名氏

宋嘉熙丁酉（元年1237）刻本。

嘉熙二年 戊戌（1238）

周易玩辭十六卷 宋項安世撰

宋嘉熙二年（1238）王埜建刻於建安書院。

書集傳十二卷或問二卷 宋陳大猷撰

宋嘉熙二年上進表，又奉旨看詳中狀，附刻銜名李劉、牛大年、高定子、許應龍、游侶等。惟首卷題書傳會通，餘皆題書卷之幾，而表狀並無書傳會通之目，或書坊刻爲歟。半葉十三行，行二十四字，黑口。書中匡、筐、恒、貞、勗、慎、惇、慤等字皆缺筆。

皇朝方域志二百卷 宋王希先撰

直齋書錄解題：凡前代謂之譜，十六譜爲八十卷，本朝謂之志爲一百二十卷。譜敘當時實事而注以今之郡縣志，述地理學之詳明者，無以過此矣。嘉熙二年上於朝。是書惜不傳久矣。

中興登科小錄三卷姓類一卷 宋李椿撰

直齋書錄解題：新安舊有登科記，但逐卷全錄姓名而已，椿家藏小錄，自建炎戊申至嘉熙戊戌，節取名字鄉貫及三代諱列之，後以

韻類，其姓凡一萬五千八百人有奇。太守吳
興俛祖常子武刻之，以備前記之缺文。
兩漢筆記十二卷　宋錢時撰　浙江范懋柱家天一
閣藏本
四庫全書總目提要：此書皆評論漢史，嘉熙
二年（1238）嘗經奏進，前有尚書省劄稱十
二卷，與此本合。
朱子續錄四十六卷　宋朱熹撰
宋嘉熙二年（1238）李性傳鄱陽刻本。嘉熙
二年道傳之弟性傳，續搜黃干等四十二人所
記為四十六卷，刻於饒州，曰饒後錄。
山家義苑二卷　宋釋可觀撰　智增證
宋嘉熙二年（1238）比丘良阜刻本。半葉八
行，行十六字。白口，左右雙邊。卷上末有
“皆皇宋嘉熙戊戌比丘良阜刊於白蓮”二行
字摹歐體，是浙本。日本帝國圖書館藏李跋
存卷上。
梅花喜神譜二卷　宋宋伯仁撰
宋嘉熙二年（1238）刻本。是其書初刻本。
五木經一卷　唐李翱撰
宋嘉熙二年（1238）臨安李氏書肆重刻本。

後有庚申夏至羅浮外史題，末有二行木記"嘉熙二年夏仲臨安李氏書肆重雕"。此為明嘉靖刻小十三經本。

波羅蜜經一卷

宋嘉熙二年（1238）洪林刻本。半葉六行，行十七字。經摺裝。有篆文"嘉熙二年中秋月魯國善男子洪林發心刊布"。有鬱岡精舍印、笪字印、江上外史直指繡衣御史章。

太上靈寶感應篇三教至言詳解八卷　宋李昌齡撰

宋嘉熙二年（1238）黄嚴真大壺刻本。半葉九行，行十九字。標題次行低十二格，題李昌齡集注，經文頂格，注低一格。版心魚尾甚高，魚尾下題感幾，接題葉數，下題字數。全書惟卷二第一葉有"吳郡章子吉刊"，五卷第十二葉有"毘陵彭仁山刊"，餘無刻工名。前紹定癸巳孟夏吉日通奉大夫知政事兼同知樞密院事鄭清之感應篇贊序。蓋清之所撰，贊一卷。紹定六年八月右街鑒義主管教門公事太一宮焚修臣胡瑩微進所刊。微題太

上咸廉篇表。紹定癸巳季夏中澣九峰真逸陳
無子敬父序，端平乙未（二年）長至後三日
方崖龔幼采跋。嘉熙戊戌（二年）歲閏月朔日
谷口鄭大惠題。端平丙申二月既望里人葉延
輔謹書。端平二年上元日西山居士真德秀跋
跋。嘉熙戊戌（二年）夏五朔日堂陳天爵謹
書。嘉熙戊戌夏至隱太初子廉辰謹跋。紹定
癸巳季夏東澣九峰真逸手記。端平二年旹在
乙未孟夏甲子布衣真大圭刊板跋。附記述靈
驗一卷，李昌齡蜀人，大圭黄巖人。據各序
是書為大圭刊於黄巖。各序及大圭跋皆以手
書上板。語涉宋帝皆空格，遇本朝字及某宗
外加墨圍。戍、貞字有缺筆。開板宏朗，字體
方勁，補版字較軟弱，通體點句讀句。鈐印
有"毘陵周氏九松迂叟藏書記"、"周印
良金"、"京口世家"、"思济堂"、"清
寧來閣"、"符氏秀恒子孫保之"、"古潭
州卧雪廬收藏"。

嘉熙三年己亥（1239

增修校正押韻釋疑五卷　宋歐陽德隆撰

宋嘉熙三年（1239）禾興郡齋刻本。半葉十行，行大字不等，注文雙行，行二十五字。白口，左右雙邊。版心上記字數字，下記刻工姓名，有王通、王遇、阮忠、周和、楊孝、楊慶、傀端、張得、陳来、陳野、魏文哥。北京圖書館藏。

方輿勝覽七十卷 前集四十三卷後集七卷續集二十卷補遺一卷 宋祝穆编

宋嘉熙三年（1239）刻本。中版心，半葉十四行，行二十三字。凡地名、人名皆大字占雙行，约三字當小字五。左闌外上方標地名，黑口，左右雙邊。前有嘉熙己亥新安吕午序，四行。又嘉熙己亥建安祝穆自序。此書初刻於嘉熙三年，爲祝穆自刻本。國内無藏，現存日本帝室圖書寮。又再刻於咸淳三年爲祝氏家刻本。故宫博物院藏有不足本五十四卷。一九八五年上海古籍書店曾據宋刻本影印出版。

新编四六必用方輿勝覽七十二卷首二卷 宋祝穆輯 方輿勝覽四十三卷後集七卷附分類詩文目一卷續集二十卷拾遺一卷

宋刻本，版匡高五寸六分，寬三寸一分，半
葉七行，注雙行二十五字，上空一格，實二
十四字。大字一當小字二，细黑口，左右雙
邊。前有嘉熙二年兩浙轉運司牓文，又福建
轉運司牒文，各集目前後有小啟，均録於後
〻兩浙轉運司録白：據祝太傅宅幹人吳吉狀
本宅見雕諸郡志名曰方輿勝覽口四六寶苑兩
書，並係本宅進士私自編輯，數載辛勤。今
來雕板所費浩瀚。竊印恐書市嗜印利之徒輒
將上印件書版翻開，或改換名目，或以節略
輿地紀勝等書爲名，翻開攙奪，致本宅徒勞
心力枉費錢本，委實切害。照得雕書合經使
臺申明，乞行約束，庶絶翻版之患，乞給榜
下衢婺州雕書籍處張掛曉示，如有此色，容
本宅陳告，乞追人毁版斷治施行。奉台判備
榜須至指揮。右今出牓衢婺州雕書籍去處張
掛曉示，各令知悉，如有似此之人，仰經所
屬陳告追究，毁版施行。故牓。嘉印熙貳印
年拾貳印月印日牓　衢婺州雕書去籍處張掛
轉運副使曾台押福建路轉運司狀乞給牓約束

所屬不得翻開上件書板並同前式，更不再録白。"以上共一葉。"是編蒐獵名賢記序詩文及史傳稗官雜說殆數千篇，若非表而出之，亦幾明珠之暗投。今取全篇分類，以便檢閱，其一聯片語不成章者，更不費録，蓋派而伸之則爲一部郡志，總而會之則爲一部文集，庶幾亨通曲暢云。"此木記在引用文集目録之前。"今將每郡事要標出卷首，餘並倣此，覽者切幸詳鑒！郡名、風俗、形勝、土產、山川、學館、堂院、亭臺、樓閣、軒榭、館驛、橋梁、寺觀、祠墓、古跡、名宦、人物、名賢、題詠、四六。"此在前集目録之前。"今將兩淮州郡作後集刊行。西蜀及兩淮新復之境見此纂輯，續當鋟梓。引用文目已具前集卷首，更不重複。仍標出每郡事要如右。"此在後集目録之前。"是編亦既鋟梓流布矣。重惟天下奇聞壯觀見於文人才士之所記述者，浩不可窮，耳目所及幸而得之，則亦泰山一毫芒耳。因閱羣書，復抄小集，附刊於後，名以拾遺。每州各空其紙，以俟博雅君子續自筆入，或因鬻書者錄以見寄，使是成此一奇書，蓋所深望云。」此在拾遺目錄之前。卷四十三後有牌子，如下式：「淮蜀見作後集刊行。」日本帝室圖書寮藏書。

歷代鐘鼎彝器款識法帖二十卷　宋薛尚功撰

宋嘉熙三年（1239）外孫知臨江軍事楊伯嵒評觀，此書不知記於何所。待考。是書多無序跋刊刻年月。直齋書錄解題載爲十卷刊於江州。黃蕘圃識中所得石刻残本。繆荃孫日記丁亥條宋搨本有翁覃溪手跋，爲沈韻初物。郘亭目石刻宋搨本，嘉善程氏有之。以上諸家所有而後皆不知其下落。有木刻宋搨本八葉爲內閣大庫故物，後歸北京圖書館。蓋刻於木，刻於石兩本，孰爲先後無考。

祠山事要指掌八卷　宋周秉秀撰

宋嘉熙三年（1239）序刊本。是書宋本爲錢遵王所藏，而後無考。

思溪資福藏五千七百四十卷

宋嘉熙三年（1239）安吉州思溪法寶福禪寺刻本。（兩浙西路湖州，寶慶元年改名安吉州）。佛經五千七百四十卷，編號自"天"字至"最"字。半葉六行，行十七字。梵夾本。稱"思溪資福藏"。有安吉州烏程縣鄉民捐刊題記。清末楊守敬從日本購歸一部，有元祿九年日本人抄配，現藏北京圖書館藏。日本近江國管山寺亦藏一部。

黎嶽集一卷附錄一卷　唐李頻撰

宋嘉熙三年（1239）金華王埜刻本。是編本名建州刺史集，後人敬頻之神，尊黎山曰黎嶽，集亦因之改名。初罕傳本，真德秀得本於三館，欲刻未果。嘉熙三年金華王埜，始求得舊本鋟版。

晦庵先生文集前集十二卷後集十八卷　宋朱熹撰

宋嘉熙三年（1239）建安王埜刻本。前集古律、詩賦、策問、銘文、贊詞歌、辭表、劄上書、記序、題跋、祭文、墓誌銘。後集為序、辨論、問答、易贊記、行狀、碑銘墓誌。無編者姓名，亦無序跋而目錄題晦庵朱先生大全文集。是書宋本之卷，諸家著錄所未見，舊為汲古閣藏書，而入清府者。

于湖詞一卷　宋張孝祥撰

宋嘉熙三年(1239)刻本。宋美齡藏書。劉姍(袁克文之妻)摹寫宋刻本。此書只六十餘葉，係用南唐澄清堂紙，薄如蟬翼，魏碑體，工整古雅，令人賞心悅目。

嘉熙四年　庚子(1240)

禮記集說一百六十卷　宋衛湜撰

宋嘉熙四年(1240)新定郡齋刻本。半葉十三行，行二十五字。白口，左右雙邊。版心上記字數，下記刻工姓名，有吳中、吳宗、吳亮、吳興、王俊、王大明、方元、方淳、徐仁、仲仁、梁友、曹果、蔣松、蔣楷、孫仁、余斌、葉瑞、熊昌等人。嘉熙四年衛湜知嚴州時刻於新定郡齋。嚴州古名新定。景定嚴州續志郡有經史詩文方書八十種，中有櫟齋禮記集說一目，蓋即此本。北京圖書館藏。

玉皇本行集經三卷

宋嘉熙四年(1240)臨安府刻本。趙希弁讀書後志：玉皇本行集經三卷。嘉熙四年臨安府刊。承天靈應觀所蜀本也，程公許序述為詳。

禪月集二十五卷補遺一卷　蜀釋貫休撰　曇域編

宋嘉熙四年（1240）婺州蘭溪縣兜率禪寺僧可燦重刻本。半葉十三行，行二十字。卷末後序有嘉熙四年可燦重刊題識二行。又周伯奮、師谋、祖聞、紹濤、董必明、金燦、徐琰跋。書籍刻板始於唐宋，然皆傳布古書，未有自刻專集。曇域後序作於王衍乾德五年，稱檢尋稿草及闇記憶者约一千首，雕刻成部，則自刻專集殆自是集始，是亦可資考證。

漫塘文集三十六卷　宋劉宰撰　王遂編

宋嘉熙四年（1240）衡山趙葵刻本二十二卷。

玉楮詩稿八卷　宋岳珂撰

宋嘉熙庚子（四年）序。又記曰，此集既成遣人謄錄，寫法甚俗，不可觀。欲發興自為手書，但不能暇，二月十日偶然無事，遂以日書數紙迨歸而畢，通計一百零七板。爾之記。所見明本。

淳祐元年 辛丑（1241）

聲律關鍵八卷 宋鄭起潛撰

是编為吉州州學教授時所上，前有淳祐元年（1241）尚書省劄子。

琴川志十五卷 宋孫應時修

宋慶元丙辰孫應時創修，迨嘉定庚午葉凱始得，傳至淳祐辛丑（元年）鮑廉又加飾之，然後成書。

潮賾一卷

前有嘉定甲申仲春朔日，同安朱中有自序。是書以唐盧肇所賦為疎設為問答凡十七條。末有識語云，右潮賾一書，嘉熙己亥秋因與吳學第問錢塘潮患遂從顏易軒借觀之。淳祐辛丑六月始令書史傳録，八月十八日當潮之生始克點對。

密齋筆記五卷續筆記一卷 宋謝采伯撰

宋淳祐元年（1241）謝采伯刻本。

滄洲塵缶編十四卷 宋程公許撰

宋淳祐改元（1241）序於翰苑之摛文堂。又王邁序。

濂溪先生集不分卷　宋周敦頤撰　存卷首目錄、家譜、太極圖

宋刻本，大版心，半葉九行，行十八字，注文雙行同。白口。左右雙邊。版心上記大小字數。宋諱貞字缺筆，惇字寫作悙，或避光宗廟諱。據目錄原書不分卷，今所存者至太極圖朱熹氏解止，都四十四葉。以下太極說、通書、遺文、遺事、附錄、詩人皆缺佚。年譜末紀今上皇帝淳祐元年御筆，以五臣從祀云云，則當為淳祐刻本。

淳祐二年　壬寅（1242）

周禮訂義八十卷　宋王與之撰

宋淳祐間（約一二四二）刻本。前有秘書省下溫州牒。紹定五年真德秀序。嘉熙丁酉趙汝騰後序。淳祐二年繳進印本二十冊，末附施洽、周夢發、趙貴夫等名銜。北京圖書館藏。

資治通鑑綱目五十九卷　宋朱熹撰

宋淳祐二年（1242）泉州縣齋刻本。

四明它山水利備覽二卷　宋魏峴撰

宋淳祐二年（1242）自序。

孔氏祖庭廣記十二卷　金孔元措撰

蒙古乃馬真后元年（當淳祐二年1242）刻本。半

葉十一行，行二十字，白口，左右雙邊。版

心闊大。序後有"正大四年歲次丁亥十月

自記功"一行。又畫像校正等人銜名七行。

圖第一葉右欄外下方有"淳光李瀚刊"。五

有錢大昕、黃丕烈、邵淵耀、瞿中溶、吳

鳳跋及觀款。北京圖書館藏。

心經一卷　政經一卷　宋真德秀撰

宋淳祐二年（1242）趙時棣合刻本。半葉十

行，行十八字。白口，四周雙邊。版心下記

刻工姓名，有馬良、何彬、金成、王錫、

端仁、徐祐等人。有淳祐二年大庾令趙時棣

合刻序。清光緒時內府翻刻本即從此出。故

宮圖書館藏。

蘭亭續考二卷　宋俞松撰

宋淳祐（約一二四二）刻本。半葉九行，行

十七字至二十字不等。白口，左右雙邊。俞

松字壽翁，嘉禾人。刻工曹冠英又刻愧郯錄

唐柳先生文集二卷。柳集據直齋書錄解題刻於嘉興。愧郯錄乃岳珂守嘉興時刻，因疑此書當亦嘉興刻本。寫刻精湛。存上卷，下卷近人抄補。北京圖書館藏。張本二册，已印入古逸叢書三編中。

大華嚴經第百十一卷

宋淳祐二年（1242）安吉州姚智聰刻本。安吉州烏程縣移風鄉息塘村北其里居奉三寶弟子姚智聰捐施財刊大華嚴經百十一卷，所集功德上薦先祖姚四郎、婆陸氏四娘、先考姚八郎、妣周氏五娘，子伏願同歸一真，法界更冀，保庇身安心樂道業增崇者。淳祐二年三月日姚智聰謹題。日本南禪寺藏。

嚴合論第一百五卷

宋淳祐二年（1242）安吉州金九道刻本。安吉州烏程崇孝鄉前蘆村鈕家塢金九道生前有遺下田會錢壹佰柒拾貫文官會，今將此前項錢雕刊嚴合論第一百五卷，所鳩功德嚴薦金九庵主超昇淨土受勝妙樂。淳祐二年一月弟子金口題。

註鶴山先生渠陽詩一卷　宋魏了翁撰　王德文注

宋刻本，半葉七行，行十四至十六字不等。小字雙行，行十六字。題門人承信郎新監寧國府南陵縣酒稅務王德文。此册僅注鶴山謫渠陽時所作。前有端平三年南充游侶序及鶴山手札。後有淳祐改元王遂跋。又淳祐橫艾攝提格雲溪李心傳跋。淳祐壬寅莆陽葉大有跋。淳祐二年竹坡呂午跋。終以端平乙未德文自跋。後記渠陽詩六卷，兩容錢梓一行。凡諸名賢作序跋時有書翰與之者附刻於中，皆用手書真蹟，古雅可愛。卷首有士禮居、黃錫蕃印諸印記。上海圖書館藏。

淳祐三年　癸卯（1243）

詩總聞二十卷　宋王質撰

宋淳祐癸卯（三年1243）吳興陳日強刻於富川。郘亭、標注爲淳熙癸卯，似是筆誤。

春秋分紀九十卷附例要一卷　宋程公說撰

宋淳祐三年（1243）袁州軍學刻本。

春秋分紀九十卷　宋程公說撰

宋淳祐三年（1243）刻本。取左傳事迹，以史家表志之例分編，凡年表九卷、世譜七卷、名譜三卷、書二十六卷、周天王事二卷、魯事六卷、世本三十五卷，附錄三卷。清影宋抄本（四庫底本）上海藏。

漢書注一百卷　唐顏師古注

宋淳祐三年（1243）袁州郡學刻小字本。

癰疽辨疑論上下卷　宋李世英編

首有淳祐壬寅彌忠序，淳祐癸卯陳卓序，又有世英自序。是書久無傳本。古鈔本下卷佚。日本寶素堂藏。

吹劍錄一卷　宋俞文豹撰

此即"存目"著錄之本。卷端書題下題稱"此編已刊行，板留書肆，不可復得，因删舊添新，再與續集並刊"。淳祐三年自序。吹劍錄外集一卷，序為淳祐庚戌。

佛說大乘聖無量壽決定光明王如來陀羅尼經一卷　宋釋法天譯

宋淳祐三年（1243）方宗祖刻本。半葉六行，行十七字。上下單邊。北京圖書館藏。

義豐文集 卷 宋王阮撰 存卷第一

宋淳祐三年（1243）王旦刻本。半葉十行，行十八字。白口，左右雙邊。版心魚尾上記字數，下記刻工人名，有陳三、陳立、朱文、朱榮、蘇成、吳全、丁全、鄭興、王受、陳顯等。前有淳祐戊申大梁人趙希埜序，淳祐癸卯夏六月甲子里人吳愈叙。王阮字南卿，德興人。從朱熹遊，集中有唱酬之作。淳祐三年阮子王旦刻此集於惠州之博羅。黃氏士禮居舊藏，百宋一廛賦著録。北京圖書館藏

石屏詩集八卷附録二卷 宋戴復古撰

宋嘉定三年樓鑰序，又甲戌真德秀、楊汝明序。又七年栗齋鞏豐序，甲申趙汝談序。紹定二年趙汝騰序，並端平三年跋，李賈、王埜序。淳祐三年荊谿吳子良跋，又壬寅盱江包恢跋。

篔窗集十卷 宋陳耆卿撰

宋嘉定六年自序，葉適序。淳祐癸卯荊谿吳子良又跋曰，先生之作乃屬海陵謝令範館録初三十卷，蓋四十歲以前之作。此後續集皆

未及刊。宋淳祐三年（1243）吴子良江西漕司刻本。

詩準四卷　詩翼四卷　宋何無適　倪希程輯

各存二卷

宋刻本，半葉十一行，行十八字，白口，左右雙邊。版心上記字數及刻工人名。有李林、王昭等。魚尾下標"詩"一字。首行題"詩準卷之一"，次行頂格陰文題"歌詩正體"，以下凡箴銘各類標題均用陰文。三行低一格題"雅比"二字，加墨圈，以下風雅頌等亦加墨圈以別之。空一格，"虞書帝庸作歌曰"云云。鈐有"季振宜藏書"朱文方印。北京圖書館藏。

淳祐四年　甲辰（1244）

增修互注禮部韻略五卷　宋毛晃增注

宋淳祐四年（1244）高似孫著本。此本已佚。

九經補韻一卷　宋楊伯嵒撰

宋嘉定十七年自序。淳祐四年門人俞任禮跋。是書宋本慈谿沈切藏焉半葉十二行，行二十字。東莞莫氏藏本，同跋，無年號，蓋百川學海本。又歸安陸氏藏本，乃明本所僞。

考古質疑六卷　宋葉大慶撰

宋寶慶丙戌樵陽葉武子題，淳祐甲辰（四年1244）其男釋之識云，文先生葉公鋟梓。

東洲几上語一卷　宋施清臣撰

宋淳祐甲辰門人文林郎充衢州州學教授俞任禮刻梓於學宮爲跋。又壬寅呂午序。未有校勘銜名。

六帖補二十卷　宋楊伯嵒撰

宋淳祐四年（1244）衢州學宮刻本。有影寫宋刻本，十行，行十八字。卷一至八、十五至二十爲明人寫本，卷九至十三爲百年内補抄者。有竹坡呂午序，大字七行。目同。本書題"代郡楊伯嵒彦瞻集"。末有校正人銜名七行"校正鄉貢士州學教諭張應來、校正免解進士州學學諭徐應來、校正貢補進士州學直學陸誼、校正免解進士州學直學孔選、校正免解進士州學學録鄭章、校正迪功郎新吉州太和縣主簿孔應得、校正迪功郎新瑞州新昌縣尉州學正鄭逗"。後有淳祐甲辰門生文林郎充衢州州學正俞任禮跋。鈐有"三樂堂"、"翰林學士國子祭酒圖籍印"各印。海源閣遺書。

千眼千臂觀世音菩薩尼神呪經二卷 唐釋智通譯

宋淳祐四年(1244)周康年刻本。北京市文物局藏。

詩人玉屑 存四至七卷 宋魏慶之輯

宋刻本,半葉十一行,行二十一字,細黑口,左右雙邊。標目大字雙行。周春手跋。有"古潭州袁臥雪廬收藏"、"沈印鴻祚"、"内樂部裏"、"松靄"、"周春"印記。北京大學圖書館藏。

淳祐五年乙巳(1245)

家禮五卷附錄一卷 題宋朱熹撰

宋刻本,半葉七行,行十六字,小字双行同。白口,左右雙邊。卷一至卷三影宋精抄本。附錄後有淳祐五年上饒周復跋云:"文公門人三山楊復所附註於逐條之下者,可謂有功家禮,復別出之以附於書後,然其間斷文公本

書也。卷中遇宋諱廓字缺筆，當是上饒府
刻。鈐有竹東堂書畫印。

蜀鑑十卷　宋李文子撰

宋淳祐五年蜀刻本。半葉八行，行十五字。
前有端平三年昭武李文子序云，凡千三百年
蜀事之大凡，亦可以概見於此。覽是書可以
鑒焉，因名曰蜀鑑。末有嘉熙丁酉文子跋。
次有淳祐五年古郢□□跋。大字精槧，備有
宋人風格，蓋蜀刻之善者。

備急灸法一卷

宋刻本，半葉十行，行二十四至二十六字不
等。寶慶丙戌正月望杜一鐵埔檇李聞人耆年
述。首有淳祐乙巳五月朔張學鄉貢進士孫炬
卿序。日本寄所寄樓藏。

晦庵先生文集一百卷續集十一卷別集十卷　宋
朱熹撰

宋淳祐五年（1245）浙江刻本。半葉十行，
行十九字。白口，左右雙邊。版心名題晦庵
文集幾，上間記字數，下記刻工姓名，有陳
山、陳彬、陳壽、陳偉、陳晃、陳太初、陳

辛、陳明、陳可、陳生、陳元、陳新、陳伸、
陳潤、李成、李琪、李和、李信、李允、李
恭、李才、丁福、丁宣、丁才、丁明、丁之
才、董澄、曹興祖、曹鼎、宋通、宋琚、吳
桂、吳伸、吳圭、吳南、吳聖右、吳賜、吳
祐、吳春、吳茂、吳志、吳明、金祖、范才、
范元、孫春、孫日新、翁定、劉永、劉海、
劉田、劉昭、劉定、劉公海、劉宗、熊全、
熊良正、石昌、魏才、王恭、王良佐、王政、
王壽、王進、王成、王汝霖、王渙、王明、
黃劭、黃春、龐知柔、朱祖、余得、余秀、
余良、余敀、余政、余千、余敏、鄒付、阮
和、俞任、游明仲、吳文、龔浩、龔文、章
中、章忠、凌宗、蔡子、蔡演、葉定、葉中、
葉雲、葉正、葉用、葉柏、葉田、高才、高
異、宮寧、周成、項文、夏義、夏乂、沈思
恭、沈定、沈中、沈忠、張允、張榮、張富、
張昇、陸選、應琪、鄭恭、馬椿、馬春、楊
潤、詹世榮、詹大全、錢宗、呂信、徐成、
徐琪、付上、付芳、梁吉、秦昌、毛祖、任

青、壬呂青、嚴志、何瀅諸人。卷首有淳祐五年王遂序。宋諱摭、廓兩字均缺筆，蓋王遂撰序之年，即是書開雕之歲。

璧水群英待問會元選要八十二卷　宋劉達可編　沈子淮選

是書寧州查仲孺、吳江徐珩批點，俱不知何許人。蓋麻沙書坊本。其書為太學諸生答策而設，故有璧水群英待問之名。分十六門，每門之外分二例。前有淳祐乙巳（五年）建安陳子和序，亦極俚陋。

淳祐六年　丙午（1246）

詩說十卷　宋劉克撰

宋淳祐六年（1246）刻本。半葉九行，行二十二字。白口，左右雙邊。仿呂氏讀詩記，每篇條例諸家解，而繫己說於後。所採視呂氏加詳。淳祐六年（1246）克子坦鋟梓時刪去諸家，獨存克說。原十二卷，缺第九、第十兩卷。四庫未錄。北京圖書館藏詩說十二卷總說一卷　宋劉克撰　缺卷二、十兩卷。半葉九行，行二十二字，白口，左右雙邊。

版心上記字數，下記刻工人名。卷一首有吉州吳刊四字，餘則但題一字。避宋諱不謹。用羅紋紙印。序六行十七字。劉坦跋七行十四字，低二格。其在序後者字體墨色與全書不同，紙色亦異，當是後刊補入。有明吳寬、錢同愛識語。此為海源閣遺書。

論語集說十卷　宋蔡節撰

宋淳祐六年(1246)刻本。半葉七行，行十二字，小字雙行，行十六字。黑口，左右雙邊。姜文龍序刊是書於湖頖。淳祐六年。北京圖書館藏。

爾雅翼三十二卷　宋羅願撰

宋淳祐六年(1246)刻本。

二程遺書二十五卷附錄一卷　宋朱熹撰

宋淳祐六年(1246)古汴趙師耕刊大字本，世謂麻沙本。

二程遺書二十五卷附錄一卷　宋朱熹撰

宋淳祐六年(1246)東川李龔之刻本。東川李龔之題云："程氏遺書長沙本最善而字小，歲久漫漶，教授王湜出示五羊本，參校既精，大字爲便覽，然無外書，襲之模鋟於舂陵郡齋，又取長沙所刊外書附焉"。

河南程氏遺書二十五卷附錄一卷

宋淳祐六年（1246）舂陵刻本。半葉十一行，行二十字。刻工有江僧、蔡中等人。此本不見著錄，然其字體小而精整，其非麻沙本，五羊本甚明。且板刻氣息樸厚，决非閩中刻手所能爲。程氏遺書宋時有麻沙、舂陵二本，麻沙本有趙師耕後序，言憲使楊公已鋟板於三山學宮，遺書外書則庾司舊有之，俱燬於乙未之火。師耕承乏來此，亟將故本易以大字，與文集爲一體，刻之後圃明教堂云云。今北京圖書館藏宋刊八行殘本，疑即趙師耕所刊。

察病指南三卷

前有淳祐丙午（六年）趙崇賀序，淳祐乙巳趙與諮序，淳祐改元施發自序及目錄序後記兼發貴續易簡方論。卷末有識語引王叔和脈訣論，滑實弦緊四脈，當施氏所記。半葉十行，行十九字。其板式當是利氏時依宋本重刊者。日本寶素堂藏書。

丙丁龜鑑十卷　宋柴望撰

宋淳祐六年（1246）自序，並上書表。

金剛般若波羅蜜經一卷　後秦釋鳩摩羅什譯

宋淳祐六年（1246）張即之抄本。

大方廣圓覺修多羅了義經夾頌集解講義十二卷

宋釋周琪撰

日本室町時代覆宋刻本。前有淳祐六年（1246）自序，後有道冲師范廣聞題跋。

新編古今事文類聚前集六十卷後集五十卷續集二十八卷別集三十二卷　宋祝穆編

宋淳祐六年（1246）祝穆序。是書宋本不見著錄。迨元人富大用又爲新集三十六卷，外集十五卷，祝淵爲遺集十五卷，而元版恒見。

瓜廬詩一卷　宋薛師石撰附錄一卷

有嘉熙元年清明日東閣趙汝回序，序後三行有"王師安刊"四字。附錄四靈留題詩四首，末行有"程景思刻"四字。後有松台王綽撰瓜廬墓誌銘。嘉熙二年立夏日荊山劉植跋，東谷王汶跋，西里趙希迈跋。淳祐六年夏五東甽老人書斷跋。跋後附薛奐詩一首。此書刻工程景思，紹定二年曾刻越州讀書堂本切韻指掌圖，因推知此本亦爲宋理宗時浙東刻本。明嘉靖間黄省曾文始堂寫本，半葉十一行，行十六字，細黑口，左右雙邊，版心下有"文始堂"三字。疑此本爲理宗時浙東刊本鈔出者。

淳祐七年 丁未（1247）

毛詩注疏二十卷

蒙古定宗二年（1242 淳祐七年）刻本。

析城鄭氏家塾重校三禮圖集注二十卷 宋聶崇義撰

蒙古定宗二年（1247）當南宋淳祐七年析城鄭氏家塾刻本。半葉十三行，行二十一字，注雙行三十字，黑口，左右雙邊。首行三禮下分冠冕、宫室、投壺等卷第幾，次行題"通議大夫國子司業太常博士柱國賜紫金魚袋臣聶崇義集注"，次目録，連接正文。第二十卷後有三禮圖記，李至撰，題"至道二年歲次丙申月日記"，爲通志堂本所無。又有南朝山長王後跋，稱三禮圖余藏之矣，嘗欲刊之梓，家貧未之能也。大將軍鄭侯為刻之云云。款署（丙午）次年季春朔旦長南陽山昌元王後書楚梓堂。丙申為蒙古定宗元年，當南宋理宗淳祐六年。鈐有汲古閣藏印。北京圖書館藏。

類編皇朝大事記講義二十二卷　宋繆烈　蔡炳編

宋淳祐丁未（七年1247）劉實甫序。宋麻沙刻本。

通典二百卷　唐杜佑撰

宋撫州路臨汝書院刻本。李翰為之序。卷二十六後有撫州路臨汝書院新刊，山長湘東李仁伯校正二行。又二十七至六十、六十四至七十五、七十七至七十八、八十七至九十八，凡六十餘卷，均有校名。其中僅有吳國珍監刊一行。又一百七卷，有臨川學教諭晏仲容，直學達元壽點對誌兩行。以後所無。而百卷後有丁未歲杪李仁伯謹識曰：通典板廢已久，諸路欲刊弗克，總管錦山楊公牧，臨川延命諸學院協力刊成，第舊本訛甚且多漫滅殊不可讀，湖堂所刊自二十六至百，共七十五卷，

逐逐點勘再四，凡正若干字”云云。按：丁

未爲理宗淳祐七年。黄氏日抄載淳祐九年七

建書院。

自號録一卷　宋徐光溥撰

宋淳祐七年（1247）譚友聞爲序。

獨斷二卷　漢蔡邕撰

宋淳祐七年（1247）舒州頖宫刻本。

洗冤録二卷　宋宋慈撰

是書自序題淳祐丁未（七年），結銜題朝散

大夫新除直秘閣湖南提刑大使行府參議官

序中稱四權臬司，於獄案審之又審，博採近

諸書，自内恕録以下，凡數家薈萃釐正，增

以己見爲一編，名曰洗冤録，刊於湖南憲治

此爲世界最早有系統的法醫專著，先於西方

法醫三百五十多年。平津館藏書記載有影宋

寫本。

數學九章十八卷　宋秦九韶撰

宋淳祐七年（1247）自序。

銅壺漏箭制度一卷　不著撰人

宋紹興初韓仲通守明州，造蓮花刻漏，參

許堯昌爲撰記銘。淳祐七年授衣節日郡守龍溪顏頤仲刊之。文淵閣目著錄。

新箋決科古今源流至論前集十卷後集十卷續集十卷　宋林駉撰　別集十卷　宋黃履翁撰

宋淳祐七年（1247）建陽朱士餘刻本。刻書刊記云："源流至論一書，議論精確，毫分縷析，場屋之士得而讀之，如射之中正鵠，甚有賴焉。然此書板行於世久矣，先因回祿之餘，遂有缺典。本堂今求到邑校官孟聲董先生鏞抄本，欲便刊行，惟恐中間魯魚亥豕者多，更於好事處訪購到原本，端請名儒重加標點，參考無誤，仍分四集敬壽諸梓，嘉與四方君子共之，幸鑒"。

竹洲文集二十卷　宋吳儆撰

宋嘉熙二年吳資深上書表。端平乙未程珌跋。嘉熙改元古鄞陳塤跋。又戊戌錦溪洪陽祖跋。淳祐七年呂午序。

吳文肅公文集二十卷附棣華雜著一卷附錄一卷　宋吳儆撰

宋淳祐七年（1247）刻本。有端平元年（1234）羅任

良序，端平二年(1235)程珌序，嘉熙元年(1237

陳塤序，嘉熙二年(1238)洪揚祖序，淳祐七年

(1247)呂午序。

淳祐八年 戊申(1248)

叢桂毛詩集解二十五卷 宋段昌武撰 原本三

十卷

宋淳祐八年(1248)刻本。首載詩總說，分

作詩之理寓詩之樂，讀詩之法，次載論詩總

說，詩之世詩之，次詩之序，詩之體，詩之

派。以下依章詮解，大抵如東萊詩記例。末

淳祐八年從子迪功郎段維清跋。叢桂為其堂

名。

嚴氏詩緝三十六卷 宋嚴粲撰

宋淳祐八年(1248)嚴粲刻本。今已不存。

新書十卷 漢賈誼撰

宋淳祐八年(1181)長沙刻本。據以淳熙八年程

灃史本重雕題賈子。

重續千字文二卷 宋葛剛正撰

宋淳祐八年(1248)丹陽葛剛正刻本。影宋

鈔本，大字四行，小字每三行占一行。題

雲清隱丹陽葛剛正撰並纂注」，下卷題「丹
陽葛氏纂注重續千字文」。前有淳祐戊申
水雲清隱丹陽葛剛正德卿序。鈐毛氏、席氏
印。葉定侯藏書。

文房四友除授集一卷　宋鄭清之撰
宋淳祐戊申（八年）林希逸序。又紫陽胡謙
原跋。是書而後刻入百川學海。

金剛般若波羅蜜經一卷　後秦釋鳩摩羅什譯
宋淳祐八年（1248）張即之抄本。

北溪大全文集五十卷外集一卷　宋陳淳撰
宋淳祐八年（1248）漳州龍江書院刻本。北
溪字義二卷，門人王稼編，淳祐丁未序刊，
是書後附於本集末。

天臺前集三卷　宋林師蒧撰　別編一卷拾遺一
卷續集三卷　其子表民撰
宋淳祐戊申（八年）為序，陳耆卿跋曰，先
是李侯刊之郡齋，今其子表民又會粹得百篇，
齋侯乃續刊焉。會齊侯好古，如李乃續刊焉。
附有嘉定癸未（十六年）舊刊記，蓋初刊之
本。

天臺後集二卷　宋林師蒧撰

宋淳祐八年（1248）台州州學刻本。

赤城集十八卷　宋林表民編

宋淳祐八年（1248）刻本。吳子良序，初康~~康~~古林君詠道類天臺集，子逢吉續之，而詩之屬天臺者無遺矣。篔窗陳公耆卿修赤城志，逢吉又續之而事之屬天臺者無遺矣。獨記序書傳銘誄贊頌之文，天臺集不暇載，赤城志載不盡者，逢吉分門會粹，并詩爲一，號赤城集凡若干卷而前後，太守丁侯璹沈侯堅爲鋟之梓。淳祐八年。

龍圖寺丞復齋陳先生文集二十三卷拾遺一卷附錄一卷　宋陳宓撰

宋淳祐戊申（八年）清溪鄭性之序刊。一作復齋先生龍圖陳公文集。

淳祐九年　己酉（1249）

儀禮注十七卷　漢鄭玄注

宋淳祐九年（1249）撫州臨汝書院刻本。清錢泰吉曰，黄東發修刊撫州六經，見於日鈔後附刻文集。又跋儀禮云，淳祐九年本州女建臨汝書院時嘗模印入書閣。則撫州儀禮當有兩刻，不知他經若何。是書不見有錄。

昭德先生郡齋讀書志四卷後志二卷　宋晁公武撰　附志一卷考異一卷　宋趙希弁撰

宋淳祐九年至十年（1249-1250）宜春郡齋刻本。半葉十行，行二十字。白口，左右雙邊。版心上記字數，下記刻工姓名，有文友、大慶、張大慶、陸逸、大壽、黃大壽、張大雅、文賢、文質、黃應、羅應、明道、黃明道、章大慶等，餘為各單字。前附衢本原序及二十卷目錄，次杜鵬舉序，次淳祐己酉日南至宜春郡守番陽黎安朝序。後志附二本考異，次淳祐庚戌黎安朝跋，次淳祐己酉夏五郡守南充游鈞跋，附墨記二行"書表司劉瑜等楷書刊字匠黃應等刊板"。杜序陳刻本不載，錄存於後："門人承議郎奏辟通判茂州軍州事賜緋杜鵬舉序：先生姓晁氏，名公武，校井氏書為讀書志凡四卷。鵬舉作邑峨下，望先生滄洲之居，雞犬相聞，暇即問奇字於古松流水之間。一日叩以此書，忻然相付。先生博物洽聞，雅稱海內，孰知爲籍樓中先生所得蓋已超出文序，而此簽歸尚足爲貧子之光因廣其後，庶吾儕晚學，於未見書略知其概尚先生刻叢發部之意云"。此書故宮博物院之書，天祿琳琅未收。續古逸叢書印本，即據此帙影印，並印入四部叢刊三編中。

朱子語後錄二十六卷　宋朱熹撰

宋淳祐九年（1249）蔡抗刻本。淳祐九年蔡抗又裒楊方等二十三人所記爲二十六卷，刊於饒州，曰饒後錄。

重修政和經史證類備用本草三十卷　宋唐慎微撰　寇宗奭衍義

蒙古定宗四年（1249）己酉張存惠魏卿晦明軒刻本。半葉十一行，行二十一字，注雙行二十五六字，細黑口，四周雙邊。版心下記刊工姓名，書名下有"己酉新增衍義"六小字。海鹽圖上有平陽府姜一刊小字一行，當是平水刻本。凡宋諱桓、慎、殷、構皆不避。此書刻工與平水尚書相似，歷來定爲金刻本，書中題泰和甲子後己酉，平陽張存惠魏卿晦明軒刻，書名下亦標己酉新增衍義，當刻於己酉歲。泰和甲子後己酉當宋淳祐九年，蒙古定宗四年非金刻本明矣。

佛說藥師琉璃光七佛本願功德經二卷

宋淳祐九年（1249）刻本。標題下題帙字，末有識語三行："奉佛弟子呂頤書寫此經及施財刊板，祈求保扶父子茂所患之疾早獲痊安者。淳祐己酉歲季冬吉日書"。

增廣注釋音辯唐柳先生集四十卷外集二卷　唐柳宗元撰　宋童宗說注釋　張敦頤音辯　潘緯音義年譜一卷　宋文安禮撰　附錄一卷

宋淳祐九年（1249）刻本。半葉十二行，行二十一字，注文雙行同。細黑口，左右雙邊。年譜末有淳祐九年歲在己酉良月朔日平山劉欽後序。有"古潭州袁臥雪廬收藏"印記。

北京大學圖書館藏書。

後村居士集五十卷　宋劉克莊撰

宋淳祐九年（1249）莆田郡齋刻本。半葉十行，行二十一字。細黑口，左右雙邊。前有淳祐九年己酉林希逸序云："……余曰莆名郡也，前輩諸聞人文字散落不少……余既盡公所藏刊之郡齋，且逐月諷味不去手……淳祐九年龍集己酉中春既望竹溪林希逸書。"寶禮堂書錄著有後村居士詩集二十卷。此刻全去其文，僅錄其詩十六卷，附詩話四卷，故稱詩集。首有淳祐九年己酉竹溪林希逸序。卷末有門人迪功郎新差昭州司法參軍林秀編次一行。宋諱匡、貞、徵、讓、樹、桓、完、敦等字缺筆。藏印"澄江周氏家藏"、"謙牧堂藏書記"、"孫印承澤"、"黃冠故鄉"、"孫氏萬卷樓藏"。此五十卷本，有不是宋刻本，而是元刻本之說。

後村居士集五十卷　宋劉克莊撰　存三十八卷

宋建刻本。半葉十行，行二十一字，細黑口四周雙邊，間有單邊。書中避宋諱，然不嚴如"樹"前避後不避，"敦"字不避。版心無刻工姓名。此書板式、紙張、字體及墨色都具有宋人刻書風格。墨色黝潤，字體清秀刻印精良。書中鈐："鐵琴銅劍樓"等印。現藏北京圖書館。北京圖書館考證，有充分理由說五十卷本是一種利用宋版重新編排過的本子，它不是宋刻原本，而是宋刻元修本。瞿本不僅與五十卷不是一個系統，原書似乎也應該多於五十卷。它不但印得較早，而且是海內外僅知的孤本，其版本價值比五十卷本要珍貴得多。瞿本後村居士集鮮為人知，而五十卷本後村居士集則一直被誤為是宋刻宋印本而加以珍視。不獨私人藏書家視其為宋刻本，天祿琳琅書目也把它當作宋刻本。北京圖書館藏天祿琳琅舊物五十卷本，上鈐有"太上皇帝之寶"、"五福五代堂寶"、"乾隆御覽之寶"等印璽。

滹南遺老集四十五卷　金王若虛撰

宋淳祐九年（1249）董彥明刻本。

黼藻文章百段錦三卷　宋方頤孫編輯

明翻宋刻本，十行，行十七字，黑口，左右雙邊。題"宋三山方頤孫編輯，虞孫鎰校刊"。前有淳祐己酉（九年）中呂月朔旦建安梅軒陳嶽嵩卿序。

中興以來絕妙詞選十卷　宋黃昇輯　附錄黃叔暘詞三十八首

宋刻本，半葉十三行，行二十三字。細黑口
左右雙邊。每卷第二行有"宋詞"二字，上
加黑蓋子。詞家姓名低一格，大字占雙行，
下注其人傳略。篇中涉宋帝空一格。目錄每
半葉八行，每卷之綫上各加黑蓋子。有淳祐
己酉百王玉林序，又淳祐己酉上巳前進士胡
德方季直序。卷尾有木記三行："玉林此編裒
姑據家藏文集之所有，朋游聞見之所傳，詞
之妙者固不止此。嗣有所得，當續刊之。若
其序次隨得本之先後，非固為之高下也。其
體製不同，無非英妙傑特之作，觀者其詳之
每冊鈐有"陳道復印"、"聖雨齋印"、"乾
隆御覽之寶"、"天祿琳琅"諸璽印。此為
宋淳祐九年（1249）劉誠甫刻本。

淳祐十年　庚戌（1250）

朱文公訂正門人蔡九峰書集傳六卷　宋蔡沈撰
書傳問答一卷
宋淳祐十年（1250）上饒郡學刻本。半葉十
行，行十八字。注文雙行，行字同。細黑口
左右雙邊。版心上記字數，上魚尾下記"書

傳一”，下魚尾下記葉數，最下記刻工姓名，
僅見費主一人。卷後有“淳祐庚戌季秋金華
後學呂遇龍校正刊於上饒郡學之極高明”二
行。知爲淳祐十年上饒官版。卷首淳祐十年
蔡抗進書表，後有看詳，書傳答問及黃自然、
朱鑑、呂遇龍等跋文，宋以後刻本俱削去。
此爲傳世蔡傳最早刻本，大字雕鐫精麗。楊
氏海源閣舊藏，楹書隅錄未著錄。現藏北京
圖書館。孤本，已印入古逸叢書三編中。

三山拙齋林先生尚書全解四十卷　宋林之奇撰
宋淳祐十年（1250）林耕刻本。首林之奇自
序。序首有左宣教郎秘書正字兼權中書舍人
林之奇少穎撰一條，並淳祐庚戌夏其孫迪功
郎衢州州學教授畊序，三十四卷多方篇末佚。

敘古千文□卷　宋胡寅撰
宋淳祐十年（1250）宋慈刻本。

國朝諸臣奏議一百五十卷　宋趙汝愚編
宋淳祐十年（1250）史季溫福州刻本。半葉
十一行，行二十三字。大小字同。白口，左
右雙邊。版心雙魚尾，上記字數，下記刻工

姓名，所存各卷有江才、葉方、君玉、丁
正、公亮、王璁、林文茂、定夫、陳文、
定、葛文、王生、胡仁、林乂、盧老、姚
寶、秀發、周得、人亮、鄧志、杜富、鄭
王震、周禾、楊慶、倪仁、魏文、鄧堅、
安、秀父、王昭、曹慶、陳元茂、仲生、
和、何堂、陳采、鄧舉、江亮、倪瑞、劉
文、官安、張得、吳才、章淳、上官、葉
等人。蜀本燬於兵，此本爲史季温重刻本

重刻宋諸臣奏議

宋淳祐十年（1250）成都刻本。

經史論説

蒙古（1241-1250）河南輝縣楊古仿畢昇泥活字印

近思録十四卷

蒙古（1241-1250）河南輝縣楊古仿畢昇泥活字印

小學集注六卷

蒙古（1241-1250）河南輝縣楊古仿畢昇泥活字印

百菊集譜六卷補遺一卷　宋史鑄撰

宋淳祐壬寅（二年）自序。又庚戌（十年）
跋。

酉陽雜俎前集二十卷後集十卷　唐段成式撰

宋淳祐十年（1250）彭奎刻本。

吹劍三錄一卷　宋俞文豹撰

卷首有淳祐庚戌（十年）序，稱續三為四，以驗其學之進否，則中間尚有二編，今已佚矣。則淳祐八年三編始成。四編未作。淳祐八年自序。

山谷外集注十七卷　宋史容注

宋淳祐十年（1250）福州史季溫刻本。史季溫刊跋云：“先大父薌室先生所注山谷外集詩脫稿之日，永嘉白石錢先生文季為之序……十已八九其間不可盡知者闕之。本年蜀板已毀遺稿幸存。今刻之閩憲治，庶與學者共之，并以□大父□實錄本傳附見。淳祐庚戌嘉平旦日孫朝請大夫福建路提點刑獄公事史季溫拜謹跋。”半葉九行，行大小均十九字。為程穆衡瑞榕堂所藏。

東坡先生別集　卷續別集　卷　宋蘇軾撰

宋淳祐十年（1250）廬陵郡庠刻本。

北磵和尚外集一卷　宋釋居簡撰

宋刻本。題嗣法小師大觀編，序為大觀撰，
淳祐庚戌（十年）清明後十日。半葉七行，
每葉前後空一行，每行約十字。書文半葉十
行，行二十字。白口，左右雙邊。凡偈頌三
十六葉，贊十五葉，題跋六葉，末附行述
大觀撰。中縫各以類標或加外集，葉數之下
存一小圈，末有圓月題識，殆從五山本補錄
日本帝室圖書寮藏書。

節孝集三十卷附錄一卷　宋徐積撰
宋淳祐庚戌（十年1250）淮南東路轉運司王
夬亨刻本。許及之節孝語錄跋：嘉禾已刊先
生文集（乾道己丑）。王夬亨淮南本文集序：
節孝先生集山陽舊板（紹興戊辰）燬於火。
四世孫坦家藏嘉禾墨本字畫磨泐後失序。淳
淳庚戌。

艾軒集九卷附錄一卷　宋林光朝撰
宋淳祐十年（1250）刻於鄱陽。

淳祐十一年　辛亥（1251）

道命錄十卷　宋李心傳撰
宋淳祐十一年（1251）朱申刻於九江郡齋本

有影寫宋刻本。半葉十三行，行二十七字。嘉熙三年己亥心傳自序。淳祐十一年知江州軍新安朱申序，言刻梓於九江郡齋。鈐有"平江黃氏圖書印"、"伯寅藏書"二印。

玉峰志三卷續一卷　宋凌萬頃　邊實撰

宋淳祐十一年(1251)昆山縣學刻本。姑蘇袁氏藏宋刻本。

孔子世家補十二卷

是書成於淳祐辛亥（十一年），大抵據皇極經世，以駁史記孔子世家之謬。自序又稱盧夫事之精粗隱顯大小本末，錯綜其間而不易見，則著年表以提其綱，列世本以類其族，且綴弟子年名於其終，於以稽其是非，用決群疑祛己惑。今考永樂大典所載，已無所謂年表、世本、弟子名者，則已非完書矣。

佛鑑禪師語錄十四卷　題侍者普明了南紹曇等編

宋淳祐十一年(1251)田興隆等施資刻。半葉十一行，行二十字。白口，左右雙邊。前有淳祐辛亥程公許序。刊工極為精整，不華

有捐貲刊書人銜名：右武大夫閤內宣贊舍人
沿邊溪洞都巡檢使節制忠勝軍馬田興隆、大
武翼郎宣差知思州軍州事管內勸農兼四川制
置司參議田應寅各施俸資刊行，以祈祿算於
崇者。小師比丘德潛勘校。淳祐辛亥六月初
五日謹記。"本書次第：一清涼語錄　二焦山
語錄　三雪竇語錄　四育王語錄　五徑山語
錄　六五會錄（後題小參）　七法語　八普
說　九拈古　十頌古　十一偈頌　十二讚佛
祖　十三小佛事　十四序跋。後附徑山無準
和尚入內引對陞座語錄。游丞相祭文。次
無準禪師行狀，粲無文撰。行狀稱師諱師
號無準，蜀之梓潼人。行狀後有應安庚戌
龍東堂比丘妙葩跋，言此錄已漫滅，茲命
重刊，置之龜山金剛禪院云云。然妙葩此
乃後人據翻刻本鈔附卷末者，非原本所宜
據東福寺僧言，寺為普門院，其開山祖師
佛鑑禪師之門人。今庫中所存古書皆祖師
中國攜回者。日本西京東福寺藏書。

淳祐十二年　壬子（1252）

晦庵先生朱文公易說二十三卷　宋朱熹撰

宋淳祐十二年（1252）朱鑑建陽刻本。半葉十三行，行二十一字。前有淳祐壬子題詞云："假守富川時所會粹，建陽令趙君刊於縣齋，鑒嘗爲之序。今復以付之書市使鋟梓，以廣其傳。"據此易說在南宋有二刻。趙與迿刻於縣齋本，早於朱鑑本。此即淳祐本，卷中宋諱缺筆。兩本刊刻時間相隔不遠。可惜兩刻均不見流傳。只在鐵琴銅劍樓藏書目錄中見有著錄。

晦庵先生朱文公易說二十三卷　宋朱熹撰

宋淳祐十二年（1252）趙與迿建陽刻本。

九經要義二百六十三卷　宋魏了翁撰

周易要義十卷

尚書要義二十卷序說一卷

毛詩要義二十卷譜序要義一卷

儀禮要義五十卷

禮記要義三十三卷

春秋左傳要義六十卷

宋淳祐十二年（1252）魏克愚刻本。

周易要義十卷　宋魏了翁撰　存六卷

宋淳祐十二年（1252）魏克愚刻本。半葉九行，行十六字至二十字不等。白口，左右雙邊。版心雙魚尾，上記字數，下記刻工姓名，存卷內，有仁壽、李升、有成、時亨、安茂、游安、余子文、余文、李清、汝能、余才、時中諸人。其餘或名或姓。宋諱殷、恒、貞、桓、慎等字均避。江蘇書局有光緒丙戌刻本，取以讐對，訛文奪句，不可勝數。四部叢刊續編印本，即據此帙影印。北京圖書館藏。

尚書要義十七卷序說一卷　宋魏了翁撰　浙江鄭大節家藏本

翁謫居靖州時着九經要義，凡二百六十三卷，皆摘注疏中精要之語，標以目次，以便簡閱。此其所摘尚書注疏。是書傳寫頗希，此本有曝書亭手識一部，山陰祁氏藏書一部，澹生堂經籍記一部，猶明末祁彪佳家所藏。原目二十卷，中第七、第八、第九卷並佚，無別本可以校補，今亦姑仍其缺焉。

毛詩要義二十卷譜序要義一卷　宋魏了翁撰

依舊編二十卷，中又分子卷十有七，首譜序一卷，凡三十八卷。半葉九行，行十八字。每卷各以一、二、三分條為目，一格書，有一條二目者，其第二目標之眉上，又有當條所擬未盡之義，亦於眉上書之。鶴山諸經要義，皆舉當時善本綢繹件析，條理分明，為治經家不可少之書。四庫所收僅周易、儀禮是全帙，尚書、春秋左傳皆不完。後儀徵阮氏撫越乃得尚書闕卷及闕卷首二卷之禮記進之，而毛詩一種自直齋、公武不著錄，阮氏力不得見者，乃巍然獨存於東南兵燹之餘，首尾完整，神明煥然，誠無上秘籍也。據卷中諸印知經藏者曹寅、吳可驥及長白昌齡、桐鄉沈炳垣，後歸郁松年，推為宜稼堂諸宋本之冠，又歸持靜齋藏。

儀禮要義五十卷　宋魏了翁撰　存三十八卷

宋淳祐十二年（1252）魏克愚刻本。半葉九行，行十七、十八字不等。白口，左右雙邊。上闌外每節各有標目，雙魚尾。書名題儀禮要義跋，儀禮要義，儀或作仪義，或作乂，上記字數，下記刻工姓名，有于文、余明、余才、余子文、余文元、汪宜、汪思中、思中、程成、程仁壽、時中、時亨、金時亨、王杞、吴宣、劉春、唐發、張宗、魏萬、李升、安茂、游安、文茂、有成、吉季清、官寧、老子幸、汝能、德茂、仲實、仁父。又有元、成、唐、方、祥、禮、仁、晟、熊、杞、桂、山、宜、胡、君、宣、安、共、程明、鍾、全、今、显、劉、全、余、王、汪之、吴、官各單字或姓或名。宋諱缺筆至敦字。魏了翁嘗據周易、尚書、毛詩、周禮、儀禮、禮記、春秋、論語、孟子疏，摘爲九經要義。又別撰易義爲大易集義，其子克愚淳祐十二年知徽州時爲刻於郡齋。儀禮要義五十卷，分卷與單疏有缺卷，可據此書補正。傳世九經要義此書外，周易、毛詩、禮記三經有宋刻本，尚書、春秋有舊抄本，周禮、論、孟原書全佚。此書宋刻本僅存三十八卷餘卷清人抄補。四部叢刊印本，即據此帙影印。北京圖書館藏書。

禮記要義三十三卷　宋魏了翁撰　存三十一卷

宋淳祐十二年（1252）魏克愚刻本。半葉九行，行十八字，白口，左右雙邊。版心上記字數，下記刻工姓名，有仁壽、李升、何成、時亨、安茂、游安、余子文、余文、文茂、李清、汝能、余才、時中、官寧、思中、仲實、仁父等。有金錫鬯跋、莫友芝題。藏印有"新安汪氏"、"啓淑信印"。北京圖書館藏書。

春秋左傳要義三十一卷　宋魏了翁撰　兩江總督採進本

此書亦為翁所輯九經要義之一，其書節錄注疏之文，每條之前各為標題，而系以先後次第與諸經要義體例並同。原本六十卷，朱彝尊經義考注曰未見。此本僅存三十一卷，末有萬曆戊申中秋後三日龍池山樵彭年手跋一篇，稱當時鏤帙不全，後世無原本可傳，甘泉先生有此書三十一卷，藏之懷古閣中，出以相示，因識數言於後，則亦難覯之本矣。

疑殘本偶存，好事者為此跋，而未核其年月

也。

大易集義十卷 宋魏了翁撰

宋淳祐十二年（1252）魏克愚刻本。

四書章句集注二十六卷 大學一卷 中庸一卷

論語十卷 孟子十四卷 宋朱熹撰

宋刻本。半葉八行，行十五字。經文皆頂格，

注文亦作大字低一格。大學章句一卷，中庸

章句一卷，論語集注一卷，孟子集注十四卷。

大學末題從政郎提領江淮茶鹽準備差遣劉

高校正一行。後有跋云："當塗郡齋舊有文公

論孟集注，注與本文皆大字，於老眼為宜，蓋

正甫吳公所刊，見謂善本。克祖竊來假守

仿規製取中庸、大學章句併刊之，是成四書。

語孟歲月浸久，間有漫滅，就加整治。是書

在天地間無窮，達老少皆不可一日離，熟復玩

味則施之行事，其有不敬且畏哉。淳祐壬子

孟秋朔金華馬光祖敬識。"宋諱弘、匡、恒、

慎代讓、貞、桓等字於經文皆缺筆；於注文

則以洪代弘、商代殷、康代匡、常代恒，讓

代慎、遜代讓、正代貞、威代桓。亦間有不代而缺筆者。是本為諸家所未見，故並無題識及收藏印記，而間有妄加塗改之處，然楮墨完好，字大悅目，真宋槧之上品。原鐵琴銅劍樓藏書。

四書章句集注二十八卷　本經外論語孟子各有序說一卷

宋刻本，半葉七行，行十五字，注文雙行同，白口，左右雙邊。行間加句讀，行側有旁朱。每卷後有音考，後有蔣澤培跋。南京圖書館藏書。

近思錄集解十四卷　宋葉采集解

宋刻本，半葉八行，行十八字，黑口。版心間記字數及刻工姓名，僅有翁生、沅大二人。餘僅有周、錢、有、良、李、大、沈等八字。宋諱惟恒、貞、惇等字偶見缺筆。前錄周子、程子、張子所著書十四種。次淳熙乙未朱子自序，次淳熙三年呂祖謙序，次淳祐十二年葉采進書表，采尚有自序，已佚。藏印有"高氏鑒定宋刻版書"、"妙賞樓藏"、"尚有五嶽真形圖切章"、"萬宜樓藏善本書記"
"三夢菴"、"師鄭乙酉歲莫檢書記"、"師
鄭耆好"。涵芬樓藏書。

近思錄續錄二十二卷

宋刻本，半葉十三行，行二十四字，小字二
十五、二十六字不等。紙墨精良，有東谷武
原鄭氏圖記，蓋瑞簡舊藏，殊足珍重。

鶴林玉露十六卷　宋羅大經撰

宋淳祐壬子（十二年1252）自爲序刊。半葉
九行，行十九字。

晝簾緒論一卷　宋胡太初撰

宋淳祐壬子（十二年1252）刻本。

可齋雜稿三十四卷續稿八卷續稿後十二卷　宋
李曾伯撰

宋淳祐十二年（1252）李曾伯荊州自刻本。

儀禮經傳通解續十四卷　宋楊復撰

宋淳祐間（1241—1252）刻本。半葉七行，行
十五字，注文雙行。版心有字數及刻工姓名
有大榮、允中、吉父、余才、肖杰、袁中、
袁仲、袁仲珍、漢杰、漢興、蕭大榮等，餘

為單字或姓或名。每卷有"天籟閣"朱文長
印、"項墨林鑑賞"白文長印。日本靜嘉堂
文庫藏。

北溪字義二卷　宋陳淳撰
宋淳祐間(1241—1252)清漳刻本。舊板散佚。明弘
治三年(1490)始重刻。

資治通鑑綱目五十九卷目録一卷　宋朱熹撰
宋淳祐間(1241—1252)武夷詹光祖月崖書堂
刻本。半葉十行，行十七字。小字二十二字。
細黑口，左右雙邊有耳。版心有刻工姓名，
有王子清、王文、王秀、牛奇、吳生、余老、
周仁、陳忠等人。前列治平四年御製通鑑序，
獎諭詔書，司馬光進書表與范夢得論修書帖，
通鑑目録、序、舉要補遺序。朱自作序例。
目録後鐫有"武夷詹光祖重刊於月崖書堂"
一行。卷一、卷五十九後俱有"建安宋慈惠
父校勘"一行。張月霄氏(張金吾)謂惠父
即編提刑洗冤集録者，為淳祐間人，遂定為
淳祐刊本。是書即張金吾所藏。宋諱匡、恒、
貞、禎、朗、桓、完、構、慎字皆缺筆。字

畫清朗，楮印如新。卷首有"御史之章"、"季
振宜印"、"蒼葦"、"乾學"、"徐健庵
"天官冢宰"諸印記。北京圖書館、故宮博
物院均有藏書。

三山志四十二卷

宋淳祐重修本，半葉八行，行十八字。諱
宋帝均空格。志本淳熙九年梁克家所撰。卷
三十一進士題名淳祐差充福州州學教授朱貔
孫續編，始自淳熙丁未（十四年）至淳祐丁
未（七年）止。則此書爲淳祐重修本。傳有
舊抄本。

河南程氏遺書二十五卷附録一卷外集十三卷文
集十二卷　宋朱熹輯

宋淳祐間（1241—1252）趙師耕刻本。

新儀象法要三卷　宋蘇頌撰

宋淳祐間（1241—1252）韓仲刻本。

太平惠民和劑局方十卷

是書初刊於元豐，重修於大觀。後紹興、寶
慶、淳祐中又遞有所增加。

昌黎先生集四十卷　唐韓愈撰　李漢編

宋淳祐間（1241—1252）刻本，半葉十行，行二十字。白口，左右雙邊。版心上記字數，上魚尾下記"韓文"等，下魚尾下記葉數及刻工姓名，僅知見蔣正一名。卷中宋諱至擴字止，爲理宗淳祐間刻本。刀法雅近豫章，鈐徐健菴藏印。南京圖書館藏。卷十八用宋刻別本配。此書佚去外集十卷。

河南程氏文集二十五卷附錄一卷　宋程頤撰

宋刻本，半葉十行，行二十字。版心下有刻工姓名，僅有劉元。存二十二卷，又附錄，爲淳祐刻本。刻工劉元老爲江西撫州地區刻工，證爲江西所刻。

栟櫚先生文集二十五卷　宋鄧肅撰

宋淳祐間（1241—1252）刻本。

鶴山全集一百九卷　宋魏了翁撰

宋淳祐間（1241—1252）刻本。二子近思、克愚編百卷本。

文章正宗二十卷續集二十卷　宋真德秀撰

宋淳祐間（1241—1252）劉克莊刻本（廣東本）。

寶祐元年　癸丑　（1253）

儀禮經傳通解續二十九卷　宋朱熹撰

宋寶祐元年（1253）王佖刻本。

增節標目音注精義資治通鑑一百二十卷　題宋

呂祖謙輯

蒙古憲宗三年至五年（1253—1255）平陽張宅晦明軒刻本。（卷二十五至二十九、六十二至六十五、八十一至八十五、九十一至九十五、一百三至一百五配宋刻本）五十冊。半葉十五行二十五字，細黑口，四周雙邊。北京圖書館藏

增節入注附音司馬溫公資治通鑑一百二十卷

蒙古憲宗三年（1253）平陽張宅晦明軒刻本。半葉十五行行二十五字。目録後有"晦明軒"鐘形印和"平陽張宅印"琴形印記。卷端序後有刻書牌記，末署"泰和甲子下癸丑歲孟冬日平陽張宅晦明軒記識"。王重民稱其："此本爲戈唐所編集，而爲平陽着明刻書家張存惠晦明軒所刻成者，宜其刀刻紙墨若是其精也"。泰和甲子下癸丑歲，當爲蒙古憲宗三年（1253）。北京圖書館藏。

皇朝通鑑長編紀事本末一百五十卷　宋楊仲良

撰

宋寶祐元年（1253）廬陵郡斋刻本。

嚴氏濟生方十卷　宋嚴用和撰

宋寶祐元年（1253）嚴用和自刻本。半葉十
行，行二十字。四周雙邊。書名題嚴氏濟生
方，卷幾，上下線口，中縫標方幾。前有
序二，一為寶祐癸丑上巳廬山嚴用和（即撰
人）一脱後半葉不詳其名（僅存半葉四行，
每行八字至十字不等）。卷一、卷六、卷八、
卷十鈔補。各方用橢圓陰文為記，方之前有論
治，每方並著煎制服法，俱附問答以明之。
（答曰二字亦用陰文）。日本藏書。

類證普濟本事方十卷後集十卷　宋許叔微撰

是書宋史藝文志作十二卷，疑數目倒置，四
庫提要作十卷，云從宋槧本鈔出蓋僅前集。
此本宋槧，前有重刻序。半葉十三行，行二
十一字。前有目錄，次行題許學士親述，次
為治藥制度總例。書名題類證普濟本事方卷
第幾，中縫標本方幾，上下墨口。集錄經驗
諸方間附本事，凡圓湯散丹等字俱用橢圓陰

文（後集別名）以别之。後集有雙邊木記：建
安余唐卿宅刻梓"兩行。書名題許學士類證
普濟本事方後卷之幾，中縫標本方後幾。序為
提要所未見。序文有寶祐癸丑良月夏淵余氏
重梓於明經堂。日本藏。

五燈會元二十卷 宋釋普濟撰

宋寶祐元年（1253）沈淨明刻本。半葉十三
行，行二十四字。白口，左右雙邊。有淳祐
十二年自序及寶祐元年王槦序。楊守敬自東
瀛攜回者。鈐有楊守敬及日本人印記。周叔
弢、袁寒雲各有一帙，袁本即汪士鍾舊藏者。
此書取道原傳燈錄、李遵勗廣燈錄、白建中
續燈錄、道明聯燈會要、正受普燈錄，合為
一編。

大慧普覺禪師年譜一卷 宋釋祖詠編

宋寶祐元年（1253）徑山明月堂刻本。半葉
十一行，行二十字。白口，左右雙邊。前有
淳熙癸卯張掄序，後有比丘宗演及程公許跋
又附呂成公啟一首，舉手蹟以刻者。又淳祐十
二年劉震孫書宗演跋，末有墨圖記云，寶祐

癸丑天臺比丘德濬募緣重刻於徑山明月堂。與年譜同刻者有宗門武庫一卷、遺錄一卷、語錄三十卷。見徐立齋相國含經堂書目。北京圖書館藏。

大慧普覺禪師普說一卷　宋釋宗杲撰

宋浙刻本。半葉十一行，行二十字。白口，左右雙邊。海虞瞿氏藏，張本。

金剛般若波羅蜜經二卷　姚秦鳩摩羅什譯

宋寶祐元年（1253）張即之寫本。國立故宮博物院藏。

寶祐二年　甲寅（1254）

字通一卷　宋李從周撰

宋寶祐甲寅（二年1254）虞兟刻本。半葉十行，大字十八，小字夾行二十。毛氏汲古閣影宋鈔本。

致堂讀史管見三十卷　宋胡寅撰

宋寶祐二年（1254）宛陵刻本。半葉十二行，行二十三字。白口，左右雙邊。版心上記字數，下記刻工姓名。此書爲衡陽、宛陵兩版混合。其宛陵刻工有尤達、王鼎、楊思成、

文生、危文、思中、必成、曹仪、劉扶、趙
清茂、劉元吉、程成、吳宣甫、劉君叟、王
杞、王桂、王宜忠、曹文仲、康年、尤澄、
陳秀哥。

懷古錄二卷 宋陳模撰
清寫本，從舊刻影寫者。有寶祐二年（1254）
自序。四庫未收。

秘傳關尹子言外經旨三卷 宋陳顯微撰
宋寶祐二年（1154）自序，門人王夷受刻。

陳氏小兒病源方論四卷 宋陳文中撰
宋寶祐二年（1254）刻本。半葉十一行，行
二十一字。

金剛般若波羅蜜經一卷 姚秦鳩摩羅什譯
宋寶祐二年（1254）張即之寫本。

佛遺教經一卷
宋張即之寫本。

大方廣佛華嚴經八十卷 宋釋實叉難陀譯
宋張即之寫本。

大佛頂首楞嚴經十卷 唐般剌蜜帝譯 存一卷
宋張即之寫本。

太上洞寶無量度人上品妙一卷
宋張即之寫本。
可齋雜稿三十四卷續稿八卷續稿後十二卷 宋李曾伯撰
宋寶祐甲寅（二年1254）劉甐刻本。宋淳祐李氏自刻家塾本。可齋雜、續、三稿其官荆渚時子杓編刊。既而劉甐又刊之武陵，曾伯歿後子杓又刊巾箱本，成於咸淳庚午（六年）則第三刊。又自識署寶祐甲寅（二年）已初刊續稿。

寶祐三年乙卯（1255）

春秋集注十一卷綱領一卷 宋張洽撰
宋寶慶三年（1255）臨江軍庠刻本。半葉十行，行十八字，小字二十七字。白口左右雙邊。版心上有字數，下有刻工姓名，末刻江譚詠刊，有宝祐乙卯中和節方應發後序，嵩山楊口口子文跋。北京圖書館藏。
大方廣佛華嚴經八十卷 唐釋實叉難陀譯
宋寶祐三年（1255）江陵府先鋒隘李安檜刻本。每開五行，行十七字。每卷後附釋音。

卷七十一卷首有昭武鄒洙刊小字一行。各卷有題跋，皆捐貲開經人。"襄陽府寄居湖北路江陵府先鋒隘募緣重開大方廣佛華嚴正經一部，恭為今上皇帝祝延聖壽，文武官僚同資祿位，國康民泰，時和歲豐，永息干戈，邊疆寧靜，捨財知識福慧增榮，頓悟菩提心，同游華藏海。寶祐三年乙卯十月二十二日乙酉良日李安檜謹題。""左武大夫、吉州刺史帶行各領軍大將軍、除鄂州駐劄御前諸軍副都統制、措置松滋江面、兼京湖制置大使司計議官男張禧謹施俸資金壹拾，開此華嚴經端為追薦亡母親蔡氏宜人，承此功勛，願生佛界，見存眷屬福祿榮昌。"存六十六卷。北京圖書館藏。

大方廣佛華嚴經八十卷　唐釋實叉難陀譯

蒙古憲宗五年（1255）羅先夫刻本。存卷四十九。蘇州市西園寺藏。

佛遺教經一卷

宋寶祐三年（1255）張即之寫本。清高宗弘曆跋。故宮博物院藏。

寶祐四年　丙辰（1256）

增修互注禮部韻略五卷　宋毛晃增注

宋寶祐四年（1256）蜀中刻本。此本凡宋代年號皆空一格，猶存舊式，末題太歲丙辰夏秀巖山堂重刊，蓋理宗寶祐四年蜀中所刻，視近本特為精善。

寶祐四年登科錄一卷

宋寶祐四年（1256）為文天祥榜進士題名。宋刻本。

宋寶祐四年丙辰歲會天萬年具注錄一卷

影宋鈔本。前載太史局先準中書省劄子，奉旨二十四節氣應時令即造單狀於曆目前連黏頒賜施行。今據換授保章正充同知算造譚玉等，依會天曆推算到丙辰歲節氣加時辰刻頒賜具如後，右謹具靈臺郎判太史局提點曆書鄧宗文、成永祥、李輔卿，下接十二月日凡三百五十四日。後載右件人神所在血忌血支不可鍼灸，日遊在房內產婦不宜於方位安牀帳及婦（埽）舍皆凶。秀水朱彝尊跋云，會天曆初名顯天淳祐十二年太府寺丞張湜等推

算略見宋史律曆志，既而寶祐改元定名會天

尤學焴被命作序，鏤版印行。

新儀象法要三卷　宋蘇頌撰

東湖叢記有影宋精鈔本，寶祐四年會天曆，

凡二十葉，每葉十七行，字數大小不齊，首

葉題大宋寶祐四年丙辰會天萬年具注曆。

密齋筆記五卷續筆記一卷　宋謝采伯撰

宋寶祐四年（1256）臨川郡庠刻本。有淳祐

元年自序及寶祐丙辰王宗旦序，謝奕楙跋。

全芳備祖前集二十七卷後集三十一卷　宋陳景

沂輯

前有寶祐元年韓境序，又寶祐四年江淮肥遯

愚一子陳景沂自序。本書題"天台陳景沂編

輯"、"建安祝穆訂正"。日本圖書寮藏有宋

末麻沙本，題天台陳先生類編花果卉木全芳

備祖。半葉十三行，行二十四字。存四十一

卷，凡八册。是書書舶庸談記為元槧，前集

存卷十三至二十七，後集卷一至十三、十八

至三十一，相合其卷。

讀教記二十卷　宋釋法照撰

宋寶祐四年（1256）刻本。半葉九行，行十八字。白口，左右雙邊。前有寶祐四年法照自序，目錄後有"四明後學可登書本"及"南堂比丘慧舟惟馨"二行。李振宜藏書印，海虞瞿氏藏。張本。

大方廣佛華嚴經八十卷　唐釋實叉難陀譯

蒙古憲宗六年（當寶祐四年，1256）西安龍興院刻本。

歌詩編四卷　唐李賀撰

蒙古憲宗六年（1256）趙衍刻本。半葉十行，行二十字，白口左右雙邊。憲宗六年當宋寶祐四年。

寶祐五年　丁巳（1257）

易序叢書十卷　宋趙汝楳撰

分十種曰易雅、曰筮宗、曰八陣通記、曰通記衍義、曰通記拾遺、曰如意城圖略、曰如意城畫地、曰六日七分論、曰辨方圖、曰納甲辨。首詳訓詁，次明蓍策，自三卷以下皆旁採緯奇遁甲之誌，而中之有寶祐丁巳福菊中序。明董其昌家寫本。

魯齋書疑九卷　宋王柏撰

宋刻本，半葉十一行，行二十一字。前有寶
祐丁巳王柏自序，次定書編目，次書疑目錄
柏此書直取經文，或刪或補，重爲編定，變亂妄
作，久爲通人詬病。此本尚是宋時所刻，黑口
收藏有"古香齋"、"丘南小隱"、"草堂

干祿字書一卷　唐顏元孫撰

宋寶祐丁巳（五年1257）衡陽陳蘭孫刻本
半葉四行，行字不等。有陳蘭孫跋；字大
寸。鈐有半樹齋戈氏藏印。平湖葛氏藏書。
日本文化十四年覆刻宋寶祐陳蘭孫本。

通鑑紀事本末四十二卷　宋袁樞撰

宋寶祐五年（1257）趙與𥲅刻本。半葉十一
行，行十九字。白口，左右雙邊。版心上記
字數，下記刻工姓名：王興忠、王興宗、王
大用、王亨祖、王燁、王興、徐熹、徐楠、
徐諶、徐侃、徐拱、徐侁、王亨、王玠、沈
祖、沈杞、沈榮、沈昌祖、沈宗、劉霽、
遜、劉拱、劉共、劉松、劉孚、何文政、何
祖、何璩、梁貢、梁貢甫、梁仁甫、余和、

余和甫、余甫、熊采、貢端、翁期、翁其、金榮、虞源、馬良、周壽、周松、吳先、錢玗、范仲、史祖、顧祺、張榮、張成、林茂、卜仲、王興祖、濮仲、蔡文、蔡成、方得時、黃佑、章泳、章松、鍾季升、鍾季徐、鍾季禾、林嘉茂、正春、如鎮、伍秀、中成、陳必達、婺徐、曹戩、虞桐等人。宋諱缺筆至貞字。有淳熙元年三月戊子廬陵楊萬里序。又寶祐丁巳趙與篡序："嚴陵舊本字小且訛，乃易大書，精加讎校，以私錢重刻之，非特便老眼訓子弟，庶與四方朋友共之。寶祐丁巳"。四部叢刊據此本影印。

宋　宰輔編年錄二十卷　宋徐自明撰

宋寶祐五年（1257）福州府永泰縣學刻。陳昉刊書跋云："昉時年十八九，執冊應對其問，粗善顛末，後三十餘歲，欲板於三山郡齋而未果，會公子居誼來宰永福，政成，能以俸金刻之縣學，爲一代之盛典，可敬也。公字誠甫，號慥堂，終零陵郡守云。寶祐五年五月五日，朝散郎集英殿修撰提舉建寧府武夷山沖佑觀永泰縣開國男食邑三百户賜紫金魚袋陳昉譔書」。

皇朝通鑑長編紀事本末一百五十卷　宋楊仲良撰

宋寶祐五年(1257)徐琥重刻本。

仙溪志四卷　宋黄巖孫編

宋寶祐丁巳(五年1257)序。又劉克莊、陳克道序。仙溪即瀨溪,今謂之大溪,源出福建德化縣。

海鹽澉水志

宋寶祐四年刻本。常棠序云,紹定三年鎮尹羅儀甫屬余撰澉水志,雖一時編集大略,而儀甫滿去竟弗暇閱,逾七、八越歲,既久訂正尤詳。因見邊孫君來此,聽訟優長,遇事練熟,雖鎮舫廢毀非疇曩,比然能公謹廉敏明燭,隱然才幹有餘,整辦自足,爰割俸售募鐫,行水畢表統制闡而謂其曰,是書不刊於鎮稅全盛之時,而刊於鎮稅凋敝之後,甚可嘉。已稅捐棒料肅費甚成、噫元和郡縣志,丞相李吉甫所制也,後三百餘年侍制張公始刻於襄陽。今余所编潡水志後二十七禩，權鎮孫君即鏤於時阜，則是書之遇知音，又大可慶耶。

竹窗常崇。

雪磯叢稿五卷　宋樂雷發撰　樂韶编　樂武校正

宋寶祐丁巳（五年1257）樂雷發序，稱必欲為之刻梓。

古今合璧事類備要前集六十九卷後集八十一卷續集五十六卷　宋謝維新撰　別集九十四卷外集六十六卷　宋虞載撰

宋寶祐丁巳（五年1257）刻大字本。半葉七行，行十五、十六字，注文雙行二十四字。細黑口，左右雙邊。標題下有白文“前集”、“後集”字樣。每門中詩集加墨圍框。每卷均鈐曹文湜墨記，文如下：“予性頗愛書，一書未有，必罄囊市之，窘於厥志未伸，群書無由悉備，凡所有者不過薄於自奉以致之耳。間有先世所遺，十不一二。凡我子孫宜珍惜寶愛，以承厥志。苟不思得之之難，輕視泛借，以致狼籍散失，不孝之罪莫大焉。至於借匿陰盜之徒，又不仁不義之甚者矣。

予故著之簡端，使借者守者惕然知警云。大家牢從孫句容曹淇文漢謹識。”李木齋氏有殘卷，存前集四十三至四十七，别集四十至四十五、五十七至六十六、七十五至八十八。

古今合璧事類備要增集　宋謝維新撰

半葉十四行，行二十四字。上海圖書館藏。豐順丁氏藏本，著爲元刊，並無序跋。有錢牧齋、季振宜藏書印。延令書目乃是宋板。

甫里集十九卷附録一卷　唐陸龜蒙撰　宋葉茵編

宋寶祐五年(1257)吴江葉茵刻本。計詩文六百五十二篇。惟刻本久佚，僅存鈔本流傳。

秋崖先生小稿八十三卷　宋方岳撰

宋寶祐五年(1257)竹溪書院刻本(江蘇地區)。至元季板毁於兵。

秋崖新稿三十一卷　宋方岳撰

宋寶祐五年(1257)刻本。

東澗先生妙絶古今文選四卷　宋湯漢編

宋寶祐五年(1257)刻本。半葉十行，行十八字。四庫提要據趙汸東山存稿，定爲湯漢

所編。卷首有淳祐壬寅束澗自序，寶祐丁巳
趙汝騰序，序題紫霞老人者，汝騰別號也。
所採爲春秋左氏、國語、孫子、列子、莊子、
荀子、淮南子、國策、史記、揚雄、劉歆、
諸葛亮、韓愈、柳宗元、杜牧之、范仲淹、
歐陽修、王安石、曾鞏、蘇洵、蘇軾凡二十
一家，七十九篇。趙汸謂其去取之間，篇篇
具有深義。因作題後之發明之。宋諱朗、貞、
徵、桓、慎等字，偶缺末筆。卷首二序，以
明刻補配。藏印有"李氏文通"、"香河李
氏家藏書畫印"、"曹溪全氏"、"二酉齋
原涵芬樓藏。

寶祐六年 戊午（1258）

夷堅志甲志二十卷乙志二十卷丙志二十卷丁志
二十卷 宋洪邁撰

宋刻元印本。半葉九行，行十八字。白口，
左右雙邊。版心記刻工姓名。有立文、立永、
余川、余光、余如川、官太、周祥、范仁、
俞文、俞元、俞正、游元、傅成、葉仲、蔡
才、~~蔡才~~、蔡萬、劉盧、羅定、羅明、徐山、

徐中、黄太、黄中、黄仲、黄昌等。卷末有明陸師道楷書墨蹟數行。據儀顧堂跋，謂此八十卷本刊于建寧，至元而缺四十二版，提學張绍先命沈天禄尋訪舊本，從周宏羽借得浙本補刊完全。此本字大行疏，為建本之佳者。清嘉慶間阮元進呈影宋鈔本，(缺西志卷二十)即據此本傳錄。原為嚴久能元照所藏，故有姬人張秋月香修各印。日本岩崎氏靜嘉堂文庫藏，皕宋樓故物。此書有疑為寶祐六年刻本。

寶祐間(1253—1258)

十七家易集義六十四卷　宋魏了翁撰

宋寶祐間(1253—1258)魏克愚刻本。半葉十行，行二十字。白口，左右雙边。西什庫天主教堂藏。有抄配八卷。

晉書一百三十卷　唐房玄齡等撰

宋寶祐(1253—1258)刻本。九行十四字。桂林唐子實藏。

建炎以來系年要錄二百卷　宋李心傳撰

宋寶祐初揚州刻本。

官箴一卷　宋呂本中撰

宋寶祐間（1253-1258）刻本。

大川語錄一卷

日本室町時代覆刻宋寶祐（1253-1258）刻本。

道德經注四卷 宋蘇轍撰

宋寶祐間（1253-1258）刻本。元至元本以此本覆梓。

半葉十行，行二十字。日本帝室圖書寮藏。

山谷外集注十七卷別集注二卷 宋史季溫撰

宋寶祐（1253-1258）史季溫刻本。半葉九行，

行十九字。

端平集十二卷 宋周弼撰

宋寶祐間（1253-1258）周弼自刻本。

王著作集四卷 宋王蘋撰

宋寶祐間（1253-1258）曾孫王思文刻本。寶

祐丙（四年）盧鉞序。

唐僧弘秀集十卷 宋李龏編

宋寶祐間（1253-1258）李龏自刻本。

開慶元年 己未（1259）

家禮五卷附錄一卷 宋朱熹撰

宋開慶元年（1259）華懋臣刻本。

四明續志十二卷 宋梅應發 劉錫同編

宋開慶元年（1259）刻本。半葉十行，行十八字，小字雙行同。白口，左右雙邊。版心上記字數，下記刻工姓名，有王閏、王聞、王祐、王文、任友、任廷、任慶、李暹、洪革、徐廣、徐堅、顧楷，餘為單字。有開慶元年通判鎮江府劉鎔序，大字七行。北京圖書館藏。

西山真文忠公讀書記甲集三十七卷乙集二十二卷丁集二卷　宋真德秀撰

宋開慶元年（1259）福州學宮刻本。原分甲、乙、丙、丁四集，今惟存甲集三十七卷、乙集二十二卷，丁集二卷。甲集丁集刊於三山學宮，開慶元年併乙集刊之。半葉九行，行十六字，小字雙行二十四字。刻工有俞文俞光等人。涵芬樓藏甲集三十七卷。海虞瞿氏甲集三十七卷。南京圖書館藏丁集二卷，述古堂藏甲集三十七卷乙集下二十二卷，丁集二卷。其乙集下為開慶元年福州刻本，後於甲、丁二集。然行款版式字體均同。盧址抱經樓有一帙，連同大學衍義在內，共一百二卷，亦为元明遞修本。
金剛般若波羅蜜經二卷　後秦鳩摩羅什譯
宋開慶元年（1259）太平天寿寺釋延福刻本。
二册，五行，行十六字。北京圖書館藏。
金剛般若波羅蜜經二卷　後秦鳩摩羅什譯
宋開慶元年（1259）壽聖寺刻本。故宫博院
藏。
重校鶴山先生大全文集一百十卷目録二卷　宋
魏了翁撰　共缺十八卷，存九十四卷
宋蜀中刻本。半葉十行，行二十一字。白口
左右雙邊。版心書名題大全集幾，或某類幾，
上間記字數，下記刻工姓名，僅有蕳師、何
每、袁滋、梁口元、石日等数人。餘為田、
祖、善、梁、宗、李、每、佑、天、保、南、
程、全、喜、行、勝、再、仁、召、真、祥、
衍、春、單、材、林、章各單字。宋諱缺筆
至燉字。前有淳祐己酉夏五范陵吳淵序。草
書。有黄蕘圃跋兩則，又書所缺葉於前。卷
尾有黄蕘圃跋二則，錢竹汀跋三則。後有隸
書序，題開慶改元夏五月甲子諸生朝請大夫

成都府路提點刑獄公……（下闕）。又影抄吳潛後序。鈐有"汪士鐘藏"、"乾學之印""健菴"等印。北京圖書館藏。

六家文選六十卷 梁蕭統輯 唐李善并五臣注

宋開慶至咸淳廣都裴氏進修堂刻本。存二十六卷，缺三十四卷，用明嘉靖袁褧嘉趣堂刻本配補。半葉十一行，行十八字，注雙行，行二十六字。白口，左右雙邊。版心記"文選一"，下記葉數，最下加魚尾，下記刻工姓名，有王八、王元度、王元庭、王元慶、王公純、王石、王坤、王定、王庚、王桂、王萬、田桂、任中、李二、祖祥、萬八、袁震、秦元一、張龜、曹仁等人。前有李善上文選注表。卷首頂格標題"六家文選卷第一"次行低六格題"梁昭明太子撰"，三行低七格題"唐五臣注"，四行低七格題"崇賢館直學士李善注"，五行低一格題"賦"，六行低二格"京都上"，七行低四格"班孟堅兩都賦二首"。卷二後有"嶺南李天麟西公子記"墨書一行。鈐"李天麟印"、"西樵公子"。餘卷各間有之。鈐有"丙戌進士"、"陳氏子有"、"竹素堂"、"淮南蔣氏宗誼"、"豫園主人"、"雲間潘氏仲履父藏書"各印。是書字體古茂疏勁，版式闊大，與眉山刊蘇文忠、蘇文定、秦淮海諸集相類，蓋即蜀中刊本。後附記曰："此集精加校正，絕無舛誤，見在廣都縣北門裴宅印賣"三行。是書有無此後記不詳。故宮博物院藏。

批點分類誠齋先生文膾前集十二卷後集十二卷

宋楊萬里撰

宋麻沙刻本。半葉十二行，行二十四字。大黑口。前有開慶己未（元年1259）方逢辰序，稱建安李誠父取先生片言隻字，有助於舉子者分條析為前後集，前集為綱者四十三，後為綱者三十二，名曰文膾，蓋鼎嘗一臠皆足以炙人口而膏筆端。

新編通用啟劄截江網甲集八卷乙集八卷丙集八卷丁集八卷戊集八卷己集六卷庚集六卷辛集六卷壬集五卷癸集五卷 宋熊晦仲撰

宋刻巾箱本。半葉十四行，行二十三字，小

字雙行。有陳元善序。甲集舉諸武之大綱，
乙至癸集爲分類載表奏啟劄，序記諸文體，
宋末諸人文集不傳者多賴此書而存，亦足重
矣。此書四庫未收，各家皆未著錄。日本靜
嘉堂文庫藏書。

了　　景定元年　庚申（1260）

孔子集語二卷　宋薛據纂
影鈔宋本。前景定元年（1260）中書省看詳進
狀。此本舊藏崑山葉氏。後有錢遵王、顧抱
沖跋。有"葉氏菉竹堂藏書"印。

音點大字五子句解五十二卷
宋刻本。此書世無全帙，嘗見宋刻音點大字
荀子句解殘本十卷。十行二十字。黑口，左
右雙邊。前有景定改元（1260）龔士卨序
與老、莊、法言、文中子並舉，是知宋末有
五子句解合刻本。其書每句加注，句有生點
字音於字旁加小圈，版心上方有音釋。本字
大，音字小。

音點大字荀子句解二十卷　宋龔士卨撰
宋景定間杭州龔士卨刻本。故宮博物院藏。

音點大字老子道德經二卷　題漢河上公章句
宋景定元年（1260）龔士卨刻本。

音點大字莊子十卷　晉郭象注
宋景定元年（1260）龔士卨刻本。

音點大字揚子法言十卷　漢揚雄撰
宋景定元年（1260）龔士卨刻本。

音點大字中說十卷　隋王通撰
宋景定元年（1260）龔士卨刻本。

四分律刪繁補闕行事鈔三卷　唐釋道宣撰
宋景定元年（1260）明慶寺僧聞思刻本。六行十九字。上下單邊。

莊子鬳齋口義十卷　宋林希逸撰
宋刻本，半葉十行，行二十一字。前有景定改元宣教郎知邵武軍建寧林經德序，又希逸發題二葉。讀林序，吾邑雖陋縮節裒飪章而集事云云，知此板鐫於建寧。景定在理宗末，宋臘已垂盡矣。

趙清獻公文集十六卷　宋趙抃撰
宋景定元年（1260）陳仁玉刻元明遞修本。半葉九行，行十七字。白口，左右雙邊。補

版有黑口。毛晉、宋筠遞藏。鈐有毛晉私印
字子晉、商丘宋筠蘭揮藏書等印。北京圖書
館藏。

景定二年 辛酉（1260）

融堂四書管見十三卷 宋錢時撰

宋景定二年（1261）天台錢可則刻本。張瑄
內閣書目載融堂四書管見十卷，宋理宗朝錢
時注解論語學庸附以古孝經為四書。千頃堂
書目十三卷。瞿氏藏鈔本十三卷，有景定辛
酉天台錢可則跋。

（景定）建康志五十卷 宋馬光祖修 周應合
纂

宋景定二年（1261）修。清錢大昕藏抄宋本。
台灣藏。

史記集解索隱一百三十卷 劉宋裴駰 唐司馬
貞撰

蒙古中統二年（1261）段子成刻本。半葉十四行
行二十五字，注雙行同，四周雙邊。版心上
記字數，下記刻工人名一字。左欄外上記篇
名。前有中統二年校理董浦序。間有補版，

則黑口，無版心字數。鈐"澹生堂經籍記"、"曠翁
手識"、"山陰祁氏藏書之章"、"澹湖書齋"、"天目書堂"、"欣
遇草堂之章"、"惠階校閱"。北京圖書館藏。

五朝名臣言行錄前錄十卷後錄十四卷續集八卷
別集上十三卷別集下十三卷外集十七卷 宋
朱熹 李幼武編

宋麻沙本，半葉十二行，行二十三字。細黑
口。外集景定二年辛酉趙崇硂序，末有"平野"
二字木記。卷四天保庚子七十翁明復題記一
作，書簽題宋麻沙覆明溪本。有鮑毓東印。
按：明溪古名橘溪，為湖南屬，蓋五溪之一，
而明溪本時代無考。

名公書判清明集不分卷 不著編者名氏
宋刻本。存戶婚一門十二類二百三十六集。
半葉九行，行十六字。黑口，四周雙邊。首
有景定辛酉幔亭引次。此為海內孤本，諸家
書目所不載，惟錢竹汀（大昕）曾見之。為
玉堂，郁松年遞藏。陸心源蓋得諸郁氏。日
本靜嘉堂文庫藏。此書已印入續古逸叢書中。

傷寒明理論三卷方論一卷 金成無已撰

宋景定二年（1261）建安慶有堂刻本。半葉
十行，行二十字。白口，左右雙邊。書名題
名理幾，上記字數，下記刻工姓名，可辨者
有王三、王五及右、政、諒單字。此書金大
定壬辰前十五年爲正隆二年，即宋紹興二十
七年之丁丑，距嚴序本書之壬戌爲十五年。
度必於是時刊成，且前二卷中遇宋諱無一避
者，亦爲邢台刊之一證，當是第一刻本。至
開禧改元，其年爲乙丑，後邢台鏤板四十八
年。張孝忠跋謂是書自北而南于襄陽訪得後
四卷，刊於郴山當是第二刊本。又後五十七
爲景定辛酉慶有堂覆刊是當爲第三刊本。是
書即爲第三刊本。

梅花喜神譜二卷　宋宋伯仁撰

宋景定二年（1261）雙桂堂重刻本。此譜寫
梅花百圖，上卷分五類，下卷分三類，各綴
五言絶句，曰喜神者，殆寫生之意，此從宋
板影摹。其書初刊嘉熙戊戌（二年），此其
景定辛酉（二年，1261）雙桂堂重刻之本。此
書宋刻本已收入續古逸叢書中。此書有黄、

汪啟淑後轉歸潘氏滂喜齋，近以饜贈，又歸吳君湖帆，海內孤本。

妙法蓮華經七卷　姚秦鳩摩羅什譯

宋景定二年（1261）安吉州歸安陸道源刻本。每行十七字。每卷首有精美法像版圖，各自不同。卷二首圖左下角有"戈亭施百二娘舍財刊"。卷三授記品第六下有"散山王庵主募財刊"，卷三化城喻品第七下有"許智堅施財刊"，卷三尾有"茶日鳩資嚴僧惟益捐財刁化城喻品功勛報答"。卷四首有"建安范山甫刊"，卷四尾有題記"安吉州歸安縣琅耶鄉居村西田居住奉弟子陸道源舍財一伯千募到姚宣公曹七公沈十一公各四十千葛超公王廿四道各三十五千潘智行三十千吳十九庵主徐聽公姚十四道主大師各二十千歸八百道鄭百八道沈四三姑費道貴各一十五千戴三道蔣三道沈智慧姚六公潘十七公謝四道百四庵主孫道然金八公沈三二公施明善姑七八姑沈淙娘楊廿五娘各一十千趙八道李十道公周廿六公沈四五公陳善姑陸善圓沈五婆各人五千由是共施淨財刊經功德續佛慧燈流通大教各顯現世安隱後生善處以道受樂亦得聞法然後各報四恩饒益三有咸承無上菩提共證法華三昧者景定二年三月　日底子陸道源題"。卷七首圖右下角有:"己丑正(三)月重雕",卷七下有:"陳生刁"。內有刻工卷一卷三首有建安范生刊字樣。此陸道源刻本，國內各家書目均未見著錄。褚德彝等跋，朱福詵、李翊灼、褚德彝題記。毛晉、鄭庵等舊藏。鈐毛晉私印、子晉、宋本、汲古閣、毛氏子晉、汲古主人、毛扆之印、斧季、開卷一樂、鄭庵珍藏、詩外簃藏書。

楳埜集二十五卷　宋徐元傑撰

宋景定二年(1261)興化軍刻。是書為徐元傑之子徐直諒景定二年知興化時所刻。清乾隆修四庫全書時已失傳。

景定三年壬戌(1262)

景定嚴州續志十卷　宋錢可則修　鄭瑤　方仁榮纂(亦名新定續志)

宋景定三年(1262)刻本。半葉八行，行十八字。注雙行，大黑口粗邊，左右雙邊。卷末有編纂人銜名二行：「浙漕進士州學學錄方仁榮、迪功郎差充嚴州州學教授兼釣臺書院山長鄭瑤」。有方逢辰序，序五行七、八字，字大逾寸。有錢大昕手跋，顧廣圻縮抄補序兩葉，並跋，又錢大昕後跋。錢塘汪鳴鑾藏書。現台灣藏書。

學齋佔畢四卷　宋史繩祖撰

宋淳祐庚戌自序。景定壬戌（三年）鄱陽郭圉跋。此書而後即刊入百川學海中。

列子鬳齋口義二卷　宋林希逸撰

宋刻本，半葉九行，行十八字，注雙行同。細黑口，左右雙邊。版心上記字數，下記刻工姓名，有吳文、劉佑、順卿、上官、堅公、施萬全、子和、王生、元吉、景仁、余明、詹畢等人。宋諱貞、恒、桓、慎等字均末筆。前有劉向進書序，序後低一格則鬳齋所考記。後有景定壬戌知福清縣王庚序。收藏有「沙門如正」、「覺菴」、「項元汴印」、「墨林山人」、「子京父印」、「就李項氏子長」內「如正」、「覺菴」二印甚古，疑元人也。

希逸字肅翁以寶謨直玉局觀，鬳齋其書室。口義云者，謂其不為文，雜俚俗而直述之。據王庚後序，鬳齋撰三子口義，而列子成書最後，脱稿以授庚。此本字體方整而峭厲，是建本正宗，為庚所刻無疑。

孟東野詩集十卷　唐孟郊撰

宋景定三年（1262）國材刻本。黄丕烈有宋刻本。半葉十一行，行十六字。

註東坡先生詩四十二卷　宋施元之　顧禧撰

缺卷五至十、十九、二十，凡八卷。存三十四卷

宋嘉泰二年淮東倉曹刻景定三年鄭羽補刻本。半葉九行，行十六字。注雙行同。白口，左右雙邊。版心下記刻工姓名，可考者有周垣、阮忠、王瑞禮、阮朋、林春、曹寶、周鎬、成玘、潘云、周升、羅振、高永年、羅文、戴居仁、嚴鎬、周珪、周祐、呂拱、孫涯、張慶宗、徐拱、丁諒、包仲、李信、沈昌、余裳、賈裕、楊先、李忠、章東、林光祖、馬良、馬祖、阮諒、羅祖、王遇等人。有宋

定三年鄭羽跋：「坡詩多本，獨淮東倉司所刊
明淨端楷，爲有識所寶。羽承乏于茲，暇日
偶取觀，汰其字之漫者大小七萬一千五百七
十七，計一百七十九板，命工重梓。他時板
浸古，漫字浸多，後之人好事必有賢於羽者
矣。景定壬戌中元吳門鄭羽題。」此跋半版七
行。有翁同龢、潘祖蔭跋。汪鳴鑾觀款。海
外翁萬戈藏書。

平塘先生集三卷　宋陶夢桂撰
卷一卷二皆詩，卷三則碑書墓誌祭文挽章皆
他人作也。末附其四世孫以僊字用和墓誌表，
夢桂詩八十七首。有景定壬戌四月己丑同年
生玉笥散仙李義山序。

直講李先生文集三十七卷外集三卷年譜一卷
宋李覯撰　左贊編
張淵微跋曰，景定初元太守雪軒魏侯泰以他
本讐正，二年鋟之，遂書其後三年上巳日敍
書。

景定四年　癸亥（1263）

尚書括旨十卷　宋徐僑撰

宋景定癸亥（四年1263）姚希得為序。經籍
考云，存。各家書目未見。俟訪。

臨川志三十五卷
宋景定癸亥（四年1263）刻本。

外科精要三卷　宋陳□□撰
宋寶唐昭陳醫自明良甫編。前有趙汝暨序及
景定癸亥（四年1263）自序。是書世惟傳熊
均校本及薛己補注熊本，有二，其一天順甲
申種德堂原刻；其二正德戊辰葉元昊重刊，
俱稀流傳。此本文字端正為陳氏原本。日本
楓山秘府藏舊抄本。

雲坡姚舍人文集五十卷　宋姚勉撰　龍超編
宋景定癸亥（四年1263）方逢辰序。存有清
影宋抄本。清丁丙跋。南京圖書館藏。

景定五年　甲子（1264）

附釋文禮部韻略五卷韻略條式一卷
宋景定甲子（五年1264）郭守正重修本。曹
楝亭據以重刻，其本不見有錄。

班馬字類五卷　宋婁機撰
毛氏汲古閣影寫宋刻本。八行十六字，注雙

行二十二字。鈐毛氏各印。蔣汝藻密韻樓藏，已印入四部叢刊三編。昭文張氏有抄本，附宋李曾伯補遺一千二百三十九字。隨卷本依韻編入，有景定甲子刊書序。

仁齋直指方論二十六卷小兒方論五卷傷寒類書活人總括七卷醫學真經一卷 宋楊士瀛撰

宋景定五年(1264)環溪書院刻本。半葉十四行，行二十四字。建安儒醫翠峰詹宏中洪遷校正。首有景定甲子自序。目錄首有"環溪書院刊行"六字。小兒方論有景定庚申自序，真經有景定壬戌自序。此本紙刻精良，當是景定原刻。日本幸修堂藏，卷一、卷二小兒方論，卷三、四、五缺，以崇蘭館藏本補鈔。

節孝集三十卷附錄一卷 宋徐積撰

宋景定甲子(五年1264)淮安教授翁蒙正刻本。目錄後題淮安州學教授翁蒙正景定甲子重編校定。

草窗韻語六稿 宋周密撰

宋周氏家刻本。半葉九行，行十七字。白口，

版心下記刻工姓名，有王堯、文明、應允、
勻一。景定甲子同里陳存序及翁序，末有篆
書翰林學士院印木記。李彭老跋。末篔房圖
書四字尊式木記，篔房二字鼎式木記。李彭
老跋，末秋崖二字白文鼎式木記。張氏手跋
曰：至正十年三月浚儀張雯得之於富文遠書
肆，五月重書於吳下樂志齋。羅氏題曰：萬
曆庚寅端陽余有齊魯之行，過夏鎮謁以復先生
仙署，出此宋板佳刻，世所罕見，當爲法帖中
求也。漫紀喜爾新都羅文瑞。許氏手跋曰：
寰丘頻罹兵燹，世家所寶，書畫俱爲烏有。琳
季遷徙南北，篋中尚存宋板書，足以覆舟，持
蘭亭大呼之意也，其猶有司馬先生之風乎。
己丑仲秋嶺南許汝都識。鈐有都穆、吳郡都
玄敬、羅文瑞、張子昭、余繼善、陸雲、朱
子儋各印。

紫雲先生增修校正押韻釋疑五卷　宋歐陽德隆
撰

宋景定間郭守正校刻本。半葉九行，行十六字

資治通鑑綱目五十九卷　宋朱熹撰

宋景定廬陵刻本。八行，行十五字。

近思錄十四卷

宋景定間（1260—1264）錢可則刻本。

續近思錄十四卷　宋蔡模輯

宋景定間（1260—1264）錢可則刻本。

纂圖互注老子道德經二卷　題河上公章句

宋景定（1260—1264）刻本。半葉十一行，行二十一字，小字雙行二十五字。其書先河上公注。次解，解曰二字，以黑質白章小字別之。次互注，以黑質白章別之，以圈圍之。次重言重意，以黑質白章大字別之。音均皆本陸氏釋文而不全錄，可稱解曰者。不著作者姓名，通考各注，乃知出林希逸鬳齋老子口義。

安岳馮公太師文集十二卷　宋馮山撰

宋景定間（1260—1264）瀘州周鎮合其子澥集，四十五卷并刻之。今澥集全佚，而山集失去十八卷，惟存全書目錄。原書三十卷。

咸淳元年　乙丑（1265）

周易本義上下經二卷傳十卷　宋朱熹撰

宋咸淳元年（1265）吳革刻本。半葉六行，
行十五字。注文雙行，行字同。白口，左右
雙邊。版心上記大小字數，下記刻工姓名，
有蔡生、鄧生、吳文、阮口、口青、阮生、
吳清等，餘為單字。首咸淳元年九江吳革序
昨刊程傳于章貢郡齋，今刊本義於朱子故里
據建寧府志吳革咸淳中任知府，知此書為建
寧府官版。朱熹少依父友劉子羽寓崇安，後
徙建陽之考亭，與序稱朱子故里正合。每卷
後有「敷原後學劉宏校正」一行。清武英殿
本，即據此本影刻。北京圖書館藏。

資治通鑑綱目五十九卷　宋朱熹撰

宋咸淳元年（1265）朱熹門人王柏在金華刻印此
書時，將綱與目二者合為一體，合併刊行。
惜此刻已不存。

皇宋書錄三卷　宋董史撰

是書董史自序，書作於理宗淳祐壬寅年，曾
燬於火，至度宗咸淳乙丑（元年）修校成編

說苑二十卷　漢劉向撰

宋咸淳元年（1265）鎮江府學刻本。半葉六

行，行十八字，黑口，左右雙邊。版心闊黑口，雙魚尾。間記字數及刻工姓名，有王郁、劉通、李昇、小王、劉譚、克中、李義、李思義、李四、李二、李周、王玘、蔣景、蔣景春、原三等人。亦有僅一字者，常、范、趙、崔、王、李、牛、耿、張、信、苗、馬、袁、八、宜、武、史、高等字。前有劉向進書序，序後接目錄，目後曾鞏序。每卷題鴻嘉四年三月己亥護左都水使者光祿大夫臣劉向上，即此東澗翁所謂古人經進書式。此書以北宋二十二行本為最古，其次即此本。十九卷後有題字"歲壬申秋瑯山翁士白重修校正"。二十卷後有題字三行，斷爛重脱去其半。以士禮跋證之，知咸淳乙丑九月鄉貢進士直學胡達之睎役廸功郎改差充鎮江府學教授徐忻，廸功郎特差充鎮江府學教授李士忱命工重刊。卷四立節篇有尾生殺身以重其信一句，卷六復恩篇多木門子高一條，與蕘翁所述番合。蕘翁所見咸淳刻有四本：一顧抱沖家殘本，一吳氏拜經樓本，一濂溪坊蔣氏本，一西白塔巷蔣氏本。此本舊為大興朱氏君學士所藏完好無缺。今二十二行本不可見，則咸淳本即宋本之甲矣，可不貴。諸附藏印："大興朱氏竹君藏書之印"、"朱筠"。

朱子語類別錄二十卷　宋吴堅編

宋咸淳元年（1265）吴堅建安刻本。此書彙朱熹與門人問答之語，門人各錄為編。嘉定八年李道傳輯廖德明等三十二人所記為四十五卷，又續增張洽錄一卷，刻於池州，曰池錄。嘉熙二年道傳之弟性傳，續搜黃千等四十二人所記為四十六卷，刻於饒州，曰饒錄。淳祐九年蔡杭又裒楊方等二十三人所記為二十六卷，亦刻於饒州，曰饒後錄。咸淳元年吴堅采三錄，所餘者二十九家，又增入未刊四家為二十卷，刻於建安，曰建錄。

備急灸法一卷

宋刻本，半葉十行，行二十四、二十五、二十六字不等。宋寶慶丙戌杜一鍼增檇李聞人耆年述，咸淳乙丑（元年）孫炬卿序。

皇極經世外篇衍義三卷　宋邵伯温撰

宋咸淳乙丑（元年）金學古序。邵亭目作皇極經觀物外篇衍義九卷，張行成撰。

東家雜記二卷　宋孔傳撰

宋刻明印本，半葉十行，行十八字。黑口，單邊。前有紹興甲寅自序。又辛亥十一年秋九月朔日云疾識。後有咸淳元年馮夢得重刻跋。首冠以明西安縣張潤身補刻，宣聖小影。是宋刻明補印。

陶靖節先生詩註四卷　晉陶淵明撰　宋湯漢注

宋湯漢注刻本。清周春、顧修、黃丕烈跋，清孫延題簽。半葉七行，行十五字。注文雙行，行字同。白口，左右雙邊。四庫全書未收。刻工蔡慶、鄧生、吳清等咸淳元年又刻周易本義，因推知此書當刻於建寧府。首淳祐元年湯漢自序。自淳祐元年初版迄咸淳元年，中歷二十五年，此本疑是咸淳元年前後重刻本。是時湯漢正官福州知府，在福建安撫使任，故有可能延建寧名工刻書。書末疑原有刻書跋，歲久佚去，今不可考。黃氏陶陶室藏宋本陶集第二部。封面題簽：湯注

陶詩上册甲戌春孫延題”、“湯注陶詩下册
錦套外有木匣，匣上題刻“集部宋刻湯注陶
詩　甲編　士禮居藏”。卷末墨書寫“陶陶
室藏靖節集第二本”一行，下鈐“陶陶室”
一印。每册首末俱用金粟山藏箋宋人寫經作
護葉，護葉上鈐“金粟山藏經紙”印記，此
護葉也是世間罕見的珍品。周春跋曰：“此本
大字端楷，作歐陽率更體，頗便老眼，且校
讎無鮮，‘形夭’、‘庚釣’之訛，裝後覆閱
數過，誠可寶愛”。書中鈐有“秀石”、“鐸
景仁”、“董宜陽”、“項印禹揆”、“子
毗父”、“子毗所藏”、“項子毗真賞章”
“著書齋”、“周春”、“松靄”、“芚兮
“松靄藏書”、“海寧周氏家藏”、“松磬
山房”、“内樂村農”、“黄丕烈”、“士
禮居”、“縣橋”、“陶陶室”、“閬源真
賞”、“汪印士鐘”、“閬源父”、“汪
振勳”、“宋存書室”、“東郡楊紹和字彥
合藏書之印”、“東郡海源閣珍藏”、“協
卿真賞”、“楊保彝藏本”、“周暹”等

書中周春、顧修、黄丕烈的題跋，叙述了本書的流傳始末，留下了可據以考信的藏書掌故。周春之前，此書流傳日久，墨紙敝渝，破舊的外觀掩蓋了内在的光彩。曾爲鮑廷博所得，并送海鹽張燕昌。鮑、張二人一時疏略，未能識别。乾隆四十六年被周春以借觀的名義巧妙取走，不肯歸還，賴他人從中調停，用葉元卿夢筆生花大圓墨作交易。乾隆四十八年，本書正式歸周春。周春將書裝修一新，與宋刻禮書并儲一室，取名：禮陶齋又言欲以殉葬，却被書賈用激將法設計買走。周春失去禮書，改室爲寶陶齋，既而又失去湯注陶詩，改室名爲夢陶齋。去書之日，注下數行，此老當時懊喪心境，絶非言辭所能表達。嘉慶四年，本書爲黄丕烈所得，從此黄氏書屋又增添了齋名“陶陶室”。之後，此書又歸汪士鐘。道光己酉、庚戌年間，楊以增借士官之便訪書吴門，於是此書和宋版陶淵明集一起，又成了楊氏“四寶居”之二寶。曾幾何時，此書又歸周叔弢先生，并捐贈於京圖書館。已印入古逸叢書三編中。

晦庵先生朱文公文集一百卷目錄二卷續集十一
卷別集十卷　宋朱熹撰

宋咸淳元年（1265）建安書院刻本。半葉十
行，行十八字。白口，左右雙邊。版心上記
字數，上魚尾下記朱文公集卷幾，下魚尾上
記葉數，最下記刻工姓名，有女丁、仲明、
志順、伯俊、熊汝嘉、熊謙、楊神、楊乾、
楊閏、楊澤、楊聰、葉文明、葉崇、葉敬、
葉禮、德六、魏文、魏宣、魏謙、陳友清、
黃佛等人。劉承幹嘉業堂藏一帙，有明代補
版。

方壺存稿八卷　宋釋永頤撰

宋咸淳元年（1265）刻於新安。

分門纂類唐歌詩一百卷　宋趙孟奎輯。

宋刻本。半葉十行，行十八字。白口，左右
雙邊。首有咸淳改元正月十五日趙孟奎序：
言發吾家藏，手出綱目，合訂分類，囑李君
是成之，旁收遠覽，得一千三百五十三家，
四萬七百九十一首，十餘年而後畢。可見此

書編輯規模之大。現存天地山川類四卷，草
木蟲魚類六卷，餘卷俱佚。紙簾細薄，極似
陳氏經籍鋪刻本。卷末有毛扆書後，並王善
良、唐宇昭爲訪此書致毛扆、于子荊手札。
北京圖書館藏。

咸淳二年　丙寅（1266）

周易傳義附錄十四卷　宋董楷撰
宋咸淳丙寅（二年1266）自序，刻於天臺家
塾。

讀易管見□卷　宋孫崇叟撰
宋咸淳丙寅（二年1266）倅新安刊於郡齋。

朱子讀書法四卷　宋張洪輯
宋咸淳二年（1266）鄞縣頖宮刻本。張洪序，
咸淳乙丑，洪分教四明，齊居適游東浙相與
商確是正其書乃成。一日袖呈師帥大參西澗
先生，先生捧誦驚喜，助費召匠，亟命鋟梓與
學者共之。咸淳丙寅。

類編朱氏集驗醫方十五卷　宋朱佐撰
宋咸淳二年（1266）刻本。半葉十二行，行
二十二字。卷末有孫淵如朱書一行云：辛未

年正月，何夢華代購，白銀三十兩，二月二
十六日閱一過。」（星衍私印）。書衣有妙賞
樓藏今書木記。又有高氏鑒定宋刻板書、演
寫子、星衍私印、伯淵、宋元秘籍、夢華館
藏書印、郭外山古閩鄭叔易氏收藏印、頤煊
審定、石谿嚴氏芳椒堂、閩中陳開仲芸樹藏
書。序首有武林高瑞南藏書畫印、何元錫印
何氏敬祉、五松書屋、石谿嚴氏芳椒堂藏書
香修鄭居仁字叔易。目前有周雪客家藏書、
女媧氏博浪石外山。目尾有張氏香修、秋月
之印。卷一首有元照之印、嚴氏九能、張氏
秋月字香修一字幼憐余獨好修以為常。卷末
有鄭居仁章諸印。

旅舍備要方一卷　宋董汲撰

宋咸淳二年（1266）刻本。

文章正宗二十卷續集二十卷　宋真德秀編

宋咸淳二年（1266）金華倪澄刻本。鄭圭序
余分校括蒼偕聯事，倪君鋟諸梓以壽其傳。
咸淳丙寅。

咸淳三年丁卯（1267）

新編方輿勝覽七十卷　宋祝穆編

宋咸淳三年（1267）建安祝氏刻本。半葉十四行，行二十三字。存五十四卷。缺卷十五至三十。正失去第二函。鈐“王鳴盛”、“西莊居士”二印。故宮藏。一九八五年上海古籍書店曾據宋刻本影印出版。

新編方輿勝覽七十卷　宋祝穆編

宋咸淳三年（1267）吳堅、劉震孫刻本。

新大成醫方十卷　宋王元福編

宋咸淳三年（1267）刻本。半葉十二行，行二十字，黑口，單邊。書口上標方一卷，配標大成醫方，無新字，半葉十行，行二十字。首有咸淳丁卯良月廬山王元福序。末有壽春府王道録傳治五蠱良方。丸字作圓，字畫整齊，紙墨亦舊。明文淵閣、絳雲樓兩處有醫方大成，未知是一是二。中央圖書館藏。

古尊宿語録九冊

宋刻本，半葉十二行，行二十一字。前有咸淳丁卯（三年）阿育山住持大觀重刊序，序後題奉川韋震刊刻。全書十集，缺第三集。

趙州真際禪師語録卷上下，潭州神鼎第一代諲禪師語録至續開古尊宿語要集第五，玆係補鈔。首有"金池院"印。日本帝室圖書寮藏書。

古尊宿語録十四種十六卷

宋刻本，半葉十一行，行二十字，白口左右雙邊。

雲門匡真禪師廣録三卷　宋釋守堅輯。

智門祚禪師語録一卷　宋釋重顯述。

汝州南院顒和尚語要一卷

汝州首山念和尚語要一卷

舒州白雲山海會演和尚語録一卷　宋釋才良清遠輯。

滁州琅琊山覺和尚語録一卷　宋釋元驟輯。

汝州葉縣廣教省禪師語録一卷　宋釋智孰輯

潭州神鼎山第一代諲師語録一卷

東林和尚雲門菴主頌古一卷　宋釋悟本輯

舒州法華山舉和尚語要一卷

筠州大愚芝和尚語録一卷

并州承天嵩禪師語録一卷

石門山慈照禪師鳳巖集一卷

黃梅東山語錄一卷　宋釋惟慶輯

北京圖書館藏。此與日本帝室圖書寮所藏行款字數不同。

潭州雲蓋山會和尚語錄一卷　不著撰人

宋咸淳三年（1267）阿育王山住持大觀刻本。故宮博物院藏。

寶峰雲庵真淨禪師筠州聖壽語錄一卷　宋釋福深編

宋咸淳三年（1267）阿育王山住持大觀刻本。故宮博物院藏。

楚辭集注八卷辯證二卷後語六卷

宋咸淳三年（1267）湘陰縣帝向文龍刻本。明蔣之奇重刻此本。

咸淳四年　戊辰（1268）

（咸淳）毘陵志三十卷　宋史能之纂修　存卷七至十九、二十四，合十四卷，餘鈔本。宋刻本，半葉九行，行二十字。白口，左右雙邊。版心記字數。此書版式闊大，字體整齊，雖鈔補過半，要是儁物。是卷十二第四葉

缺葉，而末葉號數後挖改，卷十二缺第四葉

趙懷玉刻本皆接連而下，其誤甚矣。日本静

嘉堂文庫藏書。直齋書錄解題：咸淳四年能之

重修。

北溪大全集五十卷外集一卷　宋陳淳撰

宋咸淳四年（1268）薛季良刻本。

咸淳五年　己巳（1269）

茶具圖贊一卷　不著撰人名氏

宋咸淳五年（1269）審安老人跋。

佛祖統紀五十五卷　宋釋志磐撰

宋咸淳五年（1269）刻本。半葉十一行，行

二十二字。細黑口，左右雙邊。版心中縫極

闊，上魚尾下記"某紀"、"列傳"、"世

家"、"某志"、"某表"等，中記葉數，

下魚尾下記"統紀"二字，皆行書大字，每

葉字數記版心陰葉上方，刻工姓名或在每卷

首葉版心下，或在每卷後書名下，或在各葉

版心下，皆每人一卷。有奉川王閎、王聞、

徐閘、徐泳、馬圭、奉川章臨、章震、章信

姚邑茅夢龍、胡昶等。每卷小題在下，大題

在上，先書某紀或某志卷幾。下書"佛祖統紀卷之幾"，猶仿宋刻史漢之式。宋諱匡、恒、敬、慎、貞、勗皆缺末筆。惟啓作启，不知何諱。每卷後書某人施"芝卷"如干，或稱"芝會"如干道，或梨板如干塊，飯穀如干石。題"大宋咸淳四明東湖沙門志磐撰"。前有咸淳五年歲在己巳八月上日四明福泉沙門志磐寓東湖月波山謹序。序後一行列寧局齋真要，又次校正人五行"同校正吉祥安樂山教忠報國教寺首座沙門必昇、校正前住持華亭先福教寺傳天台宗教沙門慧舟、校正住持吉祥安樂山教忠報國教寺傳天台宗教沙門善良、校正住持東湖月波山慈悲普濟教寺傳天台宗教沙門宗淨、校正特賜佛光法師右街都僧錄主管教門公事住持上天竺教寺賜金襴衣法照、勸緣邑士胡慶宗、李奎、吳邦達同校正贊緣居士泰宇胥說，九蓮慮。"有沈乙盦跋語。鈐有"季振宜讀書"、"滄葦"、"僧寶月印"、"伯明"各印。

普寧藏五千九百三十一卷

宋咸淳五年至元泰定元年（1269—1324）杭州
附近餘杭縣白雲山大普寧寺刻普寧藏，五千
九百三十一卷。

李翰林集三十卷詩二十卷雜著十卷　唐李白撰
宋咸淳己巳（五年）刻本。卷尾有江萬里序
李翰林集三十卷，宋咸淳本很少流傳，四庫
全書未著錄，宋刻原本早已不知去向。傳本
為明鮑松刻仿宋咸淳本。
善本書室藏書志卷二十四載："李翰林集三十卷
宋咸淳刊本"。此書現藏南京圖書館，已注明
為明本。皕宋樓藏書志卷六十八載："李翰林
集三十卷，此南宋刊本，每葉二十行，每行
二十字，每卷有目屬正文"。日本靜嘉堂文庫
藏一部四冊，佚江萬里序，原係皕宋樓舊藏
應為明刻本，非南宋咸淳本。繆荃孫藝風堂
藏書記載："李翰林集三十卷，宋刊本，次題翰
林供奉李白"，與他刻本不同，每卷有目錄
連屬正文。每半葉十行，行二十字，白口。
前有李陽冰、樂史、魏顥、曾鞏序，李華撰
墓志，劉全白撰碣記，范傳正、裴敬撰墓碑

後有咸淳己巳戴覺民希尹跋，此集即覺民所刻，又有江萬里跋，大行書。"

光緒三十二年西泠印社吴隱影宋咸淳本。宣統元年貴池劉世珩玉海堂覆宋咸淳本，題李翰林集三十卷附札記一卷，列為玉海堂景宋叢書之六。每葉二十行，行二十字。白口。雙邊。每卷目錄連屬正文。實際上西泠印社本和玉海堂本的底本均不是咸淳原本，而是明人影宋刻本。

乖崖先生文集十二卷　宋張詠撰　附錄一卷

宋咸淳五年（1269）伊賡崇陽縣齋重刻郭森卿本。半葉十行，行二十字。白口，左右雙邊。版心下魚尾分古詩、律詩、雜著等字。前咸淳己巳龔夢龍序，言前令郭森卿常刊置縣齋，己未（開慶元年）燬於兵，今令尹伊賡復鋟梓云云。行書半葉七行，次郭森卿舊序，半葉九行。存卷一至七，餘配明鳴書樓鈔本。有黃丕烈跋。海源閣藏書。

龜山先生集三十五卷　宋楊時撰

宋咸淳己巳（五年1269）滁江丁應金序。四庫著録四十二卷，郘亭目云宋本三十五卷。

明弘治壬戌李熙刊十六卷，常州東林書院本三十六卷，宜興本三十五卷，萬曆辛卯林熙春刊四十三卷。

碧溪詩話十卷　宋黄徹撰

宋咸淳己巳（五年1269）澧陽聶棠識稱汎本字十而訛，予加訂正而鋟諸梓云云。

咸淳六年　庚午（1270）

孟子張宣公解（一作孟子解）七卷　宋張栻撰

宋乾道南軒氏張栻撰並序，題曰癸巳孟子説，咸淳庚午（六年）趙與植跋後。一説爲咸淳六年（1270）趙與植抄本。

爾雅翼三十二卷　宋羅願撰

宋咸淳庚午（1270）刻本。

釋氏歷代編年通鑑十二卷　宋釋本覺編

宋咸淳六年（1270）刻本。始周昭王迄五季

朱子語類一百四十卷　宋朱熹撰

宋咸淳六年（1270）盱江郡齋黎靖德刻本。

十一面神咒心經一卷　唐釋玄奘譯

宋咸淳庚午（六年）林良能題，末有延聖院

比丘清满書。宋本東莞莫氏藏。

南華經義海纂微一百六卷　宋褚伯秀撰

宋咸淳六年（1270）褚伯秀刻。咸淳元年劉震孫、湯漢等序。咸淳庚午武林褚氏自誌。

鬳齋續集三十卷　宋林希逸撰

宋咸淳六年（1270）刻本。邵亭書目為鬳齋續集三十卷，注有此刻，又云前集六十卷已佚。

可齋雜稿三十四卷續稿八卷續稿後十二卷　宋李曾伯撰

宋咸淳六年（1270）其子杓重刻巾箱本。此書每卷後有"嗣男杓編次"一行。有淳祐壬子可齋自序，寶祐二年甲寅尤焴序，咸淳庚午男杓序，寶祐甲寅續稿自序。

雪岑和尚續集二卷

日本室町時代覆宋刊本。半葉十行，行二十字。前有自序稱，余詩自淳祐甲辰到咸淳庚午凡若干首，三、四、五、六、七言歌行謠操吟引詞賦眾體粗備，旋已刪去大半，以存者類而成集，以遺日下好事君子云云。屋林希逸跋。

咸淳七年　辛未（1271）

忠文王紀事實録五卷　宋謝起巖撰

宋咸淳七年（1271）吴安朝等刻公文紙印本。半葉十行，行二十二字。白口，左右雙邊。輯岳武穆事實，文字與岳珂金陀粹編卷一至卷九多同，蓋即據粹編增補成書。今本粹編文多缺失，可據此書訂補。孤本。北京圖書館藏。已印入古逸叢書三編中。

高峰文集十二卷　宋廖剛撰

宋咸淳七年（1271）吴邦杰重刻本。其補修跋云："郡庠舊有高峰先生文集蕭公文集，乃公之長子以孝宗皇帝即位之八年，來守茲土，因郡博士之請鋟梓以永其傳。歲久字多漫滅弗甚，鄉郡學者惜之。後百年邦杰繼此郡寄始至謁學，詢之書庫，則卷帙散失已無全書，遂出家世所藏舊本校正命工重刻，補缺板八十七紙，修漫板百有餘紙，以足成此書全帙云。咸淳辛未三月望日，邦杰百拜謹書。"乾道、咸淳高峰文集兩刻本，在清乾隆

修四庫全書時已不見流傳。四庫全書總目，
無刻本。

咸淳八年 壬申

揚子法言十卷 漢雄撰 宋馬司光集注
宋咸淳八年（1272）刻本。後有音義一卷。

後村先生大全集一百九十六卷 宋劉克莊撰
宋咸淳八年（1272）刻本。此為賜硯堂鈔本。十行二十字，白口，四周雙邊。版心下有"賜書堂"三字。前咸淳七年林希逸序，言淳祐八年守莆田時得前集刊之郡庠。後二十年又成後、續、新三集，流傳遍江左。後村既歿，其子季高輯為一部，名以大全，共二百本，其本差小云云。又有咸淳八年劉希仁序，言後前集刊於莆田，後、續、新三集復刊於玉融。後板為書坊翻刻，而卷帙繁訛。非中箱之使，季高乃刊板以行云云。據序其子劉山甫字季高所刊乃中箱本。

淳咸九年 癸酉（1273）

撫州公使庫刻本群經
宋咸淳九年（1273）黃震《修撫州六經跋》云："六

經官板，舊惟江西撫州、興國軍稱善本。己未虜騎偷渡，興國板已毀於火，獨撫州板尚存。咸淳七年某叨恩假守，取而讀之，漫滅已甚，因用國子監本參對整之。凡換新板再刊者一百一十二，計字五萬六千一十八；因舊板整刊者九百六十二，計字一十一萬五千七百五十二。舊本雖善，中更修繕，任事者不盡心，字反因之而多訛，今為正其訛七百六十九字。又舊板惟六經三傳，今用監本添刊論語、孟子、孝經，以足九經之數。"據黃震此跋可知，撫州先曾刻六經三傳，到咸淳九年(1273)，又由黃震主持刻印了《論語》、《孟子》、《孝經》總成《九經三傳》。(見《慈溪黃氏日抄分類》卷九十一。)

朱子章句集註大學一卷中庸一卷論語十卷孟子十四卷　朱子序說讀法

宋咸淳九年(1273)衢州郡庠刻本。天祿琳琅書目為咸淳癸酉(九年)守長沙趙淇刊於郡庠，每板中有"衢州官書"四字。亦題：四書集注二十六卷　宋朱熹撰。

四書集編二十六卷　宋真德秀撰

此書惟大學一卷，中庸一卷，爲德秀所手定。大學章句序，後有題記一行，稱寶慶三年八月丁卯，後學真德秀編於學易齋者，其成書年月，其子志道序，亦稱大學中庸而云，論語、孟子集注雖已點校，集編未成。咸淳九年劉才之序，是編博採朱子說，以相發明，後間附己見，以折衷諸異，志道序述德秀之言，自稱有銓擇刊潤之功，殆非虛語。趙順孫四書纂疏，備列德秀所著諸書，而不載其目，蓋至宋末始刊，其出最晚，順孫未之見也，自是以後，踵而作者，汗牛充棟，然其學皆不及德秀，故其書亦終不及焉。

仲蒙子三卷　唐林慎思撰

宋咸淳九年（1273）莆田刻本。有莆田劉希仁刊跋稱：仲蒙子宋時雖見唐藝文志及崇文總目，但未廣其傳。咸淳九年（1273）莆田始刊，人始得而盡見之云云。目錄後有十四世孫元復校正一行。又北方應發跋，又咸淳九年奉議郎新知泉州南安縣林元復跋。

百川學海一百種一百七十九卷　宋左圭編
宋咸淳九年（1273）刻本。半葉十二行，行二十字。細黑口，左右雙邊。
甲集
聖門事業圖一卷　宋李元綱撰
漁樵對問一卷　宋邵雍撰
學齋佔畢四卷　宋史繩祖撰
獨斷二卷　漢蔡邕撰
李涪刊誤二卷　唐李涪撰
九經韻補一卷　宋楊伯嵒撰
中華古今注三卷　後唐馬縞撰
釋常談三卷
乙集
隋遺錄二卷　唐顔師古撰
翰林志一卷　唐李肇撰
宋朝燕翼詒謀錄五卷　宋王栐撰
春明退朝錄三卷　宋宋敏求撰
淳熙玉堂雜記三卷　宋周必大撰
揮麈錄二卷　題宋萬里撰
丁晋公談錄一卷

王文正公筆錄一卷 宋王曾撰

開天傳信記一卷 唐鄭棨撰

丙集

厚德錄四卷 宋李元綱撰

韓忠獻公遺事一卷 宋強至撰

濟南先生師友談記一卷 宋李廌撰

文正公遺事一卷 宋王素撰

可談一卷 宋朱彧撰

河東先生龍城錄二卷 題唐柳宗元撰

前定錄一卷續前定錄一卷 唐鍾輅撰

國老談苑二卷 宋王君玉撰

晁氏客談錄一卷 宋晁說之撰

道山清談一卷

丁集

畫簾緒論一卷 宋胡太初撰

官箴一卷 宋呂本中撰

祛疑說一卷 宋儲詠撰

因論一卷 唐劉禹錫撰

宋景文公筆記三卷 宋宋祁撰

鼠璞一卷 宋戴埴撰

善誘文一卷　宋陳録撰

戊集

東坡先生志林集一卷　宋蘇軾撰

螢雪叢説二卷　宋俞成撰

蘇黄門龍川略志十卷　宋蘇轍撰

西疇老人常言一卷　宋何坦撰

欒城先生遺言一卷　宋蘇籀撰

東谷所見一卷　宋李之彦撰

雞肋一卷　宋趙崇絢撰

孫公談圃三卷　宋孫升述　劉延世録

己集

王公四六話二卷　宋王銍撰

四六談麈一卷　宋謝伋撰

文房四友除授集一卷

耕祿藁一卷　宋胡錡撰

子略四卷目一卷　宋高似孫撰

騷略三卷　宋高似孫撰

獻醜集一卷　宋許棐撰

庚集

選詩句圖一卷　宋高似孫撰

石林詩話三卷 宋葉夢得撰

六一居士詩話一卷 宋歐陽修撰

東萊呂紫微詩話一卷 宋呂本中撰

珊瑚鉤詩話三卷 宋張表臣撰

劉攽貢父詩話一卷 宋劉攽撰

後山居士詩話一卷 宋陳師道撰

許彥周詩話一卷 宋許顗撰

司馬溫公詩話一卷 宋司馬光撰

庚溪詩話二卷 宋陳巖肖撰

竹坡老人詩話一卷 宋周紫芝撰

辛集

法帖釋文十卷 宋劉次莊撰

海岳名言一卷 宋米芾撰

寶章待訪錄一卷 宋米芾撰

米元章書史一卷 宋米芾撰

書斷列傳三卷雜編一卷 唐張懷瓘撰

續書譜一卷 宋姜夔撰

歐陽文忠公試筆一卷 宋歐陽修撰

書譜一卷 唐孫過庭撰

法帖刊誤二卷 宋黃伯思撰

高宗皇帝御製翰墨志一卷　宋高宗趙構撰

法帖譜系二卷　宋曹士冕撰

壬集

端溪硯譜一卷

硯譜一卷

歙州硯譜一卷歙硯説一卷辨歙石説一卷

硯史一卷　宋米芾撰

古今刀劍録一卷　梁陶弘景撰

香譜二卷　宋洪芻撰

茶經三卷　唐陸羽撰

煎茶水記一卷　唐張又新撰

茶録一卷　宋蔡襄撰

東溪試茶録一卷　宋宋子安撰

酒譜一卷　宋竇苹撰

本心齋疏食譜一卷　宋陳達叟撰

筍譜一卷　宋釋贊寧撰

菌譜一卷　宋陳仁玉撰

蟹譜二卷　宋傅肱撰

癸集

荔枝譜一卷　宋蔡襄撰

橘錄三卷　宋韓彥直撰

南方草木狀三卷　晋嵇含撰

竹譜一卷　晋戴凱之撰

菊譜一卷　宋劉蒙撰

菊譜一卷　宋史正志撰

菊譜一卷　宋范成大撰

梅譜一卷　宋范成大撰

洛陽牡丹記一卷　宋歐陽修撰

牡丹榮辱志一卷　宋丘璿撰

揚州芍藥譜一卷　宋王觀撰

海棠譜三卷　宋陳思撰

師曠禽經一卷　晋張華註

名山洞天福地記一卷　前蜀杜光庭撰

無文印二十卷語錄四卷贊一卷偈頌一卷題跋一卷　宋道璨撰

宋咸淳九年（1273）刻本。半葉十一行，行二十字。白口，左右雙邊。前有癸酉李之極序，謂辛未示寂，其徒惟康萃遺稿二十卷，請于常所往來之有氣力得儲助而刊之云云。則為咸淳九年所刻。羅振玉獲日本之書，蓋宋元時日本僧携歸之書。

古今文章正印前集十八卷後集十八卷續集二十卷別集二十卷 宋劉震孫撰

宋咸淳九年自序，末有廖起山序。是書宋本清内府藏。

咸淳十年甲戌（1274）

皇王大紀八十卷 宋胡宏撰

宋咸淳十年（1274）董楷重刻本。

曾子一卷 宋汪晫编 安徽巡撫採進本

是書成於慶元、嘉泰間，咸淳十年其子夢斗與子思子同獻於朝，得贈通直郎。考漢志載曾子十八篇。隋志有曾子二卷，目一卷。唐志亦載曾子二卷。晁公武郡齋讀書志著錄二卷十篇，稱即唐本。高似孫子略稱其與大戴禮四十九篇，五十八篇及雜見小戴記者無異同，後人掇拾以爲之。陳振孫解題併稱有慈湖楊簡注，是宋時原有曾子行世，殆晫偶未見，故輯此書，凡十二篇。卷首冠以夢斗進表，稱有晫自序。而此本佚之。

脚氣集二卷 宋車若水撰 兩江總督採進本

此書據其子惟一跋，蓋成於咸淳甲戌因病腳氣，作書自娛，名曰腳氣集。書中論孟子集義章一條，下有細字夾注云，此二章是癸酉八月所書，今錄于此。則餘皆是冬所著。

自堂存稿十三卷　宋陳杰撰

舊寫本，十行十八字。前有咸淳甲戌劉辰翁序，又咸淳甲戌前工部郎中盱黔陳杰燾甫序，序後三行："初刊不無誤字漏章，今已逐一釐正，依次添入，仍有續卷見後"。卷首題"賜進士豐城盱黔陳杰燾甫譔"，"第進士陳霖憲甫錄"二行。後有萬曆壬辰十世孫賓汝功跋。尊生侯藏。

蘭皋集二卷　宋吳錫疇撰

精寫本，八行十六字。前有淳祐九年竹坡呂午序，寶祐甲寅方岳序，咸淳改元梧岡程鳴鳳序，咸淳九年方回序。咸淳甲戌華陽宇文十朋跋，又賈椅跋。皆摹寫原迹，精善可觀，似是從宋末元初本影寫者。

艾軒先生文集九卷附錄　宋林光朝撰

宋劉克莊、陳宓序，咸淳十年（1274）三山林希逸跋。此書傳有明刻本。

六臣注文選六十卷　梁蕭統輯　唐李善　呂延濟　劉良　張銑　呂向　李周翰注

宋咸淳十年(1274)刻本。

易傳六卷上下篇義一卷　宋程頤撰

宋咸淳間(1265-1274)吳革刻本。半葉八行，行十五字。

四書集注二十六卷　宋朱熹撰

宋咸淳間(1265-1274)趙琪衢州刻本。

宋宰輔編年録二十卷　宋徐自明撰

宋咸淳間(1265-1274)吳革刻本。

咸淳臨安志一百卷　宋潛説友撰

宋咸淳刻本。半葉十行，行二十字，注文雙行，行字同。白口，左右雙邊。版心上方記字數(大小分左右)下方記刻工姓名，有陳升、陳茂、陳松、戚允中、尤明、尤有明、徐環叔、王春馬、王圭、張中、伍于、翁正毛梓、范賓覽、梁建、成盛、詹周。宋刻存二十卷，餘卷清人影宋抄補。道光間汪氏振綺堂刻本，即據此本翻板。北京圖書館藏。

邵子觀物外篇六卷內篇二卷邵子漁樵問對一卷
宋邵雍撰
宋咸淳間(1265-1274)建寧府吳堅刻本。半葉十行，行十
八字。
知言六卷附錄一卷　宋胡宏撰
宋咸淳間(1265-1274)建寧府吳堅刻本。
鎮州臨濟慧照禪師語錄一卷
宋咸淳間(1265-1274)刻本。刻工有徐文閣。
半葉十一行，行二十字。
湖模州極樂禪寺月峰和尚語錄一卷頌古一卷
宋釋真巽輯
宋咸淳間(1265-1274)刻本。半葉十行，行
十八字。白口，左右雙邊。
元始說先天道德經注解一卷　宋李嘉謀撰
宋咸淳間(1265-1274)道士李可久刻本。
昌黎先生集四十卷外集十卷　唐韓愈撰　宋廖
瑩中校正
宋咸淳廖氏世綵堂刻本。半葉九行，行十七
字。注文雙行，行字同。細黑口，四周雙邊。
版心上間記字數。版心下刊"世綵堂"三字。

下記刻工姓名，有介原、翁壽昌、王竟刊、錢珙、李瑛、子震、孫沅刊、何光刊、李仁、李文、周浦仁、元清、从善、奕之、丁馮元。各卷後鐫篆書"世綵廖氏刻梓家塾"八字木記。此書與柳集齊名，二集字體版式悉同，書法在褚柳間，秀雅無二。宋周密《志雅堂雜抄》、《癸辛雜識》稱廖刻諸書，用撫州單鈔清江紙，造油煙墨印刷者，即指此二書。上海蟫隱廬書店印本，即據此帙影印。

河東先生集四十五卷外集二卷　唐柳宗元撰　宋廖瑩中校正

宋咸淳廖氏世綵堂刻本。半葉九行，行十七字，注文雙行，行字同。細黑口，四周雙邊。版心上間記字數葉號，下有"世綵堂"三字，下記刻工姓名，有孫茂、李文、錢珙、蔡方、翁奕之、陳元清、周浦、從善諸人，餘為各單字。宋諱缺筆至廓字，亦有僅缺半筆者，又圜旋二字亦缺末筆，此卻罕見。各卷後鐫篆書"世綵廖氏刻梓家塾"八字木記，作長方、楕圓、亞形不等。鐫刻精美，與韓集齊名。世無二帙。紙瑩墨潤，神彩奕奕，在宋版書中可推為無上神品。原缺卷三至卷五、卷十，凡四卷，明人據別本影刻配入。上海蟫隱廬書店印本，即據此帙影印。北京圖書館藏。

妙絶古今四卷

宋咸淳福州刻本。

德祐元年　乙亥（1275）

春秋集注十一卷綱領一卷　宋張洽撰

宋德祐元年（1275）衛宗武刻本（華亭義塾）

田畝比類乘除捷法二卷算法通變本末一卷乘除通變寶算一卷算法取用本末一卷續古摘奇算法一卷　宋楊輝撰　史仲榮编

宋咸淳甲戌自序，又德祐改元序。末有晚山書院木記。據其序，附到錄為楊氏元人也。此為汲古閣影元本。

景炎元年　丙子（1276）

新刊指南錄四卷　宋文天祥撰

宋刻本，半葉八行，行十六字，黑口，左右雙邊。此本卷中凡虜帥、逆賊及文天祥字，又詩中觸忌外皆成空格。蓋板刻於宋末，元初乃挖板印。日本靜嘉堂文庫藏書。

羅滄洲先生詩集五卷　宋羅公彥撰

宋德祐二年廬陵劉辰翁為之序。景炎改元未

知之故，乃為德祐二年。

祥興元年　戊寅（1278）

月湖漁唱一卷　宋陳允平撰

德祐時授沿海置司參議官，蘇劉義晝期九虜

以兵船下。慶元富內應為怨家所訐，同官袁

洪絅之得釋。按部亭云：千頃堂書目二卷，

或後人合併歟阮氏寫以進呈。江都秦氏刊入

詞學叢書。

浙江地區刻書

五经白文

宋賈似道悅生堂刻巾箱本，已失傳。明代有覆刻本，亦精妙絕倫，下宋刻才一等耳。

五经白文

宋婺州刻本。

六经正文　論孟正文

宋嚴州府刻本。新定續志：郡有经史詩文方書凡八十種之一。

八经白文

宋婺州刻本。

九经白文

宋婺州刻本。

九经

宋廖瑩中世綵堂刻本。宋周密癸辛雜識云，廖瑩中諸書：九经最佳，凡以數十種比較，百餘人校正而後成。以撫州萆抄紙油烟墨印造，其裝褫至以泥金為籤。然或者惜其刪落諸经注，為可惜耳，反不若韓柳文為精妙。”當時視為善本，元初荊溪岳氏據以重刻。原刻已失傳。

周易正文　尚書正文　毛詩正文　周禮正文

禮記正文　春秋正文　左傳正文　公羊正文

穀梁正文　孝經正文　論語正文

南宋監本。景定建康志書籍類，皆冠以監本
二字，此南宋監本。然北宋胄監固已有單經
本。直齋書錄解題有春秋經一卷，每事爲一
行，廣德軍所刊古監也。古監本謂汴都本。
但兼及他經與否，殊無可考。南渡以後編刊諸
經，不獨國學即，州郡亦梓。建康志所載九
經正文，尚有蜀本、婺本、建本。新定續志
所載書板亦有六經正文，則監中有單經本固
其所也。

周易注十卷　魏王弼注　上下經六卷　晉韓康
伯注　略例一卷　王弼撰　唐邢璹注　唐陸
德明音義　此本不附音義

宋刻本，半葉十二行，行二十四字，注雙行
版心下有刻工姓名，有劉昭、章忠、濮宣等
人。宋諱慎字缺筆。其書字畫勁秀，刀法精
整，爲杭州刊小字本。其刻工濮宣者見宋紹

熙三年兩浙東路茶鹽司刻本禮記正義。北京圖書館藏書。

周易注十卷　魏王弼注

宋刻本。不載刊刻年月，而字法圓活，刻手精整，宋光宗以前諱皆缺筆。常熟毛晉藏書，於"宋本"印記之下複加"甲"字印，乃宋槧本之最精者。

周易程氏傳六卷　宋程頤撰

南宋國子監刻本。景定建康志書籍類易類有監本程氏傳。元柳貫稱："易程氏傳板本，惟婺州舊刻，經東萊成公校定，最為完善。"

周易義海撮要十卷　宋李衡撰

南宋國子監刻本。景定建康志書籍類易類有監本周易義海撮要。

周易義海撮要十卷　宋李衡撰

宋婺州刻本。景定建康志書籍類有婺州本周易義海。

古周易十二卷　音訓二卷　宋呂祖謙撰

直齋書錄解題：著作郎東萊呂祖謙伯恭所定篇次，與汲郡呂氏同音訓，則門人王莘叟受

筆，朱晦庵刻之於臨章、會稽，益以程氏是
正文字及晁氏說具所著本義據此本也。

周義本義經二卷傳十二卷　宋朱熹撰　彖上下
傳二卷影鈔補完，各卷亦有鈔葉

宋刻本，半葉七行，行十五字，注文雙行同
白口，左右雙邊。版心上記字數，下記刻工
姓名，有吳是、張元彧、黄埜、蔡明、蔡友
蔡仁、游熙、周高、王燁、何彬、馬良、賈
端仁、祖、果等。宋諱恒、貞、桓、構皆缺
末筆，字體方嚴厚重，似浙杭本。前有本義
圖，卷末附筮儀五贊。收藏印記有"升菴"
"汪文琛印"、"平陽汪氏藏書印"、"汪
士鐘讀書"、"金匱蔡氏醉經堂考藏章"、"伯
卿甫"、"廷相"、"宋本"、"翰墨緣"
"蔡廷相藏"、"濟陽蔡氏"、"蔡廷楨印"
"卓如心賞"、"金匱蔡廷楨藏"、"陳鱣
攷藏"、"鱣讀"。

易數鉤隱圖三卷附遺論九事一卷

宋浙右漕司刻本。

尚書正文

宋婺州刻本。景定建康志書籍類有婺州本尚書正文。

尚書正義二十卷　唐孔穎達撰

宋刻本，半葉十五行，行二十四字。白口，左右雙邊。版心中縫題"書幾"，下記刻工姓名，有王政、王伸、王仰、施章、黄暉、吴珪、汪盛、陳忠、葛珍、宋因、王定、方成、張元、洪先、洪茂、余至道等人。首有端拱元年雕印五經正義表，下列勘官秦奭等銜名九行。次行趙國公無忌等上五經正義表。次尚書正義序。本書第一行標書名，次行低四格題撰人銜名二行。凡正義先標注文起訖二字，次行頂格"正義曰"。每卷終空一行，標書名卷幾，次一行記"計幾萬幾千幾百幾十幾字"。宋諱缺筆甚謹，玄、敬、弘、讓、貞、恒、瑗、殷、慎字等皆不成字，爲孝宗時刻本。然筆意堅實，結體方嚴，猶有汴都遺韻。尚書單疏我國久佚。此書宋光宗時覆北宋刻單疏本。日本帝室圖書寮藏書。日本大阪每日新聞社據以影印，原書完善無缺。

尚書孔氏傳十三卷　漢孔安國傳

宋婺州刻本。常熟瞿氏藏婺本點校重言重意互註尚書十三卷，乃自婺本者出。

監本纂圖重言重意互註點校尚書十二卷

宋婺州刻本，半葉十行，行十八字，小字雙行二十四字。宋本宋印，爲各家所未著錄之本，甚精整。此書舊題尚書孔傳十二卷。繆藝風藏書。陳仲魚有婺州刻重言重意巾箱本，半葉十行，行三十字。十二卷。

點校重言重意互注尚書十三卷

宋婺州刻本。此爲巾箱本，長只四寸，寬不及三寸。

新雕石林先生尚書傳二十卷　宋葉筠撰

宋東陽魏十三郎書鋪刻本。日本靜岡清見寺藏。

尚書說命講義

尚書無逸講義

宋嚴州刻本。郡齋讀書志：吳范司馬無逸說命解三卷。右皇朝吳安詩、范祖禹、司馬康侍講筵顏復說崇政殿時所講說也。

林之奇尚書全解四十卷　宋林之奇撰

兩浙古刊本考：孫畊後序云，書解自麻沙初刻繼而婺及蜀中皆有刊本。此爲婺州本。

書集傳六卷　宋蔡沈撰

宋明州刻本。常熟瞿氏藏元刊本，即重刊明州本書集傳。

洪範講義

寶慶四明志州學書板，有洪範義四十五板。

大字毛詩四卷

宋明州本。常熟瞿氏藏元刊本詳音句讀明本大字毛詩四卷，蓋出宋明州本。

毛詩二十卷

宋婺州刻本。景定建康志書籍類有婺州本。

呂氏家塾讀詩記三十二卷　宋呂祖謙撰

宋婺州刻本。

周禮正文

景定建康志書籍類有婺本。

周禮注十二卷　漢鄭玄撰

宋婺州市門巷唐宅刻本。半葉十三行，行二十五字至二十七字不等。注文雙行，行三十五至三十六字不等。白口，左右雙邊。楊氏四經四史之齋舊藏宋本四經之一。宋諱缺筆至桓、完字。刻工有王珍、沈亨、余竑、徐林、李才、卓宥、高三等人。其中沈亨、余竑又刻廣韻，廣韻缺筆至構字春字，因推知此書當是南宋初期刻本。卷三後有"婺州市門巷唐宅牌記，卷四、卷十二後有婺州唐奉議宅牌記。九經三傳沿革例謂婺州舊本，疑即此本。唐奉議即唐仲友，仲友以校刻荀子等書遭朱熹彈劾得名。北京圖書館藏。已印入古逸叢書三編中。

周官講義十四卷　宋史浩撰　存卷七至十，凡四卷

宋臨安刻本。半葉九行，行十八字。白口，左右雙邊。版心下記刻工姓名，有洪新、葉迁、陳仁、王昌、劉文、許中、蔡光、趙通陳俊等人。宋諱樹、豎、縣字缺筆。鈐有孔教授任内續置到官書印。此為内閣大庫故物此書宋史藝文志補卷、四庫未收，諸家目錄所不載者。考其刻工劉文、趙通、洪說、葉遷四名，見宋小字本聖宋文選，又考其刻工之半見乾道丁亥會稽本王充論衡。北京圖書

館藏書。

儀禮鄭氏注十七卷　漢鄭玄注　釋文一卷　唐陸明德撰

宋嚴州重刻巾箱本。即重刻北宋汴京巾箱本。

禮記正文

宋婺州刻本。景定建康志書籍類有婺本禮記正文。

禮記注二十卷　漢鄭玄撰　存九卷

宋刻遞修本。半葉十行，行十六字，十七字不等。注文雙行，行約二十二字。白口，左右雙邊。存月令、曾子問、文王世子、禮運、禮器、郊特牲、內則、學記、樂記、雜記、喪大記、喪服大記、祭法、祭義、祭統、經解、哀公問、仲尼燕居、孔子閒居、坊記二十六篇，蓋毛氏所藏之卷帙也，今又失五之四，古物日少，為惋惜者久之。

夏小正戴氏傳四卷

兩浙古刊本考：吳萊跋：夏小正本，古書殘缺，近會稽傅崧卿頗就大戴禮刊注刻石會稽學宮。

禮詩

寶慶四明志州學書板有禮詩二十八板。

陸氏禮象十五卷　宋陸佃撰

直齋書錄解題：禮象十五卷，陸佃以改舊圖

之失，其尊爵彝舟皆取諸公卿家與秘府所藏古

遺器，案與聶圖大異。兩浙古刊本考疑嚴州刻

本，宋時取入監中，明初板亡。

三禮節

宋廖瑩中世綵堂刻本。

春秋經傳三十卷

宋臨安刻本。半葉八行，行十七字。白口，

左右雙邊。白文無注。刻工劉文、詹週又刻

分門纂類唐歌詩，吳孚又補刻耿秉本史記。

耿秉本史記刻於廣德郡齋，而刻版皆出杭工，

因推知此書當為杭州地區刻本。前東宮書府

朱文方印，當是元時官書，明太祖滅元得之

以貽懿文太子者。開版弘朗，刀法嚴謹，可

稱宋末浙本代表作。原三十卷，天祿琳瑯舊

藏。北京圖書館現存卷十六至十七、卷二十

四至卷三十，凡九卷。餘卷從長春流散，不

知飄墮何方，俟再訪之。事隔半個世紀，一九九九年、嘉德拍賣會古籍善四八九號載有春秋經傳卷五至卷十二。鈐有"秉宮書府"、"乾隆御覽之寶"、"天祿繼鑑"、"五福五代堂古稀天子寶"、"八徵耄念之寶"、"太上皇帝之寶"等。此書一九二二年九月十三日溥儀賞賜溥傑攜出宮外，後失散之卷。據聞此書又若干卷，又出現於拍賣會，如是此書由散失又分為三、四處分藏，可謂四分五裂。此書為宋元明清四朝宮藏，何時完璧很難得知。

春秋經傳集三十卷　晉杜預撰

宋廖瑩中世綵堂刻本。卷末有木記"世綵廖氏刻梓家塾"。

春秋經傳集解二十二卷　晉杜預撰

宋刻中箱本。半葉十行，行十九字。有楊紹和題識。鈐有閩人寅印、周玉齊金漢石之館、汪大喜孫、孟慈喜孫校本、汪延熙印、何紹業觀、一經可遠樓靈紅求軒、古唐里人各印。楊氏題稱："長四寸餘，寬不及三寸，古雅可愛觀，中脫落鈔補者不下數十紙。卷首題云春秋經傳集解，隱公卷第一，他倣此。卷尾亦然，獨第十八冊題云，婺本附音重言重意春秋經傳，第二十六冊後亦然，與他卷例異。按此二紙當係繕錄者意加，看宋婺本書之尤異耳。"

春秋經傳集解三十卷附春秋年表一卷 晉杜預

宋刻小字本。半葉十三行，行二十四字。注文雙行，行二十四字。白口，四周雙邊。版心下記刻工姓名，有李煥、黃琮、宋圭、王禮、宋林、宋昌、吳浩、毛奇、李文、李師順、洪垣、毛青等人，餘爲單字。宋諱避至慎字。此本即四部叢刊所據之祖本。此本格式廣於巾箱本，其中刻工李文、李煥亦見隆興二年國子監版武經龜鑑，以此證爲南宋杭州所刻。

春秋正義三十六卷 唐孔穎達撰

兩浙古刊本考：內閣圖書目錄載唐孔穎達春秋正義三十六卷，婺州刊本。

左傳類編

宋婺州刻本。

春秋穀梁傳疏二十卷　周穀梁赤述　晉范寧注
唐楊士勛疏

天祿琳琅後目有宋刊監本附音春秋梁穀注疏二十卷，二部。

春秋傳三十卷　宋胡安國撰

宋刻本，首行題春秋傳卷第幾，次行低四格某公上中下，卷首第二行、三行題左朝散郎充徽猷閣待制提舉江州太平觀賜紫金魚袋臣胡安國奉聖旨纂修，餘卷不載。半葉十四行，行二十六字。白口，四周雙邊。版心雙魚尾，書名題胡春卷幾、胡春秋幾、春秋傳幾、春秋卷幾、春幾、~~春幾~~，葉下記字數及刊工姓名，有馬正、宋圭、宋林三人，餘為琳、元、圭、林、宋各單字。宋諱弦、殷、弘、泓、匡、胤、恒、禎、戀、徵、讓、桓、慎等字缺筆。卷首有安國自序，述綱領明類例謹例叙傳授四篇。論名諱劄子及進書表，此僅存謹始例之半，及叙傳授一篇，餘均缺。北京圖書館之中國印本書籍展覽目錄為南宋中期金華地區刊本。考其刻工相同淳熙二年嚴州刻通鑑紀事本末。四部叢刊續編印本，即據此帙影印。

胡氏春秋傳三十卷　宋胡安國撰

宋嚴州刻本。新定續志：郡有經史詩文方書凡八十種之一。

春秋後傳二十卷　宋陸佃撰　補遺一卷　宋陸宰撰　直齋書録解題：春秋後傳二十卷，補遺一卷陸佃撰。補遺者，其子宰所作也，宰字元鈞，游之父。兩浙古刊本考：此二書蓋放翁子守嚴州時所刻。

胡氏春秋傳通旨一卷

宋嚴州刻本。新定續志：郡有經史詩文方書凡八十種之一。

止齋春秋後傳十二卷　宋曹叔遠撰

左氏章指三十卷　宋曹叔遠撰

宋施栻刻於溫州郡齋。兩浙古刊本考："曹叔遠止齋文集後序，先生春秋後傳等書，今參知政事樓公既屬永嘉守施公栻刊置郡齋矣"。

左傳節

宋廖瑩中世綵堂刻本。

秋繁露十七卷　漢董仲舒撰

宋樓鑰刻本。是書宋代已有四本，多寡不同，至樓鑰所校，乃為定本。永樂大典所存樓鑰本，詳為勘訂。凡補一千一百二十一字，删一百二十一字，改定一千八百二十九字。神明煥然，頓還舊籍。雖習見之書，實則絕無僅有之本。

秋繁露十七卷　漢董仲舒撰

宋岳珂嘉禾郡齋刻本。

公大學章句

公中庸章句

寶慶四明志州學書板有文公大學章句十八板（紹定五年教授陳松龍置）。文公中庸章句十六板（教授陳松龍置）。

語二十卷

宋廖瑩中世綵堂刊本。卷末有"盱郡廖氏重刻善本"八字方形印或亞字印中有廖氏二字。

語集解義疏十卷　魏何晏等注　梁皇侃疏

宋廖瑩中刻本。自南宋後，其書久佚。此本

得於東洋市舶。

濂洛論語

寶慶四明志州學板有濂洛論語六十八板（

帥集撰劉公藏置）。

謝先生論語十卷　宋謝良佐撰

直齋書錄解題：謝氏論語解十卷，上蔡謝

佐顯道撰。此為宋嚴州刊本。

論語纂疏十卷　宋朱熹集註　趙順孫纂疏

宋刻本，半葉九行，行二十字，疏雙行同，

白口，左右雙邊。版心上記大小字數，下

刻工姓名，有丁銓、金升、史祖、吳興、

祖、沈禮、許怡、李斗文、徐侃、徐嵩、

文、劉俊、陳全、黃升、黃青、馬良、賈

蔡仁、蔡成、蔡元道、章永、藍宗、顧震

人。宋諱旋、朗、讓、匡、恒、樹、完、

廓皆為字不成，又巡作巛。集註中愼作謹，

讓作遜，匡作康，徽作證，猶存紫陽舊式。

前清源洪天錫序，半葉五行，行書絕工秀。

次讀論孟集註綱領，次讀論語孟子法，次

子集註序說。收藏印：汲古閣、毛斧

收藏印」、「毛氏家藏」、「曾在顧竹泉處」
等印。

論語集注十卷　宋朱熹撰
宋婺州刻本。傳至日本，為日本人翻刻。

孟子古注十四卷　漢趙岐章句
南宋國子監刻本。明初板亡。

孟子集注十四卷　宋朱熹撰　存十一卷
宋浙江刻本。半葉八行，行十六字，注文雙
行同，白口，左右雙邊。版心上記字數，下
記刻工姓名，有余同甫，餘者單字。宋諱玄、
匡、恒、樹、敦字缺筆。考其刻工余同甫見
棚本韋蘇州集，證為杭州本。

孟子十四卷
宋廖瑩仲世綵堂刻本。卷末有「旴郡廖氏重
刻善本」八字方形印。或亞字印中有廖氏二
字記。

孟子傳二十九卷　宋張九成撰
南宋中期浙江刻本。半葉十四行，行二十五字，
白口，左右雙邊。左闌外上方記篇名。已印
入四部叢刊三編。汪士鐘藏北宋刻本，亦二

十九卷，缺盡心上下。每卷題云張狀元孟子傳第幾，結銜云："皇朝太師崇國文忠公鹽官張九成子韶。"半葉十四行，行二十五字。左端线外標篇名。張九成南宋人，其書何北宋本。

四書朱子集注二十六卷 宋朱熹撰

宋衢州郡庠刻本。

九經排字直音前集一卷後集一卷

宋明州刻本。歸安陸氏藏元刻排字九經直音二卷蓋出宋明州本。

公是先生七經小傳三卷 宋劉敞撰

宋刻本，半葉十一行，行二十字。白口，左右雙邊。單魚尾，版心上記字數，下記刻工姓名有劉中、馬祥、呂拱三人，餘為單字。此書卷首有"唐寅藏書"四字手記。前人以書中匡、殷字缺筆，桓字不缺筆，定為北宋本。此書印入四部叢刊續編。張元濟跋稱："下第六六葉前七行'敦兮其若樸'句，敦字末筆已缺，是至早亦在光宗之世。"今考刻工與拱相同東萊先生別集，為浙中所刊。四庫著錄兩江採進本，而未及此刊。鈐有"徐乾學"、"曹溶"、"留真館廬保藏印"、"衛園經史之章"朱文大印。

爾雅疏十卷　宋邢昺撰

宋刻宋元明初遞修公文紙印本。半葉十五行，行二十九字至三十一字不等。白口，左右雙邊。版心上記字數，其下記刻工姓名，可辨者僅有王恭、吳津、陳浩、方中呈、劉廷、張明、張忠、徐友山、俞聲、陳邦卿等。傳世爾雅單疏宋刻本有三帙。一、黃氏士禮居藏本，阮元十三經注疏校勘記即用此本，後因兵事遺失。二、陸氏皕宋樓藏本，用元至順公文紙印，光緒間陸氏有翻版，原書今存日本靜嘉堂文庫。三、即此本，用洪武二年蕭山、山陰兩縣公文紙印。宋欽宗、高宗嫌名亶、媾二字，及孝宗嫌名慎字，或偶有一避。元時補版較多。刻工王恭乃南宋中期杭州名匠，徐友山、俞聲乃元時杭州補版工人，因推知此書當是南宋監本，其版至明初尚能印行。當時附釋音本群經注疏，内無爾雅，得此正可補缺。元時西湖書院重整書目中有爾雅注疏一目，蓋即此本。續古逸叢書與四部叢刊印本，即據此帙影印。北京圖書館藏書。

爾雅疏十卷釋文一卷　宋邢昺撰

宋温州郡齋刻本。兩浙古刊本考：陳亨良跋郡育刊疏，並音釋若干卷，以久不就，字畫多殘闕，金華趙君子良來爲推官，繕補之，始可讀，子良學於東萊呂伯恭氏，於余爲同年進士名善坊。

說文解字繫傳四十卷　南唐徐鍇撰

宋刻本，半葉七行，行十四字。小字雙行，行二十二字。白口，左右雙邊。存卷三十至卷四十，凡十一卷。序目出明人鈔補。宋諱缺筆至慎字，刻工顧祐、許成之又刻越州本春秋左氏傳正義，因知此書當是孝宗朝杭州地區官版。黃氏士禮居舊藏，百宋一廛賦著録。北京圖書館藏書。

大廣益會玉篇三十卷　梁顧野王撰　唐孫强增字　宋陳彭年等重修　分毫字樣一卷

宋寧宗間浙江刻本。半葉十行，行二十字，

注文雙行，行二十七字。白口，左右雙邊。
版心上記大小字數，下記刻工姓名，有方志、
方堅、王玩、朱玩、何昇、吳志、吳益、吳
椿、宋琚、李倚、李倍、李億、沈思恭、金
滋、徐佑、秦暉、高異、張榮、曹榮、陳祝
仁、陸選、賈甫、趙中、劉昭、魏奇。書中
有宋末補版。日本帝室圖書寮藏書。

大宋重修廣韻五卷　宋陳彭年等重修

宋刻本。半葉十行，行二十字。注文雙行，
行二十七字。白口，左右雙邊。版心上記字
數，下記刻工姓名，有何昇、方至、宋琚、
蔣志、趙中、曹榮、吳椿、吳志、沈思恭、
沈思忠、王玩、陸選、張榮、余敏、秦顯、
劉昭、李倍、顧天、金滋、方堅、秦暉、王
恭、宋玩、陳晃、何澄、何李、吳益、吳春、
吳李、李倚、顧高、高異、陳是、王寶、陳
壽、張文、嚴志、何昇、李益、徐佑、魏奇
等人。此書即張士俊澤存堂所出之本，舊稱
北宋本。宋諱缺筆至桓字。續古逸叢書據此
本影印。刻工中宋琚、方至、吳椿、吳志、

王玩、金滋、陸選等人刻春秋經傳集解、唐
代故事、麗澤論説集錄、愧郯錄等書。以
此書為南宋中期所刻為確。

重修廣韻五卷 宋陳彭年等撰

宋刻本。半葉十行，行二十字。注文雙行，
行二十至二十八字不等。白口，左右雙邊。
此為後刻，與南北宋之交刻本相比，如卷一
第七葉東下注文"舜七反"三字，前本誤"
七反"，此本作"舜士交"，更多誤一字。
刻工有宋琚、方堅、王恭、方至、吳志、
暉、沈思忠、王玩、陸選、余敏、秦顯、
玩、金滋、王寶、何昇、何澄、吳益、吳
李倚、李信、沈思恭、高畏、張榮、曹榮
陳晃、趙中、劉昭、顧彥諸人，與南北宋
交刻本無一同者，可為翻刻之證。日本靜
堂文庫藏書。

廣韻五卷 宋陳彭年等重修

宋婺州刻巾箱本。半葉十行，行十五字。
字二十四字。白口，四周雙邊。版心下記
工姓名，有沈亨、李寔、余竑、五二、五

刁、虞正、卓受、虞道望刁、道堅等人，餘爲單字。宋諱避至眘字止。中央圖書館藏。

重修廣韻五卷　宋陳彭年等撰

南宋中期浙杭翻紹興本。半葉十行，行二十字，注雙行二十七字。白口，左右雙邊。行款版式與紹興本全同，刻工姓名不同。日本内閣文庫藏。

明州本排字九經直音三卷

宋明州刻本。元至正十七年日新堂據明州本翻刻。

政和五禮

兩浙古刊本考：此當是南宋監本。明初板亡。

史記一百三十卷　漢司馬遷撰　劉宋裴駰集解

漢書一百卷　唐班固撰　唐顔師古注

後漢書一百二十卷　劉宋范曄撰　唐李賢注

三國志六十五卷　晉陳壽撰　劉宋裴松之注

晉書一百三十卷附音義三卷　唐房玄齡撰

宋書一百卷　梁沈約撰

南齊書五十九卷　梁蕭子顯撰

梁書五十六卷　唐姚思廉撰

陳書三十六卷　唐姚思廉撰

魏書一百十四卷　北齊魏收撰

北齊書五十卷　唐李百藥撰

後周書五十卷　唐令狐德棻撰

隋書八十五卷　唐魏徵等撰

南史八十卷　唐李延壽撰

北史一百卷　唐李延壽撰

唐書二百二十五卷　宋歐陽修　宋祁等撰

五代史記七十四卷　宋歐陽修撰　徐無黨注

　直齋書録解題：紹興間吳興人思溪王氏刻藏經有餘板，以刊唐書及五代史寘郡庠中。中興監書多缺，遂取其板以往，今監本也。兩浙古刊本考：南宋監本正史多取諸州郡刻板，如唐書、五代史取諸湖泮，既有明文，又多出於各史，大抵如是。

古史六十卷　宋蘇轍撰

　宋衢州刻本。半葉十四行，行二十四字，小字雙行。大題在下。轍自序及後序皆缺。卷七後有“左迪功郎衢州司户參軍沈大廉同校勘”一行。卷十六晉世家後有“右修職郎衢州錄事參軍蔡宙校勘並監鏤板”一行。版心有刻工名為宋刊，無刻工姓名者，皆元時修版。宋諱有缺筆有不缺筆。此書海外藏。

古史六十卷　宋蘇轍撰

宋刻本，半葉十一行，行二十二、二十三字。小字雙行，增二三字不等。版心兼以千字文為序，上記字數，下記刻工姓名，有蔡邠、凌宗、石昌、何澤、鄭春、劉昭、朱祖、朱裕、錢宗、章忠、曹鼎、童遇、詹世榮、呂信、顧達、顧澄、顧永、蔣容、蔣榮、沈茂、沈中、沈定、徐珙、徐義、方至、方信、方中、宋通、宋琚、丁松年、丁之才、毛祖、毛端、金榮、金嵩、金祖、陳仲、陳壽、陳良、孫日新、孫春、龐汝昇、龐汝柔、吳志、吳中、吳春、吳祐、楊潤、楊榮、張昇、張亨、王端、王政、王定、王壽、王渙、王明、王進、王恭、王汝霖等人。此書間有明補之葉。宋諱缺筆至慎字。此書不載校勘銜名，當非衢州之本。是書藏於北京圖書館，已屬明印，紙墨不工。刻工中有十六名相同處之六年春秋左傳正義，以此證之爲浙東本。

古史六十卷　宋蘇轍撰

宋刻本，半葉十一行，行十八字，有多至二十七字者，注文雙行，字數略同，白口，左右雙邊，雙魚尾，版心上記字數，下記刻工姓名，有王定、王壽、王涣、王進、王明、王政、王恭、王汝霖、毛祖、毛端、方信、方至、方中、何澤、何澄、何進、吳中、吳志、吳祐、吳春、吳沈珍、沈茂、沈忠、沈定、朱玩、朱祖、宋琚、宋通、金榮、金嵩、金祖、徐義、徐珙、張亨、張昇、陳潤、陳晃、陳仲、陳良、陳彬、陳浩、陳壽、馬祖、馬松、楊榮、楊潤、蔣容、蔣榮、顧達、顧澄、詹永、丁之才、丁松年、龐知柔、龐汝升、龐知泰、孫春、孫日新、石昌、呂信、李仲、余政、章忠、曹鼎、錢宗、凌宗、蔡邠、童遇、董澄、鄭春、項仁、求裕、劉昭、詹世榮。宋諱缺筆至慎字。此爲北京圖書館藏書。此書較前書有異，然宋諱與刻工皆同。惟刻工尚多何進、何澄、沈珍、朱玩、陳晃、陳浩、陳潤、馬松、項仁、龐知泰、馬祖等人，亦見春秋左傳正義。據此推知當屬一板，蓋刻工脫遺之故。

漢書注一百卷　後漢書注一百二十卷

兩浙古刊本考：「本家將前後漢書精加校證，並寫作大字鋟板刊行，的無差錯，收書英傑伏望炳察，王叔邊謹咨。武夷吳驥仲逸校正。半葉十三行，行二十三字。何義門所校隆興二祀麻沙劉仲立有武夷吳驥仲逸校正款，則此本乃翻刻劉本也。」

三國志注六十五卷　晉陳壽撰　劉宋裴松之注

晉書一百三十卷　唐房玄齡等撰

南史八十卷　唐李延壽撰　存卷二十至二十六，又目錄一卷，凡五卷

宋刻本。半葉九行，行十八字，白口，左右雙邊。版心不記字數，下記刻工姓名，有王恭、吳棠、金彥、金敦、余政、徐通、徐遺、徐逵、姜仲、李詔、李忠、周彥、何彥、朱貴、張明、張宅、張暉、翁祐、彥文、宇、宥、宣、憲、永、顯、昌、茂、方等人。（無

補板）。宋諱敦、玄、朗、匡、胤、炅、貞
弘、桓、構、慎均缺末筆，是孝宗時刊本。
目錄第二行低七格題"李延壽"三字，第三
行低一格書"凡八十卷"四字，第四五行低
二格書"本紀十卷，列傳七十卷"，第六行
頂格書"宋本紀上第一"，空三格書"南史
本書小題在上，大題在下。每卷前目錄接連
正文。收藏印有"金澤文庫"楷書長方大墨
記。此書各家目錄不載，海內孤本，紙如玉
版，墨光如漆，宋刊宋印，蓋宋時傳入日本
者。

舊唐書二百卷　後晉劉昫等撰

新唐書二百二十五卷　宋歐陽修　宋祁等撰

兩浙古刊本考載：遂初堂書目並云舊杭本。

新唐書略三十五卷　宋呂祖謙撰

宋婺州刻本

唐書直筆四卷　新例須知一卷　宋呂夏卿撰

宋杭州刻本。半葉十四行，行二十五字。白
口，左右雙邊。版心下有刻工姓名，李加、
李加謀、王益、朱言。瞿氏有影宋鈔本，題

唐書直筆新例。擇是居據影宋鈔刊。

五代史記七十四卷　宋歐陽修撰　徐無黨注

宋刻本。半葉十二行，行二十一至二十四字不等。白口，每葉下注一字，似是刻工之姓。行字極密，刻畫清挺，宋刻之至精者。此書楊守敬得之日本，展轉歸繆荃孫，又歸貴池劉葱石，而劉氏覆刻行世。據其中有補鈔十餘卷，分別注之。視其款式類浙本。而版心刻工有陳忠、郎和兩名，此外僅是一字者。刻工陳忠之名則有數見紹興時所刻諸書，一周易正義。二為紹興二十八年明州本文選注。三為衢州本三國志注。四為水經注。五為白氏六帖，七為徐公文集、臨川先生文集、溫國文正公集等。所奇者又見景祐二年監本漢書，而先後相距一百二十四年，蓋非一人之故，可謂浙本無疑。此書藏何所無考。

資治通鑑考異三十卷　宋司馬光撰　存二十六卷

南宋中期杭州刻本。半葉十行，行二十二字，小字雙行同。版心題考異幾，前後一律。四周雙邊。上下雙魚尾，上記字數，下記刻工

姓名，有王昱、楊萼、張鋒、張用、張珍、
李忠、李仁、陳珪、賈政、郝希鑑、席忠、
劉澄、冀乂、司英、梁璧、張像、楊順、梁
用、張燕、趙榮、劉三、周甫、徐安仁、時
清、王簡、邵閏、劉仲義、錢仁安、楊復、
龐壽、李主、賈唐、景寶、元乂、楊榮、陳
居敬、曹澤、劉仲仁、周慶祖、董濟、李
楊良臣等。宋諱皆不避。字體勁秀，純係詩
懸筆法，紙質堅緻，洵爲宋刻宋印。延令宋
版書目，有是書十本，與資治通鑑一百本、
目録十二本，併爲廿二套，謹以藏印，當即
此本。惜卷三、四、十七、十八已佚。藏印
有“禮部官書”、“江左”、“玉蘭堂”、
“辛夷館印”、“梅谿精舍”、“季印振宜”
“滄葦”、“御史之章”、“崑山徐氏家藏”
“乾學之印”、“健菴”。北京圖書館藏。

通鑑外紀十五卷

宋浙東轉運司刻本。王銍西漢紀後序稱，紀
修王公鼓閱古訓博極群書，其出使浙東也
既刻劉氏外紀，以足資治通鑑。

通鑑要覽

寶慶四明志州學書板有通鑑要覽五百五十板。

編年通載十卷　宋章衡撰　存卷一至四，共四卷。

宋刻本。半葉五行，行十七字。白口，左右雙邊。版心題通載卷幾或玄卷字。下記刻工姓名，有陳彥、陳迎、陳明仲、顧忠、~~顧忠~~、顧楷、顧淵、毛諒、阮于、林俊、余集、章楷、樓謹吳亮等人。是書於元祐三年刊印。卷中宋諱避至恒、構二字，當是南宋初年重刻之本。卷末有復翁手跋三則。此書已印入四部叢刊三編中，考其刻工陳彥、陳迎、毛諒、吳亮四名，見士禮居所藏鄭注禮記。陳彥、余集二人見景祐監本漢書。又顧忠、樓謹見紹興十六年事類賦。兩書先後之刻相距百有十年，或為修刊元祐本之故。此書明文淵閣、南昌袁氏、黃蕘圃、汪閬源、吳平齋遞藏。現藏北京圖書館。

唐鑑十二卷　宋范祖禹撰

宋浙江刻本，半葉十二行，行二十二字。刻工有婁舉、李連、同葛、萬文、葉開、童顧、同顾、葉森、陳瑱、遵自、自遵、同合、朱瑱、朱陳、陳朱、陳林及遵、鞏、万、文、范、陳、林、文、葉、瑱、遵、元、朱、階成、璪、桂等單字。字體工整，為初印本，可稱宋刻本中之上品。宋諱避至慎字，亦有以他字代本字者，如以正代貞，以證代徵之類。為孝宗間（1163-1189）浙江刻本。中間略有缺葉，經清代揆叙謙牧堂摹補，與刻本無少差異，可以亂真。此為唐鑑初刻之本。上海圖書館藏，上海古籍出版社已影印行世。

新定續志載，郡有經史詩文方書，凡八十种之一。此為宋嚴州刻本。與上本是否為同一版本，尚待考證。

新定嚴州志八卷　宋董棻修　喻彥先訂

宋嚴州刻本。宋本嚴州刻紹興新定志，久亡佚，海内無傳本。

義烏志七卷

宋婺州刻本。黄潛序，今縣大夫操約馭詳事無不理，爰以暇日詢山川形勢地之所生語言土俗博古久遠之事。得元豐咸淳二書，屬潛重加銓次以傳，滑衰朽荒蕪能爲役，乃俾王生禕宋生濂合二書而參之，郡乘刪其冗繁，訂其舛誤，法當補書，則引類相從，而增入之，附以辨證，釐爲七卷，仍以圖冠於卷首，滑既辱觀視其成，因爲之序。會兩生並赴秋闈，遂俾傳生藻相與校正，歸於執事者，而刻焉。見大人魯花赤儒林郎亦璘真畏兀兒人尹丞直郎周思泰許州襄城人。

西湖紀逸一卷　宋林逋撰

直齋書錄解題：和靖集三卷，西湖紀逸一卷，處士錢塘林逋君復撰，梅俞爲之序。紀逸者近世桑世昌澤卿所輯遺文逸事也。此書明初板亡。

蘭亭考十二卷　宋桑世昌撰

宋浙東庾司刻本。直齋書錄解題載蘭亭考十二卷，浙東庾司所刻。

龍城錄二卷附錄二卷

宋廖瑩中世綵堂刻本。

貞觀政要十卷　唐吳兢撰

宋婺州公使庫刻本。

仁皇訓典六卷　宋范祖禹撰

　宋刻本。直斋書録解題載六卷，翰林侍講范

　祖禹撰。元祐八年經筵所上凡三百十七條，

　亦如寶訓體。兩浙古刊本考稱此為宋時刊，

　板明初亡。

高宗聖政草一卷　宋陸游撰

　宋陸子遹嚴州刻本。

諭俗編

　寶慶四明志郡學本州學板載有諭俗編五十二

　板（制帥撰顔公頤仲置）。

永嘉守禦録

　宋温州州學刻本。兩浙古刊本考：葉水心先

　生文集守禦録跋，右劉教授永嘉守禦録錢君

　德載刊於州學。

經進新註唐陸宣公奏議二十卷　唐陸贄撰　宋

　郎曄注　存卷十至二十，凡十一卷。

　宋刻本。半葉十二行，行二十一字，注文雙

　行同。細黑口，左右雙邊。版中縫題"注

　奏議"（原為簡體三字），上記字數。每

　題銜為"迪功郎新紹興府嵊縣主簿臣郎曄上

進"。此書字體方整，刊工精麗，疑是婺州
刻本。劉啟瑞藏書內閣大庫佚書。

政府奏議□卷　宋范仲淹撰
宋括蒼劉安世刻本。

律十二卷音義一卷　宋孫奭撰
宋刻宋元遞修本。半葉九行，行十八字。注
文雙行。白口，左右雙邊。版心上記大小字
數，下記刊工姓名，有黃祐、宋琚、沈定、
丁之才、王恭、馬松、余敏、章着、吳志、
吳椿、陳壽、王渙、李成、沈忠、孫日新、
楊潤、章忠、吳祐、李信、毛祖、夏義、章
文、吳益、張榮、劉昭、朱益、金祖、李允、
周信、王明、呂信、高異、張允、朱琉、沈
思恭、余政、吳春、何澤、張元（周秀、万
信、錢宗、李高、葉禾、吳三等可能爲元人），
卷末刻孫奭、馮元、宋祁等銜名十行，及"天
聖七年四月准敕送崇文院雕造"字樣。錢泰
吉、邵懿辰跋。北京圖書館藏。上海古籍出
版社一九七九年影印行世。

齊氏莊始末

寶慶四明志州學書板載有济氏莊始末四十五板。（制帥吳撰，劉公獻置）。

大宋登科記不分卷　宋洪適編

宋吳興郡學刻本。直齋書錄解題：大宋登科記三十二卷，洪適編。始吳興郡學有錢板不分卷第，上述進士一科，適始廣之。

溫州進士題名錄一卷

宋溫州刻本。樓鑰序，論溫捘於茲，樂儒風之方興未艾，考姓名之高下，歲時之後先，次而書之，刊置學宮，又訪其氏族鄉里別為一編，咸庶其來以俟來者。

中興百官題名五十卷　宋何異撰

宋兩浙西路轉運司刻本。直齋書錄解題：監察御史臨川何異同叔撰，首卷為宰輔拜罷錄，餘以次列之，刻板浙漕，其後以時增附。渡江之初，庶務草創，諸司間有不可考者多闕之

金陀粹編二十八卷續編三十卷　宋岳珂編

南宋國子監刻本。

陳忠肅公言行錄

寶慶四明志州學板載有陳忠肅公言行錄三十板

浦陽人物記二卷　宋景濂撰

宋婺州刻本。戴良序，浦陽人物記一書，監縣康侯到官之初年始請縣人宋景濂氏撰成之記凡二卷，分為五類，合計二十有九人。康侯將刻梓，以傳而俾良為之序。

崇文總目

兩浙古刊本考：西湖書院書板考有崇文總目。四庫闕書，此疑南宋監本，明初板亡。

唐書藝文志六卷

南宋國子監印本。直齋書錄解題載新唐書中錄出別行，監中有印本。

孔子家語十卷　題魏王肅撰

南宋國子監刻本。景定建康志書籍子書類有監本孔子家語。

荀子二十卷　唐楊倞注

宋浙江刻大字本。半葉八行，行十六字，注文雙行，行二十三字。白口，左右雙邊。版心下有刻工姓名，有何澤、何昇、何澄、詹世榮、陳彬、陳用、呂信、馬松、楊榮、楊潤、吳祐、丁松年、傅上、傅芳、魏信、熊良正、翁遂、張仁、李穎、阮仁等。卷二十後有北宋熙寧間校勘官銜名「將仕郎守秘書省著作佐郎充御史臺主簿臣王子韶同校」、「朝奉郎尚書兵部員外郎知制誥上騎都尉賜紫金魚袋臣呂夏卿重校」二行。清道光九年顧千里跋。此書鈐有「道鄉書院」、「孫朝肅印」、「士禮居」、「汪士鐘藏」、「甲子丙寅韓德均錢潤文夫婦兩度攜書避難記」、「韓應陛鑒藏宋元名鈔校各善本於讀書堂印記」、「平江汪振勳棣泉氏印」、「百宋一廛」、「鄒氏子之」、「同心之印」、「閬源真賞」、「黃丕烈印」、「復翁」、「蕘父」、「汪振勳印」、「棣泉」、「孫孝若讀書記」、「忠公後裔」、「鄒氏同心」、「顧阿霖藏」、「宋本」、「荊溪顧霖」、「叔霖儒」、「孫朝肅印」、「蕘圃三十年精力所聚」、「不緇道」、「勤有堂」、「祁陽陳澄中藏書記」等印。此書字大如錢，墨如點漆，刻印精美，古樸大方。卷後雖有北宋熙寧間校勘官銜名，但考其刻工姓名均係南宋刻工，足以證明此書為南宋浙江刻本。一九七五年文物出版社已影印行世。

孔叢子三卷　舊題秦孔鮒撰

宋明州公使庫刻本。

揚子法言注十三卷　晉李軌撰　音義一卷

宋刻宋元遞修本。半葉十行，行十八字。注文雙行，行二十三字。白口，左右雙邊。版心上記字數，魚尾下記揚子法言幾，下記葉數，再下記刻工姓名，有王植、王椿、王壽、王用、王正、宋裕、李洪、李正、李度、李恂、李元、李信、李倚、李倍、金祖、沈定、朱玩、吳中、吳寶、何澄、章宇、章忠、張世榮、張謙、張用、孫日新、高俊、嚴忠、秦顯、莫珍、趙旦、嚴志、求裕、詹世榮等人。卷中刻工約分三期，嚴志、章宇、李度、李恂等南宋初期杭州地區良工為第一期。金祖、王壽、何澄、詹世榮、孫日新、李倚、李信、求裕等南宋中期杭州地區補版刻工為第二期。元時杭州補版為第三期。一版中又有剜版添補痕跡，因知此書迭經宋元兩朝修版，此爲元時印本。前人因卷末有北宋國子監校勘官銜名三十四行，定爲治平監本，絕非事實。元時版送西湖書院，西湖書院重整書目中有揚子一目，蓋即此本。清嘉慶間秦恩復石研齋刻本，即據此本影刻。此書鈐印有"汪喜孫印"、"喜孫讀過"、"宋本"、"秋浦"、"汪士鐘曾讀"、"憲奎"、"汪憲奎印"、"讀書稽古"、"楊東樵讀過"、原海源閣書，現藏北京圖書館。

揚子法言十卷　漢揚雄撰

宋唐仲友台州刻本。

中説注十卷　隋王通撰　宋王逸注

宋刻小字本。半葉十四行，行二十五至二十七字不等。注文雙行，行三十一、三十二字白口，四周雙邊。版心上魚尾下記文幾，下記刻工姓名，僅有趙保一人，餘爲姜、正、發、富、郎、趙、保等單字。宋諱敬、朗、玄、桓缺末筆，慎字不缺，是北宋末南渡初刻本。鈐有高麗國米文印："高麗國十四葉辛巳歲藏書大宋建中靖國元年大遼乾統元年"

此書麻紙，染作深黃色，且因有高麗國印，遂有疑為朝鮮刊本者。其筆意古健堅實，實為宋刊無疑。日本帝室圖書寮藏書。

說苑二十卷　漢劉向撰　存卷十六至十九

宋刻本。半葉十一行，行二十字。白口，左右雙邊。版心有刻工姓名，有洪茂、洪新、許明、徐亮諸人。宋諱避至慎字。考其刻工洪茂、洪新同紹興間新序，亦同紹熙三年禮記正義。

河南程氏經說七卷　宋程顥、程頤撰

宋刻本。半葉十一行，行二十字。白口，左右雙邊。版心上記字數，下記刻工姓名，有余欽、張岩、蕭詔、劉元、葉茂、潘才、裴榮、俞正、俞政、黃中、江僧、徐浩、徐佐、吳從、劉太、劉六等人。宋諱桓、慎字缺末筆。字體方整而渾厚，蓋是婺州刻本。卷一易說繫辭、卷二書解改正武成、卷三詩解、卷四詩解、卷五春秋傳、卷六論語說、卷七禮記、明道先生改正大學、伊川先生改正大學。鈐印有"芷閣藏書"、"戎州馬氏"、"西

象別墅」、「吳廷偉書畫記」、「延陵季
「王氏登善」、「沈士秋氏」。
程氏遺書二十五卷　宋朱熹輯
宋嚴州刻本。新定續志：郡有經史詩文方
凡八十種之一。
家禮附注五卷　題宋朱熹撰
宋陳雷溫州學宮刻本。趙希弁讀書附志：
陳雷刻於溫州學宮者凡九十九條。
晦庵語類二十七卷　宋潘墀編
宋中期潘墀任處州教授時刻印。直齋書錄
題載蜀人以晦庵語錄編成類，處州教授東
潘墀取其論語一類，增益其未備刊於學宮。
朱文公小學書四卷
宋嚴州刻本。新定續志：郡有經史詩文方
凡八十種之一。
文公小學書四卷
寶慶四明志州學書板載有文公小學書二百
淳祐六年制帥某撰，龍溪顏公頤仲置。
北溪先生字義二卷　宋陳淳撰
寶慶四明志州學書板載有北溪先生字義一百

十板。

北溪先生字義二卷　宋陳淳撰

宋永嘉趙崇端刻本。

性理字訓

寶慶四明志州學書板載有性理字訓三十板。

傳習錄

寶慶四明志州學書板載有傳習錄一百六十五板。

無垢先生橫浦心傳錄三卷　橫浦日新一卷

兩浙古刊本考：黄巖丞刁駿序，予負丞黄山而同舍於忠甫，昆季隱居方巖寔先生之甥，予職事出郊，因訪其廬忠甫，以所集示予，因出俸貲，且率同志相與協力命工鏤板置縣庠。

近思錄十四卷

宋嚴州刻本。知郡華文錢寺丞任内刊。

近思錄

續近思錄

寶慶四明志州學書板有近思錄一百八十板。

續近思錄一百五十板。

月學編類文公釋奠禮

寶慶四明志州學書板有明學編類文公釋奠禮

三十三板。教授陳松龍置。

玉藻講義

宋嚴州刻本。新定續志載郡有經史詩文方書

凡八十種之一。

己丑廷對

寶慶四明志州學書板載有己丑廷對二十板。

師友問答

宋嚴州刻本。新定續志：郡有經史詩文方書

凡八十种之一。

子華子

朱子大全集七十一載會稽官書板本有子華

史載之方二卷　宋史堪撰

宋嚴州刻本。歸安陸氏有宋刻本，半葉十一

行，行十七字。

史氏指南方一卷　宋史堪撰

宋嚴州刻本。直齋書錄解題：指南方一卷，

蜀人史堪載之撰，凡三十一門各有論。

重修政和經史證類備用本草三十卷　宋唐慎微

撰

宋杭州漕司刻本。錢竹汀記為是書初刻本。

本草單方□卷　宋王俁撰

宋四明刻本。凡四千二百六方。清傳是樓藏有宋板本草集方。

重校活人書十八卷　宋朱肱撰

南宋初年刻本。半葉十行，行十九字。版心有刻工江清、余十八、郭嶼、陳仲。餘為單字或名或姓。直齋書錄解題據杭州本著錄，故亦分十八卷。此本首卷影鈔補，餘完善。四庫未收，阮文達亦未進呈。日本藏書。

王氏博濟方三卷　宋王袞撰

兩浙古刊本考載為宋嚴州刻本。

博濟方三卷　宋莫伯虛撰

直齋書錄解題：吳興莫伯虛刻於永嘉，而以家藏經驗方附於後。是書刻於溫州。

□元方一卷　宋莫伯虛撰

直齋書錄解題：刑部郎中吳興莫伯虛致道刻博濟方於永嘉，而以其家藏經驗方附於後。是刻於溫州

王碩易簡方不分卷　宋王碩德膚撰

宋永嘉刻，當時盛行於世。

本事方二卷　宋許叔微撰

兩浙古刊本考：宋嚴州刻本。新定續志載郡有經史詩文方書凡八十種之一。

活民書　壽國脈書　宋董煟撰

宋浙西轉運司刻本。陳世南游宦紀聞卷六云董煟字季興，向為瑞安邑大夫，有志斯世，所著活民國、壽國脈書，皆經乙覽，今浙漕有刊本。

劉涓子鬼遺方五卷　齊龔慶宣撰

宋刻本。半葉十三行，行二十三字。白口，左右雙邊。宋諱不避，然其雕工，似是南宋中期浙刊本，或是翻金本，紙白而韌，刊刻甚精。海虞瞿氏藏書。

衛濟方一卷　不著名氏

直齋書録解題載衛濟寶書一卷，稱東軒居士不著名字。治癰疽方。為嚴州刻本。

癰疽方

宋嚴州刻本

産寶方（或作産寶諸方）

宋嚴州刻本。

玄經集注十卷　宋胡次和撰　存卷六上一卷

宋刻本，半葉十行，行十七字。白口，左右雙邊。版心上魚尾上標千文一字，下記"玄六上"三字，又下記刻工姓名，有丁松年、王渙、王壽、王汝霖、石昌、宋琚、金祖、金學、沈忠、沈珍、項仁、顧達、蔣容、蔡邠、陳伸、陳彬、劉昭、章忠、董澄、陳壽、曹鼎、詹世榮、童遇、龐知柔等。宋諱缺筆，桓、慎不缺。字體勁整，是南渡初浙本。北京圖書館藏。

易一卷　宋楊簡撰

宋嚴州刻本。直齋書錄解題：己易一卷，楊簡撰。

甲選詩圖二卷

宋紹興府刻本。直齋書錄解題著錄為紹興府所刊本，無名氏。

極圖解

寶慶四明志州學書板有太極圖解一十七板。

舉會要

兩浙古刊本考：西湖書院書板考載有纂禁

要。明初板亡。

六甲天元氣運鈐二卷

朱肱序：“今作小字鏤板”。北京圖書館存

字本二册。

金壺記三卷　宋釋適之撰

宋刻本，半葉十一行，行二十字。版心記

數及刻工姓名，有馬松、吴陞等人。避宋

至慎字止。鈐有“錢受之”、“牧翁”、“

振宜印”、“滄葦”、“乾學”、“徐健

孫代志周”、“漢唐齋”、“笏齋”、“

玉堂”、“翰墨奇緣”、“宋本”各印。

本靜嘉堂文庫藏書。此爲皕宋樓藏宋本。

有影寫宋刻本，籤題“絳雲樓宋版影寫”。

末記金壺事半葉，爲皕宋樓藏宋本所無。

曰：浮提之國獻神通善書二人，乍老乍少，

隱形則出影，聞聲則藏形。出肘間金壺四

上有五龍之檢，封以青泥。壺中有墨汁如

漆，灑地及石皆成篆隸科斗之字。記造化

倫之始，佐老子撰道德經垂十萬言，寫以

牒，編以金繩，貯以玉函，晝夜精勤，神勞形倦。及金壺汁盡，二人刳心瀝血以代墨焉。遞鑽腦骨取髓，代為膏燭，及髓血皆竭，探懷中玉管，中有丹藥之屑，以塗其身，骨乃如故。老子曰：'更除其繁紊，存五千言。'及至經成工畢，二人亦不知所往。"

書學會編六種十六卷

法帖釋文十卷

書史一卷

法帖刊誤二卷

法帖譜系一卷

法帖音釋刊誤一卷

法書正宗一卷

宋婺州義烏酥溪蔣宅崇知斎刻本。

忘憂清樂集一卷　宋李逸民撰

南宋杭州刻本，半葉十一行，行二十字。黑口，左右雙邊。忘憂清樂集是現存最早的一部圍棋著作的刻本。它雖然只有一卷，性質卻是圍棋著作的匯編，內容分兩類：一類是棋藝的論述，即北宋皇祐（1049—1054）中張

擬撰寫的《棋經》十三篇，劉仲甫的《棋訣》
和張靖的《論棋訣要雜說》；另一類是從三
國時代孫吳到北宋時期所流傳的棋圖、棋勢
共五十幅。編者是北宋時期的棋待詔李逸民
因為宋徽宗詠圍棋的《御製詩》（收在本書
《棋經》之後）首句為「忘憂清樂在枰棋」
因而取作書名。此本是北京圖書館所藏南宋
杭州刻本。此本歷經清代著名藏書家黃丕烈
及汪氏藝芸精舍、瞿氏鐵琴銅劍樓等收藏。
書末附有黃丕烈題跋，記述了他得書及重裝
的經過，又有黃氏轉錄的錢曾此書著錄一條
（錢曾所記書名、卷數與此本略有不同，或
以為別是一書）。此書一九四九年由它最後
一位收藏者丁福保先生捐贈北京圖書館，此
書已印入古逸叢書三編中。

酒經三卷　宋朱翼中撰

宋刻本，半葉十行，行二十字。白口，左右
雙邊。版心雙魚尾，上魚尾下記酒經上、中
下，下魚尾下記葉數，再下記字數，最下記
刻工姓名，有李忠、張明、金敦、翁祐、吳

正、吳浩、宋琳、金章、徐通等人。字體方整峭厲，紙墨俱精。後有錢牧翁（謙益）跋，為晚年筆。行間校字似牧翁筆。常熟瞿氏藏書。現藏北京圖書館。已印入續古逸叢書中。版心刻工有五人參同明州本文選注。又李忠、張明、金敦、翁祐等又刻嚴州小字本通鑑紀事本末，古文苑、新刊劍南詩稿等書。

打馬圖一卷　宋李清照撰

清秦氏石研齋影宋寫本。版心有"石研齋抄本"五字。前有圖四幅。秦氏跋："此書與劉敞漢官儀相類，余得宋槧半部，比之説郛所載微有不同，因命鈔手錄出，續以説郛補之，遂成完書。易安著作甚少，可與金石錄並傳矣。丁丑除夕前二日秦伯敦父呵凍書。"

鄉飲酒紀事

兩浙古刊本考為宋嚴州刻本。

長短經九卷　唐趙蕤撰　亦題"儒門經濟長短經"

南宋初杭州刻本。半葉十一行，行二十至二十一字不等。白口，左右雙邊。版心下刻圖或黑點，以代刻工。前儒門經濟長短經序，本書題"長短文經"，卷一、八、九卷末有"杭州淨戒院新印"一行。末有洪武丁巳沈新氏手跋。前有乾隆三十八年厲守謙進書木記，即四庫底本。

重雕足本鑑戒錄十卷　後蜀何光遠撰

宋刻本。半葉十五行，行二十四字。白口，四周雙邊。版心下方記刻工名一字。卷首標題大字佔雙行。以雕工字體審之，是孝宗間浙本。有明項元汴重裝題識，朱彝尊、查嗣瑮、汪士鋐跋。王士禛、徐嘉炎、曹寅題款。翁松禪遺書，翁敬之藏。

西銘解

寶慶四明志州學書板有西銘解一十一板。

容齋隨筆十六卷　宋洪邁撰

宋婺州刻本。兩浙古刊本考：續筆自序，"是書先已成十六卷，淳熙十四年八月在禁林，入侍至尊皇帝清閒之燕。聖語忽云，近見甚齋隨筆。邁竦而對曰，是臣所著容齋隨筆，無足采者。上曰，日煞有好議論。邁起謝退，而詢之，乃婺女所刻，賈人販鬻於書坊中，中貴人買以入遂塵乙覽。

冷齋夜話十卷　宋釋惠洪撰

宋衢州刻本。

省心雜言一卷　宋李邦獻撰

宋臨安刻本。永樂大典具載此書，共二百餘條，依宋時槧本全帙錄入。

新刊山堂先生章宮講考索十集一百卷　宋章如愚集輯

宋金華曹氏中隱書院刻巾箱本，半葉十三行，行二十字。白口左右雙邊。版心上記字數，下記刻工姓名，闌外有小題，每節之題多作白文，宋諱不避，又多減筆。後有金華曹氏中隱書院刊行雙行木記。

中國書店藏甲集十卷，爲內閣大庫故物。上海圖書館藏丁集十卷己集十卷。民間存十卷。刻工僅記有江文清、文清、黃一松。

禮本傳（爲童蒙讀本）

宋廖瑩中世綵堂刻本。

標題徐狀元補注蒙求二卷　晋李瀚撰　宋徐子光注

宋杭州刻本。半葉十行，注雙行二十六字。書名、時代及注文事實皆陰文。鈐有"述古堂藏書記"、"稽瑞樓"、"小長蘆"、"濵知十讀書記"各印。

觀史類編六卷　宋呂祖謙撰　存治體一卷

宋刻本，半葉九行，行十八字，白口，左右雙邊。版心上記字數，中記"治體"二字。次記葉數，下記刻工姓名，有吳彥、吳珙、卜進、王信、李珍、文宗、宣、王、遇各一字。末葉有墨書"至正四年五月初九日"一行，下鈐篆古文印一方。本書采輯史籍中關於治道事蹟言論可為法戒者，首左氏傳，以次至史記、漢書（下有續補左氏傳三條）。國語（下有補漢書一則）。後漢書、三國志、晉書、南史、北史、舊唐書。每書下均記明卷數。此書為寶應劉翰臣啓瑞所藏，翰臣手跋錄後："書缺首葉，不知何名，據直齋書錄解題十四載觀史類編六卷，呂祖謙撰，初輯此編為六門，曰擇善、曰儆戒、曰闡範、曰治體、曰論議、曰處事，而闡範最先成，既別行，今惟五門，而論議分上下卷。此書所引止舊唐書，當爲宋人書。卅七引張説語，下注「此段又見議論，據此彼類呂書」。

感應篇八卷

南宋國子監刻本。宋理宗出楮錢百萬刊，親書「諸惡莫作，衆善奉行」二語於首篇。

妙法蓮華經七卷附音釋　姚秦鳩摩羅什譯

宋刻本，半葉五行，行十七字。首説法圖，右角下刊「風涇徐禧刊」五字。終南山釋道宣序。宋諱避至慎字。按：楓涇屬嘉善縣。

妙法蓮華經七卷　姚秦鳩摩羅什譯

南宋杭州刻本，半葉六行，行十七字。十字雙行十八字。單邊無界。刻工有子明、天明、王彥、王詢、王睿、余政、吳志、妙注、李士通、施宏、徐昇、葛通等人。刻工吳志刻有廣韻，徐昇刻有外臺秘要。此書日本帝室圖書寮藏。

妙法蓮華經七卷　姚秦鳩摩羅什譯

宋刻本，半葉十行，行二十一字。上下單邊。卷首妙法蓮華經弘傳序，次行題終南山釋道宣述，每卷首行題妙法蓮華經卷第幾，次行題姚秦三藏法師鳩摩羅什奉詔譯。凡二十八品分為七卷。宋諱僅卷首弘字缺筆。密行細字，書法宋率更體，鐫印俱精。北京圖書館藏。

大方廣佛華嚴經疏□□卷　唐釋澄觀撰　宋釋淨源錄疏注經

宋兩浙轉運司刻本。六册。半葉四行，行十五字，小字雙行二十字。存殘葉六卷。北京圖書館藏。

大唐西域記十二卷　唐釋玄奘譯　辯機撰

宋思溪藏本，半葉六行，行十七字。缺卷一卷六。楊守敬得於日本。此本後為傅氏藏，已印入四部叢刊中。

楞嚴義疏注疏二十卷　宋釋子璿撰

南宋中期杭州刻本。半葉四行，行十五字小字雙行二十字。存一卷。北京圖書館藏。

金光明最勝王經十卷　唐義淨譯

南宋臨安衛塋捐刻本。四川大學藏卷七。

四分律比丘含注戒本二卷　唐釋道宣撰

南宋中期刻本。五行十七字，小字二十三字，四周雙邊。北京圖書館藏。

四分律行事鈔資持記□卷　存卷上

宋明州刻本。半葉七行，行二十二字。卷末刊"明州法雲律院住持嗣法比丘如昇謹施長財一百二十貫足開此一卷，庶永流通，固皇室之封疆，新毗尼之壽命"三行。有澂懷堂印。

法華文句記十卷　唐釋湛然撰

宋安吉州寶雲院刻本。每版三十行，行二十四字。存卷一、三、四計三卷。上海圖書館藏。

上乘藏經節要宗鏡錄一百卷　殘帙

題"大宋吳越國慧日永明寺主智覺禪師延壽集，大明代藩分封蒲坂山陰王元峰道人俊柵校，賜進士知蒲州事分寧鳳陽山人陳以朝訂，蒲坂藏海寺禪僧本郡寂安子志志常刻，禮部儒士少峰秦光融謄"。每卷前均列此五行。"優婆塞呂汝源、李尚學，沙彌嚴達、紀同校。優婆塞趙應禮同謄。管工內史李美，近侍李志堅。校尉李大才、荊天祥、許亨、趙良才。鐵筆匠胥大紹、聰等二十七名"。此六行在第十三卷後，各卷人名不同，間有無此六行者。

密庵語錄一卷附臨安府景德靈隱寺語錄凡七種

宋釋崇岳 了悟等輯

宋臨安刻本。半葉十一行，行二十字，白口，左右雙邊。版心上記"密庵錄"三字，下記刻工人名，有天台周浩等。卷末刊"參學約齋居士助錢一百貫開板"一行。計八十八葉。鈐有季振宜藏書、徐健菴、玉峯碧好學為福之齋印。考刻工周浩，刻有宋紹興兩浙東路茶鹽司刻本舊唐書、宋紹興三年兩浙東路茶鹽司刻本資治通鑑、宋紹興間刻樂府詩集。

寶峯雲庵淨祥禪師語錄二卷 宋釋福深輯

宋明州刻本。半葉十一行，行二十字，細黑口，左右雙邊。北京圖書館藏。

雪竇明覺大師語錄

南宋後期刻本。刻工徐汝舟、洪舉。東渡日本刻

雪堂和尚拾遺錄一卷

南宋後期杭州刻本。半葉十行，行十八字。白口，左右雙邊。北京圖書館藏。

真州臨濟慧照禪師語錄一卷　宋釋惠然集
宋刻本，半葉十一行，行二十字。白口。版
心上記字數，下記刻工姓名，有章寰、徐文
閏等。卷末刻有"住大名府興化嗣法小師存
奬校勘"一行。按：以款式刊工核之，爲浙
江所刻。鎮州宋初置，後升爲真定府，今之
河北省定縣，而與大名相近，以其刻法，決
非北方之有。
雲峰悅禪師語錄一卷附悅禪師初住翠巖語錄
次住法輪語錄
宋刻本，半葉十二行，行二十字。白口，版
心上記字數，下記刻工只一徐字。楊傑序，
黄庭堅跋。有季振宜、韓氏藏書記印。
肇論中吳集解三卷　宋釋淨源撰
南宋中期杭州刻本。半葉五行，行十五字、
小字二十字。上下單邊。存一卷中。北京圖
書館藏。
天臺教苑清規
宋湖州刻本。黄溍序，天臺教苑清規，舊嘗
刻寘上天竺山之白雲堂，後燬不存。今圓覺

住山慶公懼久將廢墜，乃取故所藏本，重加詮次，正其舛訛，補其缺佚，而參考乎，禪律之異同，捐己橐復刻焉。兩浙古刊本考稱圓覺住山慶公當是思谿圓覺法寶寺僧。

台州十類因革論四卷　宋釋善月撰

南宋末刻本。刻工有慈谿沈華、顧達。日本東福寺藏書

南華真經注疏十卷　晉郭象注　唐西華法師成玄英疏

宋國刻本，半葉八行，行十五字。注文雙行，行二十字。白口左右雙邊。雙魚尾，版心上記大小字數，下記刻工姓名。一至六卷配補版心下有：日本東京木邨嘉平刻，木邨嘉字七至十卷宋刻本，刻工有李信、葛文、呈友劉炳、劉聰、方文、何開、余亨、呈万、盧文、杜奇、劉生、陳文、陋文、蓮友、葉禎周允成、李付、萬成、劉丙、李慶、餘為單字或姓或名。日本賜蘆文庫藏。後經黎庶昌刻入古逸叢書之中。

冲虛至德真經注八卷　晉張湛注

宋刻宋元遞修本。半葉十四行，行二十五、二十六字不等。注文雙行，行約三十字。白口，左右雙邊。版心上記字數，下記刻工姓名，有乙成、王正、王汝林、朱寔、宋通、毛祖、楊謹、毛端、馬祖、陳彬、日新、李昇、李章、石昌、高文、嚴志、邵亨、許忠吳春、徐珂、曹昇、曹鼎、繆恭、詹世榮、蔣榮祖等。宋諱缺筆至貞字，北宋後期諱及南宋諱多不避。前人因定此書為北宋槧本，恐不確。中國版刻圖錄載刻工約分三期，乙成、楊謹、許忠、嚴志等南宋初葉杭州地區良工為第一期。丁松年、馬祖、陳彬、詹世榮、毛祖、蔣榮祖、曹鼎、邵亨、龐汝升等南宋中葉杭州地區補版為第二期。元人補版多不記姓名，或僅記一單字，為第三期。四部叢刊印本，即據此帙影印。北京圖書館藏

楚辭十七卷　漢王逸章句

兩浙古刊本考：黃伯思新校楚辭序，伯思以武林吳郡槧本讎校。

離騷集傳不分卷　宋錢杲之撰

南宋中期刻本。半葉九行，行十八字。黑口
左右雙邊。朱承爵、費念慈、邵松年題款
黃丕烈、孫延跋。北京圖書館藏。

鮑氏集十卷　劉宋鮑照撰

明毛晉影鈔宋本。半葉十行，行十六字。烏
絲欄。版心下有刻工姓名，華再興、曲鈃、
屈旻、劉廣、劉中。宋本序缺四葉，毛氏據
別本補鈔，邊欄作細線以別之。有"宋本"
"甲"字印、"毛晉"、"毛斧季"、"汪
士鐘藏"等印。此書宋刻本久已散失，影宋
抄本亦僅見此本，文字可校正通行本甚多。
世稱"毛抄僅下宋本一等"，此本則是享有
這種盛名的代表作。

會昌一品集三十四卷　唐李德裕撰

宋永嘉刻本。有姑藏集五卷。

白氏文集七十一卷　唐白居易撰

南宋初期刻本，黃丕烈跋。半葉十一行，行
二十一字或二十二字不等。白口，四周雙邊
存十七卷。北京圖書館藏。

白氏文集七十一卷　唐白居易撰

宋刻本。(卷三十二至三十三配明影宋抄本)。
十三行，行二十二至二十六字不等。白口，
左右雙邊。北京圖書館藏。

寒 山子詩一卷　唐釋寒山子撰　豐干拾得詩一
卷　唐釋豐干拾得撰
宋刻本，半葉十行，行十八字。白口，左右
雙邊。版心刻工有徐忠、李春、章楷、陳亨、
董源、施昌等人。鈐有"毛晉私印"、"子
晉"、"汲古主人"、"宋本"、"甲"諸
印，又有"天祿琳琅"、"乾隆御覽之寶"、
"五福五代堂寶"、"八徵耄念之寶"、"太
上皇帝之寶"、"天祿繼鑑"諸印。周叔弢
藏書，已覆刻行世，又印入四部叢刊中。捐
贈北京圖書館。

唐 陸宣公集二十二卷　唐陸贄撰
宋刻本，半葉十行，行十七字。白口，左右
雙邊。單魚尾，書名前十卷制誥，題苑幾，
次奏草六卷，中書奏議六卷，題奏幾，上間
記字數，下記刻工姓名，有張中、徐成、張
允宗、何津、何源、黃可、徐文、元仁、子

明、遇春諸人，又有徐、何、張、黃、趙、
曹、高、元、允、源、成、文、子、津、
拱、珍、諒、承各單字。宋諱僅匡、筐、
桓、構、遘等字缺筆。藏印有「莲林藏書
刻工中徐文一人見龍龕手鑑，證爲浙本。

昌黎先生集四十卷外集十卷遺文一卷　唐韓
南宋監本。方崧卿韓集舉正序：今之監本
非舊集，然校之潮袁諸本猶爲近古，如送
堪序，閣本、杭本皆繫於十九卷之末，惟
本尚然，今用以爲正，而錄諸本異同於其
（又方書所引有新舊二監本）。

重校添注音辯唐柳先生文集四十五卷外集二卷
唐柳宗元撰　宋童宗說　韓醇等注
宋鄭定輯注，嘉興刻大字本。半葉九行，
十七字。注文雙行，白口，左右雙邊。版
上記字數，下記刻工姓名，有王仔、王遇、
王禧、王顯、徐禧、高春、高寅、高文、
春、朱梓、毛端、繆恭、石昌、馬文、馬
吳鉉、丁松、金滋、董澄、鄭錫、劉昭、
侍用、龐知德、龐知柔、曹冠英、丁日新、

陳良、陳斗南、徐安禮、吳叙等人。劉尚錫序。宋諱避至慎字。補鈔目錄及卷中八十餘葉。鈐有"秀水朱氏潛采堂"、"東郡楊紹和字彥合"、"楊保彝"、"東郡宋存書室印"。此書楊氏海源閣藏。楊氏楹書隅錄引何義門讀書記，言據陳氏書錄解題，爲姑蘇鄭定刊於嘉興。楊氏又據刊工中有曹冠英、曹冠宗、丁松、王顯諸人與鄭氏在嘉興所刻愧郯錄同。益可爲鄭定刻之確證。

甲乙集十卷　唐羅隱撰

宋刻本，半葉十行，行十八字。版心有字數。後記刊板處一行已漫漶，僅存"臨安府"三字，末"金氏"二字可審。宋諱"匡"、"徵"、"桓"、"樹"、"構"、"慎"字缺筆，當是孝宗以後所刻。有"泰興季振宜滄葦氏珍藏"一行，是侍御手筆。卷中有"太清"、"虞山錢曾遵王藏書"、"季振宜藏書"、"季振宜字詵兮號滄葦"、"乾學健菴"、"漁洋山人"、"安岐"、"安麓村藏書記"諸印。四部叢刊初編影印本據此影印。

昌谷集四卷外集一卷 唐李賀撰

宋會稽刻本。

劉賓客文集三十卷外集十卷 唐劉禹錫撰

南宋初浙江刻本。半葉十二行，行二十二字白口，左右雙邊。版心下記刻工姓名，只有卓宥一人。國立中央博物院藏。

咸平集五十一卷 宋田錫撰

宋嚴州刻本。

司馬溫公全集一百一十六卷 宋司馬光撰 存十四卷

宋刻本，半葉十二行，行二十字。版心上記字數，下有刻工姓名，有文立、文彥、江青江清、何中、余才、余全、余表、余益、楊遇、吳永、孫右、許和、郭良、郭先、郭章陳明、陳通、詹元、程忠、葉明、詹祥、朱慎、魏正等人。序題上有增廣字樣，大字六兩行。前有朝奉郎邛州錄事駱緋魚袋黃革序次為目錄。此全集諸書所不載，可謂海內孤本。考其刻工與國子監史記合，證為浙江所刻。日本帝室圖書寮藏。

河南集二十七卷　宋嚴洙撰

宋尤袤刻本。

慶元府雪竇明覺大師祖英集二卷　宋重顯撰

瀑泉集一卷　宋釋允誠輯　雪竇顯和尚明覺大師頌古集一卷　宋釋遠塵輯　拈古集一卷

宋寧宗間明州刻本。半葉十一行，行二十字。白口，左右雙邊。前有曇玉、圓應、文政等序。祖英集後有「四明洪舉刊」一行。海虞瞿氏藏。現藏北京圖書館。

安陸集一卷　宋張先撰

宋湖州郡齋刻本。齊東野語：余家又藏張子野詩一帙，名安陸集，蓋京本也，鄉守楊翮翁見之，因取刻之郡齋。

曾南豐先生文粹十卷　宋曾鞏撰

宋婺州刻本。半葉十四行，行二十六字。白口，四周雙邊。版心有刻工王震、同、甲、全、僊、宏、張、劉、兹、蔣各單字。宋諱缺筆至敦字。版式中型，刀法瘦勁，與婺州本三蘇文粹相似，因推知此書當是南宋中葉婺州刻本。各篇有出南豐類外者，文字亦較元明刻本類稿為勝。藏印有"謙牧堂藏書記"、"兼牧堂書畫記"、"乾隆御覽之寶"、"天祿琳琅"、"天祿繼鑑"、"宗室盛昱收藏圖書印"。北京圖書館藏。

東坡集四十卷後集二十卷內制集十卷外制集三卷奏議十五卷和陶集四卷

南宋監本，明初板亡。又曾孫蘇嶠杭州重刻本。

山谷編年詩集三十卷年譜二卷

直齋書錄解題：其甥洪氏兄弟所編。斷自進德堂以後。今外集所載數卷，有晚年刪去者故任子淵所注，亦惟取前集而已，監丞黃㽦子耕，其諸孫也，既會粹別集，復盡其平生詩以歲月次第編錄，且為之譜，今刊板括蒼。

後山集二十四卷　宋陳師道撰

宋明州刻本。直齋書錄解題載魏衍序，言受其所遺甲乙丙稿，詩曰五七、文曰千百，今四明本如此。

橫渠集十卷　宋張載撰

宋嚴州刻本。宋史藝文志載張載集十卷。郡

齋讀書志載張椹澡棠文集十卷。

石林居士集一百卷　宋葉夢得撰

兩浙古刊本考：葉籍石林居士建康集跋：別有總集一百卷，昨已刊於吳興里舍。

頤庵集

宋嚴州刻本。新定續志載郡有經史詩文方書八十種之一。

南軒先生文集四十四卷　宋張栻撰　朱熹編

宋嚴州刻本。半葉十行，行十七字。白口，左右雙邊。版心上記字數，下記刻工姓名，有鄭春、江漢、方中、方淳、方茂、方忠、徐大忠、江浩等人。宋諱避至廓字。此本字體方嚴，刻工與皕宋樓藏歐公本末者同，歐公本末刻於嘉定五年，則此亦寧宗時浙江刻本。前有淳熙甲辰十一年朱熹草書序七行。鈐有“曲阿孫氏七峰山房圖籍私藏”、“朱文石史”、“青霞館”、“曲阿仲子”各印。此書存二十八卷。缺一至四卷，三十三至四十四卷，共缺十六卷。當時進呈者以二十九至三十二各卷剜改為一至四卷，以充完帙。台灣故宮博物院藏

書，著錄爲淳熙、慶元間嚴州刻本。兩浙古
刊本考爲嚴州刻本。
西溪集十卷　宋沈遘撰　雲巢集十卷　宋沈遼
撰　長興集十九卷　宋沈據撰
南宋初高布合刻於括蒼。名吳興三沈集。長
興集卷末題"從事郎處州司理參軍高布重校。"
宮教文集十二卷　宋崔敦禮撰
寶慶四明志載郡學本，州學書板有宮教文集
四百三十八板。
四明尊堯集
寶慶四明志載郡學本，州學書板有四明尊堯
集一百板。
問梅小稿
寶慶四明志載郡學本，州學書板有問梅小稿
八十板。
雪巢小集　宋林憲撰
宋天臺刻本。
攻媿先生集一百二十卷　宋樓鑰撰
宋四明樓氏家刻本。半葉十行，行十八字。
白口，左右雙邊。版心上記字數，下記刻工

姓名，有金滋、詹世榮、馮祖、朱阮、曹興祖、徐滋、丁松年、陳彬、方至、王壽、張明、丁松、丁之才、沈松、阮先、宋琚、董澄、顧澄、聶乂、劉宗顯等人。原一百二十卷，存卷一至卷四、卷八至卷二十五、卷三十至卷三十七、卷四十一至卷七十六、卷八十至卷九十三、卷九十八至一百二十，凡一百三卷。宋諱缺筆至廓字。刻工與寶慶四明志多同。樓鑰鄞縣人，此書當是樓氏家刻本。鈐有"吳"、"孟章"、"青華小閣藏"三印。又有"棟亭曹氏藏書"、"長白敷槎氏堇齋昌齡圖書印"、"湛生珍藏"等印。北京大學圖書館藏。

崔舍人玉堂類稿二十卷附録一卷西垣類稿二卷目録一卷　宋崔敦詩撰

宋刻本，半葉十行，行二十字，白口，左右雙邊。版心記"玉堂類稿卷第幾"，或加"崔舍人"三字，下記刻工姓名，可辨者有王信、李忠、吳珙、李珍諸人，餘則記朱杞、陳杞、某梓，蓋皆鋟梓之義。西垣類稿只存第一、二兩卷，附錄爲告身祭文哀挽等。日本柴邦彥跋云：「右宋槃玉堂類稿二十卷、西垣類稿二卷，南宋崔敦詩所著，附錄一卷乃其歷官制誥及祭文挽辭也。按敦詩宋史無傳，據萬姓譜及墓誌，崔字大雅，常熟人，紹興進士，官至中書舍人。性謹厚，知大體，所陳剴切，爲孝宗所器許。有文集二十卷、奏議五卷制稿二十二卷。又著制海監韻等書，就司馬公通鑑舉論每代得失正邪，成要覽六十卷以奏御。帝命更定呂東萊文鑑，其增損去留率有素義云。又按藝文志所載周必大玉堂、西垣二稿二十二卷即崔此稿矣。脫脫誤認爲周蓋疏脫也。他若陳直齋解題以下諸家書目咸不著錄，獨葉盛列之菉竹堂書目，則明代中其書猶存也。爾後四庫、敏求等錄不復及，則或者已亡矣。此本古色黯紛，其當爲初原板不可疑焉。首有金澤文庫印記，上杉氏舊藏也，流轉近歸於翫月堂小倉氏焉。凡宋刻傳者，唐人猶爲罕遇，況於萬里之外，其可不寶愛乎？借觀數十日，詳其編纂，僅止所職之文，制誥、口宣、批答及青詞致語等之外，無一文及別題，蓋所謂制稿二十二卷者矣；其他奏議文集知大體而剴切者，皆不可見，爲可惜也。小倉名祐利，以鬻書爲業。皇亨和三年癸亥九月東讚柴邦彥記"。此書字體方整，白麻紙厚韌，初印精善。日本帝室圖書寮藏書。

平齋文集三十二卷　宋洪咨夔撰

宋刻本，半葉十一行，行十九字，白口，左右雙邊。版心題"平齋集幾"，上方記字數。字體方整而無精湛之美，頗與棚本相類。此書目錄舊題明本，張元濟改訂爲宋本。傅增湘觀之，信宋刊不疑，並考森立之經籍訪古志固以爲宋本也。日本內閣文庫藏書。已印入四部叢刊續編。

蟠室老人文集二十二卷奏議一卷詠史隱筆一卷　宋葛洪撰

宋浙江東陽刻本。半葉九行，行十八字。白口，左右雙邊。葛洪字容父，東陽人。淳熙十一年進士。官至端明殿學士參知政事，以資政殿學士提舉洞霄宮進大學士，致仕卒。

著奏議、雜著文二十四卷。宋史有傳。此編
爲其文集，原藏東陽舊氏祠堂。存卷一至卷
五詩，卷十四劄子，卷十五啓，卷十八書，
卷十九雜著，卷二十祭文，凡十卷。光緒六
年裔孫肯堂曾以活字版排印數十部，外間流
傳甚罕。近年此書從東陽散出，又佚失八卷
僅剩十四、十五兩卷，今藏南京圖書館。此
書世無二帙，宋史藝文志、直齋書錄解題、
宋以後公私書俱未著錄。

王魏公集二十卷　宋王安禮撰

兩浙古刊本考載陳直齋云二十卷，尚書左丞
王安禮和甫撰。西湖書院書板考，明初板亡

呂忠穆公集十五卷　宋呂頤浩撰

直齋書錄解題載呂忠穆集十五卷，丞相濟南
呂頤浩元直撰，後三卷爲燕魏錄雜記古今事
末言金人敗盟始末甚詳。此書明初板亡。

王校理集六十卷　宋王安國撰

直齋書錄解題載六十卷，祕閣校理王安國平
甫撰。此書明初板亡。

勉齋集四十卷　宋黃幹撰

宋黃震刻於山陰本。跋云衡陽本初刻有妨時故最略；嚴溪本略增。其板燬之三山，分類未當。

秋崖集四十卷　宋方岳撰

繡谷亭書錄云，宋時臨安、開化、建陽俱有刻本。

秋崖先生小稿八十三卷詩二十八卷文四十五卷　宋方岳撰

宋開化刻本。元季板佚。

橫塘集二十卷

宋台州郡齋刻三十卷本。見赤城志。

方先生詩集九卷　宋方鳳撰

宋趙敬叔刻於永嘉縣齋。黃溍序：先生卒，二子樗梓，懼時無知先生者，不敢輒以遺稿示人，柳君道傳分官於太常，自以游先生門最早，圖具不朽者，甚悉既織辭銘其墓，且探其家，摘五七言古律詩三百八十篇，釐為九卷，屬永嘉尹趙敬叔刻寘縣齋。先生諱鳳字韶父婺浦江人。

甘棠集二卷

宋婺州刻本。戴良序，北庭廉侯来長婺浦江
浦江之民咸愛戴之如父母，三年政成任將歸
而黄童白叟涕泣，以遮留者動千百計，已而
侯之去，於是篇章之富，凡若干首，縣之好
事君子遂擇其尤者編而為集，以吾民之思侯
無異於召南之思，召公，故名其集曰甘棠集
且俾良序而刻梓，凡二卷。文字之有紀於侯
者，具見集中。侯名阿年八哈字景淵云。

釣臺詩　釣臺續集　釣臺別集　宋王專撰
宋嚴州刻本。直齋書錄解題：釣臺新集六卷
續集十卷，郡人王專撰。續者郡守謝德裕之
子上也。

黄文獻公集二十三卷　宋黄溍撰
宋婺州刻本。宋濂序：先生薨後之五年，家藏
日損齋稿共二十五卷。縣大夫胡□君惟信恐
其沒取口梓以傳。

千巖集七卷　宋蕭德藻撰
宋嚴州刻本。直齋書錄解題：千巖擇稿七卷
外編三卷，續編四卷。知峽州蕭德藻東夫撰

七里先生自然庵詩七卷　宋江端友撰

宋嚴州刻本。直齋書錄解題：七里先生自然
詩七卷江端友子我撰。休複鄰幾之孫。

東萊呂太史文集十五卷別集十六卷外集五卷
宋呂祖謙撰
宋婺州祠堂刻本。明初取板入南監。

桐江集六十五卷　宋陸游撰
宋嚴州刻本。戴表元桐江續集序：放翁晚起
家得嚴州爲詩幾千首，翁去而州人愛其詩，
版傳之於使君垂老節守嚴多爲詩，州人爲刻
其桐江集六十五卷。

安晚堂詩集六十卷　宋鄭清之撰
宋臨安刻本。

清真集
宋嚴州刻本。宋志十一卷。四明所刻二十四
卷。新定續志載郡有經史詩文方書，凡八十
種之一。

清真詩餘二卷續集一卷
宋嚴州刻本。直齋書錄解題載清真詞二卷，
續集一卷。

梁昭明太子集五卷　梁蕭統撰

宋四明刻本。

六臣注文選六十卷　梁蕭統輯　唐李善　吕延

濟　劉良　張銑　吕向　李周翰注

南宋監本。

古文苑九卷　宋章樵注

宋婺州刻本。直齋書録解題：不知何人集，

皆漢以來遺文，史傳及文選所無者，世傳孫

洙巨源於佛寺經龕中得之，唐人所藏也。韓無

咎類爲九卷，刻之婺州。

古文苑九卷　宋章樵注

宋陸游嚴州刻本。

麗澤集詩三十五卷　不著編輯姓氏

宋刻本，半葉十二行，行二十二字。宋諱朗

匡、恒、貞、徵、完、遘、慎字缺筆。凡樂

府一卷、文選一卷、陶靖節一卷、王無功、

沈佺期、陳伯玉、孟浩然、王摩詰、張説之

高達夫、儲光羲一卷、杜子美四卷、李太白

元次山、韋應物一卷、錢起、李嘉祐、劉長

卿、武元衡、韓退之一卷、孟東野、張文昌

盧仝、劉義、李長吉、賈島一卷、柳子厚、

劉夢得、呂化光、李益一卷、元微之、白樂天一卷、杜牧之、王建、李文饒、李義山、溫庭筠、姚合、方干、鮑溶、陸魯望、鄭谷隱、許用晦一卷、王荊公唐百家詩選一卷、本朝四言古詩一卷、樂府歌行附雜言二卷、五言古詩六卷、七言古詩一卷、五言詩律一卷、七言律詩三卷、五言絕句一卷、七言絕句三卷、雜體詩一卷。舊為瞿氏藏書。

續增歷代奏議麗澤集文十卷附關鍵一卷　不著編輯姓氏

宋刻本，半葉十二行，行二十二字。凡西漢五卷、東漢二卷、三國一卷、晉一卷、唐五代一卷。後附關鍵總論，口文字及作文法一卷。宋諱匡、貞、桓、構、慎等字缺筆，而敦、廓、擴不缺筆，當為光宗以前刻本。又全書皆經朱筆點勘。遇宋帝諱並加圈圍至茂陵嫌諱而止，蓋寧宗時人一手筆。卷中有"毛表"、"季振宜藏書"、"留與軒浦氏珍藏"諸印記，舊為瞿氏藏書。

九僧詩一卷　宋釋希晝等撰

明末毛氏汲古閣影寫宋刻本。半葉十行，行
十八字。白口，左右雙邊。李木齋藏。

續文章正宗二十卷　宋真德秀編
宋刻本，半葉十一行，行二十一字。白口，
左右雙邊。南宋後期浙刻本。

三蘇文粹七十卷　宋蘇洵、蘇軾、蘇轍撰　宋
本存者凡四十卷
宋刻本，半葉十行，行十八字。白口，左右
雙邊。版心記字數及刻工姓名。避諱至擴字
止，蓋寧宗時刻本。李盛鐸、張金吾、張芙
川遞藏。有李兆洛、邵淵耀、孫原湘跋。傅
增湘稱：三蘇文粹余生平所見者三本，皆密
行小字巾箱本。此本版式寬展，大字精嚴，
紙墨瑩潔，殊爲罕觀。陸氏定爲蜀本，余審
其字畫方嚴峻整，恐仍是浙本。日本靜嘉堂
文庫藏書。

三蘇先生文粹七十卷　宋蘇洵　蘇軾　蘇轍撰
宋婺州吳宅桂堂刻王宅桂堂修補印本。半葉
十四行，行二十六字。白口，左右雙邊。修
補印本刻工有元佑、李松、吳王、吳政、

嵩、何昌、全章、俞珍、洪新、翁先、陳明、陳祥、馬升、涂宗、涂彥、徐顏、師順、許中、葉遷、蔡先、劉才、劉正等。王宅桂堂跋刻版記為：婺州東陽胡倉王宅桂堂刊行。此書當在南宋前期，應是孝宗時期。北京圖書館藏。

陳宋集

宋嚴州刻本。新定續志載郡有經史詩文方書，凡八十種之一。此疑陳子昂、宋之問二集。

沈氏三先生文集　宋沈遘　沈括　沈遼撰　即西溪集十卷　沈遘撰　長興集四十卷　沈括撰　雲巢集十　沈遼撰

南宋初括蒼高布刻本。半葉九行，行二十字。從事郎處州司理參軍高布重校兼監雕。以上三集刊於括蒼，號三沈集。

河嶽英靈集二卷　唐殷璠輯

宋刻本，半葉十行，行十八字。白口，左右雙邊。書名題河嶽集上下，兼記字數。宋諱絃、朗、筐、恒、貞、楨、署、樹、眘、墩、廓等字缺筆。是本宋刻宋印，舊藏獨山莫友芝家。卷末有“丙寅初冬郘亭校讀一過”一行，並鈐“莫友芝藏書印”。現藏北京圖書館。

永嘉四靈詩四卷

宋刻本，半葉十行，行十八字。宋代徐照、徐璣、翁卷、趙師秀四人皆以詩名，因籍永嘉故時稱永嘉四靈。芳蘭軒集一卷，宋徐照撰。二薇亭集一卷，宋徐璣撰。葦碧軒集一卷，宋翁卷撰。清苑齋集一卷，宋趙師秀撰

吳都文粹九卷　宋鄭虎臣編

宋刻本十卷。

建寧文選

宋廖瑩中世綵堂刻本。

唐五七言绝句　本朝五七言绝句　中興五七言绝句

兩浙古刊本考：劉克莊宋氏绝句詩跋云，兩年前余選唐人及本朝七言绝句，五言绝句各得百篇，亦如之今鋟行於泉、於建陽、於臨安。

韻題類選一百卷　宋袁轂撰

陳直齋云一百卷，朝奉大夫知處州袁轂容直撰。以韻類纂集，頗精要。此書明初板云。

蘆川詞二卷　宋張元幹撰

宋刻本，半葉七行，行十三字。白口，左右雙邊。有黃丕烈跋。海虞瞿氏藏。

書棚刻書

釋名八卷　漢劉熙撰

宋臨安府陳道人書籍鋪刻本。半葉十行，行二十字。白口，四周雙邊。兩浙古刊本考：釋名八卷，館閣書目云，漢徵士北海劉熙字成國撰，推揆字源釋名號，致意精微。崇文總目云，即物名以釋義凡二十七目。臨安府陳道人書籍鋪刊行。

筆法記一卷　五代荊浩撰

宋臨安府陳道人書籍鋪刻本。半葉十一行，行二十字。白口，左右雙邊。有明翻宋臨安府陳道人書籍鋪刻本。

益州名畫錄三卷　宋黃休撰

宋臨安府陳道人書籍鋪刻本。半葉十一行，行二十一字。白口，左右雙邊。有明翻宋臨安府陳道人書籍刻本。

書小史十卷　宋陳思撰

宋書棚本。半葉十一行，行二十字。存卷六至十，卷一至五毛氏汲古閣鈔配。避宋諱至惇字止。前有謝奕手書序。明王弇州舊藏，毛氏汲古閣祕本書目著録。黄蕘圃有跋，百宋一廛賦著録。日本静嘉堂文庫藏書。

書苑菁華二十卷　宋陳思輯

宋刻本，半葉十一行，行二十字。白口，左右雙邊。此書輯録前人論書法詩文一百六十餘篇，與書小史相輔而行。宋諱缺筆至敦字前有魏了翁序文。疑是南宋後期陳思自刻本北京圖書館藏書。

米海嶽書史一卷　宋米芾撰

宋臨安府陳道人書籍鋪刻本。半葉十一行，行二十字。白口，左右雙邊。有明翻宋臨安府陳道人書籍鋪刻本。

古畫品録一卷　南齊謝赫撰

宋臨安府陳道人書籍鋪刻本。半葉十一行，行二十字。白口，左右雙邊。目後有“臨安府陳道人書籍鋪刊行"一行。有明翻宋臨安府陳道人書籍鋪刻本。

續畫品錄一卷　唐李嗣真撰

宋臨安府陳道人書籍鋪刻本。半葉十一行，行二十字。白口，左右雙邊。有明翻刻宋臨安府陳道人書籍鋪刻本。

畫繼十卷　宋鄧春撰　五代名畫補遺一卷宋劉道醇撰

宋臨安府陳道人書籍鋪刻本。半葉十一行，行二十字。白口，左右雙邊。版心有字數書名、卷次及葉碼，版心下間有刻工，有方至、方義、正文、陳、晃、呂、光、宋、裕、中等人。字近歐體，筆劃方潤整齊，結構開朗爽健，刷印較精。序後刊有"臨安府陳道人書籍鋪刊行"一行。宋刻畫繼、五代名畫補遺，傳世僅此一帙，堪稱海內孤本。明清以來諸家藏書目錄多鮮有記載。每冊首尾及前後扉葉鈐"謙牧堂藏書印"、"兼牧堂書畫記"及清宮天祿琳瑯諸藏書印。天祿琳瑯書目後編著錄此書，但誤稱畫繼為五卷，五代

名畫補遺爲二卷。遼寧圖書館藏書，即入古
逸叢書三編中，可使這一世傳孤本化身千百
廣甚流傳。

唐朝名畫録一卷　唐朱景玄撰
宋臨安府陳道人書籍鋪刻本。半葉十一行，
行二十字。白口，左右雙邊。有明翻宋臨安
府陳道人書籍鋪刻本。

聖朝名畫評三卷　宋劉道醇撰
宋臨安府陳道人書籍鋪刻本。半葉十一行，
行二十字。白口，左右雙邊。有明翻宋臨安
府陳道人書籍鋪刻本。

米海嶽畫史一卷　宋米芾撰
宋臨安府陳道人書籍鋪刻本。半葉十一行，
行二十字。白口，左右雙邊。丁禹生藏，是菉
竹堂葉氏物，末有朱書康熙癸巳蔣生子範所
贈，乃何義門手跋。

圖畫見聞志六卷　宋郭若虛撰
宋刻本，半葉十一行，行二十字。白口，左
右雙邊。書分六卷。前三卷元人寫本，校明
刻本時有異文，蓋另一宋本。後三卷爲宋刻

本，與明刻本行款悉合，紙質羅紋闊簾，疑是陳宅經籍鋪刻本。序目補闕，出明人秦四麟手。黃氏士禮居舊藏，百宋一廛賦著錄。四部叢刊印本，即據此帙影印。北京圖書館藏。

經鉏堂雜誌八卷　宋倪思撰

明嘉靖四十三年姚咨手寫本。半葉十行，行二十二字。有"臨安棚北大街睦親坊巷口陳解元宅書籍鋪刊印"一行。

遊宦紀聞十卷　宋張世南撰

南宋書棚本，半葉十行行十八字。注文雙行，白口，左右雙邊。版心記字數及刻工人名。紹興壬辰李發先跋。語涉宋帝宋室則提行或空一格，宋諱有缺有不缺，購、敦等字缺末筆。日本宮內省圖書寮藏。

賓退錄十卷　宋趙與時撰

宋臨安府陳宅經籍鋪刻本。半葉十行，行十八字。白口，左右雙邊。卷末有"臨安府睦親坊南陳宅經籍鋪印"一行。後有寶祐五年（1257）陳宗禮跋。蔣汝藻密韻樓藏。

續世說十二卷　宋孔平仲撰

清影寫宋臨安陳道人書籍鋪刻本。半葉十行，行十八字。目後有“臨安陳道人書籍鋪刊行”牌記一行。

重雕改正湘山野錄三卷續錄一卷　宋釋文瑩撰

宋刻本，半葉九行，行二十字。存上中二卷共四十七頁。餘五十三葉元人鈔配。有至正十九年識語。有黃丕烈、喬松年、繆荃孫跋。據兩浙古刊本考爲臨安府陳道人書籍鋪刊行。

揮麈前錄四卷後錄十一卷第三錄三卷餘話二卷

宋王明清撰

宋臨安府陳道人書籍鋪刻本。半葉十一行，行二十字。北京圖書館藏有揮麈第三錄三卷，宋王明清撰。宋臨安府陳道人書籍鋪刻本。半葉十一行，行二十字。細黑口，左右雙邊，雙魚尾，書名題三錄幾，下記刻工姓名，刻工僅見尤伯全、尤全，疑係一人。卷中語涉宋帝均空一格。首卷次行署銜爲“朝請大夫主管台州崇道觀汝陰王明清”。宋諱僅貞、成、完、慎四字缺筆。

容齋隨筆十六卷續筆十六卷三筆十六卷四筆十

六卷　五筆十卷　宋洪邁撰

宋臨安府鞔鼓橋南河西岸陳宅書籍鋪刻本。

燈下閑談二卷　不著撰人

此書各家書目未載，惟見館閣書目所記，皆唐及五代時異聞。當出宋人所作。目後有「陳道人書籍鋪刊行」一行。當宋時有刊本。海虞瞿氏藏。

劇談錄二卷　唐康駢撰

是書成於乾寧二年，皆記天寶以來瑣事。每間以議論附之。凡四十條。此本末有「臨安府陳道人書籍鋪刊行」一行。有明寫本，十行，行二十四至二十七字不等。序後有「陳道人書籍鋪刊行」一行。前有乾寧二年序。有黃丕烈跋。涵芬樓藏。

江文通集十卷　梁江淹撰

宋臨安府棚前北睦親坊南陳宅經籍鋪刻本。半葉十行，行十八字。百宋樓有南宋書棚本，計二百六十九篇，疑即此本。有明翻宋臨安府陳宅經籍鋪刻本，此本已印入四部叢刊中。

楊盈川集十卷　唐楊炯撰

宋書棚本。

常建詩集二卷　唐常建撰

宋臨安府陳宅書籍鋪刻本。半葉十行，行十八字。白口，左右雙邊。卷上末尾有"臨安府棚北大街睦親坊南陳宅刊印"一行。鈐有"廬陵楊士奇印"、"東里草堂"、"堯峰山莊"、"平陽李子珍賞鑒書記"、"謙牧堂讀書記"諸印。故宮博物院藏。已印入天祿琳琅叢書中。

皇甫冉詩集二卷　唐皇甫冉撰

宋刻本，半葉十行，行十八字。白口，左右雙邊。此疑陳氏書棚本。北京圖書館藏。

韋蘇州集十卷　唐韋應物撰

宋臨安府棚北大街睦親坊南陳宅書籍鋪刻本

韋蘇州集十卷　唐韋應物撰

宋刻本，半葉十行，行十八字。版心有刻工姓名，劉尚、蔡己、鄭良臣三人。書末有宋元人手跋，一為德祐初秋看二集并記須溪。一為至正丁酉九月天全叟題。舊為汲古閣藏。現藏北京圖書館。此版式較臨安書棚本版式微小，考其刻工鄭良臣則見江湖小集。

隨州集十一卷　唐劉長卿撰

宋刻本，半葉十行，行十八字。何義門謂為書棚本。

東野集十卷　唐孟郊撰

宋臨安府棚前北睦親坊陳宅經籍鋪刻本。

王建詩集十卷　唐王建撰

宋臨安府陳解元宅刻本。半葉十行，行十八字。白口，左右雙邊。卷後有：「臨安府棚北睦親坊巷口陳解元宅刊印」一行。又有唐寅手寫「俞子容家藏書，唐寅勘畢」一行。俞子容名弁，明正德中吳縣人，與唐寅往還甚密。此本傳世凡三帙。一、多缺葉，經後人影抄補足，今存北京圖書館。二、存前五卷，後半毛氏汲古閣影宋影補。原為浙人孫鳳鈞藏書，今不知飄墜何方。三、即此帙，初印精湛，近年出硤石鎮某舊家。上海圖書館。

張司業詩集三卷　唐張籍撰

宋臨安府陳氏書籍鋪刻本。半葉十行，行十八字。白口，左右雙邊。國立中央圖書館藏。

唐張處士詩集五卷　唐張祜撰

宋臨安府棚前陳宅經籍鋪刻本。十行十八字

按丁氏《善本書室藏書志》，凡唐人小集行款十行十八字者，皆謂明弘治間翻臨安府棚前陳宅經籍鋪本，此其一也。

李賀歌詩編四卷集外詩一卷　唐李賀撰

宋臨安府棚前北睦親坊南陳宅經籍鋪刻本。

丁卯集二卷　唐許渾撰

宋臨安府陳宅書籍鋪刻本。半葉十行，行十八字。白口，左右雙邊。分上下卷。鈐項元汴、沈寀、季振宜、宋敏、宋均藏印。黄丕烈跋。翁松禪遺書。

李羣玉詩集三卷後集五卷　唐李群玉撰

宋臨安府陳宅書籍鋪刻本。半葉十行，行十八字。白口，左右雙邊。卷前表，後有"臨安府棚前睦親坊南陳宅書籍鋪刊行"一行。後集卷五後有"臨安府棚北大街睦親坊南陳解元宅書籍鋪印"一行。鄧邦述群碧樓藏。

唐女郎魚玄機詩一卷　唐魚玄機撰

宋臨安府陳宅書籍鋪刻本，半葉十行，行十

八字。白口，左右雙邊。魚玄機字幼微，長安人。有才思。咸通中隸咸宜觀為女道士。詩多佳語，如"易求無價寶，難得有心郎"一詩，尤為世傳誦。詩一卷，卷末有"臨安府棚北睦親坊南陳宅書籍鋪印"一行。鐫刻秀麗工整，為陳家坊本中代表作。明時為朱氏存餘堂、項氏天籟閣藏書。清嘉慶中黃丕烈得之，繪圖題句，以誌奇遇。黃丕烈、顧純、潘奕雋跋並題詩。曹貞秀、吳嘉泰、瞿中溶、戴延介、孫延、董國華、袁廷檮、徐雲路、夏文燾、釋達真、女道士韻香、陳文述、石韞玉、徐渭仁題詩。李福、歸懋儀題詞。朱承爵、沈宷、王芑孫、潘遵祁、盛昱題款。黃氏尚有題詠第二冊，並長跋記得書經過。今不知飄墜何所。北京圖書館藏書。

浣花集十卷　唐韋莊撰

宋臨安府棚前北睦親坊南陳宅經籍鋪刻本。日本靜嘉堂文庫藏有宋刻本，十行十八字，白口，左右雙邊。與棚本小異，卷一至三影寫配補。

羅昭諫甲乙集十卷　唐羅隱撰
宋臨安府陳宅經籍鋪刻本。半葉十行，行十
八字。白口。左右雙邊。卷首尾有木記"臨
安府棚北大街睦親坊南陳宅書籍鋪印行"一
行。卷中有葉盛之印、菉竹堂李流芳印、棠
村珍賞、蕉林梁氏書畫之印、安岐之印、玉
麓村藏書印。有黃丕烈跋二則，卷後有明葉
盛識。海源閣舊藏。四部叢刊印本據海虞瞿
氏藏本影印。

章孝標詩集一卷　唐章孝標撰
宋書棚本。

碧雲集三卷　唐李中撰
宋臨安府陳宅書籍鋪刻本。半葉十行，行十
八字。白口，左右雙邊。目後有"臨安府棚
北睦親坊南陳宅書籍鋪印"一行。此本已收
入四部叢刊中，即黃丕烈舊藏本。刻工有許
生、余口、十朋、劉尚、劉宗、余生、范孝
蔡應、吳才、虞才、危利、范午、徐士等

李丞相詩集二卷　南唐李建勳撰
宋臨安府陳宅書籍鋪刻本。半葉十行，行十

八字。白口，左右雙邊。建勳字致堯，廬陵人，工詩，南唐主李昪鎮金陵，拜中書侍郎同平章事。書分二卷。卷上後有"臨安洪橋子南河西岸陳宅書籍鋪印"一行。席啓寓唐人百家詩本，源出此本，但文字小有歧異，可據此本正之。識題"宋槧李丞相詩集"全八字，乃明王穉登手蹟。刻印俱精，可稱棚本上乘。四部叢刊印本，即據此帙影印。卷首有"朱子儋印"、"項元汴印"、"子京父印"、"項墨林鑒賞"等印。北京圖書館藏。

于濆詩集一卷　唐于濆撰

宋臨安府陳宅書籍鋪刻本。半葉十行，行十八字。白口，左右雙邊。殘葉，其末葉適存有"臨安府棚北大街睦親坊南陳宅書籍鋪印"一行。

周賀詩集一卷　唐周賀撰

宋臨安府陳宅書籍鋪刻本。半葉十行，行十八字。白口，左右雙邊。賀初爲僧，名清塞，宋人李龏輯其詩入唐僧弘秀集。此宋末書棚刻單行本，視弘秀集所收爲全。卷末有"臨

安府棚北睦親坊南陳宅書籍鋪印"牌記一行
有何焯跋，言爲徐乾學舊藏，原有五十餘家
卷歸揚州大賈項景原云云。四部叢刊續編也
本，即據此帙影印。北京圖書館藏。

唐　李推官披沙集六卷　唐李咸用撰

宋臨安府陳宅書籍鋪刻本。半葉十行，行十
八字。白口單邊。版心上方間記字數。卷中
避宋諱。有楊萬里序，序後有"臨安府棚北
大街陳宅書籍鋪印行"牌記一行。前有目錄
五葉，爲原刻所無，鈔印有"藤井方明"、"佞
黃村珍藏印"、"靜節山房宋本鑒藏之印"、
"讀杜草堂"、"好古堂藏書記"、"白水
書院"、"仁壽山莊"、"星吾海外訪得秘
籍"、"宜都楊氏藏書記"。是書楊惺吾得
之日本。已印入四部叢刊中。

朱　慶餘詩集一卷　唐朱慶餘撰

宋臨安府陳宅經籍鋪刻本。半葉十行，行十
八字。白口，左右雙邊。卷後有"臨安府睦
親坊陳宅經籍鋪印"一行。宋諱貞、樹、恒
字有缺筆。末有泰興季振宜滄葦氏珍藏手書

一行。卷首有張蔦之印、字文通、季振宜藏
書、乾學徐健菴諸記。末有玉蘭堂、識研齋、
梅谿精舍、辛夷館印、楊州季氏御史振宜之
印諸印記。已印入四部叢刊續編。

張蠙詩集一卷　唐張象文撰

舊抄本。末有"臨安府棚北大街睦親坊南陳
宅書籍鋪印"一行。蕘圃云：棚本皆十行，
行十八字。所見宋刻唐人小集皆如是。舊爲
金孝章藏本，義門何氏得之後，以宋本校過。
册首有俊明、明懷不寐道人二朱記。

唐求詩集一卷　唐唐求撰

宋刻本，半葉十行，行十八字。白口，左右
雙邊。唐求，成都人。王建帥蜀，召爲參謀，
不就，人謂之唐隱，後不知所終。詩僅八葉
三十五首。觀字體刀法，疑爲宋末書棚本。
黄氏士禮居舊藏，百宋一廛賦著録。卷末季
氏手書"泰興季振宜滄葦氏珍藏"十字。顧
蒓題簽，嘉慶癸亥黄丕烈跋二則。鈐有"鹿
頂山房太樸紫雲館"、"季振宜字詵兮號滄
葦"、"廣圻審定"、"丕烈"、"蕘圃"、

"士禮居"、"有竹居"、"汪士鐘閬源"、"平江汪憲奎"、"秋浦"各印。北京圖書館藏書。

杜審言詩不分卷　唐杜必簡撰

宋臨安陳氏書棚本。半葉十行，行十八字。白口，左右雙邊。版心下記刻工姓名，僅有范仙村。鈐有"吴郡顧元慶珍藏記"、"顧千里經眼記"、"楊紹協卿宋存書室印"。此書藏於何處不詳。

孝詩一卷　宋林同撰

宋刻本。有"臨安府棚北大街睦親坊陳解元宅書籍鋪刊行"一行。

南嶽舊稿　南嶽稿

宋臨安府陳宅書籍鋪刻本。蝴蝶裝四册。版刻精良，與唐女郎玄機詩相似，但雕刻精工更勝一籌，可謂驚世秘籍。北京德寶國際拍賣會展出。

群公吟稿戊集七卷　宋陳起編

宋陳宅書籍鋪刻本。半葉十行，行十八字。白口，左右雙邊。存戴式之、高若愚、姜元章、嚴坦叔四家。有顧廣圻、黃丕烈跋。一九二〇年印鑄書局據宋刻本影印行世。天津某單位藏。

河嶽英靈集二卷　唐殷璠輯

宋刻本，半葉十行，行十八字。白口，左右雙邊。書分二卷，與毛氏汲古閣刻唐人選唐詩三卷不同，毛本有脫誤，賴此本正之。觀字體刀法，疑爲宋末棚本。北京圖書館藏。

國秀集三卷　唐芮挺章編

宋陳解元刻本。

極玄集一卷　唐姚合編

明末汲古閣影寫宋刻本。半葉十行，行十八字。白口左右雙邊。審其行款，似從棚本出。

才調集十卷　五代蜀韋縠編

宋刻本，半葉十行，行十八字。白口，左右雙邊。存卷二至五、卷六至十爲明人抄配。卷一爲影宋本，又晚於卷六至十。此本以字體雕工審之，是南宋臨安書籍鋪刻本。惟首末卷已佚，未由決其爲陳氏或嚴氏。

才調集十卷　五代蜀韋縠編

汲古閣影寫宋刻本。十行十八字。鈐印有"宋本"、"甲"、"毛晉私印"、"子晉"、"汲古閣主人"、"大布衣"、"錢曾"、"述古堂圖書記"、"錢曾之印"、"遵王"、"錢氏校本"、"虞山錢曾遵王藏書"、"賢者而後樂此"、"求赤讀書記"、"錢孫保印"、"友竹軒"、"筠"、"雪苑宋氏蘭揮藏書記"。李木齋先生藏書。北京大學藏

唐僧弘秀集十卷　宋李龏輯

宋陳宅書籍鋪刻本。半葉十行，行十八字。白口，左右雙邊。版心下方間記刻工姓名，有翁天祐、徐、林等字。前李龏和父序，序後空二行有牌子："臨安府棚北大街睦親坊南陳解元宅書籍鋪刊行"。卷十後有碑式丹色木印記："嘉興蔡德鳳鳴世醫蔡濟公惠家無甔石之儲惟好蓄書於藏以為子孫計用書此傳之不朽"。鈐印有"蔡氏公惠"、"乾學"、"徐健菴"、"季振宜藏書"、"漢陽李廷相雙檜堂書畫私印"。清宮舊藏，函帙仍內府原裝，內有原簽一紙，凡六行，"弘秀集原一套

四本。五十六年三月十六日暢春園發下去襯
紙改插套，一本，係唐朝名僧之詩。宋寶祐
年間人李龏纂録並序。宋板。

宋詩秘本二十三卷　宋陳起編
影鈔宋臨安棚北大街睦親坊南陳解元書籍鋪
刻本。

菊磵小集一卷　宋高翥撰　影鈔宋臨安陳宅
書籍鋪刊宋詩秘本之一。

野谷詩稿四卷　宋趙汝燧撰　影鈔宋臨安陳
宅書籍鋪刊宋詩秘本之一。

翦綃集二卷　梅花衲二卷　宋李龏撰　影鈔
宋臨安陳宅書籍鋪刊宋詩秘本之一。

癖齋小集一卷　宋杜旃撰　影鈔宋臨安陳宅
書籍鋪刊宋詩秘本之一。

采芝集一卷續集一卷　宋釋斯植撰　影鈔宋
臨安陳宅書籍鋪刊宋詩秘本之一。故宮博
物院藏。

唐人五十家小集　清江標輯
清光緒二十一年元和江氏靈鶼閣據南宋陳道
人本湖南使院景刊本。

王勃集二卷　唐王勃撰。

楊炯集二卷　唐楊炯撰。

盧照鄰集二卷　唐盧照鄰撰。

駱賓王集二卷　唐駱賓王撰。

唐司空文明詩集二卷　唐司空曙撰。

李端詩集三卷　唐李端撰。

耿湋詩集一卷　唐耿湋撰。

嚴維詩集一卷　唐嚴維撰。

唐靈一詩集一卷　唐釋靈一撰

唐皎然詩集一卷　唐釋皎然撰

華陽真逸詩二卷　唐顧況撰

戎昱詩集一卷　唐戎昱撰

戴叔倫集二卷　唐戴叔倫撰

權德輿集二卷　唐權德輿撰

羊士諤詩集一卷　唐羊士諤撰

呂衡州詩集一卷　唐呂温撰

朱慶餘詩集一卷　唐朱慶餘撰

劉滄詩集一卷　唐劉滄撰

盧仝詩集三卷　唐盧仝撰

喻鳧詩集一卷　唐喻鳧撰

項斯詩集一卷 唐項斯撰
唐求詩集一卷 唐唐求撰
曹鄴詩集二卷 唐曹鄴撰
崔塗詩集一卷 唐崔塗撰
張蠙詩集一卷 前蜀張蠙撰
劉駕詩集一卷 唐劉駕撰
唐李推官披沙集六卷 唐李咸用撰
劉叉詩集三卷 唐劉叉撰
蘇拯詩集一卷 唐蘇拯撰
章孝標詩集一卷 唐章孝標撰
于濆詩集一卷 唐于濆撰
李丞相詩集二卷 南唐李建勳撰
唐女郎魚玄機詩一卷 唐魚玄機撰
唐貫休詩集一卷 唐釋貫休撰
唐齊己詩集一卷 唐釋齊己撰
僧無可詩集二卷 唐釋無可撰
劉兼詩集一卷 唐劉兼撰
王周詩集一卷 南唐王周撰
儲嗣宗詩集一卷 唐儲嗣宗撰
章碣詩集一卷 唐章碣撰

李遠詩集一卷　唐李遠撰

會昌進士詩集一卷　唐馬戴撰

林寬詩集一卷　唐林寬撰

羅鄴詩集一卷　唐羅鄴撰

秦韜玉詩集一卷　唐秦韜玉撰

殷文珪詩集一卷　唐殷文珪撰

唐尚顏詩集一卷　唐釋尚顏撰

于武陵詩集一卷　唐于武陵撰

無名氏詩集一卷　唐□□撰

張司業樂府集一卷　唐張籍撰

汲古閣影鈔南宋六十家小集九十七卷　宋陳起編

明末毛氏汲古閣影寫宋臨安陳宅書籍鋪刻本。半葉十行、行十八字。白口、左右雙邊。民國十年上海古書流通處影印行世。刻工有吳怡、吳清、游庠、游諫、游有明、顧楷、陳祥、葉清、何慶、何允、蔡慶、鐘惟一、鄭良臣、周世昌等人。

石屏續集四卷長短句一卷　宋戴復古撰

龍洲道人詩集一卷　宋劉過撰

方泉先生詩集三卷　宋周文璞撰

白石道人詩集一卷附詩說一卷　宋姜夔撰

安晚堂詩集十二（原缺卷一至五）宋鄭清之撰

野谷詩藁六卷　宋趙汝鐩撰

雲泉詩集一卷　宋釋永頤撰

棠湖詩一卷　宋岳珂撰

橘潭詩藁一卷　宋何應龍撰

菊潭詩集一卷　宋吳惟信撰

芸隱勸游一卷橫舟藁一卷　宋施樞撰

雪巖吟草一卷（一名西塍集）宋宋伯仁撰

梅屋詩藁一卷融春小綴一卷梅屋第三藁一卷

第四藁一卷詩餘一卷　宋許棐撰

汶陽端平詩雋四卷　宋周弼撰

竹溪十一藁詩選一卷　宋林希逸撰

雲泉詩一卷　宋薛嵎撰

雪坡小藁二卷　宋羅與之撰

菊磵小藁一卷　宋高翥撰

疎寮小集一卷　宋高似孫撰

雅林小藁一卷　宋王琮撰

學吟一卷　宋朱南杰撰

學詩初藁一卷　宋王同祖撰

梅屋吟一卷　宋鄒登龍撰

皇荂曲一卷　宋鄧林撰

庸齋小集一卷　宋沈說撰

靖逸小集一卷　宋葉紹翁撰

秋江煙草一卷　宋張弋撰

癖齋小集一卷　宋杜旃撰

巽齋小集一卷　宋危稹撰

竹所吟藁一卷　宋徐集孫

北磵詩藁一卷　宋余觀復撰

吾竹小藁一卷　宋毛珝撰

西麓詩藁一卷　宋陳允平撰

雪林删餘一卷　宋張銍龍撰

鷗渚微吟一卷　宋趙崇鉘撰

抱拙小藁一卷　宋趙希懋撰

蒙泉詩藁一卷　宋李濤撰

心游摘藁一卷　宋劉翼撰

竹莊小藁一卷　宋胡仲參撰

東齋小集一卷　宋陳鑒之撰

適安藏拙餘藁一卷乙卷一卷　宋武衍撰

漁溪詩藁二卷乙藁一卷 宋俞桂撰

檜庭吟藁一卷 宋葛起耕撰

骳藁一卷 宋利登撰

露香拾藁一卷 宋黄大受撰

雲卧詩集一卷 宋吴汝弌撰

葛無懷小集一卷 宋葛天民撰

臞翁詩集二卷 宋敖陶孫撰

招山小集一卷 宋劉仙倫撰

山居存藁一卷 宋陳必復撰

端隱吟藁一卷 宋林尚仁撰

斗野藁支卷一卷 宋張蘊撰

靜佳龍尋藁一卷乙藁一卷 宋朱繼芳撰

采芝集一卷續藁一卷 宋釋斯植撰

看雲小集一卷 宋黄文雷撰

雪窗小集一卷 宋張良臣撰

雪蓬藁一卷 宋姚鏞撰

小山集一卷 宋劉翰撰

順適堂吟藁甲集一卷乙集一卷丙集一卷丁集
一卷戊集一卷 宋葉茵撰

芸居乙藁一卷 宋陳起撰

兩宋名賢小集三百六十六卷 約二百四十家

宋陳思編刻。宋人作品多賴以傳。

南宋群賢小集

宋臨安府陳解元宅書籍鋪刻本。台灣中央圖書館藏。

前賢小集拾遺五卷 宋陳起輯

清初毛氏汲古閣影宋抄本。半葉十行，行十八字。白口，左右雙邊。北京圖書館藏書。

江湖前集若干卷後集若干卷續集若干卷中興江湖集若干卷 宋陳思編刊。

兩浙古刊本考稱：直齋書録解題江湖集九卷，臨安書坊刻本。江湖集以錢塘吳氏瓶花齋所集者爲最多，凡六十四家，即閣本之九十五卷是也。石門顧氏所刊，又增加，凡九十九卷，而宋人專集如鄭清之安晚堂集十二卷，題臨安府棚北大街陳宅書籍鋪印行，乃出齋二本之外。永樂大典載有江湖前集、續集、中興江湖集諸名，不知究有若干種。

江湖小集九十五卷 宋陳起編

宋臨安府棚前街陳宅經籍鋪刻本。是集所録

凡六十二家。洪邁二卷、僧紹嵩七卷、葉紹
翁一卷、嚴粲一卷、毛珝一卷、鄧林一卷、
胡仲參一卷、陳鑒之一卷、徐集孫一卷、陳
允平一卷、張至龍一卷、杜旃一卷、李龏三
卷、施樞二卷、何應龍一卷、沈說一卷、王
同祖一卷、陳起一卷、吳仲孚一卷、劉翼一
卷、朱繼芳二卷、林尚仁一卷、陳必復一卷、
斯植二卷、劉過一卷、葉茵五卷、高似孫一
卷、敖陶孫二卷附詩評、朱南杰一卷、余觀
復一卷、王琮一卷、劉仙倫一卷、黄文雷一
卷、姚鏞一卷、俞桂三卷、薛嵎一卷、姜夔
一卷、周文璞三卷、危稹一卷、羅與之二卷
趙希櫰一卷、黄大受一卷、吳汝弌一卷、趙
崇鉘一卷、葛天民一卷、張弋一卷、鄒登龍
一卷、吳淵二卷、宋伯仁一卷、薛師石一卷、
附諸跋及墓誌、高九萬一卷、許棐四卷、戴
復古四卷、利登一卷、李濤一卷、樂雷發四
卷、張蘊一卷、劉翰一卷、張良臣一卷、葛
起耕一卷、武衍二卷、林同一卷。

實應聖宋高僧詩選前集一卷後集三卷續集一卷

宋陳起輯

清初毛氏汲古閣影宋抄本。半葉十行，行十八字。白口，左右雙邊。北京圖書館藏書。南京圖書館藏抄本。

十家宫詞十二卷

宋陳氏書棚刻本。半葉十行，行十八字。白口，左右雙邊。宋諱慎、敦字皆缺筆。存宣和御製詞三卷，張公庠詞一卷、王仲修詞一卷、周彦質詞一卷。周叔弢藏書。北京圖書館藏有十家宫詞十二卷。清初毛氏汲古閣影宋抄本。金嘉采跋。半葉八行，行十八字。白口，左右雙邊。十家宫詞即：宫詞一卷唐王建撰、宫詞一卷後蜀花蕊夫人撰、宫詞一卷後周和凝撰、宫詞一卷宋王珪撰、宫詞一卷宋胡偉撰、宫詞一卷宋張公庠撰、宫詞一卷宋王仲修撰、宫詞一卷周彦質撰、宫詞三卷宋徽宗趙佶撰、宫詞一卷宋宋白撰。

虚齋樂府二卷　宋趙以夫撰

清錢曾述古堂影鈔宋臨安府陳解元書籍鋪刻本。半葉十行，行十八字。卷前有淳祐己酉自序，上下二卷，詞凡六十八闋。卷末有“臨安府棚北睦親坊南陳解元書籍鋪刊行”一行。有顧廣圻、黃丕烈跋。鈐有“黃印丕烈”、“蕘圃”、“士禮居藏”。此書已印入四部叢刊三編中。北京圖書館藏書。

東山詞二卷　宋賀鑄撰

宋刻本，半葉十行，行十八字。白口，左右雙邊。書分二卷，今但存上卷。文字斷缺不完。世傳抄本，多從此出，斷缺亦同。賀鑄為宋詞一名家，以凌波不過橫塘路一闋，為世傳誦。觀此書字體刀法，疑亦書棚本。北京圖書館藏書。

春渚紀聞十卷　宋何薳撰

宋臨安府太廟前尹家書籍鋪刻本。半葉九行，行二十字。

卻掃編三卷　宋徐度撰

宋臨安府尹家書籍鋪刻本。

曲洧舊聞十卷　宋朱弁撰

宋臨安府太廟前尹家書籍鋪刻本。惇字避光宗諱皆缺筆。每卷末皆有“臨安府太廟前尹家書籍鋪刊"一行。

澠水燕談録十卷　宋王闢之撰

宋本有紹聖二年自序。此書直斋書録解題著
録與此同名。而臨安尹家書籍鋪刻本"談"
作"譚"，則宋時即有書名不同之二本矣。
目後有"臨安府太廟前尹家書籍鋪刊行"。

述異記二卷　梁任昉撰

宋臨安府太廟前尹家書籍鋪刻本。半葉十
行，行二十字。

續幽怪録四卷　唐李復言撰

宋臨安府太廟前尹家書籍鋪刻本。半葉九行
行十八字。白口，左右雙邊。宋諱缺筆至廓
字。目後有"臨安府太廟前尹家書籍鋪刊行
一行。此書續牛僧儒玄怪録而作，原名續玄
怪録，因避宋諱，改玄為幽。原分仙術、感
應二門，此本總為二十三事，不分門類，與
十卷本、五卷本俱不同。隨庵徐氏叢書本
即據此帙影刻。又有四部叢刊影印本，續古
逸叢書本，北京圖書館藏。

搜神秘覽三卷　宋章炳文撰

宋臨安府太廟前尹家書籍鋪刻本。半葉九行，行十八字。白口，左右雙邊。版心上記字數，下記刻工姓名，有吳陞、浩、允、李。前有京兆章炳文叔虎自序。目錄後有"臨安府太廟前尹家書籍鋪刊行"一行。此書我國久未著錄。開版工整而其疏爽之氣，是棚本之佳者。日本福井氏崇蘭館藏書。涵芬樓影入續古逸叢書中。

北户録三卷　唐段公路撰　崔龜圖注

宋臨安府太廟前尹家書籍鋪刻本。半葉十行，行十八字。宋本題萬年縣尉段公路撰，登仕郎前京兆府參軍崔龜圖注。目後有"臨安府太廟前尹家書籍鋪刊行"一行。

康騈劇談録二卷　唐康騈撰

宋臨安府太廟前尹家書籍鋪刻本。

釣磯立談一卷

宋臨安府前尹家書籍鋪刻本。四庫全書總目提要史部載記：葉林宗從錢曾家宋刻鈔出，後題"臨安府太廟前尹家書籍鋪行行"。北京圖書館藏有清初影宋抄本，九行十八字。

白口，左右雙邊。

客亭類稿□□卷　宋楊冠卿撰

宋臨安府太廟前尹家書籍鋪刻巾箱本。半
十一行，行十八字。白口，四周雙邊。存十
卷：即為四六编四卷，當四庫本卷三至六；
雜著编三卷，尚當四庫本卷七至九；古律
二卷，當四庫本卷十一、十三。四庫本，
缺卷一、二、十、十二、十四共缺五卷。附
諸老先生惠答客亭書啟编，則為四庫本所刪
去。四庫所據為知不足齋巾箱本、與此正
文從永樂大典搜輯補綴，釐為十四卷。原
不分卷。此疑為宋臨安府太廟前尹家書籍
刊行本。

雪堂行和尚拾遺錄一卷　不著撰輯者人名

宋刻本，半葉十行，行十八字。白口，左
雙邊。鈐有"士禮居"、"楊氏醇父"、"
座寶藏"各印。此書版式刊工均似書棚本
行格亦同，疑是陳、尹諸家所刊行。全書
二十一葉，印迹清朗。北京圖書館藏。

采石瓜州斃亮記一卷　宋蹇駒撰

宋臨安府太廟前尹家書籍鋪刻本。題門人宣
教郎潼川蹇駒撰。次前有序題隆興改元昭陽
協洽七月既望得軒漫叟書。卷末有「臨安府太
廟前尹家書籍鋪印行」一行。

文離騷一卷　漢揚雄撰
宋臨安府尹家書籍鋪刻本。半葉七行，行十
五字。白口，左右雙邊。中央圖書館藏。

篋中集一卷　唐元結輯
宋臨安府太廟前大街尹家書籍鋪刻本。

寒山拾得詩一卷　唐釋拾得撰
宋臨安錢塘門裏車橋南大街郭宅經籍鋪印行。

寒山詩一卷　唐釋寒山子撰
宋杭州錢塘門裏車橋南大街郭宅經籍鋪印行。

佛國禪師文殊指南圖讚一卷
宋臨安府衆安橋南街東開經書鋪賈官人宅印
造。半葉八行十三字，小字二十行，行二十
七字。日本德富氏藏書。吉石庵叢書己影印
行世。

妙法蓮華經七卷　後秦鳩摩羅什譯
宋臨安府衆安橋南賈官人經書鋪刻本。半葉

十二行，行二十九字。刻工有凌章。扉面佛説法圖，字體精整，形象莊嚴。有勞健跋。北京圖書館藏書。

妙法蓮華經七卷　後秦鳩摩羅什譯

宋杭州睦親坊内沈八郎刻本。梵夾本，五行十八字，經文加句讀。末有"杭州睦親坊内沈八郎印行"一行。有碑式牌子載仁宗皇帝御讃蓮經："六萬餘言七軸裝，無邊妙義廣含藏；白玉齒邊流舍利，紅蓮舌上放毫光。喉中甘露涓涓潤，口内醍醐滴滴涼，假饒造罪過山嶽，不須妙法兩三行。"全經後有大牌子："杭州大街睦親坊内沈八郎校正重刊印行"。

妙法蓮華經七卷　後秦釋鳩摩羅什譯

宋臨安沈二郎經坊刻本。半葉五行，行十七字。

金剛般若波羅蜜經一卷　後秦鳩摩羅什譯

宋臨安府棚南前街西經坊王念三郎刻本。半葉五行，行十三字，每四摺爲一版。前有圖十幅，末幅有"行在棚南前街西經坊王念三郎家志心刊印"牌記二行。傅增湘藏書。

金剛般若波羅蜜經一卷　後秦釋鳩摩羅什譯

宋臨安府棚南前街西經坊王念減郎家刻本。卷首有插圖十幅。題有"行在棚南前街西經坊王念減郎家"。上海博物館藏。

大唐三藏取經詩話三卷

宋臨安府府門保佑坊中瓦子前張官人經史子文籍鋪刻本。半葉十行，行十四、十五字，四周單邊。卷末記"中瓦子張家印"。中瓦為南宋杭州的繁華街道，張家為著名之印刷書店。此書為宋人平話小說現存唯一的舊刻本。

崖張公語錄

宋臨安府俞宅書塾刻本。

江蘇地區刻書

禮記集說　四千六百板。建康府書板六十八種之一。

景定建康志卷三十三記建康府書板多至六十八種，合計二萬板。均不著作者名氏與卷數，惟每種注明板數。

禮記集說一百六十卷　宋衛湜撰

宋江東漕院刻本。

四家禮範五卷　建康府書板六十八種之一。七

書有記爲金陵劉宏刻本。

論孟拾遺　十九板。建康府書板六十八種之一

東坡論語　建康書板六十八種之一。

孟子解二卷　宋尹焞撰

宋邢正夫刻於溧陽泮宮。陳振孫書錄解題載

尹氏論語解十卷，孟子解十卷。孟子解其書

世罕傳本。此本出清浙江吳玉墀家。

隸續二卷　宋洪适撰

宋江東口本。

資治通鑑二百九十四卷　宋司馬光撰

宋建康刻本。

慶元建康志　二百二十板。建康府書板六十八

種之一。

景定建康志　一千七百二十八板。建康府書板

六十八種之一。

諸史精語　建康府書板六十八種之一。

皇朝特命錄　建康府書板六十八種之一。

富文公賑濟錄　建康府書板六十八種之一。

救荒錄　建康府書板六十八種之一。

活民書　建康府書板六十八種之一。

通鑑筆意　建康府書板六十八種之一。

莊敏遺事　建康府書板六十八種之一。

李公家傳　建康府書板六十八種之一。

江行圖錄　建康府書板六十八種之一。

少陵先生年譜　宋建康刻本。

朱子年譜　宋建康刻本，另有瑞陽、康廬刻本。

左傳事類本末五卷　宋章冲撰

宋山陽郡庠刻本。

孔子家語十卷　魏王肅注

宋建康刻本

近思錄　建康府書板六十八種之一。

師說　一百五十四板。建康府書板六十八種之一。

傷寒須知　建康府書板六十八種之一。

產寶類要　建康板。

錢氏小兒方　建康板。

張氏小兒方　建康板。

小兒保生方　建康板。

小兒瘡疹論方　建康板。

蘇氏道德經　建康府書板六十八種之一。

保慶集　建康府書板六十八種之一。十九板。

金陵覽古詩　建康府書板六十八種之一。

金陵懷古詩　建康府書板六十八種之一。

文章正宗　建康府書板六十八種之一。

杜工部詩二十卷　唐杜甫撰
宋建康刻五百二十板。

重編楚辭
宋建康府五百七十板。

半山老人絶句　宋王安石撰
宋建康府三十八板。

清真雜著　宋周邦彦撰
宋溧水刻本。

青山集三十卷　宋郭祥正撰
宋刻本，半葉十行，行二十字，白口，左右雙邊。目録首行題“青山集目録”，次行低四字曰“當塗郭祥正字功父”，三行低二格曰“卷第一”，四行低三字曰“歌行三十首”。目録後空一行題“青山集目録終”。本書首題“青山集卷第一”，次行與目録同，三行低二格曰“歌行三十首”，四行詩題低四格版心下方記刻工人名，有陳榮、陳修、陳震、黃淵、黃祥、黃寶、王放、王明、王彥、汪靖、毛方、毛用、莊文、邊皓、閔昱、施光、楊光、楊生、楊說、楊詵、楊奐、李璋、章旼、章英、馮詔等人。宋諱貞、敬、桓、完、樹皆為字不成。有宋代補版。卷中有朱色木記二，文曰："嘉興府學官書準令不許借出咸淳貳官年拾壹月旦日重印"、"嘉興府府學官書依條不許借出係知府何寺正任內發下嘉定甲戌七月日記 從政郎充嘉興府府教授潘友德F 宣義郎添差權通判嘉興軍府事彭放匠 朝奉郎通判嘉興軍府事沈承卩 承議郎權發遣嘉興軍府事何求仁卩。"藏印有"謙牧堂藏書記"、"兼牧堂書畫記"、"朱彝尊印"、"曝書亭珍藏"、"春草堂圖書印"，"姑姑餘山人"。

張司業詩集八卷 唐張籍撰 宋張洎編

宋湯中平江刻本。直齋書錄解題："張洎所編者名木鐸集十二卷。近湯中以諸本校定為八卷，序而刻於平江。"

杜工部集二十卷附補遺　唐杜甫撰

　宋姑蘇郡齋刻本。

白氏文集七十一卷　唐白居易撰

　宋蘇州刻本。

歐陽文忠公集五十卷　宋歐陽修撰

　宋蘇州刻本。

鶴山集一百九卷　宋魏了翁撰

　宋姑蘇本。

汲冢周書十卷　晉孔晁注

　宋京口刻本。

會昌一品集二十四卷　唐李德裕撰

　宋耿秉京口刻本。題"李衛公備全集"，比永嘉及蜀本三十四卷之外，有"姑臧集"五卷。

魏鄭公諫錄五卷　唐王方慶撰

　宋吳興郡齋刻本。

東萊先生詩集二十卷　宋呂本中撰

　宋吳興郡齋刻本。

詩苑衆芳一卷　宋劉瑄編

　宋後期吳郡劉瑄編刻本。

安徽地區刻書

周易集義六十四卷　宋魏了翁撰　缺卷一至四、八、二十九、三十、三十二至三十四，計十卷。又影寫補入卷十一至十七，共七卷。宋刊存得四十七卷。

宋刻本，半葉十行，行二十字。版心下方記刻工姓名。其人多與周易要義刻本同，蓋同時刻於紫陽書院者。卷中恒、貞、愼、敦均缺末筆。此書四庫未著錄，經義考亦不載，蓋其佚久矣。惟傳是樓書目有宋本元印大易集義三十二本，當即此書。

詩集傳二十卷　宋朱熹撰

宋刻本，半葉七行，行十五字，注文雙行同。白口，左右雙邊。版心單魚尾，下記詩卷幾。上記大小字數，下記刻工姓名，有黃埜、蔡友、吴炎、蔡明、王燁、游熙、賈直、馬良、何彬、周嵩、張元彧、蔡仁、賈端仁、劉齊。宋諱避至鞹字止，蓋成書後第一刻本。日本靜嘉堂文庫藏書。此本與北京圖書館所藏內閣殘本同。北京圖書館之中國印本書籍展覽目

録疑此書為安徽歙縣刻。此書文學古籍刊行

社已影印行世。

中庸集解三卷　宋石𡼖撰

宋婺源張氏刻本。

論語意原二卷　宋鄭汝諧撰

宋池陽重刻本。四庫全書總目提要載：初鋟方

贛於浩，始意欲以誘掖晚學，失之大詳，輒

掇其簡要者，後鋟於池陽。

吳越春秋十卷　漢趙煜撰

宋新安郡齋刻本。

越絕書十五卷　漢袁康撰

宋新安郡齋刻本。

孝肅包公奏議集十卷　宋包拯撰

宋廬州州學刻本。

三老奏議　宋傅堯俞　范純仁　劉摯撰

宋和州刻本。

中興登科小録　宋李椿輯

宋徽州刻本。自建炎戊申嘉熙庚子（1128—1240，

凡一萬五千八百人。

重編唐登科記十五卷

宋洪適刻於新安郡。

五代登科記一卷

宋洪適刻於新安郡

大宋登科記二十一卷　宋洪適編

宋洪適刻於新安郡。

致堂讀史管見三十卷　宋胡寅撰

宋宣州郡齋刻本。考姚燧牧庵集卷三有是書序，稱宋季有宣郡刻本。入元版歸興文署，大德間旌德校官劉安重鋟於木。蓋是書在宋代凡三刻。兩刻均作三十卷。

集古錄十卷　宋歐陽修撰

宋廬陵刻本。今已不傳。

朱子語類一百四十卷　宋黎靖德編

宋安徽刻本。

蘇氏演義十卷　唐蘇鶚撰

南宋初當塗刻本。

兼明書二卷　唐丘光庭撰

南宋初當塗刻本。

元亨利貞說一卷　宋宋燾撰

宋閩縣黃幹官安慶府時刻印。

習學紀言五十卷　宋葉適撰

宋新安郡齋刻本。

二十四箴　漢揚雄撰

宋廣德軍刻本。

齊民要術十卷　後魏賈思勰撰

宋龍舒郡齋刻本。

文房四譜五卷　宋蘇易簡撰

宋洪适刻於新安郡。

損益象說一卷　宋朱熹撰

宋閩縣黃榦官安慶府時刻印。

資暇集三卷　唐李匡義撰

宋尤延之刻本。

舒州龍門佛眼和尚語錄二卷　宋釋善悟編

宋刻宋印本。半葉十一行，行二十二字。白口，左右雙邊。版心有字數，魚尾下標佛眼上或佛上，又佛下。宋諱有缺筆，遇宋帝字皆提行。刻工有章湘、章、震。鈐「欽差廣置邊務關防」、「大興徐氏藏圖籍印」、「季振宜藏書印」、「季振宜藏書」、「乾隆五十有七年遜初堂初氏印」。

陶淵明集十卷　晉陶潛撰
宋旌德李文韓刻本。北京師范大學圖書館藏。
增廣注釋音辯唐柳先生集四十卷别集二卷附錄
一卷　唐柳宗元撰
宋灊山郡齋刻本。
歌詩編四卷　唐李賀撰
宋宣城刻本。有外集。
李長吉文集四卷　唐李賀撰
南宋初期宣城刻本。
廬陵歐陽先生文集□□卷　宋歐陽修撰
宋刻小字本。半葉十四行，行二十七、二十
八字。黑口，左右雙邊。首一葉有余銓□三
字，是刻工姓名，下則無之。大約是廬陵本
文集五十一卷、歸田錄二卷、集古錄跋尾六
卷、附錄四卷。今缺序及目錄六之十，附錄
三卷。藏書家未見，只天一閣書目有之，即
此本。存六十四卷，亦可謂驚人秘籍。天一
閣佚出之書，劉承幹收去。又中央圖書館存
四十二卷。
梁溪遺稾一卷　宋尤袤撰

宋尤袤刊於新安之五十卷本。後燬於兵火。

呂忠穆公家傳□卷　宋呂頤浩撰

宋其孫呂昭問刻之廣德軍。

河南集二十七卷　宋尹洙撰

宋尤袤刻本。

鄱陽集十卷　宋洪皓撰

宋新安刻之者已佚。

水心集二十八卷拾遺一卷別集十六卷　宋葉適撰

宋淮東刻本無拾遺。

江西地區刻書

易傳六卷　宋程頤撰

宋江西刻大字本。半葉八行，行十五字。白口，左右雙邊。版心上記字數，下記刻工名，只有亨一字者。北京圖書館藏一卷上下篇。

漢上易傳十一卷　宋朱震撰

宋刻本，半葉十行，行二十一字。白口，左右雙邊。版心上記字數字，下記刻工姓或名文、陳等字。宋諱玄、敬、恒、貞、桓等字缺筆。視其字體刀法為江西所刻。北京圖

館藏。缺卷以汲古閣影宋鈔本補入。已影入
四部叢刊續編中。

周易象義十二卷　原題武陵丁易東象義凡上下
經為二卷，每卷各分子卷三傳，十篇為十卷，
自序謂依本義體，然以文言升繫傳之上，但
又從南康馮氏本。前有自序兩篇為統論三篇，
凡例十四條，後亦有自序一篇。宋本存下經
第二之三，自象傳以下十卷皆全，餘則鈔補。
半葉九行，行十八字。注文下經文一格。匡、
貞、恒、桓、構字減筆。為孫承澤舊藏，後
鐵琴銅劍樓藏書。此書為寧宗時江西刻版。

古文尚書十三卷　漢孔安國傳
宋吉州刻本。半葉十行行二十字。

書說三十五卷　宋呂祖謙撰
宋南康史曾侯刻本。

杏溪傅氏禹貢集解二卷　宋傅寅撰
宋刻本，半葉十一行，行十八字。注文雙行。
引諸家說一格，次低二格，己說概低三格。
前有東陽喬行簡序，首列山川總會及九河三
江四圖。白口，雙魚尾。版心上記大小字數，

下有刻工吴元。宋諱缺筆至愼字，惇字不缺

當是乾道、淳熙間刻本。刻工吴元考見儀經

傳通解，亦與慶元間江西轉運司本本草衍義

同者，知為江西所刻。鐵琴銅劍樓藏。

詩集傳二十卷詩序辨說一卷　宋朱熹撰

宋趙崇憲江西漕治刻本。

詩集傳二十卷　宋朱熹撰

宋刻本，或是江西所刻。半葉八行，行十七

字。存十六卷。鈐明陳淳印。海虞瞿氏藏書

儀禮經傳通解集傳集注三十七卷

宋江左書院刻本。

儀禮圖二十卷　宋聶崇義撰

宋刻本，半葉十六行，行二十五字。版心書

名下有刻工姓名，所見劉明一人。此書北京

圖書館藏，周叔弢捐贈。原載宋存書室目，

凡六册為季滄葦舊藏。考其刻工相同撫州本

周易，證江西所刻。

禮記注二十卷　漢鄭玄注　唐陸德明釋文

宋刻本，半葉十一行，行二十字，注文雙行

行二十六字。白口，左右雙邊。存卷五至二

十。似江西刻本。海虞瞿氏藏。

春秋傳十五卷　宋劉敞撰

春秋權衡十七卷　宋劉敞撰

春秋意林二卷　宋劉敞撰

春秋說一卷　宋劉敞撰

宋新喻劉麟從刻本。均半葉十二行，行二十字。

中庸說六卷　宋張九成撰　存三卷

宋刻本，半葉十行，行十八字。白口，左右雙邊。版心上記字數，下記刻工姓名，只有鄧信一人。卷中慎字缺筆，其他不避。為日本西京東福寺藏書。此書中國失傳，涵芬樓借之印入續古逸叢書中和四部叢刊三編中。此書作者張九成為朱熹所抨擊，致湮沒而不彰，是書亦自宋迄今無覆刊之本。刻工鄧信亦見前漢六帖，證為江西所刊。

論語意原二卷　宋鄭汝諧撰

宋江西初刻本。四庫全書總目提要載：初鋟於贛於洪，始意欲以誘掖晚學，失之大詳，輒掇其簡要者，復鋟於池陽。

論孟精義三十四卷　宋朱熹撰

宋豫章郡刻本。

埤雅二十卷　宋陸佃撰

宋贛州郡庠陸壑刻本。

古史六十卷　宋蘇轍撰

宋刻本，半葉十行，行二十二字。前有蘇轍
序，又後跋。是書文定公創於元豐至元祐九
年，以少府分司南京為之，明年書成，季子遜
承命為之注。首卷不題名，小題在上，大題
在下，書中桓字缺筆，蓋南宋時刻。為海虞
李莊仲舊藏。此書視為江西刻本，此較衢州
本刻法不同，然無刻工一證。海虞瞿氏藏書

漢書注一百卷　漢班固撰

宋袁州軍學萍鄉主簿主管學事江奉刻本。

後漢書注一百二十卷　劉宋范曄撰　唐李賢注
南宋中期刻本（疑江西吉安）。潘氏寶禮堂
捐贈，北京圖書館藏書。

隋書八十五卷　唐魏徵撰

宋刻本，半葉九行，行二十字，少或十九，
多至二十二字，注文雙行，行字同。卷首小
題在上，大題在下者僅五卷，餘均變易舊式

細黑口，補版較粗，左右雙邊。書名大部題隋書卷幾，下列紀志傳幾。原版記字數，上下無定，兼記刻工姓名，有張仁、張仁甫、李祥夫、章祥甫、秀夫、文彬、如文、正夫信中、以寶、蘭可、坤可、桂堂、少安、山玉諸人，餘為單字。補版均無之。此本書法含婀娜於剛健，已開松雪先聲，北宋諱避至二十餘字，當為宋季所刻，其避至敦、惇字，乃為光宗諱。此本刻工張仁，見嘉定十七年白鷺洲書院本漢，可推知為江西所刻。潘氏寶禮堂藏書。

唐書二百二十五卷　宋歐陽修、宋祁撰

宋刻本，曾公亮進書表半葉九行，行十七字。餘均十行，行十九字。白口，左右雙邊。版心上記大小字數，下記刻工姓名，有王君粹、程元、范興、徐文、國賓、陳謙、愛之、英玉、茂卿、子明、君美、華甫、德成、清甫、汝善、子文、秀實。補版闊黑口，無字數及刻工姓名。宋諱避缺筆至敦字，光宗時刊。刻工中程元、子明、愛之三人者見慶元本五代史記，謹為江西所刊。潘氏寶禮堂藏書。

五代史記七十四卷　宋歐陽修　徐無黨注　存十二卷

宋刻本，半葉十二行，行二十二字，注文雙行，行二十五至二十八字。白口，左右雙邊。版心下魚尾下記刻工姓名，又下記字數。刻工有王日知、王受、吴世榮、吴小二、宋元、高安禮、高安道、蔡信、蔡侃、吴信、吴俊、徐信、高智、高智廣、高智主、羅昇、熊煥、吴受、王三立等人。宋諱弘、殷、敬、匡、胤、玄、貞、戍等字均缺筆。收藏鈐有"榮觀堂"朱文大方印。此本字體古健，版式寬展，審其刻工蔡侃，紹興二十二年曾刻撫州本謝幼槃集，高安道曾刻撫州本禮記，當為南渡初撫州刻本，為歐史現存第一刻。

資治通鑑綱目五十九卷　宋朱熹撰

宋廬陵刻本，半葉八行，行十七字。刻工有蔡正、蔡仲、劉元、劉從、子文、子明、曾宣、彭慶、陳英、吴年、虞全、鄧援、范仁亐定等人。

資治通鑑綱目提要
宋廬陵趙希刻本。存其綱，去其目，名為資治通鑑綱目提要。

皇宋十朝綱要二十五卷　宋李𡌴撰
宋江西刻本。

漢丞相諸葛忠武侯傳　宋張栻撰
宋刻本，半葉十行，行十七字。白口雙邊。標題大字占雙行。共三十三葉。孫廷翰藏。

周元公年譜
宋南康刻本。

皇朝登科錄題名　宋趙士輅　耿延年編
宋饒州刻本。

廬山記五卷　宋陳舜俞撰　存二卷鈔配三卷
宋刻本，半葉九行，行十八字，注文雙行。白口，左右雙邊。版心魚尾下記廬幾，下記葉數，最下記刻工人名，有阮宗、吳渭、范宣、吳恭、趙祐、小范等，餘為單字。卷二卷三為宋刻本，其餘三卷舊鈔補。北宋諱皆缺筆，知從北宋本出。書中避諱諸字至高宗諱構字止，而孝宗之嫌名數字則不缺筆，蓋刻

於高宗、光宗間。此書日本成簣堂文庫藏書
我國有守山閣叢書本。上虞羅振玉吉石庵叢
書本據此本影印。考其刻工吳恭見豫章文集
阮宗刻有王文公文集，推知為江西刻本。

續家訓八卷　宋董正功撰　存卷六至八，凡三
卷

宋刻本，半葉十行，行二十字。白口，左右
雙邊。版心中縫闊半寸，記續家訓第幾，下
記卷數及刻工姓名。字體仿顏書，渾厚堅實
雅豫章風範。本書先列顏氏文，後所續者加
“續曰”陰文以別之。有黃丕烈跋二則。北
京圖書館藏。

節孝語錄一卷　宋徐積撰

宋臨汝郡庠刻本。

元城先生語錄三卷　宋馬永卿撰

宋章貢刻本。

晦庵語錄　宋朱熹撰

宋九江刻本。

晦庵語錄續錄

宋鄱陽李性傳叙刻本。

師誨　宋吳必大記錄

宋興國朱鑒刻本

增廣太平惠民和劑局方十卷指南總論三卷圖經本草一卷

宋臨江府新喻吾山錢氏刻本。有"臨江府新喻吾山錢氏丁未春月校正梓行"木記。日本崇蘭館藏書。江西省圖書館藏此書，載為宋臨安府新喻吾氏刻本。

普濟本事方殘本六卷　宋許叔微撰

宋刻本，半葉八行，行十六字。版心有字數及刻工姓名，有文定、王理、丘立、李辛、李興、曾文、曾挺、辛、理、里。語涉宋朝年號皆空一格。卷六末有"衡山文璧"、"穎川陳淳借觀款及正德戊辰重裝於僊春堂，仲夏十日萬燁記"一行。"萬卷堂藏書記"，黃丕烈跋其後，繼以七絕四章。日本靜嘉堂文庫藏書。

集驗方五卷

宋九江郡齋刻本。

東觀餘論不分卷　宋黃伯思撰

南宋中期刻本。半葉十行，行二十字。白口，左右雙邊。钱謙益校，勞權、勞健、周叔弢跋。周叔弢先生捐贈北京圖書館。據中國印本展為江西九江地區刻。

龍川志略六卷別志四卷　宋蘇轍撰

宋刻本，半葉十一行，行二十二、三字，細黑口，左右雙邊。版心刻工有楊儀、何澄、仝一、陸祐、朱信等人。鈐有"曹楝亭藏印此書疑江西刻。

甲申雜記一卷聞見近錄一卷　宋王鞏撰

南宋吉州刻本。半葉十行，行十九字，白口，左右雙邊。版心上記字數，中刻"雜記"、"聞見錄"，下刻刻工姓名，有況天祐、余致遠等人。宋諱遇構字則注御名，完、慎均缺末筆。字體勁拔。刻工況天祐於慶元末至嘉泰四年在吉州刻文苑英華，據此可知此書當是南宋寧宗時刻本。甲申雜記卷首鈐有"文淵閣"方印，又有"巴陵方氏收得古刻善本等印，乃清末湖南方功惠的藏書印記。此書是現存最早的刻本。已印入古逸叢書三編。

北京圖書館藏。

譯錄一卷

宋章貢刻本。

道護錄一卷

宋章貢刻本。

疑龍經一卷　唐楊筠松撰

宋刻本，半葉十四行，行二十五字。黑口。疑龍三篇後附疑龍十問、衛龍篇、變星篇，又補遺。下有木記云：龍經一書刊行久矣。今得續本於疑龍變星之外，又有斷制粹言及形穴所屬星象議論，尤為詳備，併刊於後云云。此為平津館鑒藏記載。

前漢六帖十二卷　宋徐天麟撰　存卷一

宋江西刻本，半葉十行，行二十字，注雙行同。白口左右雙邊。版心有刻工姓名，有蕭振邦、秦昌、鄧俊、鄧信、蔡和、龔旻。其中蔡和、鄧俊與歐集合，可證為江西所刊。

千慮策二卷　宋楊萬里撰

宋江西刻別行本。

成就妙法蓮華經王瑜伽觀智儀軌一卷

宋刻本，半葉六行，行十七字。標題下注密
三字。末有江西釋克巳書一行。

反離騷一卷　漢揚雄撰
宋章貢郡齋刻本。

離騷集傳一卷　宋錢杲之撰
宋刻本，半葉九行，行十八字。黑口，左右
雙邊。朱承爵、費念慈、邵松年題款。黄丕
烈、孫延跋。北京圖書館藏書。

曹子建文集十卷　魏曹植撰
宋江西刻本。半葉八行，行十五字。白口，
左右雙邊。版心上記字數，下記刻工姓名，
有于宗、李安、陳朝俊、徐中、劉世寧、王
彥明、葉才、劉之先、王明等。鈐有周良金
毘陵周氏九松迂叟藏書記、華亭朱氏朱文石
史我法齋、虞山瞿紹基藏書之印。

陶淵明集十卷　晉陶潛撰
宋南康郡齋刻本。半葉十行，行十六字。刻
工有胡時等人。

王摩詰文集十卷　唐王維撰
南宋建昌刻本。

王右丞文集十卷　唐王維撰

宋刻本，半葉十一行，行二十字，間有十七至十九字。白口，左右雙邊。版心上記字數，上魚尾下記王字，下魚尾下記葉數，最下記刻工姓名，有余彥、吳正、黃仁、劉光、官先、余兆、杜翔、江陵、杜明、官信等，餘為名單字或姓或名。宋諱朗、敬、驚、殷、筐、恒、貞、演、懲、曙、樹，"寄重股肱，故得太上御名御名祥薦臻靈物"，禎祥之禎為仁宗御名。卷六後有跋語，論王韋優劣七十餘字，為他本所無。刻工官信一人，見孟東野集，又撫本五朝名臣言行錄。季振宜、徐乾學、黃丕烈、汪士鐘遞藏。有黃丕烈跋，顧廣圻手跋。卷四末有"吳郡袁褧嘗觀"觀款一行。百宋一廛賦中著錄。此書刻工古樸，當為南渡初鐫，雖有補刊之葉，無損瑰寶可喜，顧千里跋謂為麻沙本。直齋書錄解題載為建昌本與蜀本次序不同。據此建昌屬江西（今南城縣）唐撫州地，宋改為建昌軍，此為江西刻可信。日本靜嘉堂文庫藏書。日本昭和五十二年據以影印。

孟東野詩集十卷　唐孟郊撰

宋刻本，半葉十一行，行十六字。白口，左右雙邊。葉排長號。版心上間記字數，下間記刻工姓名。上魚尾下記"孟詩幾"。原版記葉數，通卷長號，凡一百六十七葉。補版間記卷數，而移葉數於下魚尾下。卷中原版無刻工，僅存十一葉，內四葉又有一部分補版約刻於南北宋之際，餘均南宋初期補版。補版刻工姓名與五朝名臣言行錄、樂全先生集及撫州本禮記、唐百家詩選多同，因推知此書當是江西某地官版。有"泰興季振宜滄葦氏珍藏"題識一行。黃丕烈跋。鈐有"錢大敬先"、"錢氏家藏子子孫孫永寶用"，又清季振宜、徐乾學、黃丕烈、汪士鐘及海源閣楊氏父子印。又有安岐、唐良士諸印。此書書版斷爛已甚，一百六十七葉中，原版止十許葉，餘均補版。海源閣佚書，後歸李木齋，陶蘭泉影刊行世。北京大學圖書館藏。

文標集三卷　唐盧肇撰

宋宜春郡齋刻本。

劉隨州集十卷　唐劉長卿撰

宋建昌本。長卿官隨州刺史。

門類增廣十註杜工部詩集二十五卷　唐杜甫撰

宋王洙、趙次公等注　存卷二、卷七至九、

十一、十二，共六卷

宋刻本，半葉十二行，行二十二字，注雙行

三十字。白口，左右雙邊。版匡五寸四分，

闊三寸七分。精刊初印，字體瘦勁，似江西

刊本。注中“趙云”、“杜云”、“坡云”、

“新添”等字，皆陰文。海虞瞿氏藏。北京

圖書館藏。

唐元次山文集十卷拾遺一卷　唐元結撰

宋江州本。

昌黎先生集四十卷　唐韓愈撰　卷十八用宋刻

別本配

宋刻本。半葉十行，行二十字。白口，左右

雙邊。版心上記字數，上魚尾下記“韓文一”

等，下魚尾下記葉數及刻工姓名。前李漢序，

次目錄。宋諱避至廓字。刀法雅近豫章。鈐

有徐乾學藏印。南京圖書館藏書。

朱文公校昌黎先生集四十卷外集十卷　宋朱熹

注　存外集卷上至十

宋朱熹注刻大字本。半葉七行，行十五字，

注文雙行。版心上記字數，下記刻工姓名，

有張通錄、胡祥中、良祥、翁真、翁仁、鄧

挺、鄭受。宋諱避至惇字。以刻工考之，是

爲江西所刻。

朱文公編昌黎先生傳一卷

宋刻本，半葉七行，行十五字，注文雙行，

版心上記字數，中記"昌傳"二字，下記刻

工姓名，有元壽、子文、頓又慶、胡祥、古

興、曾沂、子明等。首新唐書本傳，次趙德

文錄序，次歐陽文忠公記舊本韓文後，次蘇

文忠潮州韓公廟碑。蓋昌黎文集前冊。卷尾

鈐有"禮部收藏書畫關防"朱文印，又有"注

字十六號"墨記。

韓文公詩注八卷　宋姚寬注

宋袁州刻本。方崧卿云："今館中尚有舊本"

白氏文集七十一卷　唐白居易撰

宋廬山本。

歐陽文忠公集一百五十三卷　宋歐陽修撰　存卷三至八、一百十九至一百二十三，凡十卷。宋刻本，半葉十行，行十六字。白口，左右雙邊。版心上魚尾上記大小字數，下題歐陽文忠公集幾，下魚尾下記葉數，再下記刻工姓名，有劉聰、程成、陳元、呈成、方政、劉忠、杜顯、葛小七、葛政、葛雲、李右、汪諒、汪才、呂桂等。宋慶元二年周必大刻歐陽文忠公集後，江西地區又據此本翻版二次，行款版式悉同。此刻字體方整，當是宋時覆刻本。世每誤為吉州本。中國書店收藏

東坡集四十卷後集二十卷　宋蘇軾撰　存前集六至十五，後集一至三、五至十，共十九卷宋刻本，半葉十二行，行二十二字，白口，左右雙邊。~~版心上記字數，左右雙邊。~~版心上記字數，下題"坡前六"、"坡後一"或"東坡集六"等字，下記葉數及刻工姓名。避宋諱至惇字止。審其字體疑江西刻本。北京圖書館藏書。

王荆公詩註五十卷　宋李壁撰
　宋撫州刻本。半葉十四行，行十五字。明翻
　宋慶太和本。
莆陽居士蔡公文集三十六卷　宋蔡襄撰　存卷
　七至二十四，計十八卷，餘抄配
　宋刻本，半葉十行，行十九字。白口，左右
　雙邊。版心中縫寬展，魚尾下記：端明集卷
　下記葉數，最下記刻工姓名。後有朱錫庚跋
　此本紙墨明麗，以字體雕工論疑爲江右所刊
　海内孤本。海源閣藏書。
西塘集二十卷　宋鄭俠撰
　宋盱江郡齋刻本。
後山集二十四卷　宋陳師道撰
　宋臨川本。（宋江西翻蜀本）。半葉十三行
　行二十四字。白口，左右雙邊。行款版式與
　六卷蜀本全同。唯每卷分上下爲十二卷。目
　卷六，凡一卷。
後山居士文集二十卷　宋陳師道撰
　宋劉孝韙臨川刻本。
梁溪先生集一百八十卷附録六卷　宋李綱撰

宋宜春郡齋刻本。

晦庵先生朱文公文集一百卷　宋朱熹撰

宋江西刻本。半葉十行，行十八字。白口，左右雙邊。版心上記字數，下有刻工姓名，刻工不書其姓，有君和、德六、伯俊、女丁等人，餘為單字。女工刻手僅江西有之。所存卷三、又三十，凡兩卷。間有闊黑口，係補版，卷中僅筐、貞二字缺筆，餘如玄、絃朗、敬、弘、讓等字均不避。

勉齋先生黃文肅公集四十卷附集一卷語錄一卷年譜一卷　宋黃榦撰

宋刻本，半葉十行，行十八字，白口。凡講義經說三卷、雜文三十卷、詩一卷，與宋藝文志合，附集錄本傳告詞謚議行實詞記祭文等篇。語錄為門人林園纂成記錄。年譜門人鄭元肅、陳義和重編。前後無序跋。字畫清勁，體似顏柳，為宋刻中致佳本。文祿堂以版式刻法列為江西刻本。

放翁先生劍南詩稿六十七卷目錄□卷　宋陸游撰　存十四卷

宋刻本，半葉十行，行二十字，白口，左右雙邊。版心上記字數，下記刻工姓名。有董云、劉元、劉寅、曾宣、胡允、胡岩、吴元阮才、天佑、余才、之滋、之宗、弓定、吴宗、胡必誠、胡果（陰文）、王文、董學、劉振、張環、蔡中、徐清、羅誼、操誠、胡睦、蔡章、蔡懋等人。目録卷一前十二葉紙背乃宋人詩草稿。鈐有"華亭朱氏"、"横經閣收藏圖籍印"、"徐子容印"（白文似元人）、"汪士鐘印"、"閬源真賞"。卷首有蕘圃詩二首、跋三則，沈曾植跋一則。此爲子虞所刻江西本。其刻工姓名多與慶元二年周必大刻歐陽文忠公集刻工合，亦爲吉州刻本。北京圖書館藏。

文章正宗二十四卷　宋真德秀撰　抄配八卷

宋江西刻大字本。半葉十行，行二十字，注文雙行。版心上記字數，下記刻工姓名，有陳士可、陳興、張震、劉清、陳華。宋諱避至慎字。鈐有朱錫庚印。

十二先生詩宗韻十二卷　宋裴良甫編

宋刻本，半葉十行，行二十三字。細黑口。舊為明袁忠徹故物。十二先生者，謂杜文貞、李青蓮、高常侍、韓文公、柳柳州、孟貞曜、歐陽文忠、曾文定、蘇文忠、王荊公、黃文節、陳後山。書中遇宋諱或易字，或減筆。此書視為江西刻。

稼軒詞一卷　宋辛棄疾撰

宋信州刻本十二卷，視長沙為多。

福建地區刻書

六經圖六卷　宋楊甲撰

宋建安刻巾箱本。存毛詩圖說計一至三十圖，都三十九葉，春秋圖說存六十七至百十四，計五十七圖，都五十六葉。行格不一，十行十七字、十三行二十五字、十五行二十二字不等，四周單邊。宋諱貞、桓缺末筆。有乾隆丙子歲夏四月古歙浯水村水南鄉鄙人朱嘉勤記。這是~~[illegible]~~程大昌禹貢山川地理圖之後的又一幅印刷地圖，所惜六經圖現存僅見福建刻本殘卷。

周易注十卷　魏王弼　晉韓康伯撰

宋建陽刻本。半葉十二行，行二十一、二十二字不等。注文雙行，行二十八字。白口，左右雙邊。宋諱缺筆至慎字。字體秀眉，如鐵畫銀鈎，近瘦金體，知是南宋初建陽坊本。傳世宋版周易除淳熙間撫州公使庫刻本外，當推此爲最善之本。有文嘉、文震孟觀款。近年瞿氏鐵琴銅劍樓印本，即據此本影印。北京圖書館藏。

周易注十卷　魏王弼注

宋余仁仲刻本。卷末注余仁仲校勘，並記經注若干字。

周易九卷　魏王弼　晋韓康伯注略例一卷　唐邢璹注

宋刻本，半葉九行，行十七字，注文雙行，行十八字。四周雙邊。左方欄外記卦名、篇名。略例内脱末簡一葉。附釋音及重言重意。每卷不題經注字數。略例有注題云周易略例序，唐四門助教邢璹注。日本藏書。

晦庵先生校正伊川易傳□卷　宋程頤撰

宋刻本，半葉十一行，行二十二字，注文雙

行，行二十二字。黑口，四周單邊。左欄外記篇名。

周易新講義十卷　宋耿南仲撰

宋福建刻本。題周易解義。注。

晦庵先生朱文公易説二十三卷　宋朱熹撰

宋富川縣斋趙與迥刻本。此書不見流傳。

晦庵先生朱文公易説二十三卷　宋朱熹撰

宋建陽書坊刻本。此書一再被書坊一刻再刻。

陸氏易解一卷　吳陸績撰

宋建安余仁仲萬卷堂刻本。《增訂四庫簡明目錄標注》陸氏易解，列有宋余仁仲本，卷末注余仁仲校勘，并記經注若干字，注：所指或爲《九經三傳》之易經一種。

周易兼義九卷　唐孔穎達撰　略例一卷　唐邢璹撰　音義一卷　唐陸德明撰

宋刻~~本~~十行本。刻工有君美、余中、敬中、安卿、仁甫、德成、智夫、伯壽等名。鈐有「星衍印」、「伯淵家藏」印。

尚書十三卷　漢孔安國傳

宋建安王朋甫刻本。半葉十行，行十九字，

注文雙行二十三字。細黑口。刻工有陳成、宜之、邵元、劉清、呂渙、劉傑、石椿、王奇等。釋文作白文，陸德明序，後刊書識語五行：“五經書肆屢嘗刊行矣，然魚魯混殽，鮮有能校之者，今得狀元陳公諱應行，精加點校，參入音釋，雕開於後，學深有便矣。士大夫詳察建安錢塘王朋甫咨”。卷首刊圖十九，凡八葉。宋諱避至惇字。計一百四十七葉。鈐有“柳塘白門張氏藏書印”、“曾在白門張氏古照堂”、“白堤錢聽默經眼印”。

監本纂圖重言重意互注點校尚書十三卷附釋文

宋刻本，半葉十行，行十八字，注雙行二十四字。細黑口，四周雙邊。左闌外記篇名。此為建本之至精者，繆荃孫氏以百金獲之日本，同行者詫為豪舉，後歸之劉氏嘉業堂。

婺本點校重言重意互注尚書十三卷　題漢孔安國

宋刻本，半葉十行，行二十字。傳用夾注，左闌外標篇名。板式長四寸，寬不及三寸。卷中宋諱匡、恒、惇、敦等字皆缺筆。為彭城錢楚殷舊藏，而後陳仲魚者。卷首鈐一園印」傳家一卷帝王書其珍重如此」。卷中鈐有「彭城楚殷讀書記」、「仲魚圖象」二朱印。常熟瞿氏鐵琴銅劍樓藏書。民間藏書。

尚書注疏二十卷　題漢孔安國傳　唐孔穎達撰　唐陸德明釋文

宋建安余仁仲萬卷堂刻本。外題尚書正義二十卷。

尚書圖一卷

宋建陽刻本。胡珽跋。行字不等，細黑口，四周雙邊。北京圖書館藏。

尚書表注上下卷　宋金履祥撰

宋末元初刻本。半葉十行，行十八字。黑口，左右雙邊。闌外四周附看音釋考證各條，行間加墨擲及圈圍，每句下加點。宋諱缺筆。前有周春跋，顧澗抄補序及跋。董其昌、吳焯、馬寒中、汪士鐘遞藏。~~有印」~~又有「南樓書籍」朱文大印。

林之奇尚書全解四十卷　宋林之奇撰

孫昕後序：書解自麻沙初刻，繼而婺本及蜀本皆有。

尚書全解四十卷　宋林之奇撰

　宋建安余仁仲萬卷堂刻本

毛詩不分卷附圖

　宋建刻巾箱本。半葉十行至十二行，行二十字，又十五行，行二十一字不等。細黑口。宋諱恒、慎、桓、貞字皆缺筆。朱家勤手跋曰："乾隆丙子歲夏四月古歙潜村水南鄉古城鄣人朱嘉勤記"。有"譚錫慶學看宋板書籍印"。

毛詩二十卷

　宋刻巾箱本，半葉十行，行十七字，小字二十二字。傳箋下即接釋文不加識別。惟音經注字皆作陰文，於釋文所删改與原書及注琉本不同。宋諱匡、殷、桓、覯、慎字缺筆。而數字不缺筆，蓋孝宗以後刻本。常熟瞿氏藏書。

毛詩三卷

　宋刻本，半葉十三行，行二十二字。有查慎行、顧廣圻、楊紹和題識，吳榮光觀款。鈐有"詩樹樓藏書"、"汪喜孫印"、"孟慈喜孫審定"，"江都汪氏問禮堂收藏印"、"秋書少監顧廣圻印"、"千里澗蘋"、"自業光"、"石雲山人"、"阮氏小雪過目"各印。舊為楊氏海源閣藏書。

監本纂圖重言重意互註毛詩二十卷圖譜一卷

漢毛萇傳　鄭玄箋　唐陸德明釋文　卷五至七鈔配

宋刻本，半葉十行，行十八字，注文雙行，行二十四字。細黑口，四周雙邊。版心記刻工姓或名一字，左闌外記篇名。首行標題如上，次行低一格題唐國子博士兼太子中允贈齊州刺史吳縣開國男陸德明釋附，三行頂格題周南關雎詁訓傳第一，又次低一格夾注釋文，後接毛詩國風，夾注釋文，接鄭氏箋，夾注釋文。次提行詩序起，序後空一格即接本經，不提行。凡經文下夾行先注，次箋，次釋文，相連而下，惟重言重意加圓圈以別之。每詩句讀加小圈。宋諱避至慎字止，間有不避者，蓋坊肆所刻，未盡嚴謹。字體工麗，鋒稜聳峭，為建本之至精者，且標明監本，則源出胄監，其點校當為有據。前附毛詩圖譜五葉，四詩傳授圖一葉。收藏印有："王[illegible]嫡印"、"太子洗馬"、"辛未進士"、"師竹山房藏書私印"、"求古居"、"平陽汪氏藏書印"、"三十五峯園主人"、"汪印文琛"、"汪士鐘讀書"、"宋本"。卷五至卷七爲黃氏士禮居影宋抄補。求古居爲黃丕烈印。此書爲周叔弢捐贈，現藏北京圖書館。弢翁題識："宋刻監本纂圖重言重意互注點校毛詩，士禮居舊藏，原有黃蕘圃手跋，不知何時佚去，江劍霞氏曾見原跋於趙靜涵家，并云此書已不可得。余初得此書時，見有求古居印，又卷七六葉三行'淳'字改'渟'字，遂定爲士禮居故物，乃乞篤文道兄依黃蕘圃藏書題識補錄黃氏跋語，以志其源流。今年春正月北平書友王搢青忽寄黃氏毛詩手跋兩通，蠹痕宛然，正此書所佚者，其徒爲景熹新得之蘇州，當從趙氏散出。合浦珠還，爲之大喜過望，亟命工補綴，裝之首册，雖索值奇昂，亦不違諸償矣。庚辰正月二十日至德周暹記于自莊嚴堪。"

毛詩詁訓傳二十卷　漢毛萇　鄭玄撰　唐陸德明釋文　存卷十八至二十，計三卷

宋建本，半葉十行，行十八字，注文雙行，行二十四字。細黑口，左右雙邊。闌外記篇名。傳箋下附釋文，又重言重意附注皆以白文別之。有清查慎行、顧廣圻跋，吳榮光觀款。鈐有"黔莊"、"岐山草堂"二宋印。此爲巾箱本。北京圖書館藏。

附音釋毛詩注疏二十卷　漢毛萇　鄭玄箋　唐孔穎達疏　陸德明音義

宋建安劉叔剛宅刻本。半葉十行，行十八字。白口，四周雙邊。序後有木記"劉氏文府"、"叔剛"、"桂軒"、"一經堂"方形、鐘形、鼎形木記。日本足利學校藏。

毛詩正義四十卷　唐孔穎達撰

宋建安余仁仲萬卷堂刻本。

呂氏家塾讀詩記三十二卷　宋呂祖謙撰

宋建刻本。半葉十二行，行二十四字，注文雙行。細黑口。版心上記字數。後部宋刻半葉十三行，行二十五字。前部卷中缺葉配入

十三本，文字不接。有毛晉汲古閣、浙右項氏德枝齋舊藏書、萬卷樓遼西郡圖書印。

呂氏家塾讀詩記三十二卷　宋呂祖謙撰

宋末建刻本。半葉十二行，行二十二字。白口，左右雙邊。與浙本行款同，但各行起止亦同，即據浙本覆雕。日本帝室圖書寮藏書

周禮注十二卷　漢鄭玄注　存卷七至十一

宋刻巾箱本。半葉九行，行十七字，注文雙行十八字。細黑口，四周雙邊。版心上記字數，左闌外上方有耳記篇名。版匡三寸，寬二寸一分。鄭注文下附重言，用白文别識之。鈐有青芝山房寶藏、董止齋覽藏記、潯陽山人、乾隆御覽之寶、天祿琳琅各印。天祿琳琅前後目均載有宋刊周禮鄭注二部，然皆非巾箱本，則此書並未入目。其版之小，惟瞿氏藏有尚書孔傳，其版式狹小，正與此書同，或為一時所刊，是建中坊肆備士人場屋之需

周禮注十卷　漢鄭玄注

宋刻小字本，附載音義。首題纂圖互注周禮卷第幾，次天官冢宰第一，夾注、音義下是

周禮，越格題鄭氏注，次經文起前列周禮篇目，次列圖說，凡三十五。半葉二十四行，行二十一字，注雙行二十五字。缺秋官冬官四卷，以余仁仲本補之，無附音義，首題周禮卷第，次與纂圖本同。半葉十行，行二十字，注二十二字。前有玉蘭堂印、古吳王氏及辛夷館印、季振宜藏書印。蓋始文衡山，繼為王雅宜藏，後歸季滄葦者，皆鑒賞名家。延令宋版書目，纂圖互注周禮十卷疑即此。陳鱣經籍跋文載。

周禮注十二卷　漢鄭玄注　唐陸德明釋文　前附周禮圖一卷

宋建陽刻重言重意本。半葉十一行，行二十字，小字雙行，行二十七、二十八字不等。白口，四周雙邊。宋諱避至慎字。有"緯蕭草堂藏書記"、"廣圻審定"、"江都汪氏孝子祠收藏印信"、"汪喜荀印"等藏印。北京大學圖書館藏。

周禮注十二卷　漢鄭玄注　唐陸德明釋文

宋建刻本。半葉十行，行十九字，注文雙行

行二十三字。細黑口，四周雙邊。闌外有耳李木齋先生藏，文祿堂已影印行世。

周禮注十二卷　漢鄭玄注　唐陸德明釋文　存卷七、八，共二卷

宋刻本，半葉十一行，行二十三字，注雙行同。細黑口，左右雙邊。日本靜嘉堂藏書。

纂圖互注周禮十二卷　漢鄭玄注　唐陸德明釋文

宋建刻本，半葉十二行，行二十一字，注文雙行，行二十五字。闌外有卷數字數。前有有篇目三葉，周禮經圖三十七葉，圖凡三十有九。經文大字，注小字，次釋文，次重言重意，次互註，與互注禮記大略相同。此蓋坊刻，與董氏集古堂、余氏萬卷堂本，兩本無軒輊。

纂圖互註周禮十二卷　漢鄭玄撰　唐陸德明釋

宋建刻本，半葉十二行，行二十一字，注文雙行，行二十五字。細黑口，左右雙邊。左闌外記篇名卷數。附圖說二十葉。海虞瞿氏藏，完整。

纂圖互注周禮十二卷　漢鄭玄撰

宋刻本，半葉十五行，行二十三字，白口左右雙邊。此本迭經傳是樓徐乾學、蘊真閣張若靄、完顏景賢、八經閣袁寒收藏。袁克文跋稱，以萬金之價，從完顏景賢家购得宋刻本七種，包括三山黃唐禮記正義、小字本春秋胡傳、黃氏補千家注杜工部詩、黃善夫刻王狀元注東坡先生詩、張于湖居士文集，以及此本。皆盛伯羲故物，均屬宋刻本上品，亦為袁寒雲佞宋之始。此書與今藏北京圖書館一宋刻本、北京大學圖書館藏另一宋刻本不同，是為海內僅存一部之孤本。觀此本之刻書刀法及刻書風格似為福建所刻。

纂圖互注重言重意周禮十二卷　漢鄭玄注　唐陸德明釋文

宋刻本，半葉十一行，行二十字，注雙行二十七字。細黑口，左右雙邊。版心上記字數，下記刻工姓名。闌外記篇名，每卷後記經若干字，注若干字，音義若干字。李木齋藏書。

纂圖互注重言重意周禮十二卷　漢鄭玄注

宋麻沙刻本，半葉十二行，注文雙行，行二

十五、六字。细黑口。重言重意互注字作白
文。左闌外刊小題。有毛褒華伯、徐健菴、
乾學、陳廣陵若露圖書、完顏景賢鑒藏印。

纂圖互注重言重意周禮十二卷　漢鄭玄注
南宋中期建安余氏萬卷堂刻本。

纂圖附音重言重意互注周禮鄭注十二卷　宋刻
巾箱本。

京本附釋音纂圖互注重言重意周禮十二卷
宋坊刻本。

京本點校附音重言重意互注周禮十二卷　漢鄭
玄注　存四卷
宋刻本，半葉十一行，行十九字，注雙行二
十字。大題在下，小題在上，板高不及四寸
蠅頭細字，精勁無匹，真為宋板上駟，惜缺
八卷，惟存天官下一卷、地官下一卷、春官
上下兩卷。據士禮居跋，蕘圃所藏，亦巾箱
本，而佚春、夏二官，若以殘本濟之則六官
僅缺司馬矣。藏印有"研北程年彭若氏"、"心
門居士"、"月波樓鑒賞"。

校正詳增音訓周禮句解十二卷　題魯齋朱申

翰

每一官分上下卷，前有登雲子序。舊為松陵莫氏藏書。附藏印"李琪家藏子子孫孫永寶用"、"士弘私印"、"頌之父"、"擔如居士寧靜閣"、"五鳴山房"、"松江莫氏壽樸堂書籍"、"季振宜讀書"。故宮博物院舊籍善本總目載有南宋中年刻本。六冊。

音點周禮詳節句解

宋刻本。此與校正詳增音訓周禮句解不同。有武夷勿軒居士序云，雲坡陳君以魯齋二禮句解屬序，勿軒熊禾去非之號也。又有題記云："今將本局所刊舊本增修注釋三復校正並無訛舛，伏幸藻鑑，是其書已經坊肆附益，非魯齋之舊矣。"有無名氏手跋。鈐季弟清白傳家印。藏印有"滎陽"、"潘氏季中"、"潘康"。

周禮考工記解二卷　題鬳齋林希逸撰

宋刻本，半葉十行，行十八字。卷後附釋音。宋諱匡、桓、恒字缺筆。惜下卷釋音後缺三十一葉。前有"古香樓"、"汪季子文柏"、

「柯庭氏雙溪草堂」圖記三印。

周禮注疏四十二卷　漢鄭玄注　唐賈公彥疏
宋建安余仁仲萬卷堂刻本。半葉十行，行十七字，注文雙行二十二字。

周禮鄭注十二卷　漢鄭玄注　唐陸德明音義
宋建安余仁仲萬卷堂刻本。《天祿琳瑯書目》卷一著錄：“周禮，每卷後或載余仁仲比校，或余氏刊于萬卷堂，或余仁仲刊于家塾。所謂建安余氏也。句讀處亦與所言相合，又卷末各詳記經、注、音義字數，點畫完好，紙色極佳。”此為余仁仲所刻九經之一種。今已不傳。

附釋音周禮注疏四十二卷　漢鄭玄注　唐賈公彥疏　陸德明音義　缺卷一至七
宋刻本，半葉十行，行十七字，注疏並雙行二十三字。每注末行為方圍大書疏字，以界注文，每疏首冠釋曰二字，左右雙邊。烏絲外記篇名。每卷首題附釋音周禮注疏卷第幾，次行中央鄭氏，下方賈公彥疏。界長六寸六分，幅四寸，板式與毛詩注疏同。阮元校勘記所謂十行本者即此。日本藏書。中國書店存藏卷八、九、十九、二十、二十七、二十八、三十六，計八卷。

儀禮注疏十七卷 漢鄭玄注 唐賈公彥疏 陸德明釋文

宋建安余仁仲萬卷堂刻本。注。

禮記注二十卷 漢鄭玄注 唐陸德明音義

宋余仁仲萬卷堂家塾刻本。半葉十一行，行十九字，注雙行，行二十七字。細黑口，左右雙邊。耳記篇名。宋諱缺筆至慎字。各卷後有余氏刊於萬卷堂、余仁仲刊於家塾、仁仲比校訖各一行。余仁仲刻九經，除公羊傳有嘉慶間汪喜孫問禮堂翻版，穀梁傳有古逸叢書翻版外，僅存此經。此書傳世有二帙。一為天祿琳琅舊藏殘本，現藏上海圖書館。一為周叔弢先生藏，捐贈北京圖書館藏。此帙有弢翁題識稱：“宋余仁仲萬卷堂刊禮記二十卷，遞藏金元玉、安桂坡、張文通家。丙子夏元和陸氏散歸上海來青閣書店，懸值奇昂，無敢問鼎者。辛巳秋王君欣夫自滬來告，

此書已貶價為滬幣二萬五、六千金，問有意
收之否？余急馳函欣然，許以二萬金。未幾
得報，則已為某估以一萬二千金買去，此中
消息，固不難知，中心益怏怏不能平，而自
嘆古緣之慳也。旋詢知此為王富晉所得。延
招之，久不至。越歲壬午春王某自滬返北京
過天津始攜以見示，字畫流美，紙墨精良，
洵宋刻上駟，索價之高，更逾於來青閣。余
時絀於為生，方斥去明板書百數十部，盡歸
陳一甫丈，既得錢乃不遑復計衣食，急持與
王某成議，惟恐弗及。值當滬幣約五萬金，
昔人割莊易漢書之舉，或尚不足以方余痴；
而支硎山人錢物可得，書不可得，雖貴當[illegible]
拔之言，實可謂先獲我心。余此所刊禮記，
天祿琳琅無著錄一部，為汲古閣舊藏，有宋
本、甲印，今不知流落何所。此書舊裝精雅
無明以後收藏印記，或曾入貢天府，諸為副
本，晚近頒賜臣工，始歸陸氏。此固臆測之
言，了無佐證，若詢之陸氏子孫，當不難得
其究竟也。壬午三月二十四日雨後記跂翁。"

纂圖互注禮記二十卷　漢鄭玄注　唐陸德明音
義　舉要圖一卷
宋麻沙本。半葉十一行，行二十一字，注文
雙行二十五、六字不等。細黑口，左右雙邊。
版心雙魚尾，上魚尾下題記圖數，下魚尾下
記葉數，不記字數及刻工姓名，闌外記卷數
葉數。避宋諱至慎字止。鈐有"胡惠孚印"、
"遂江"、"當湖小重山館胡氏遂江珍藏印"
又陸樹聲各印。此本字畫精湛，是建本之最
良者，陸心源曾校過，謂可與撫州公庫本相
伯仲。日本靜嘉堂文庫藏。

纂圖互注禮記二十卷禮記舉要圖一卷
宋麻沙本，半葉十一行，行二十一字，注文
雙行二十五、六字不等。鄭注下附陸氏釋，
釋文後為重言重意。讓字缺筆，蓋孝宗時刻
本，字體與三山蔡氏陸狀元通鑑、北史、新
唐書同，當是麻沙之最精者。

纂圖互注禮記二十卷　漢鄭玄注　唐陸德明音
義　舉要圖一卷　卷一第一至二十三葉抄配
宋刻本，半葉十二行，行二十一字，注文雙

行，行二十五字。黑口，左右雙邊。闌外左
上方刻篇名某卷某葉，注後附音釋及重言重
意。前有禮記舉要圖九葉。有尤侗、林佶、
李兆洛、錢天樹、張蓉鏡等跋。鈐有“劉恒
“坦齋”、“錢選之印”、“臣名岐昌”、
“石友過眼”、“得樹樓藏書”、“舊山樓
“清秘閣書”、“海寧查慎行字夏重又曰悔
餘”、“南書房史官”、“蔣揚孫讀書記”、
“元發”、“文彭”、“壽承氏印”。北京
圖書館藏書。民國上海涵芬樓據以影印。

監本纂圖重言重意互注禮記二十卷　漢鄭玄撰
唐陸德明音義

宋刻本，半葉十行，行十八字。十五卷以後
每行十九字，注雙行同，細黑口，四周雙邊
版心上魚尾下記記一、二等字，左闌外記篇
名。宋諱缺末筆。首月令星圖，次月令所屬
圖，玄端冠冕制圖，委貌錦衣制圖，器用制
圖，月令春夏昏星之圖，月令秋冬昏星之圖
共六葉。本書首行標題“監本纂圖重言重意
互注禮記卷第一”，次行“禮記上第一”，

三行低三格起"禮記"二字，空二格起"鄭
氏注"。每句下先列鄭注，次陸氏音義。其
重意或重言在注中標大字於文上，其二字並
加圓圈以別之。鈐有"玉蘭堂"、"宋本"、
"乙"、"毛晉之印"、"毛氏子晉"、"季
振宜讀書"各印。有楊守敬手跋：右宋槧纂
圖互注重言重意禮記與予所得論語款式（見
留真譜）悉同，有毛子晉印，玉蘭堂印，季
振宜印，欄外有橢圓宋本印，又有乙字方印，
蓋汲古閣藏宋本為中駟也。雕鏤之精與論語
不相上下，避宋諱，惟敬字不缺筆，與論語
亦同，蓋南渡已祧也。日本古宦漢謂互助起
於唐人，而余所見則起於南宋。或謂起於元
人者誤也。余所得論語校以注疏大有異同，
（今為李木齋所得）。已備錄於日本訪書志
中。此本亦必與世傳經注本注疏及陸氏釋文
大有關係，惜余老耄，不能通校一過，沅叔
得此，自當悉心以著其異。蓋鄭氏三禮前輩
於周禮、儀禮多有詳校，而於禮記獨略，以
世傳禮記除岳本、撫本注疏外無多宋本足以

互勘也。余在日本所得經書古鈔本至多，惟禮記自足利本外無古鈔一通，後由上海運書來，乃當與沅叔對參之。甲寅閏五月十三日，鄰蘇老人記，時年七十有六。”沅叔称：是書余甲寅夏得於琉璃廠文友堂。頻年所見如李木齋先生之論語，繆藝風之尚書，涵源閣之毛詩，其標名行格均與此同，疑當日五經皆付鐫矣。

重言重意禮記二十卷　漢鄭玄注　唐陸德明音義

宋建本，半葉十一行，行十九字，注雙行二十五字。細黑口，左右雙邊。重言重意以白文標之。鈐有“周印良金”、“毘陵周氏九松迂叟藏書記”及“李印盛鐸”、“木犀軒藏書”等印記。北京大學圖書館藏。

附釋音禮記注疏六十三卷　漢鄭玄　唐孔穎達

宋建安劉叔剛宅刻本。孫記云，和珅翻刻。葉德輝稱：宋刻本七十卷，和珅本與惠棟校宋本同，恐非宋刊原本。吾有此本，字畫流動，非宋體也。

京本點校附音重言重意互注禮記二十卷

宋刻巾箱本。長三寸半，寬二寸半。

京本春秋左傳三十卷　存五卷

宋刻大字本，半葉七行，行十二字。白口，單邊，蝶裝。首行題京本春秋左傳，每卷終有經傳幾千幾百幾拾幾字。版心有刻工姓名，版匡外右方有小字，某公幾拾幾年，間有旁注，卷中句讀圈發均與相臺岳氏刊九經三傳沿革例所言合。景定建康志書籍門載五經正文有四，曰監本、曰建本、曰蜀本、曰婺本。疑此即沿革所謂建大字本。存四册，中缺僖公二十二年傳至二十三年經兩葉，後人補入。此本刊印極精而絕無著錄，蓋七百年來久為斷種秘籍。北京圖書館藏。

春秋經傳集解三十卷　晉杜預撰　唐陸德明釋文

宋余仁仲萬卷堂刻本。半葉十一行，行十八、十九字，小字雙行二十七字。細黑口，左右雙邊。宋諱缺筆至"慎"字，"敦"字以下宋諱不缺。此本已無全本存世，僅台灣中央圖書館藏存卷八、卷九、卷十二、卷十三、卷十六、卷二十九，凡六卷。尾題後有經傳、注、音義字數。卷八末有"余仁仲刊于家塾"，卷九末有"余氏刊于萬卷堂"，卷十六末有"仁仲比校訖"各一行。

春秋經傳集解三十卷　晉杜預撰　唐陸德明釋文

南宋中期刻本。半葉八行，行十六字，注文雙行二十一字。黑口，四周雙邊。書名署左幾、秋幾、禾幾、火幾。左欄外有耳，題某公幾年，一葉兼跨二年者，則左右雙耳。卷首杜序，序後爲春秋總要，題鴻臚少卿李厚述，此爲他本所未載。總要後爲春秋紀年，卷末又有杜氏後序。卷首首行題春秋序，第二、三行題唐國子博士兼太子中允贈齊州刺史吳縣開國男陸德明釋文附第四行，釋文小注每卷首行題春秋經傳集解，某謚第幾無公字，有數卷謚下增上下或上中下，或元、二、三等字，次行低一格，釋文小注雙行無釋文則接杜氏注卷幾年，其間上下距離疏密無定。卷末書名前後有經傳若干字，注若干字，音義若干字，凡三行。宋諱玄、弦、弘、驚、匡、筐、恒、禎、楨、貞、徵、戚、桓、完構、媾、慎、敦等字缺筆。當刊於光宗之世。書法遒勁，紙墨俱精，可稱南宋佳槧。藏印有“季振宜印”、“滄葦”、“御史之章”、“季振宜讀書”、“乾學”、“徐健菴”、“吳士讓印”。北京圖書館藏。

春秋經傳集解三十卷　晉杜預撰

宋刻本，半葉十一行，行二十字，注文雙行，行二十七字。卷首序後有牌子，文曰“潛府劉氏家塾希世之寶”。内補配數卷，爲纂圖互注本，半葉十二行，行二十一字，注雙行二十六字。鈐有“涉園”、“張載華印”、“芷齋圖籍”諸印。張菊生書。

春秋經傳集解三十卷　晉杜預撰

宋刻巾箱本，半葉十一行，行二十字，注雙二十六字。字體秀勁，刊工精湛，的爲宋刊無疑，此外有見皆明翻耳。滂喜齋遺書。

春秋經傳集解三十卷　晉杜預撰　存卷一至十、十三

宋建刻本，半葉十行，行十九字，注雙行二十三字。細黑口，四周雙邊。雙魚尾，上記

大小字數，下記刻工姓名者徵少，如首葉有
高子阜，作行楷精妙。卷二中有數葉吳才、
吳富、吳貴。卷四首葉吳俊明。左闌外有小
題，經傳文加句讀，注文不加，釋題俱作白
文。宋諱字大小俱加墨圍。首杜序，刻工大
全，題春秋序，次緒序唐陸德明釋文佔二行
序尾附春秋紀年，如隱公十一年一卷，至哀
公二十七年。二十九至三十年，次有呂祖謙
題說，凡天下風俗大事，則以卷首標之，一
國事與賢者名字，則以注字標之，學者宜詳
覽，此說凡三行，為諸本所無。為監本纂圖
春秋經傳集解。此本不見著録。今以刻工吳
才一人，考見淳祐福建刻國朝諸臣奏議，據
此可證為福州本。

監本纂圖春秋經傳集解三十卷　晉杜預撰　唐
陸德明釋文

宋建刻本，半葉十行，行二十字，注文雙行
行二十四字。是書前序，後題唐國子博士兼
太子中允贈齊州刺史吳縣開國男陸德明釋文
附一條。首行集解下題某公第幾，次行夾注

德明音義，再次行低五格起杜氏，中空五格蓋幾年。中有重言重意似句互注，諸例俱加方圍，每版左綫外，標某公幾年，凡句之同者爲重言，意之同者爲重意，句之似者爲似句，及見於他經者爲互注。末有預後序。蓋宋人帖括之書。遇桓、讓、貞、慎、匡、筐、敦等字多缺筆。内配襄四第十七，起監本重言重意春秋經傳集解行數字數與第十七同，是當時不止一刻。天祿琳琅載此目并載監本纂圖重言重意互注點校毛詩，又纂圖互注周禮，稱其字畫流美，紙墨亦佳，信爲鋟本之精者。

南京圖書館藏。

本纂圖附音重言重意互注春秋經傳集解三十卷

宋書坊刻本。

本點校重言重意春秋經傳集解三十卷　晉杜預注　唐陸德明釋文

宋刻本，半葉十一行，行二十字，注文雙行二十一字。每卷書題云：京本點校重言重意春秋經傳集解，某公葉第某，亦有一、二處

題於重意下多互注二者，核卷中當向下標記

有重言重意互注似句四件不能盡見書題。經

傳並句讀發四聲而不及注，注下附陸氏音義

核字體似南宋初刻。舊藏有鈐趙中本，勘終

有"桂軒藏書"鼎形印、"敬齋"爵形印

"高山流水"琴形印。鈐有毛褒、揆叙藏印

潘宗周藏書，現藏北京圖書館。

附釋音春秋左傳注疏六十卷　晉杜預注　唐孔

穎達疏　陸德明釋文

宋刻本，半葉十行，行十七字，注文雙行二

十三字。版心上有大小字數，下有刻工名一

字或二字。宋諱恒、桓、戍等字缺筆。左耳

上標"某公"、"某年"。全校無一，明以

來補版。有慧海樓藏書印、偉業印。

監本纂圖春秋精湛集解三十卷

宋書坊刻本。

增修訂正音點春秋左傳詳節句解三十五卷

宋元間建刻本。半葉十四行，行二十五字

注文雙行字同。細黑口，左右雙邊。左闌

上方刻某公幾年。宋諱間有缺筆。有"郢

草堂”、“朱氏家藏”、“安朱文”、“子文”、“如京”等印。北京大學圖書館藏。

監本附音春秋公羊注疏二十八卷　漢何休注　唐徐彥疏　陸德明音義

宋福建刻本，半葉十行，行十七字，注文雙行，行二十三字。白口，左右雙邊。雙魚尾，版心上刻字數，下有刻工姓名，有伯壽、應祥、文粲、元祥、王榮、仁甫、安卿、余中、君美、奇甫、提甫、以德、善慶、英玉、王英玉、茂卿、君錫、古月、伯、山、應、文、榮、高、善、英、茂、古等。左上有耳。中國書店收藏。

監本附釋音春秋穀梁傳注疏二十卷　晉范寧注　唐楊士勛疏　陸德明釋文

宋刻本，此為十行本，諸經注疏之一。半葉十行，行十七字，注文雙行，行二十三字。白口，左右雙邊。書耳記某公幾年。版心上記大小字數，下記刻工姓名，有君美、以德、天易、住郎、伯壽、以清、善卿、善慶、茂卿、德遠、敬中、余中、正卿、君善、美玉

應祥、安卿、壽甫、丘文、禔甫等人。此書
疑福建刻本，刻工伯壽、應祥、安卿、余中
君美、禔甫、善慶、茂卿等與監本附音春秋
公羊注疏相同。中國書店收藏。

春秋傳三十卷　宋胡安國撰

宋建陽刻本，半葉十二行，行二十四字。白
口，左右雙邊。宋諱桓、慎字缺筆。

春秋後傳十二卷　宋陳傅良撰

宋勤有堂刻本。佳。

詳注東萊先生左氏博議二十五卷　宋呂祖謙撰

宋麻沙刻本。半葉十行，行二十字。四庫全
書總目云，書凡一百六十八篇，通考作二十
卷，此本每題下附載左氏傳文，中間徵引典
故，亦略爲注釋，故析爲二十五卷，其注不
知何人作。觀其標題板式蓋麻沙所刊。卷中
遇宋諱殊不迴避。然宋之麻沙坊本類是者甚
多。曝書雜記載錢夢廬記所見舊本書謂是[illegible]
小重山館藏，有宋末元初本，當即此刻。有
温陵黄俞邰藏書印、燕越胡茨村藏書印。[illegible]
爲海源閣藏書。

孝經正義三卷　唐玄宗明皇帝御注　宋邢昺疏

南宋閩中刻本，半葉十行，行十七字，注雙行二十三字，黑口，左右雙邊。即所謂十行本，間有明正德、嘉靖補刻葉。惟孝經殘缺最多，原葉殆無一二存矣。南皮張氏舊藏。

中庸集解三卷　宋石𡼖撰

宋建陽刻本。

中庸集解三卷　宋石𡼖撰

宋龍溪刻本。

監本纂圖重言重意互注論語二卷

宋建安天香書院刻本。半葉十行十八字。

監本纂圖重言重意互注論語二卷

宋建刻本，半葉十行，行十八字，注文雙行，行二十四字。細黑口，四周雙邊。序末有"劉氏天香書院之記"木記。有"楊守敬星吾海外訪得秘籍印"。並題跋一則。十行以下論語注疏皆不附釋音，此本獨載之，往往與宋本音義合，且有足訂宋本之誤者。鈐有"楊印守敬"、"木齋宋之秘籍"等印。北京大學圖書館藏。

論語正義二十卷　魏何晏等注　宋邢昺疏

宋建刻中箱本。半葉十行，行十八字，注雙行，行二十三字。首有李鶴年、阮文達諸印

論孟要義三十四卷　宋朱熹撰

宋建陽刻本。

論孟精義

宋建陽坊刻本。

孟子集注十四卷　宋朱熹撰

宋建安余仁仲萬卷堂刻本。半葉十二行，行二十四字。

大廣益會玉篇三十卷　梁顧野王撰　存二十八卷

宋建刻本。首大中祥符六年牒，次顧野王序，次進書啓，次刊書人，自撰、總目、偏旁、篆書之法，次總目、正文。存卷一至玉部止。半葉十一行，行十九字，注文雙行，行二十五字。偏旁篆書法半葉八行，左右雙邊。版心雙魚尾，書名題玉幾。宋諱匡、恒、琁、愼四字缺筆。有趙之謙、陸心源跋曰："南宋浙閩坊刻最爲風行，閩刻往往於書之前後別題識，序述刊刻原委，其末則曰博雅君子幸

毋勿諸乃書估惡札，蜀浙本則無此種語"。此書字體與宋季三山蔡氏所刻內簡尺牘、陸狀元通鑑相同。證明蔡法前起語，其爲宋季閩中坊刻無疑。藏印有"江左"、"玉蘭堂"、"竹塢"、"項氏萬卷堂圖書籍印"、"萬卷堂圖籍章"、"子長"、"少谿主人"、"紫玉軒"、"季振宜之印"、"滄葦"、"乾學"、"徐健菴"、"徐氏仁卿"。北京圖書館藏。

宋本廣韻五卷　不著撰人名氏

天祿琳琅後目有宋麻沙本。

廣韻五卷　宋陳彭年等撰

宋麻沙劉仕隆宅刻本。日本有藏書。

史記集解一百三十卷　劉宋裴駰撰

南宋初建陽刻本。卷五至卷七以另一宋本配補，序有明人抄配。半葉十二行至十三行不等，行二十三至二十七字不等，注文雙行，行二十八至三十一字不等。白口，左右雙邊。版心上有字數。卷中北宋後期諱及南宋諱均不避。字近瘦金體。紙墨版式，絶係南宋初

葉建本風格。原為楊氏海源閣四經四史之齋
舊藏宋版史記第三部。有"汲古閣"、"毛
子九讀書記"、"在在處處有神護持"、"
陽汪氏藏書印"、"四經四史之齋"等藏
北京大學圖書館藏。

漢書注一百卷　漢班固撰　唐顏師古注
宋福唐郡庠刻本。故宮藏書。

三國志注六十五卷　晉陳壽撰　劉宋裴松之注
南宋中建本，首卷缺，序跋缺。首三卷係鈔
補。半葉十行，行十八字，注文雙行，行二
十三字。細黑口，四周雙邊，有耳。宋諱缺
至廓字，則寧宗理宗間建中所刻。日本宮內
省圖書寮藏。中華學藝社影印本，百衲本二
十四史據此本影印。北京圖書館藏此本二十
二卷，圖書寮本前三卷已佚，此本可補其闕

晉書一百三十卷　唐房玄齡等撰
南宋初建本，半葉十四行，行二十七字。細
黑口，左右雙邊。宋諱缺筆至構字，而慎
不缺筆。字近瘦金體，遒勁有力。紙墨版式
純係南宋初葉建本風格。存一百卷。載記

十卷，前人據別本精抄配補。百衲二十四史印本，即據此帙影印。北京圖書館藏。南京圖書館藏有此本，爲王弇州（世貞）故物。

北史一百卷　唐李延壽撰　存卷二、六至十八、二十至二十九、三十一至八十、九十三至九十八、一百，計八十一卷

宋刻本，半葉十行，行十八字。細黑口，左右雙邊。版心記字數，左闌外有耳記篇名。避宋諱至敦字止。鈐有"季振宜藏書"等印。

北史一百卷　唐李延壽撰　存卷二、六至十八、二十至二十九、三十一至八十、九十三至九十八、一百，計八十一卷

宋刻本，半葉十行，行十八字。細黑口，左右雙邊。版心記字數，左闌外有耳記篇名。避諱至敦字止。鈐"季振宜藏書"等印。傅增湘稱：此本字體挺秀而稜角峭厲，與余藏百衲本通鑑之大字建本酷肖。陸心源以毛本校之，補正數十條，改字至千餘，可云善本。考各家書目，南北史著錄者多爲元本，宋本乃絕少見。余藏有南史四卷，半葉九行，行十

八字。宋刊宋印，與此書皆海內孤帙也。閱者勿以殘缺而忽視之。日本靜嘉堂文庫藏書

隋書八十五卷　唐魏徵等撰　存卷八十二至八十五

宋中字建本，半葉十行，行十九字。細黑口左右雙邊。闌外記：「突厥」等字。瞿氏藏書

新唐書二百二十五卷　宋歐陽修　宋祁等撰

宋建刻本，半葉十一行，行二十一字。細黑口。卷一百五十五至一百六十，配宋本行同白口，版心上記字數，下記刻工姓名，有王先、王德才、方昇、仲明、新秀、德元、汪恩、張龍、阮興、蕭昱、九明、袁威、洪臣景從、江中、觀仁、金中、胡定夫、見可、趙珍、今翁、震甫、世昌、李耕、翁秀、震卿、王仁甫、王伯玉、葉克明、朱士行、余子共、余平父、劉子昭、文忠、惟志、克敬辛、公、龙、同、貴、可、袁、荼、先、震宗、方、德、惠。在外闌外刊小題。宋諱避至廓字。汪士鐘補鈔卷一至五，卷一百六十七至一百七十，卷一百七十八至一百八十六

計五千八百五十八葉。卷末附目錄，元豐七年上書表、八年准官書劄子獎諭詔書奉旨校定，元祐元年奉旨鏤板。司馬康、范祖禹等銜名六行，又張耒、晁補之等校對銜名十三行。紹興二年七月一日兩浙東路提舉茶鹽司公使庫下紹興府餘姚縣刊板，又三年十二月二十日畢工，印造入列主管司文字兼造賬官及提舉茶鹽司大人校勘監視者等名銜。鈐有趙子昂、敬德堂圖書、桂堂王氏季櫝圖籍、汪士鐘、閬源、平江汪憲奎、秋浦子進金石，有竹居紹基秘籍、鐵琴銅劍樓藏書印。

資治通鑑二百九十四卷　宋司馬光撰

宋大字建本，半葉十一行，行二十一字。細黑口，左右雙邊。此與雙鑑樓百衲本資治通鑑中之第六種同。日本靜嘉堂文庫藏。陸心源誤題為北宋刻本。

資治通鑑二百九十四卷　宋司馬光撰

宋建刻本，半葉十三行，行二十四字。白口左右雙邊。版心上記字數，下記刻工或名或姓。

資治通鑑二百九十四卷　宋司馬光撰

宋小字建本，半葉十五行，行二十五字。黑口，左右雙邊。雙鑑樓百衲本資治通鑑之第二種。

資治通鑑二百九十四卷　宋司馬光撰

宋小字建本，半葉十四行，行二十四字。白口，左右雙邊。首行標題間加"司馬溫公"四字。雙鑑樓藏百衲本資治通鑑第三種。

資治通鑑二百九十四卷　宋司馬光撰

宋季小字建本，半葉十六行，行二十七字。黑口，左右雙邊。雙鑑樓藏百衲本資治通鑑第四種。

資治通鑑二百九十四卷　宋司馬光撰

宋小字建本，半葉十六行，行二十七字。版框微小，於第四種刊刻較精。雙鑑樓藏百衲本資治通鑑第五種。

資治通鑑二百九十四卷　宋司馬光撰

宋大字建本，半葉十一行，行二十一字。細細口，左右雙邊。雕工類黃善夫史記，建本中至精者。傅氏雙鑑樓百衲本資治通鑑中第六種。

資治通鑑二百九十四卷　宋司馬光撰

南宋初小字建本，半葉十五行，行二十四字。白口，左右雙邊。字體勁瘦。傅氏雙鑑樓藏百衲本資治通鑑中第七種。百衲本資治通鑑，涵芬樓已影印行世。

呂大著點校標抹增節備注資治通鑑一百二十卷　宋呂大椿撰

宋麻沙刻本。半葉十五行，行二十六字。為密行小字本。宋諱匡、殷、慎、桓字缺筆。諸家書目不載，惟見千頃堂書目。鐵琴銅劍樓存残本七十三卷。北京圖書館藏八十六卷。

入注附音司馬溫公資治通鑑一百卷　配以他宋本十九卷

宋刻本，半葉十四行，行二十三字，注雙行二十五字。細黑口，左右雙邊。版心上記大小字數，上魚尾下記鑑幾，左闌外有耳記某帝，闌外上方有標注。缺卷配宋刊本，半葉十五行，行二十六字，注雙行，細黑口，左右雙邊。版心上記大小字數，上魚尾下記鑑

錢二字，下記刊工姓名一二字不等，左闌外
有耳，記某帝。逐句加點，精要處加墨擲，
圖名用陰識。為卷十五至二十三、四十九、
五十、六十三至六十六，八十至八十三，凡
十九卷。鈐有閩中督學使者溫葆淳二印。此
書既非詳節，亦非陸狀元通鑑。全書一百卷
各家著録皆不收，每卷後附考異，或大字，
或雙行小字不等，音釋不注為何人，史事皆
注明出某書，注中間采史論，如呂、葉、太
林之類，然以胡氏為多，大要取自讀史管見
鑑注在胡三省前殊不多見。雖屬刪節之本，
要自可珍，惜序跋全失，無從考證。配本標
題皆割補填寫，足成卷數，細審行款，是呂
大著點校標抹增節備注資治通鑑。此本除胡
氏外亦少見。北京圖書館藏。

入 註附音資治通鑑外紀一百卷
宋刻元修本，半葉十四行，行二十三字。左
右雙邊。闌外標題，版心記字數，界上有層
闌標記。宋諱貞、慎、徵、匡等字缺筆。市

載神宗御製資治通鑑序，獎諭書進通鑑表，溫公親節資治通鑑序，劉秘丞外紀序，溫公外紀序，通鑑釋文序，歷代帝王圖及目錄。卷首題入註附音資治通鑑外紀卷之一，次行外紀劉恕，卷末題云入註附音司馬溫公資治通鑑詳節，各卷題目亦小異。目錄末有識語云："以明州元本重寫刊行，仍參監中正本校定詳而不泛，簡而不遺，事之始末，可以精究誠有益學者，與他本大有逕庭，伏幸聰鑒，本堂謹咨。蓋元代依宋末本重修印行者。"卷首有林氏藏書、海南秋月、江雲渭樹三印。日本昌平學藏。

入注附音司馬溫公資治通鑑目錄五卷外紀十卷綱目六十卷

宋刻本。劉恕撰目錄外紀，綱目朱熹撰。宋刻本前有通鑑帝王授受圖，上中下三圖；次為五帝夏、商、周、秦圖；次為前漢、後漢、三國、晉、南北朝、隋、唐、五代各譜系圖九幅。次為通鑑外紀及通鑑目錄；次為甲子表，再次則入注附音司馬溫公資治通鑑綱目。

半葉十四行，行字數夾大夾小，故不等。通
鑑外紀，通鑑目録十三行，表九行。鈐"曾在
樹蘭處"、"陸沆字冰篁"、"陸僎字樹蘭"
"袁尚之印"、"健菴"、"古愚"、"冰
香樓"、"陸沆之印"、"靖伯"。後有隆
慶元年六月立秋日，汝郡袁氏清涼堂重裝。
又大清道光四年甲申十月吴門陸沆得於百宋
一廛黄蕘圃處，重裝一次，即誌。書口有字
數刊工，乃宋末本，綫口，單邊，雙魚尾。

資治通鑑考異三十卷　宋司馬光撰

宋刻本，半葉十一行，行二十字，注文雙行
二十三字。細黑口，左右雙邊。卷二十六以
後配有元補版。字體稜厲，南宋正宗，紙墨
精美，可愛可寶。鈐有明洪武年收藏官印，
不可辨。又有明代各印"桂坡王氏季積圖籍
"敦德堂圖書印"、"項氏少谿主人子信
周家藏"、"萬卷堂"各印。瞿氏宋大字本
本通鑑，存二百六十九卷，行款與此全同。
亦有桂坡王氏及晋府印，當是一家舊藏而
析者，未知何時作延津之合。原涵芬樓藏

現藏北京圖書館。

增入名儒集議資治通鑑詳節□□卷

宋刻巾箱本。半葉十三行，行二十二字。黑口，左右雙邊。左闌外有耳記篇名。闌上有標語，諸儒言論低一格，行間有點擲。此書鐫雕極為精湛，出吳仲懌侍郎家。

陸狀元集百家注資治通鑑詳節一百二十卷 宋陸唐老集注

合刻本。宋刻本半葉十三行，行二十二字，注二十八字。元刻本半葉十四行，行二十三字，注二十七字。黑口，左右雙邊。標題間加增修二字。前元好問序，半葉七行，行書。次總例五條，十五行。次叙撰十七史人姓氏，叙注十七史人姓氏，九行。此葉卷末有木記“□□□氏萬卷堂刊”。次司馬光原序，次通鑑釋文序，序後木記“新又新”鼎式，“桂堂”爵式。次神宗御製序及詔書，次司馬光進書表，又溫公親節資治通鑑序。次劉秘丞外紀序，次溫公外紀序。以上均半葉十一行，次君臣事實分紀綱目，計七卷九十九類。半葉十二行。卷一看通鑑法，卷二通鑑總例、通鑑圖譜，卷三至五通鑑舉要曆，卷六至十二通鑑君臣事要總紀，卷十三至十六外紀。以下自威烈王起入通鑑本書。其總例之一以有關刻板：“一、通鑑之書成于元豐之七年，紹興初開經筵，特命進讀，學者始知所趨嚮。溫公舊有節本，書肆嘗印行。既而蜀中有音註本，浙中有增節本。而吾郡鄉先生張公又爲增續本，書肆舉印日廣，差舛浸多。近得狀元陸公點校集注本，有諸本之所長，而無其差舛，誠所謂創見者也。三復讎正，刻梓以傳。然古人掃塵之喻豈能盡免，視之他本具庶幾焉。”其君臣事要總紀乃分門摘錄事實，標舉新異之字，而引原文注於下，以供採獵之用者。本書每卷後附考異，闌上標綱要，每事著一二句。板框外左耳標某帝名，注，引書首一二三字以陰文別之。每卷鈐有“常菴主人”、“清偉買來”兩印。共鈔十五卷，此爲南皮張氏書散出者。

有　元林公集注資治通鑑詳節　存卷四十三

宋刻本，半葉十三行，行二十三字。左耳上標明某帝。宋諱殷、徵、桓、構等字缺筆。槧印極精。惜只存第四十三卷。北京大學圖書館藏。

通鑑外紀詳節十卷　宋劉恕編

宋刻本，半葉十四行，行二十五字。題秘書丞劉恕編集。前有通鑑御製序，溫公進書表，獎諭詔書，司馬伋通鑑前例後序，後有恕自序。宋諱殷、讓、貞、樹、恒、桓、完、慎字缺筆。卷數尚仍原書。惟目錄五卷，年經事緯，上列朔閏天象，下列卷數者皆不載，其餘亦多刪節，以出宋人手筆。卷首有“橫經閣收藏圖籍印”，末有“華亭朱氏”，“朱文石”諸印。舊為瞿氏藏書。

增入名儒講義皇宋中興兩朝聖政六十四卷　缺卷二十一至四十四，共缺二十四卷

宋刻巾箱本，版匡高約三寸半，闊約二寸四。半葉十一行，行二十字。黑口，左右雙邊。闌外標帝名及年號。眉間有提要語，諸儒議論低一格，人名書名皆陰文。卷前分類事目

十行，門類三字大字佔雙行。劉氏嘉業堂藏
四明盧址抱經樓藏有增入名儒講義皇宋中興
聖政六十四卷。明影寫宋刻本，棉紙藍格，
九行二十字。

通鑑紀事本末撮要八卷　宋蔡文子撰
宋刻本，半葉十四行，行二十三字。前後無
序跋。卷首目錄、書名，次行題建安袁樞機
仲編。建安蔡文子行之撮。袁書凡二百三十
題，此僅摘存八十五，又附見者四，所遺甚
多，即摘存中所撮者，恐亦未能盡其要，全
書多加圈點，殆當日坊肆所爲，以充薄學淺
嘗之用者。顧千里、百宋一廛賦，蔡撮鑑而
甫知文子，即指是書。藏印有“宋本”、“毗
陵周氏九松迂叟藏書記”、“周印良金”、
“周浩私印”、“詩雅之印”、“周氏藏書
之印”、“堯圃過眼”、“汪士鐘印”、“長
洲汪士鐘閬源父印”、“平陽汪氏藏書印”
“民部尚書郎”、“秦峰審定”、“臣印文
琛”、“修竹堂印”、“田耕堂藏”、“花
間禪局一枰香”、“一瓢邀月醉梅花”、“

清琴正調》。北京圖書館藏。

國朝編年政要　宋蔡幼學撰

宋提舉福建路常平義倉茶蔡倉刻本。

四朝名臣言行錄　存卷三、四、六，凡三卷

宋刻巾箱本，版匡高三寸四分，寬二寸六分，半葉十四行，行十九字。細黑口，四周雙邊，版心上方記字數，左闌外標篇名。每卷次行標人名，低四格。第三行小傳，低二格。本書頂格，次行低一格。卷三為吳丞相敏、种樞使師道、朱丞相勝非、鄭朝奉俠。卷四為游御史酢、權樞密邦彥、范丞相宗尹、楊侍郎時、胡御史舜陟。末附諸儒集議：游酢二則，楊時九則，權邦彥一則。卷六為大資劉忠顯公韐、少傅劉公子羽。卷中語涉宋帝空一格，宋諱惇字缺末筆。刀法勁峭，建本之佳者。

四朝名臣言行錄別集十六卷後集十六卷　宋李幼武撰

宋末中字建本（宋建陽書坊刻本）半葉十一行，行二十一字。白口，四周雙邊。鐫雕精麗。故宫藏書。此書還有續集十六卷。

新纂門目十朝名臣言行錄四十卷

宋刻本，半葉十四行，行二十三字。細黑口，左右雙邊有耳。首題新纂門目十朝名臣言行錄。按宋藝文志，朱熹五朝名臣言行錄十卷又三朝言行錄十四卷，四朝名臣言行錄十六卷，續錄十四卷。盧文弨補宋藝文志，又鐘堯俞宋名臣言行錄類編舉要十六卷，趙順孫中興名臣言行錄均非此書。則此本天壤間罕見秘籍。然觀小引，乃坊間射利所爲，自建隆開統至紹興、乾道中興名臣碑傳，搜括殆盡，學者開卷當知其有補也。北京圖書館藏

名臣言行錄前集十卷後集十卷續集十卷別集二十六卷外集十七卷　前集後集　宋朱熹撰　續集別集　宋李幼武補

宋麻沙覆明漢本。半葉十二行，行二十三字。宋諱缺筆。凡洪翻本缺葉，此本皆有之，而顧所據補本則不盡合。則此本可寶可知。

東南進取輿地通鑑三十卷　宋趙善譽撰

宋刻本，半葉十三行，行十九字。是書四庫

未收，各家書目惟傳是樓有之，云二十卷。考宋志史鈔類，趙善譽讀史輿地考六十三卷，一名輿地通鑑。直齋書錄解題有南北攻守類考亦六十三卷，云監奏進院趙善譽撰，進以三國六朝攻守之變鑒古事，以考今地每事為之圖。按直齋說知即此書，而異其題耳。其書既分圖三國至南北朝東南攻守事圖，後又附以地理考及本事始末。蓋為南渡後圖金陵而作，是當日極有心人，是極有用書也。惜存卷才及半而弱。序全而目不具於三十卷。後有剜補痕，以冒為不缺欺售者，於讀史方輿故用處，亦已見其大端，因其法推究之資，於宏濟不少斷缺，僅在而舉世莫傳，亦史部無上秘籍矣。宋克冒鸞、黃丕烈、汪士鐘、郁松年皆經藏。中央圖書館藏卷一至三十。

東南進取輿地通鑑二十卷　宋趙善譽撰

宋刻本，半葉十一行，行二十二、三字不等。首有「橫廷閣收藏宋本甲」。「是書趙善譽撰世罕，收藏此宋刻本二十卷，海相國物也，余見諸錢塘故家雖殘缺不完可寶也。樊榭山

人〃。卷末有楊紹和題跋。鈐楹延閣書畫印
吳生元恭、東海乾學、徐健菴、萬卷堂藏書
樊榭山人過目者印記。舊為楊氏海源閣藏。

新定九域志十卷　宋王存等奉敕撰
宋閩中刻本。

趙韓王奏議
宋麻沙書坊刻本。

李綱奏議
宋邵武郡齋刻本。

新雕名臣紀述老蘇先生事實一卷
宋刻本，半葉十四行，行二十二至二十四字
不等。白口，左右雙邊。密行細字，鐵畫銀
鉤，頗為精雅。首歐陽修薦表，次歐陽修撰
墓誌銘，次張方平撰墓表，次曾子固哀詞，
次蒲宗孟祭文，次司馬光武陽縣君程氏墓誌
銘。全帙凡九葉。此書南宋初建本。傅增湘
假出影印，收入蜀賢叢書中。日本靜嘉堂文
庫藏書。

南方草木狀三卷　晉嵇含撰
宋麻沙本。

考古圖十卷　宋呂大臨撰

宋末茶陵陳仁子刻本，半葉八行。

十七史詳節二百七十三卷　宋呂祖謙撰

宋建陽書坊刻本。内標曰增入正音注史記詳節二十卷，前有三皇至秦譜系五圖五帝至秦國都地理四圖，曰參附群書三劉互注。西漢詳節三十卷，前有世系傳授國都地理二圖，諸家注釋名氏，西漢綱領，唐庚叙錄。曰諸儒校正東漢詳節三十卷，前有傳世一圖。曰標注三國志詳節二十卷，前有三國疆理世系紀年三圖，裴松之上三國志注表。曰校正晉書詳節三十卷，前有兩晉世系地理二圖。曰校正南史詳節二十五卷，前有南北國都地理圖，宋、齊、梁、陳世系圖。曰校正北史詳節二十八卷，前有後魏、北齊、北周世系圖。曰校正隋書詳節二十卷，前有世系地理二圖，諸儒校正唐書詳節六十卷，前有十道開基混一世系地理藩鎮六圖，曾公亮進表。曰校正五代史詳節十卷，前有陳師錫五代史記序，分據地理圖，各自成書，每代自爲目錄。蓋讀史節鈔，便之之書。史記半葉十三行，餘均十四行，行二十四字。缺東漢目錄九、十一。建陽書坊以袖珍本，陸續梓行，故每編標名不一。鈐"天口口口余氏恒斋書籍印"、"孟與口"、"周氏子孫保之"。故宮圖書館藏

東萊先生增入正義音注史記詳節三十卷

宋麻沙本，半葉十三行，行二十四字。每册首有"備後藤江園本藏書印"、"備前河本氏藏書記"兩印記。日本帝室圖書寮藏。

諸儒校正西漢詳節三十卷

宋刻本，半葉十四行，行二十、二十一字不等。文休承（嘉）、季滄葦舊藏。華東師範大學藏二十八卷。

諸儒校正東漢詳節三十卷

宋刻本，半葉十四行，行二十四字。白口。眉山標事題，首行眉山先生東漢叙錄，次行唐庚子西纂。"揭印奚斯"朱文方印極佳。卷尾又作呂大著點校三劉互注東漢詳節。只有六卷，七、八卷配，二十四本。首行諸儒校正東漢詳節與十七史詳節本同。北京圖書館

東萊標注三國志詳節二十卷

宋刻本，半葉十四行，行二十四字。

東萊校正晉書詳節三十卷

宋刻本，半葉十四行，行二十四字。

東萊校正南史詳節二十四卷

宋刻本，半葉十四行，行二十四字。

名公增修標注南史詳節二十五卷　宋呂祖謙輯

宋刻本。存六卷。南京大學藏。

東萊校正北史詳節二十八卷

宋刻本，半葉十四行，行二十四字。

東萊先生校正隋書詳節二十卷

宋刻本，半葉十四行，行二十四字，小黑口，左右雙邊。前有隋世系地理二圖。宋諱貞、徵、構等字缺筆。有古潭州袁卧雪廬收藏印。

名公增修標注隋書詳節二十卷　宋呂祖謙輯

宋刻巾箱本，半葉十行，行二十字，細黑口，左右雙邊。左闌外記帝名，闌上標事目。小版心，巾箱本。劉承幹藏，原繆荃孫物，精雅絕倫。

諸儒校正唐書詳節六十卷

宋刻巾箱本，半葉十四行，行二十四字，注雙行同。黑口，左右雙邊。闌上標舉事要，左闌外標篇名。前曾公亮進，注釋音表，次世系地理各圖，一太宗分十道圖，二高祖開基圖，三太宗混一圖，四唐世系傳授圖，五唐地理圖，六藩鎮圖。次目錄。凡舊史、唐鑑、通鑑、唐書糾繆及諸儒議論皆小字注，每朝後有互注，低一格，則摘錄要政及當時名言。宋諱偶有缺筆，中多元代補版。故宮博物院藏趙宋建刻巾箱本。

石壁精舍音注唐書詳節□□卷

宋建刻巾箱本。半葉九行，行十八字。細黑口，左闌外刊小題。宋諱匡、讓、恒、貞、徵字皆缺筆。存卷五十四至五十八，六十二至六十四，卷一百二十二、三。上海圖書館藏。此書是宋板書較少者。

東萊校正五代史詳節十卷

宋刻本，半葉十四行，行二十四字。小黑口左右雙邊。眉端標題眼目，板框上左方外有人名。前有陳師錫五代史記序，五代分據地理圖，五代盛十國世系圖，有後魏、北齊、後周世系圖，蓋非史詳節談入者。宋諱貞、徵、字缺筆。有志清白文秋水、道亨甫、子子堅氏。

宋本增修五代史詳節十卷　宋歐修撰　徐無黨注

宋刻本，半葉十三行，行二十一字，小字雙行同。呂伯恭十七史詳節，四庫載之存目。此本不知出諸呂氏否。廬陵修五代史簡而有法，未可復帶，此殆當時坊刻取便巾箱，凡世稱宋本，麻沙本、睦親坊本、嚴氏書籍鋪本皆坊本。然刻工之不苟，如此避諱字亦謹嚴。每葉皆有耳，紀篇名，未見他書著，惟羣碧樓善本書目載。

宋本增修五代史詳節十卷　宋呂祖謙輯

宋刻本，半葉十三行，行二十一字。細黑口，四周雙邊。左闌外有耳記篇名。潘宗周藏。

五子纂圖互注四十二卷　宋龔士高編

老子二卷　河上公注、莊子十卷　郭象注附陸德明音義、荀子十卷　楊倞注、揚子法言

十卷　李軌、柳宗元、宋咸、吳秘、司馬光

五家注，文中子中說十卷　阮逸注。

宋末建陽麻沙刻本。

纂圖互注重言重意四子（荀子、莊子、揚子法言、中說）

宋建安書坊刻本。半葉十一行二十一字，注文雙行二十五字。《纂圖互註揚子法言》宋咸序後有牌記六行云："本宅今將監本《四子纂圖互註》附入《重言重意》，精加校正，並無訛謬，謄作大字刊行，務令學者得以參攷，互相發明，誠為益之大也，建安□□□謹咨。"

荀子二十卷　周荀況撰　唐楊倞注

宋建刻巾箱本。半葉九行，行十七字。白口，左右雙邊。元和十三年楊倞序。卷末題："同治己巳十一月七日李定綬、楊沂孫、徐康同觀。"卷末有翁同龢手跋稱："荀子舊本錢、呂兩刻皆不可見，所見者惟元槧纂圖互注本，此宋槧巾箱本，錢謦石曝書雜記中所謂小重館收商丘陳氏舊物者是也。賦篇占之五泰，宋大字本皆作五帝，無注中五泰、五帝也。五字近時盧抱經所校詳言之。此本作五泰，注字無缺，即此一條，已迥出諸宋本之。右次侯屬題單草記此，同治壬申八月翁同龢。”並有徐坊跋。鈐有“東吳毛表圖書”、“安樂堂藏書記”、“當湖小重山館胡氏遂江珍藏”、“棠本陳氏珍藏”，“趙宋遠伯恭曾在舊山樓非甞珍藏”、翁同龢、徐坊各印。北京圖書館藏。

纂圖互注荀子二十卷　唐楊倞撰

宋建陽書坊刻本。半葉十一行，行二十一字。

纂圖分門類題音注荀子二十卷

南宋初福建刻中箱本。半葉十一行，行十九字，小字雙行，行二十一字。細黑口，左右雙邊。宋諱“慎”、“匡”、“構”等字缺筆。清季振宜藏書。現藏民間。

揚子法言十卷　漢揚雄撰　宋司馬光集注

宋大字麻沙本。最善。

纂圖分門類題五臣揚子法言十卷　晉李軌　唐柳宗元　宋宋咸　吳祕　司馬光撰　新增麗

澤編次揚子事實品題一卷　宋呂祖謙輯　新
刊揚子門類題目一卷　宋陳傅良撰
宋劉通判宅仰高堂刻本。半葉十行，行十九
字，注文雙行二十三字。細黑口，左右雙邊
有耳。北京圖書館藏。
新纂門目五臣音注揚子法言十卷　漢揚雄撰
晉李軌　唐柳宗元　宋宋咸　吳祕　司馬光
宋崇川余氏刻本。半葉十一行，行十九字，
注文雙行二十七字。黑口，左右雙邊。序後
刻記："謹將監本寫作大字刊行。校證無誤。
專用上等好紙印造。與他本不同。收書賢士
幸詳鑒焉。崇川余氏家藏"。北京圖書館藏
此本。
纂圖互註揚子法言十卷　漢揚雄撰　晉李軌
唐柳宗元　宋宋咸　吳祕　司馬光注
宋刻本，半葉十一行，行二十一字，注雙行
二十五字。黑口，左右雙邊。前宋咸重廣
註揚子法言序，次宋咸進書表，次司馬溫公
註揚子序。序後半葉著篇目。次渾儀圖，圖
後有說，次五聲十二律圖，下方有說。本

首行題“纂圖互註揚子法言卷第一”，次行低二格題“晉李軌、唐柳宗元註”，三行低二格題“聖宋宋咸、吳秘、司馬光重添註”，四行題“學行篇”。卷中廓字缺末筆。第九卷後四葉爲另一補板，卷尾題“音點大字揚子法言句解卷之九”，大小字數均不同。鈐有“天祿琳琅”、“乾隆御覽之寶”、“太上皇帝之寶”、“八徵耄念之寶”、“五福五代之寶”、“天祿繼鑑”各印。

纂圖互註揚子法言十卷　漢揚雄撰　晉李軌　唐柳宗元　宋宋咸　吳秘　司馬光注

宋末刻本，半葉十一行，行二十、二十一字不等，注雙行二十五字。黑口，左右雙邊。左闌外記篇名、卷數、葉數。宋諱匡、徵、楨、貞、恒、慎缺末筆，廓字不缺。前景祐三年二月日著作佐郎知尤溪縣事宋咸序。次景祐四年十月十六日給事郎守秘書著作郎宋咸進書表。次元豐四年十一月己丑涑水司馬光序。次篇目，次五聲十二律圖。本書首行題“纂圖互註揚子法言卷第一”，次行低二

格題「晉李軌、唐柳宗元註」三行低二格
「聖宋宋咸、吳秘、司馬光重添註」，四
頂格題篇名。第六卷第十一、十二葉，第
卷第九葉，第九卷第三、四、五、六葉，
十卷第七葉均元時補板。宋咸序後有木記
行「本宅今將監本四子纂圖互註附入重言
精加校正並無訛謬，謄作大字刊行，務令學者
以參考互相發明，誠為益之大也。建安謹咨」。
收藏鈐有「蔣揚孫讀書記」、「鐵琴銅劍
「歸氏起霄」、「居易子」諸印。傳增湘藏

孔叢書注七卷　宋宋咸注

宋刻本，半葉十二行，行二十四字，白口，
四周單邊。前自序，後接正文，釋文在卷
均舊式。以字體雕工審之，有南宋初建本
宋諱有避有不避。疑為金或蒙古時翻刻南
初建安細字本，其間宋諱處乃未盡改者，
題宋刻。

說苑二十卷　漢劉向撰

宋末茶陵陳仁子刻本，半葉十行，行十七

中說十卷　隋王通撰　宋阮逸注

宋王氏取瑟堂刻本。半葉十一行，行二十字，
注文雙行二十八至二十九字。細黑口，左右
雙邊。序後有"隱士王氏取瑟堂刊"牌子。
為建本之精者。海虞瞿氏藏，現藏北京圖書
館。此本已印入四部叢刊中。

纂圖互注文中子十卷　隋王通撰

宋書坊刻本。

慎子一卷　周慎到撰

宋麻沙刻本。書錄解題稱麻沙刻本，凡五篇，
已非全書。

顏氏家訓七卷　北齊顏推之撰

宋閩中刻本。尤謬。

新刊分類近思錄十卷　宋朱熹　呂祖謙同撰

宋刻巾箱本，半葉九行，行十八字。白口。
高四寸寬三分四分。首行新刊分類近思錄。
卷之七次行建安葉采編集，三行潞州周公恕
類次，字畫精湛。惜所闕過甚，存七之十。
北京圖書館藏。

場資用分門近思錄十卷　宋朱熹　呂祖謙撰

宋末建安曾氏家塾刻本。半葉十行，行十五

字，注文雙行。白口，左右雙邊。國立中央
圖書館藏。

近思後錄十四卷
宋末建安曾氏家塾刻本。朱子序後有「建安
曾氏家塾刊于家塾」兩行木記。

張子語錄三卷後錄三卷
宋福建漕治刻本。半葉十行，行十八字，白
口，左右雙邊。版心上記字數，下記刻工姓
名，有余仁、阮生、阮、丁合、李仍、士、
陳、德、虞、王昌、范勝、勝、王福、黃鼎、
黃、葉智、葉、蔡壽、鑒、智、余、吳、丁
此書與楊龜山語錄、胡宏知言同刻。卷後均
有後學天臺吳堅刊于福建漕治兩行。堅字彥
愷，仙居人，淳祐四年進士，咸淳間知建寧
府。刻工吳文、鄧生、阮生，咸淳元年又刻
周易本義於建寧府，因推知此書當是建寧府
刻本。龜山語錄今藏北京圖書館。胡宏知言
宋刻本，僅見天祿琳琅書目，現已失傳。續
古逸叢書、四部叢刊印本，即據此帙影印
北京圖書館藏。

龜山先生語錄四卷後錄二卷　宋楊時撰

宋福建漕治刻本。半葉十行，行十八字。白口，左右雙邊。雙魚尾，版心上記字數，下記刻工姓名，有范洽、余仁、光刀、李宜、李仍、王福、宮昌、呂奇、陳士、范勝、蔡壽、鄧生、王、共、翁、呂、黄、吳、丁、范、余、智、劉、奇、虞、陳、昌等。卷末有"後學天臺吳堅刊于福建漕治"二行。宋諱恒、桓、徵、慎、敦缺筆。卷末有"正統戊辰仲夏在全谿義塾重裝"一行。卷首尾有毛褒之印、字奏叔印。此本已印入續古逸叢書及四部叢刊續編。北京圖書館藏。

胡子知言六卷　宋胡宏撰

宋乾道四年張栻為之序。卷末有"後學天臺吳堅刻於福建漕治"二行。天祿琳琅書目前編元本部云，吳氏為淳祐四年進士。此係翻刻為宋犖舊藏。此本已佚，蓋轉刻語錄多家者。

新編音點性理群書句解前集二十三卷　宋熊節撰　熊綱大注

宋建陽刻本，半葉十三行，行二十四字，注

文雙行二十五、六字不等。黑口。存卷一至八。見天一閣書目內篇。

婚禮新編二十卷　宋丁昇之撰

宋刻元修本，半葉十二行，行二十一字，小字雙行同。細黑口，左右雙邊。北京圖書館藏。中央圖書館藏有新編婚禮備用月老新書二十卷，爲建陽本。有清黃彭年、江標及近人楊守敬、葉昌熾、葉德輝題記。

西山先生真文忠公讀書記甲集三十七卷乙集十六卷丙集（未見）丁集八卷　宋真德秀撰

宋建安漕司刻本。

漁樵問對一卷　宋邵雍撰

宋福建漕治刻本。半葉十行，行十八字。白口，左右雙邊。虞山翁氏藏。

邵子觀物內篇

宋福建漕治刻本。半葉十行，行十八字。白口，左右雙邊。中國古代印刷史圖冊載。

童蒙須知

宋建陽書坊刻本。

張氏集注百將傳一百卷　宋張預撰

宋建刻本，半葉十四行，行二十四字。細黑口，左右雙邊。每傳標題人名低一格，注以白文朝代名。正文頂格，注文字低一格。鈐有陳鑒、唐寅、陸治、項元汴藏印。南京圖書館藏有八卷。四庫存目。

十七史百將傳十卷　宋張預撰

宋建陽刻本，半葉十六行，行三十一、二字不等。黑口。所存卷九，卷十爲明袁忠徹舊藏。見天一閣書目內篇。此本不同，蓋坊肆改題併卷所刻。

廣成先生玉函經一卷　宋杜光庭撰　黎民壽注

宋末麻沙刻本。半葉十一行，行二十一字。後有黃丕烈跋。卷末有"沈辨之氏"朱印。徐乃昌隨盦徐氏叢書續編據以覆刻。

新編類要圖註本草四十二卷序例五卷目錄一卷

宋寇宗奭　許洪撰

宋建安余彥國勵賢堂刻本。半葉十行，行十九字，注文雙行。細黑口，四周雙邊。題"通直郎添差充收買藥材所辨驗藥材寇宗奭撰"。"教授太醫助教差充行在和劑辨驗藥材官許洪校正」。前有總目，次目錄。題「桃谿儒醫劉信甫校正」。目前有刊書牌子七行，「言本草舊有神農圖經證類，版皆漫滅，今將新刊、類聚群分附以衍義，本草並畫圖相，真楷藥性畏惡，炮炙製度，標列綱領，瞭然在目，易於檢閱，色色詳具云云」。目後有「建安余彥國刊於勵賢堂」牌子二行。日本帝室圖書寮藏。

本草衍義二十卷　宋寇宗奭撰

南宋中期建陽刻本，半葉十行，行十七字。白口，四周雙邊。翁之熹先生捐贈北京圖書館藏存十一卷。

三因極一病證方十八卷　宋陳言編

宋刻本，半葉十三行，行二十三字。前有言自序。此本卷一至九、卷十四至十六，精妙可愛，餘六卷麻沙本，似元人覆刻，蓋以二本成者。武林高氏，長洲汪氏皆經收藏。卷末二葉補鈔，墨筆記云，雍正七年仲夏彭述古堂珍藏宋本補全，不知誰筆眉端，有以別本校其異同，墨迹甚古，當是明以前人筆。

附藏印："度書樓"、"默庵"、"奕葉書香"、
"水月真口"、"錫山余氏"、"古杭瑞南
高士深藏書記"、"武林高深甫妙賞樓藏書"、
"高氏鑒定宋刻板書"、"五岳真形"、"汪
士鐘印"、"藝芸主人"、"長洲汪駿昌藏"、
"駿昌雅庭"、"吴中汪四"。潘祖蔭藏書。

醫學真經察脈總括一卷　宋楊士瀛撰

宋末建安環溪書院刻本。國立故宫博物院藏。

新刊仁齋直指方論二十六卷　宋楊士瀛撰　詹宏中校定

宋末建陽環溪書院刻本。日本丹波元堅跋。國立故宫博院藏。

集要方口卷　宋方夷吾編

宋臨汀陳日華刻本。

諸家名方二卷　不著撰人名氏

宋福建提舉司刻本。此書爲市肆常貨，而局方所未收者。

徐氏家傳方

宋閩山種德堂刻本。

十便良方四十卷　宋郭坦撰

宋萬卷堂刻大字本。

婦人大全良方二十四卷　宋陳自明撰

宋余氏勤有堂刻本。半葉十二行，行二十二字。

經効產寶三卷　唐昝殷撰集

宋刻本，半葉十二行，行十八字。是書不記刻版年代，審其版式知為南宋本無疑。存誠藥室藏，首二葉補鈔。東楷聞見錄載。

彙刻唐宋畫書九種十一卷

南宋書坊刻本。半葉十一行二十字。邵氏《標注》共得十六種。

聱隅子歔欷瑣微論二卷　宋黃晞撰

南宋初小字建本。半葉十三行，行二十三字。細黑口，四周單邊。序十行十六字。前有自序，述十篇相承之旨曰學生、進身、揚名、虎豹、仁者、文成、戰克、大中、道德、三王。每篇仍冠以小序。直齋書錄解題嘗載此書。宋藝文志雜家類又有歔欷子一卷，疑即此本。阮元進呈內府，鮑氏廷博刊入知不足齋叢書，皆以此為底本。經季振宜、徐健菴嚴九能收藏印記跋語。南京圖書館藏，海內孤本。

新刊淮南鴻烈解二十一卷　漢許慎　高誘撰

宋元間茶陵譚叔端刻本。半葉十行，行十八字。黑口，左右雙邊。題"新刊淮南鴻烈解"，次行題"太尉祭酒臣許慎記上"。前許慎叙次篇目，標題大字占雙行，下署漢淮南王劉安撰。篇目終亦大字標題。有"松山譚氏"方木記，又"書香"鼎式墨記。各卷後有"茶陵後學譚叔端纂"一行。序中縫有"攸武後甫刁"五字，卷一第二葉有"攸武陵刁"四字。鈐有貴池劉世珩藏印，繆荃孫觀款，傅增湘長跋。此書慎字不避，當是宋元間坊本。然古今不見著錄，斷為海內孤本。自黃丕烈藏小字本，為日本人以重價收去後，推為海內最古之本。

尹文子二卷

宋末茶陵陳仁子刻本。半葉十行，行十七字。

夢溪筆談二十六卷　宋沈括撰

宋末茶陵陳仁子刻本。半葉十行，行十七字。

牧萊脞語二十卷二藁八卷 宋陳仁子撰
宋末茶陵陳仁子刻本。
程氏演蕃錄十六卷 宋程大昌撰
宋福建路泉州刻本。
程氏考古編十卷 宋程大昌撰
宋福建路泉州刻本。
新編醉翁談錄甲集二卷乙集二卷丙集二卷丁集二卷戊集二卷己集二卷庚集二卷辛集二卷壬集二卷癸集二卷 宋羅燁編
宋刻本，半葉十一行，行二十字，細黑口，左右雙邊。日本觀瀾閣藏孤本。日本昭和十五年影印行世。
括異志十卷 宋張師正纂
宋建陽虞叔異刻本。目錄後題：建寧府麻沙鎮虞叔異宅刊行"一行。
開元天寶遺事四卷 五代王仁裕撰
宋興化刻本。
唐宋白孔六帖一百卷 唐白居易 宋孔傳輯
存三十八卷內有鈔配
宋刻本，版高六寸八分，寬四寸四分。半葉

十行，行十七字，注文雙行二十三字。细黑口，左右雙邊。左闌外有耳記篇名。鈐有傳是樓及汪士鐘印記。此本刀法勁峭，是建本之精者。日本靜嘉堂文庫藏書。上海圖書館藏卷三十九至卷四十，凡二卷。

太平御覽一千卷　宋李昉等輯

南宋閩建刻本。半葉十三行，行二十二字。明内府曾收藏一部，後流落在外。至清乾隆時爲吳郡朱文游所得，已非全帙。後流轉至同郡周錫瓚家，僅餘三百六十六卷。嘉慶間爲黄丕烈所得。同治時又轉歸陸心源收藏，是時所剩僅三百五十一卷。太平御覽現存刻本，以此最古。可惜此刻本于清光緒末隨陸氏皕宋樓藏書爲日本財閥所購去而流入日本靜嘉堂文庫。自此，太平御覽宋閩、蜀二刻國内無藏，僅此殘本存留。

事物紀原集類二十卷　宋高承撰

宋閩中刻本。

東萊先生分門詩律武庫二十卷　题宋吕祖謙輯

宋刻宋印本。半葉十一行，行十九字，黑口，

四周雙邊。版心間記字數。目録前第三至六
行有牌子四行，曰：“今得呂氏家塾手鈔武庫一
帙，用是爲詩戰之具，固可以掃千軍而降勍敵，不
欲秘藏，刻梓以淑諸天下，收書君子伏幸詳鑒，謹
咨”。劉氏嘉業堂藏書。

東萊先生分門詩律武庫前集十五卷後集十五卷
題宋呂祖謙撰
宋刻本，半葉十一行，行十九字，細黑口，
左右雙邊。目前有書坊小啟：“今得呂氏家塾
手鈔武庫一帙，用是爲詩戰之具，固可以掃千軍
而降勍敵，不欲秘藏，刻梓以淑諸天下，收書君子
伏幸詳鑒，謹咨”。是閩中刻本，刊印視前本
差晚，已至宋末。鈐毛氏汲古閣、汪氏藝芸
精舍印，陸心源舊藏，今在日本靜嘉堂文庫。

錦繡萬花谷前集四十卷後集四十卷别集三十卷
宋刻本，半葉十一行，行十九字，細黑口，
四周雙邊。存六十九卷。北京圖書館藏。

畫一元龜□□□卷 不著撰人名氏
宋建安余氏萬卷堂刻本。畫一元龜，在南宋
光宗左右刊印之後，此書未見任何文獻紀録

在元明時期，也很難找到有關記載，只有在文淵閣書目中卷十一盈字第四廚書目載有殘本兩部，一部十八册，另一部十三册，其下都注明"缺"字，可見明初內府雖藏有此書，但已殘缺不全。但此殘本何時亡佚，已不得而知。日本長澤規矩也及神田喜一郎合編的佚存書目中著錄中國所佚而傳存於日本的中國古書達一百四十餘種之多，畫一元龜即為其中之一，由於該書卷册浩博，輾轉流傳的結果，已無全帙。今只見零星散藏，今藏存情形為：

台灣故宮博物院藏一册宋版大題類編秘府圖書畫一元龜殘存乙部卷八十六至九十，凡五卷，為楊守敬從日本購回，現庋藏故宮博物院。見楊氏留真譜初編。

日本大東急紀念文庫藏類編秘府畫一元龜甲部卷二十一至六十二、卷七十四至一百，乙部卷一至八。大學新編畫一元龜丙部卷六十至九十九。

日本宮內廳書陵部藏類編秘府圖書畫一元龜

乙部卷十六至二十、卷七十六至八十。太學
新编畫一元龟丙部卷三至六、卷十至二十、
卷三十一至四十、卷四十六至五十、卷六十
一至六十五、卷八十一至八十五。類编群書
畫一元龟丁部卷七至十、卷二十一至三十五
卷四十一至四十五、卷五十一至六十六。
日本東洋文庫藏類编秘府圖書畫一元龟乙部
卷二十八至三十一。類编群書畫一元龟甲部
卷七至十三。
據以上所列，知目前分藏中日兩國，四個藏
書處所，残存卷册，雖不及全書的三分之一
但有二百二十八卷之多，是寰宇僅存的孤本
残存於世的二百二十八卷畫一元龜全書若干
篇，各略分為甲、乙、丙、丁四部。各篇起
或作類编秘府書畫一元龟或作太學新编畫一
元龟，或作類编群書畫一元龟。推測此書分
若干時期编成，也不可能同一時期付梓，行
款也不一致。故宮所藏每半葉十五行，行二
十五字。日本宮内廳書陵部則為每半葉十三
行，行二十五字。版框故宮所藏甲篇為高八

公分，寬十三公分。而宫内廳的丁部則高十九．五公分，寬十二．五公分。大約分期陸續完成，到後期在款式上略作了變更。此殘卷，宋諱避敦字缺筆，避光宗諱，郭字不缺筆。日本長澤規矩也在大東急紀念文庫貴重書解題中找到此書丙部敦字缺筆，而光宗以後寧宗的名諱郭字不缺筆。因此推定此書約刊於宋光、寧宗之際。日本宫内廳書陵部的圖書寮典籍解題書中也著錄有此書的若干殘卷，並且在丙部各卷卷末有"仁仲校正訖"、"國學進士余仁仲校正"、"仁仲比校訖"等原書校刻識語。萬卷堂刻印的圖書不少，今日尚存世的宋版如周禮鄭注、禮記、春秋公羊傳解詁、春秋穀梁傳、尚書精義等多種，都是當年萬卷堂刊行的書籍。書中也有"余仁仲比校"、"余氏刊於萬卷堂"或"余仁仲刊於家塾"等識語。同時各刊刻時間，約在宋孝宗淳熙（1174—1189）或光宗紹熙(1190—1194)左右，推知余仁仲當為光宗前後人氏。而此本盡一元龜丙部避光宗名諱，其刊雕時間正與余氏生平相合。則此書為南宋建安萬卷堂刻本應無疑問。此書國內久佚，當年四庫全書修纂時得到了日本傳回的残本逸書，如古文孝經孔氏傳、皇侃論語義疏等，四庫總目提要稱："海外秘文，人所樂睹"，又稱"藉海舶而登秘閣，殆若有神物撝訶，存漢晉經學之一綫"。至到清末楊守敬所著留真譜初编中才乙予著録："右宋槧畫一元龜残本，舊為狩谷望之所藏。自乙部卷八十六至九十，共為一冊。其書以經、史、子、集、圖記分類，攟録止於唐代，當為宋人所撰。各家皆不著録，唯明文淵閣圖書目有之，亦残缺之本。餘又得丁部二十一至二十四鈔本一冊，有金澤文庫印記"。按：故宮所藏著録為明坊刊白口十行本残卷，即指楊守敬留真譜初编所著録的宋槧残本。

新　编翰苑新書前集七十卷後集上二十六卷後集下六卷別集十二卷續集四十二卷　不著撰人

宋刻本，半葉十四行，行二十二字。左闌外記篇名。宋諱匡、朗、玄、徵、貞、慎、敦字皆缺筆，為建陽坊本。存前集四至十一、五十六至七十，後集上十一至十九，後集下一至三，外集六至十，凡共有四十卷。日本寶素堂藏。周叔弢藏有前集卷三十九至四十六，凡八卷。

大學分門增廣聖賢事實十卷　不著撰編名氏

宋刻巾箱本，半葉十行，行十六字，白口，四周雙邊。版心上記字數，下記刊工姓名。左闌外標篇號。此書取正史、通鑑各注出處，供士子揣摩之用。然刻工精致，版式特小，寬只四厘米餘，高八厘米，版框小於掌心，可納之手袖中，故稱袖珍本。雖不及小指甲同樣大小之微型瑞典印本，在宋本書中也可算是最小的了。謂"巾箱"起於南齊衡陽王鈞手書五經，置巾箱中，諸王從而効之。內閣大庫麻袋中出，為袁寒雲收得，為第十卷。上海圖書館藏有卷三、八、九共三卷，原載群碧樓書目。此外寶禮堂有卷一、卷二，為王鴻緒、平陽汪氏傳藏本，蓋為一書，其版式相合，建陽坊刻本。

聖宋千家名賢表啓□□卷　不著撰人名氏

宋刻本，半葉七行，小字双行，行二十三字。白口，左右雙邊。版心上記字數，左闌外上方記門類。每類先事偶，次句聯、次要段、次全篇。標類用大字，事偶用大字，均占雙行，為記室備撰擬之書。海虞氏藏書八卷。現藏北京圖書館。

名賢氏族言行類稿六十卷　宋章定撰

宋麻沙本。四庫依宋坊刻本。

太學新增合璧連珠聲律萬卷菁華前集六十卷後集八十卷　宋李昭玘輯　後集　李似輯

宋刻本。山東省圖書館藏。北京圖書館藏後集八十卷之一卷。半葉七行，小字雙行二十至二十字。黑口，四周雙邊。

增類撰聯詩學攔江網

宋麻沙刻本。

群書會元截江網三十五卷　不著撰人名氏

宋麻沙刻本。

十二先生詩宗集韻二十卷　宋裴良甫撰

宋建本，半葉十行，注雙行二十三字。細黑

口，左右雙邊。海虞瞿氏、聊城楊氏各藏一帙。

選青賦箋十卷　不著撰人名氏

南宋閩建安王懋甫桂堂刻本。卷中所錄盡當時省試之作，是一種專應科場需要的參考書。是書無撰人姓名，編輯乃出書賈之手，估計是王懋甫桂堂自編自刻本。目錄後鐫有，建安王懋甫刻梓于桂堂。木記。世無傳本，僅見天祿琳琅書目著錄。

論學繩尺

宋福建刻本。

策學繩尺十卷　宋魏天應撰

宋刻本。四庫全書總目提要云建陽書肆所刻。

新刊精選諸儒奥論策學统宗前编五卷後集八卷續集七卷别集五卷

宋茶陵譚叔瑞刻本。阮外集云，標题下列名心易譚巽中叔剛校正。存理譚金孫叔金選次。桂山譚正叔孫瑞訂定。三譚皆冠以古雲後學。三人姓名既不經見。古雲亦不知其何地。後集、續集、别集見四庫存目云，元譚金孫編。金孫字叔金，號存理，自稱古雲人，不知古雲為何地也，文理冗贅，殆麻沙庸陋書賈所為。

往來翰墨分類

宋福建刻本。

酬世大全

宋福建刻本。

諸子品粹

宋福建刻本。

妙法蓮華經七卷　後秦釋鳩摩羅什譯

南宋後期建陽刻本。北京圖書館藏。

首楞嚴經十卷

宋福州刻本。半葉九行，行二十字。卷末有“福州沙門善果刊行記”及“王澤刊”三字。第五、第十兩卷附音釋。日本寶素堂藏。

天竺靈籤

南宋後期建陽刻本。原鄭振鐸先生藏，現藏北京圖書館。一九八八年上海古籍出版社中國古代版畫叢刊據宋刻本影印。

佛說海意菩薩所問淨印法門經卷一之二

宋刻本，半葉六行，行十七字。前有大宋新譯三藏聖教序，又真宗繼作聖教序。後有刻經記」敷文閣學士，左朝議大夫，潼川路都鈐轄安撫使，知瀘州軍、提舉學士、兼管內勸農使，賜紫金魚袋馮檝恭為今上皇帝祝延聖壽，捨俸添鏤經板三十函，補足毗盧大藏，永冀流通。勸緣福州開元禪寺住持慧通大師了一題」。

歷代編年釋氏通鑑十二卷

宋末麻沙刻本。半葉十一行，行二十二字。黑口，左右雙邊。卷一首行標題為「歷代編年釋氏通鑑採摭經傳錄」，次標「佛書」二字，大字占雙行。舊為朱氏檇經閣、季氏延令書室、汪氏藝芸精舍藏書。此書僅見孫文淵閣書目及延令書目，其餘宋元志皆不載。四庫亦未收。日本靜嘉堂文庫藏。

佛眼語錄二卷

宋刻本。前有徐俯序，尾題福州鼓山白雲峰湧仙禪院住持嗣法士珪重勘。半葉十一行，行二十二字。日本帝室圖書寮藏。

御製逍遙詠十一卷　宋太宗撰

宋福州開元寺刻本。日本天理圖書館藏。

老子道德經章句二卷　題漢河上公注

宋建安虞氏家塾刻本。半葉十行，行十七字，細黑口，四周雙邊。版心雙魚尾，上魚尾上記字數，下魚尾下記葉數，左闌外記篇名。宋諱缺筆至惇字。目後隔二行有“建安虞氏刊於家塾”楷書二行。初印，尚見木紋，南宋建本正宗。黃氏士禮居舊藏，百宋一廛賦著錄。四部叢刊印本，即據此帙影印。北京圖書館藏。

老子道德經古本集註直解二卷　宋范應元撰

宋刻本，題“前玉隆萬壽宮掌教南岳壽寧觀長講果山范應元集註直解”。半葉十行，行十七字，注大字低一格，白口，左右雙邊。版心上記字數，下記葉數，作上幾下幾，再下記刻工姓名，有任、李、和、唐、正、受等。宋諱貞、讓等字缺末筆。卷中采各家注凡人姓名皆陰文。有范應元後序。鈐有“李氏藏書”、“冬涵閱過”、“錦帆涇上人家”、“陳汝言印”、“湯禽舒氏”、“勵義”、“沈彥忠氏”、“沈仰本藏書印”、“盧白室道人”各印。後有繆荃孫、沈曾植、楊守敬、章鈺跋。“書中引晦庵序參同契，是范應元在朱之後。今道藏不載是書，宋諱亦不全避，然字畫紙墨為宋刊宋印無疑。藝風”。“此書道藏不收，焦氏老子翼採摭亦不及，真道家佚典矣。范應元無可考，褚伯秀南華義海所錄諸家有范無隱者，或即此人，沅叔更詳考之。乙盦”。“此范應元道德經集註，不見著錄家，徵引韓非、司馬談、嚴遵、河上公、郭雲、王弼、傅奕、唐玄宗諸本異同，可謂詳博，而獨未及景龍石刻。其說解則只引司馬溫公、蘇子由兩家，則較焦氏老子翼為略。而焦氏亦未引其書，不第道藏本不收也，可謂秘笈矣。壬子仲冬，宜都楊守敬記於上海寓廬，時年七十有四”。“案范氏所據古本音辯外凡三十家，河上公、王弼、李若愚、張君相、楊孚、傅奕、孫登、嚴遵、蘇子由、應吉父、司馬溫公、淮南子、揚雄、張玄靜、梁帝簡文、阮籍、馬誕、韓非、王詡、郭雲、陳碧、阮咸、董遇、司馬談、陳韶、李奇、司馬遷、開元御注、梁王尚、張嗣是也。又有稱爲西晉本者，或有舊注，或稱引所及，皆所取也。說解則考傅奕、王弼、韓康伯、蘇子由、河上公、司馬溫公、成玄英、陸德明、程伊川、司馬遷、韓非、王雱、張沖應十餘家，或闡名理，或采訓釋，而不盡拘此經本注，是道家言之實事求是者。從沅叔傅君許叚讀，以鄱蘇所述未全，撮記於後。元黓困頓除夕，長洲章鈺同寓析津。此書徵引古本及音辨訓釋凡四十餘家，道藏失收，洵道家之逸典。北京圖書館藏。續古逸叢書據以影印。據叢刊書錄此書爲建安虞氏刻本。

音注老子道德經四卷　題漢河上公注

宋刻本，半葉十行，行十八字，注文雙行二十三字。細黑口，左右雙邊。右闌外有耳記篇名。第二行題河上公章句第幾。首葛玄序。有牌子："麻沙劉通判宅刻梓於仰高堂"。無收藏印記。此書筆畫鋒稜峭厲，是建本正宗。又凡書耳皆在左闌外，此獨在右闌外爲異。

纂圖釋文重言互注老子四卷　題漢河上公注

宋刻本，前二卷爲道經，後兩卷爲德經。前有序題太極左仙公葛玄造。舊爲嘉興鶴庵藏書，莫子偲跋，其後云，同治己巳九秋郘亭長借錄一過，可校正明世德堂本之誤百許字，真可寶也。序每半葉十二行，行二十字。經注半葉十三行，行大小均二十三字。宋諱朗、敬缺筆。版式與文中子同。郘亭以爲元刊六子本。藏印"宋本"、"方鸞時鳴私印"、"方大治臻明父"、"翰孫印"、"莫友芝圖書記"。

南華真經十卷　晉郭象撰　唐陸德明音義

此書卷一至六爲南宋建陽坊刻，卷七至十爲北宋刻本，聯珠璧合，首尾完善。一至六卷，半葉十行，行十八字，注文雙行二十四、二十五字不等。上下魚尾，白口，左右雙邊。宋諱缺筆至慎字。審其體，可定爲南宋建陽坊刻。七至十卷，半葉十行，行十六、十七字不等。白口，左右雙邊。注文雙行，行二十四、二十五不等。版心下記刻工姓名。僅有金仲、唐用、王榮、全宣、楊文、劉榮、毛仙、劉青、陳中等人。宋諱避至恒字，蓋爲北宋早年刻本，至刻於何地，殊難臆定。是書來自東瀛，在我國從未著録。此書已影入續古逸叢書中。

分章標題南華真經十卷　晋郭象注　唐陸德明音義

宋刻本，半葉十三行，行二十三字，注文雙行二十八字。白口，左右雙邊。版心上魚尾上記字數，左闌外上方標篇名。闌上標精要語數字或一二句，注後附音義，音義解釋之字別以白文。玄、慎、殷、弘、匡、恒字缺末筆，他諱多間不避。是南宋末坊刻本。藏印有“甲”、“宋本”、“毛晋印”、“嘉持”、“汲古閣所得古刻善本”、“吴氏筠清館所藏書畫”、“粤人吴榮光印”、“鄧子玉監藏經籍”。現藏北京圖書館。

纂圖互註南華真經十卷　晋郭象撰　唐陸德明音義

宋末建本，半葉十一行，行二十一字，細黑

口，左右雙邊。左闌外記篇名。宋諱慎字缺筆。鈐季振宜、朱彝尊印記。于右任藏。

冲虛至德真經八卷　晉張湛注

宋建刻本。半葉十行，行十九字，注文雙行二十三字。細黑口，左右雙邊。左闌外有耳記篇名，末葉耳在右闌外。本書首行題書名，次行低二格題"列子"，又空四格題"張湛處度注"，下空四字，三行低二格題篇名。避宋諱至慎字止，廓字不避，乃光宗時刊，字體方峭，是建本正宗。日本前田氏尊經閣藏書。

纂圖互注列子冲虛至德真經八卷

宋建陽麻沙本。半葉十一行，行二十一字。黑口。重言重意互注俱用墨蓋子別出。陸德明音義。

通玄真經十二卷　唐徐靈府注

南宋初建本。半葉十二行，行二十二字。白口，四周單邊。海虞瞿氏藏。已印入續古逸叢書及四部叢刊三編。

新雕洞靈真經注五卷　宋何粲注

南宋初建本。半葉十行，行十六至二十字。卷末附音義。書中多古體字，貞、敬、鏡字皆缺筆。海虞瞿氏藏，曾印入續古逸叢書，後又收入四部叢刊三編中。

曹子建文集十卷　魏曹植撰

宋元間刻本。半葉八行，行十五字。白口，左右雙邊。版心上記字數，下記刻工姓名。鈐華亭朱氏印及毘陵周氏印。海虞瞿氏藏，已印入續古逸叢書中，此書前人定為宋本，以雕工字體審之，與宋元之際閩本四書集注頗類似，經修版後印。第一册修版較多，餘多爛版，摹印恐在元末明初。

秦隱君集一卷　唐秦系撰

南宋間南安刻本。陳振孫在直齋書録解題著録此書。

分門集註杜工部詩二十五卷　唐杜甫撰　宋王洙　趙次公等注　年譜一卷　宋呂大防　蔡興宗　魯訔撰

宋建陽刻本，半葉十一行，行二十字。注文雙行，行二十五至二十七字不等。細黑口，左右雙邊。建陽書坊按詩題分類編次，凡七十二門。宋諱缺筆至廓字。《四部叢刊》印本，即據此帙影印。北京圖書館藏書。

草堂先生杜工部詩集 殘六卷 存卷十四、十六至二十卷

宋刻本，半葉十行，行二十字。細黑口，左右雙邊，雙魚尾，中刊卷次葉數，版心下有刻工字數。詩白文無注，詩題下多有編年，無者從上詩。書內有前人圈點。宋諱匡、慎缺末筆，然避諱不太嚴，慎字亦有不缺筆者，如卷十九“麗人行”中“慎莫近前丞相嗔”，其慎字不缺筆。殘卷首葉有“草堂先生杜工部詩集卷十四”一行鈐有“郋園秘籍”，爲葉德輝印。“羅繼祖讀書記”。卷二十終下，又有“孫氏家藏”白文印，或爲明人印記。是書經重新裝訂，封面有“南宋草堂杜集殘本，陳毅署簽”十二字。扉葉有朱德、何香凝、陳毅、康生、陳叔通、郭沫若、齊燕銘、阿英、李初梨、徐平羽等十人題詞。卷末有李一氓題跋。朱德題曰：“成都杜甫紀念館得

此書，可為所藏杜詩帶頭"。陳毅題曰："此本不見公私著録，匡、慎皆缺筆，真難見之孤本也"。郭沫若題曰："草堂先生杜工部詩集，素所未見，殆是海内孤本，雖殘卷，良可珍惜，藏之草堂，尤得其所，可謂草堂先生重歸草堂矣。閱後題此"。李一氓跋云："成都杜甫紀念館所藏杜詩，僅一宋本草堂詩箋，忽見此本于中國書店，急代收之。事為北京圖書館所悉，惊為異本，曾謀迫讓"。存卷十四首葉起至二十卷末頁止。現藏成都草堂杜甫紀念館。是書殘存六卷，無首卷末卷，編者、刻者，原書卷數，皆無從考知。歷代編輯注釋杜詩者，未有提及，前公私書目，亦未嘗著録。

杜工部草堂詩箋四十卷　唐杜甫撰　宋魯訔編　蔡夢弼箋

宋刻本，半葉十二行，行二十字，小字雙行十六字。黑綫口，左右雙邊。宋諱玄、恒、桓、慎、敦均缺筆。收藏有"太史曾孫"、"華生"、"卧雪廬袁氏藏書"、"袁印芳瑛"

“瀫六”、“隴西硯農”、“手自校定”、“雪廬清賞”、“古湘南袁氏藏書印”等印記。

北京大學圖書館藏書。

杜工部草堂詩箋，成都杜甫草堂紀念館亦藏有殘卷，李一氓題跋稱：“杜工部草堂詩箋，存第一至第二十二卷。第一卷至十三卷，半葉十二行，行二十字。古逸叢書本同，但字體絶異，當是兩本。目錄、第十四卷至二十二卷，半葉十一行，行十九字。季滄葦藏本（今藏北京圖書館）同。第二十三至五十卷佚。是草堂詩箋有三本，十二行本有兩種。此書鑒藏印依順序爲一顧仁効。二汲古閣毛扆。三謹齋昌齡。四鋤清館吴榮光。五碧琳琅館方柳橋。六孫遷。七丁菊甦（黄縣）。書出自濟南，丁氏當爲最後之藏家。查郘亭知見傳本書目，草堂詩箋條下‘近湘潭袁芳瑛得宋刻二十三卷至五十卷，爲汲古閣毛扆所藏’。袁氏所未得之前二十二卷，自即是本。方氏得書後，嘗於光緒初據以翻刻草堂詩箋二十二卷于粤中，陳澧有序，即稱方氏本，唯扉頁題翻元本，殊失之。兩本皆匡、慎、敦三字缺筆，蓋嘉泰以後鋟本矣。杜甫紀念館藏詩卷十一行本自二十五卷起，雖合此本，仍差二十三、二十四兩卷也。自濟南為成都草堂收得，因并志之"。書藏成都杜甫草堂。

集千家注杜工部詩集二十卷　唐甫撰　宋黄鶴補注

宋建陽刻小字本。劉辰翁批點本。

王狀元集百家注編年杜少陵詩史三十二卷　唐杜甫撰

宋麻沙坊刻本。半葉十三行，行二十一字。注雙行，行二十七字。白口，四周單邊。版心上記字數，魚尾下刊"六十家杜詩"、"杜詩"、"寺"等不一。首卷題"王狀元集百家注編年杜陵詩史一卷"、"前劍南節度使參謀宣議郎檢校尚書工部員外郎賜緋魚袋杜甫子美撰"、"嘉興魯訔編年并注"、"永嘉王十朋龜齡集注"。此書於杜甫詩有關時事者皆於題下注明，故名"詩史"。所引前人注以白文標明，如"蘇曰"、"魯曰"等有王禹偁、王安石、沈括、蘇軾、秦觀、張耒等七十餘人。此書字體刀法行款，當係南宋建陽麻沙坊刻本。和黄善夫刻本王狀元集百家注分類蘇東坡先生詩相類，字體和行款如出一手。此書雖不像蘇詩有"建安黄善夫刊于家塾之敬室"牌記，但兩書刊刻時間相去不遠，當無大誤。宋諱缺筆至慎字，當刻于孝宗以後。鈐有"真賞"、"華夏"、"文石太史珍藏圖書"、"李振宜字兮號滄葦"、"徐健菴"、"商丘宋犖審定"、"宋犖收藏善本"。書中并有"拙翁文府"楷書木戳，似爲日本人所鈐，則此書或流出海外。南木匣上所刻"葱石題藏"、"周緝之婿犖贈于京邸"，此書歸周氏，周緝之又在光緒三十四年贈給内弟葱石（犖爲壻之古字，"婿犖"即婿丈），"葱石"即劉世珩。劉氏于宣統辛亥（1911）至（1931）在上海影寫翻刻，收入玉海堂印宋本叢書。書中又有"劉之泗"、"公魯"、"藝風審定"等印記，知此書在劉世珩死後仍爲其子劉公魯所藏，并經繆荃孫過目。劉公身死後，此書不知散落何處。現藏蘇州市圖書館。此書刻印精工，保存完整，内容卷次和見于前人著録或傳世的宋本杜詩都有不同，是杜詩的一種較早版本。

昌黎先生文集四十卷外集十卷集傳一卷遺文一卷　唐韓愈撰

宋南劍州郡齋刻本。

朱文公校昌黎先生文集四十卷　唐韓愈撰　宋朱熹考異　王伯大音釋

宋麻沙刻黑口本。半葉十三行，行二十三字。存卷八至十一，十七至二十三，三十二至四十卷，凡二十卷。中國書店藏。

朱文公韓文考異十卷　宋朱熹撰

宋三山鄭伯義刻本。

别本韓文考異四十卷外集十卷遺文一卷　宋朱熹原本　王伯大重編

宋麻沙刻小字本。

晦菴朱侍講先生韓文考異十卷　宋朱熹撰

宋刻本，半葉九行，行十八字。版心題韓文考異或韓考，或文考，或考異，或韋考。宋諱多有減筆。鈐有「山陰祁氏藏書之章」、「澹生堂經籍記」、「曠翁手識」、「朱彝尊印」、「竹垞」、「惠棟之印」、「定宇」諸印記。南京圖書館藏。

韓文公詩注八卷 宋姚寬注

宋泉州刻本。

詁訓柳先生文集四十五卷外集二卷編新編外集一卷

唐柳宗元撰 宋韓醇音釋

宋刻麻沙十字本，一尺稍豐。

增廣注釋音辯唐柳先生集四十三卷別集二卷外集二卷 唐柳宗元撰 宋童宗説注釋 張敦頤音辯 潘緯音義

宋麻沙本，半葉十二行，行二十一字，注文雙行同。黑口，左右雙邊。增註姓氏以白文別之。宋諱貞、徵、恒、桓、匡、敦字缺筆。字體秀勁，蓋建本之精者。鈐元代官印「國子監崇文閣官書借讀者必須愛護損壞闕失典掌者不許收受」。存卷九至十三，凡五卷。

李文公集十八卷 唐李翱撰

宋建陽刻十字本。多答問開元寺書一首。

新雕注唐胡曾詠史詩三卷　唐胡曾撰　次題陳蓋注　米崇吉評注

南宋建陽刻本，半葉十一行，行二十二字，注雙行二十七字。前有胡曾自序。末有黃丕烈手跋。不載蕘圃藏書題識。

方秘校集十卷　宋方惟深撰

南宋中葉莆田刻本。陳振孫題是書：“王荆公最愛其詩精詣警绝，始余得其詩二卷，乃其侄孫蒲山君翔所編，後乃知莆田嘗刊板，為十卷……”。

古靈先生文集二十五卷年譜一卷附録一卷　宋陳襄撰

宋刻本，半葉十行，行十八字，注雙行。白口，左右雙邊。版心上記字數，上魚尾下記古靈集卷幾，下魚尾下記葉數，下記刻工姓名。此本與瞿氏鐵琴銅劍樓藏本同。卷末使遼語録不全。審其字體刀法與真德秀西山讀書記極相似，或亦宋末福州刻本。日本靜嘉堂文庫藏。

古靈先生集二十五卷　宋陳襄撰

宋臨汀郡齋刻本。

溫國文正公文集八十卷　宋司馬光撰

宋福建路泉州刻本。

元豐類稿五十卷　宋曾鞏撰

宋建陽刻巾箱本。天祿琳琅後目有宋建陽刻巾箱本《南豐曾子固先生集》三十四卷。

邵堯夫先生詩全集九卷　宋邵雍撰

宋刻本，半葉十二行，行二十字。左右單邊。刻字粗率，且一味趨簡，用簡體字，如"遷"作"迁"、"學"作"斈"。疑此書為坊刻本。卷末有藏書"德祺"印記。

重刊邵堯夫擊壤集九卷　宋邵雍撰

宋刻本，半葉十二行，行二十字。白口，左右雙邊。卷首注明"內集"、"蔡弼重編"是經過蔡弼校勘的本子。此書字體有歐柳筆意，墨色清晰，刀法精良，疑家刻本。

康節先生擊壤集十五卷　宋邵雍撰

宋蔡子文刻本。半葉十三行，行二十二、三字不等。此本作內集十二卷，外集三卷。前有治平丙午中秋自序，編次與各本迥異，序後有蔡氏獨題語一則，蓋由公手訂二十卷本重編爲此本。卷一前後木記：“建安蔡子文刊於東塾之敬室”。細行密字，鐫印至精。龜山語錄所稱：“須信畫前原有易，自從刪後更無詩”一聯。諸本所佚者，此本在卷十二中。卷首末鈐：“曲阿孫育印”、“丙寅初秋獲於都門”、“詒晉齋故齋”。舊爲楊氏海源閣

蔡子文，北宋治平間建安人。治平三年(1066)刻印過其父蔡獨校邵雍康節先生擊壤集十五卷，半葉十三行，行二十字。

河南程氏文集八卷　宋程顥　程頤撰

宋刻大字本，半葉八行，行十四字。白口，單邊。首有目錄已殘從十四葉起，次首行低三格題伊川先生年譜，下空二格題朱熹二字版心上魚尾下均題明道目，知目錄前必有明道先生年譜，其版心或誤題伊川目錄文。本書每卷題河南程氏文集卷第一、二、三、四、五、六、七、八，次行低五格題明道先生文一、二、三、四下有小字旁注表疏書記，程文，附銘詩、行狀、墓誌、祭文等字。四卷

為上冊下冊，五卷起首題伊川先生文，一、二、三、四下有小字，旁注表疏學制，雜著等字，而文之下小字旁注已經爛脫。又卷中有空白紙，界烏絲闌者蓋殘缺。據直齋書錄解題謂二程共為一集，建寧所刻本，當即此書。惟彼為十二卷，而此只八卷，或有誤字。有汲古堂朱文長印，蘇氏書印白文方印。此見學部目集三十一。

類編增廣老蘇先生大全文集□□卷　宋蘇洵撰

宋麻沙本，半葉十五行，行二十五至二十七字不等。白口，左右雙邊。版心上魚尾下記「類編老蘇」，其下雙魚尾，中間記葉數。存卷一至四，其前二卷為　古律詩，較世行本嘉祐集多嘉州龍巖等題二十首。海虞瞿氏藏。類編增廣大全集本，宋人集舍此集外，尚有潁濱集一百三十七卷，藏日本內閣文庫。山谷集五十卷，藏李木齋處，均為十五行，行二十五至二十七字，但為細黑口。內山谷集有乾道麻沙水南劉仲吉宅刊書木記，想當時閩中所刊尚不止此三家。

東坡集四十卷後集二十卷　宋蘇軾撰

　宋建安蘇嶠刻本。

王狀元集百家註分類東坡先生詩二十五卷　宋

　蘇軾撰　題王十朋纂集

　宋建安魏忠卿家塾刻本。半葉十一行，行十

　九字，注文雙行二十五字。黑細口，左右雙

　邊。百家注姓氏後有行書牌子：建安魏仲卿

　刻梓于家塾”。此本字體峭麗，雕鏤精工，

　建本之至精者，其行款版式與萬卷堂、虞氏

　務本堂全同，而精美過之。日本帝室圖書寮

　藏。寮中又藏蘇詩號小字杭本，即建安黃善

　夫家塾刻本。

王狀元集百家註分類東坡先生詩二十五卷　宋

　蘇軾撰　題王十朋纂集

　宋建安萬卷堂家塾刻本。半葉十一行，行十

　九字，注文雙行二十五字。細黑口，左右雙

　邊。百家注後有行書牌子：建安萬卷堂刻梓

　于家塾”。日本帝室圖書寮藏。

增刊校正王狀元集註分類東坡先生詩二十五卷

　宋蘇軾撰　題王十朋纂集　東坡紀年錄一卷

宋傅藻撰
宋建安虞平斋務本堂刻本。半葉十一行，行十九字，注文雙行二十五字，細黑口左右雙邊。注家姓氏後有篆文木記："建安虞平斋務本堂刊"，是建本之至精者。鈐有"濮陽李廷相雙檜堂書畫私印"、"君明"、"汪士鐘印"、"汪士鐘曾讀"、"憲奎"、"秋浦"、"平江汪憲奎字秋浦印記"、"徐遵禮字從文別號涵廬子識"、"楊以增字益之又字至堂晚號寒樵行二"、"東郡楊紹和字彥合藏書之印"、"東郡楊氏宋存書室珍藏"各印。此書海源閣舊藏，後歸周叔弢藏，現藏北京圖書館。此書四部叢刊收錄，曾誤定為宋刻本，後改正為元虞平斋務本堂刻本。

王狀元集百家注分類東坡先生詩二十五卷　宋蘇軾撰　題王十朋纂集
宋建安黃及甫家塾刻本。

東坡大全文集一百二十卷
宋蘇軾撰
宋麻沙書坊刻本。此書有時作東坡七集的總稱。余嘉錫云："東坡大全文集者，一書之大名。東坡前集以下者，則其子目也。名雖為大全，而其書仍是分編之七集"。麻沙書坊宋刊東坡大全集，今已失傳。中國印刷史載：宋麻沙書坊刊本，兼載志林、雜説、西蜀趙夔竭三十年精力編寫刊行，未詳年代。

集注東坡詩前集十八卷　存四卷

宋刻殘本，存卷一至四，其卷四一册。另一板三卷。每半葉十四行，行二十五字，大小字同。第四卷每半葉十一行，行二十二字。宋諱"完"、"構"缺筆。板刻清朗，字體勁正，當是南宋麻沙本之佳者。鈐"稽瑞樓"印。

東坡先生別集□□卷續別集□卷　宋蘇軾撰

宋蘇嶠建安刻本。

經進東坡文集事略六十卷　宋蘇軾撰　郎曄選

存四十卷，四十卷以後目録挖改

南宋中期建陽刻本。半葉十二行，行二十一字，注文雙行同。細黑口，左右雙邊。版心上下細黑口，雙魚尾，間記字數或上或下，書名題東坡集、或東坡文、或蘇文、或蘇文注、或蘇文坡注、或注坡、或蘇坡、或坡文或皮文。每卷首行題書名，次行題迪功郎新紹興府嵊縣主簿臣郎曄上進，三行記本卷篇目。宋諱桓缺桓旁，或缺末筆，尚有易為他字者，如玄作元、弘作洪、殷作商、貞作正、徵作證、讓作遜、桓作威、慎作填或謹。藏印有"隴西李祁"、"邊口印"、"島田重禮"、"敬甫"、"篁村島田氏家藏圖書"、"雙桂書樓"、"島田重禮敬甫氏"、"島田禮讀書記"、"荆山田氏藏之印"、"田偉後裔"、"景偉廬印"。此為東坡文注釋本，考核甚精。潘氏寶禮堂藏，捐贈北京圖書館。

類編增廣潁濱先生大全文集一百三十卷 宋蘇轍撰

宋刻本，半葉十五行，行二十六字，注雙行同。細黑口，左右雙邊。詩文皆以類分，如紀行、述懷、雷雨、風雪、冰霜、四時、元日、上元、寒食、除夜、晝夜、古迹、山洞，分類多不倫。必坊賈所為。欒城集後有其孫詡跋云：欒城公集刊行者，建安本頗多缺謬，在麻沙者尤甚。今觀此本，版式行格字體勁峭而露鋒稜，必爲麻沙鎮所刊。日本内閣文庫藏。

欒城集五十卷　欒城後集二十四卷　欒城三集十卷　應詔集十二卷　宋蘇轍撰

宋建安本、宋麻沙本。

臨川先生文集一百卷　宋王安石撰

宋麻沙刻本。

後山詩注十二卷　宋陳師道撰　任淵注

南宋建陽刻本。半葉十三行，行二十三字。注大字低格。版心上記字數。首卷補鈔。李木齋得之日本書攤，用洋十二元。此本不載北京大學圖書館藏李氏書目。

後山先生詩集三十卷　宋陳師道撰

宋末荼陵陳仁子刻本。半葉十一行，行二十字。

後村居士詩二十卷　宋劉克莊撰

宋末刻本，半葉十行，行二十一字。細黑口，左右雙邊。前淳祐九年林希逸序。每卷末有「門人迪功郎新差昭州司法參軍林秀發編次」一行。本書爲詩集十六卷、詩話二卷、詩餘二卷，蓋五十卷本前集之節本。據後村大全集前咸淳八年劉希仁序言，劉後村四集書坊翻刻甚多，閩中大寨有受知後村者，乃欲毀板云云。此本行款與前集同，而只刊二十卷，或以閩中翻本之一。僅一前集即有左右雙邊五十卷本，四周雙邊五十卷本及此二十卷本。宋末後村集之風行，翻刻頻繁可以想見，而閩中刊書之盛亦可知矣。

後村居士集五十卷目錄二卷　宋劉克莊撰

宋末刻本，半葉十行，行二十一字。細黑口，左右雙邊。日本靜嘉堂文庫藏。此五十卷本，不是宋刻本，而是元刻本。

後村長短句二卷　宋劉克莊撰

宋末刻本，後村居士集五十卷本。半葉十行，行二十一字。白口，四周雙邊。卷十九、二十為詩餘。

宛邱集七十六卷　宋張耒撰

宋建安余騰夫刻十卷本。

南宋三十卷本，題張龍圖集　宋汪藻編。

南宋百卷本，題譙郡先生集。

永嘉先生標注張文潛文集十卷　宋耒撰

南宋中期建安余騰夫刻本。是書宋刻早佚。

張文潛文集十三卷　宋張耒撰

宋刻本。李木齋藏。徐葵跋曰："張文潛文集亦名宛丘集，相傳南宋初已有四本：一本十卷，一本三十卷，一本七十卷，一本一百卷。國朝四庫所收之本則又七十六卷。今余得此本十三卷，係虞山馮氏與吳氏兩家藏本，與所記上五本卷帙不同，想即胡氏應麟所見之本也。昨吳興書賈鄭甫田以宋建安余騰夫所刊永嘉先生標注張文潛集來，上有季滄葦與毛子晉圖書，書六十卷。與此本校對，篇目正同，惟分卷則異，因知此本即南宋初十卷之本，後人亂其卷次耳。校正一通如右，俾不失宋本面目。篇中標註亦照建安本寫出，以便讀者。至字句異同無論允否並一一校注，不敢意為去取，蓋校書之體例也。然賴以是正者已居十之九，益信古本之足貴。乙卯十二月初六日姑餘徐葵識"。

龍雲先生文集二十五卷　宋劉弇撰

南宋初浦城刻本。

龜山楊文靖公集三十五卷　宋楊時撰

南宋閩延平郡齋刻本。龟山集在延平郡斋鐫刻時書名題龟山楊文靖公集。鐵琴銅劍樓書目著錄是書時稱："文靖集宋時刊于延平郡齋，其本不傳"。

梁溪先生集一百八十卷附錄六卷　宋李綱撰

宋泉州郡齋刻本。

濂溪先生集不分卷　宋周敦頤撰

宋刻本，半葉九行，行十八字。白口，左右雙邊。版心上記大小字數。前有目錄，爲卷首，目錄、家譜、年譜、太極圖、太極說、通書、遺文、遺事、附錄詩文。存卷首至太極圖，餘缺佚。年譜末記今上皇帝御筆以五百臣從祀云云。知爲理宗以後刊本。淡墨印大字，似宋末閩中刊本。傅增湘藏。

孫尚書大全文集五十七卷　宋孫覿撰

宋刻本，半葉十三行，行二十八字。末有黄丕烈跋。爲藝芸精舍藏書，存三十三卷。北京圖書館古籍善本書目載：孫尚書大全文集五十七卷，宋孫覿撰，宋刻本，黄丕烈跋。

張祥河題款，四册。半葉十三行二十二字，白口四周單邊。存三十二卷，疑與上書同。

新刊李學士新注孫尚書内簡尺牘十卷　宋孫覿撰　李祖堯編注

南宋建陽刻本。半葉十二行，行二十字，注文雙行二十二字。爲乾隆五十七年遂初室初頤園氏舊藏。涵芬樓書録載。

鴻慶居士文集四十二卷　宋孫覿撰

宋閩刻本。

蒲陽知稼翁集十一卷　宋黃公度撰

宋黃處權泉州刻本。題：男沃編〃、〃孫處權校勘〃．〃世孫廷用重校〃。前陳俊卿序、洪邁序，詞集有曾豐序．男汝跋．卷尾附傳行狀、壙銘。壙銘後男沃跋．宋本爲其孫黃處權刊于泉州，凡十一卷。有影寫本傳世。

拙齋文集二十卷拾遺一卷　宋林之奇撰

宋刻本，半葉十行，行十九字。存卷四至三林之奇爲閩侯望族呂東萊之師．并著有尚書全解，宋本不存．其集罕傳．僅此殘卷。上海圖書館藏。

橘林集十六卷後集十五卷　宋石𢘿撰

宋麻沙坊刻本。直齋：“集僅二册，而卷數如此，麻沙坊本往往皆然。”

梅溪先生文集二十卷後集二十九卷　宋王十朋撰

宋建安黄及甫家塾刻本。

止齋文集五十卷　宋陳傅良撰

宋三山陳傅良刻本。

育德堂集五十卷内制三卷外制八卷　宋綦幼學撰

宋綦氏家刻本。存外制卷一至五。半葉九行，行十八字。白口，左右雙邊。版心上記字數，下記刻工姓名，有虞千、劉酉、文甫、次升、葉仁、葉栖、江德、余酉、江京、共生、綦仁、綦仲、余士、江文。字體仿顔平原，刻印俱精。鈐有“綦氏圖書子子孫孫永寶印”、“永哉一綦昭宗之印”、“毛扆”、“斧季”、“毛扆字斧季别號省菴”、“叔鄭後人”、“中吴毛斧季圖書記”、“與清堂”、“毛姓秘翫”、“毛扆之印”。

龍川水心先生文粹□□卷　宋陳亮　葉適撰

饒輝編

宋建陽坊刻本，卷端有刊書識語。中央圖書館藏。

秋崖先生小稿八十三卷詩二十八卷文四十五卷

宋方岳撰

宋建陽刻本。元季板佚。

秋崖集四十卷　宋方岳撰

宋建陽刻本。

忠惠集三十六卷　宋翟汝文撰

宋溫陵郡齋刻本。

勉齋集四十卷　宋黃榦撰

宋嚴溪趙氏刻本。二十四卷本。

宋三山黃氏刻四十卷本。日本靜嘉堂文庫藏此書名題勉齋先生黃文肅公文集

鶴山集一百九卷　宋魏了翁撰

宋建陽刻本。

鶴山集一百九卷　宋魏了翁撰

宋溫陽刻本。

雲莊集　論語發微序　孟子要略序　論語譯說序　宋劉爚撰

宋建安劉日新三桂堂刻本。

四如集五卷　宋黃仲元撰

宋刻六卷本。宋景濂序曰，門人武夷詹清子類次六經四書文為六卷刊行。

宋五卷本，其子梓刊。

六臣注文選六十卷　唐李善　呂延濟　劉良　張銑　呂向　李周翰撰

宋刻本，半葉十行，行十八字，注文雙行二十三字。細黑口，左右雙邊。版心上記字數，上魚下記文選幾，左闌外上方記篇名。前呂延祚進書表，十行十七字。次李善表，同。次文選序。次目錄。首卷首行題："六臣註文選卷第一"，次行低六格題："梁昭明太子撰"，三行低六格題："唐李善并五臣注"，四行低一格題："賦甲"，五行低二格題："京都上"，六行低三格題："班孟堅兩都賦二首"。字體遒麗，鋒棱峭峻，墨色如漆，字畫中猶見木板紋，是建本初印之最精者。缺補二十餘葉。鈐有"陳淳私印"、"五芝堂印"、"孫朝肅印"、"恭父"、"孫孝若圖書記"、"鶴閒閣珍藏圖書"、"滄葦"、"埽葊"、"桂邑書籍"、"汪士鐘印"、"閬源真賞"、"
徐坊印信"、"臨清徐坊卅四歲後號曰蒿菴"
各印。此本刊工棱角峭厲，是建本之至精者，
六十卷完整，紙如玉版，黑光如漆，初印精
善，經明陳道復收藏。傳世建本文選，當推
甲觀。北京圖書館藏。

文選注六十卷　唐李善、李延濟、劉良、張銑
李向、李周翰注
宋建寧刻本。

增補六臣文選六十卷　唐李善等撰　文選補遺
四卷　宋陳仁子撰
宋末茶陵陳仁子刻本。

文選補遺四卷　宋陳仁子輯
宋末茶陵陳仁子刻本。半葉十行十八字。

續文選補遺十二卷　宋陳仁子輯
宋末茶陵陳仁子刻本。半葉十行十八字。

古文苑二十一卷　不著編輯名氏
宋麻沙大字本。

選編省監新奇萬寶詩山三十八卷
宋刻巾箱本，半葉十五行，行二十三字。細

黑口，左右雙邊。首卷題選編省監新奇萬寶山詩卷之一，作雙行大字。空一行，三行低十格，題葉氏廣勤堂，空二格，題新棊。第四行低一格，題天文門，五行低二格，題太極類，均雙行大字。以下各門均同。

新編增廣事聯詩苑叢珠三十卷　不著撰人

宋刻本，半葉十二行，小字雙行，行三十二字，大字二字占小字三格。黑口，四周雙邊。分三十六門，首叙事，次故事、次散對，次起句、次聯、次結，蓋為吟詩句料。目錄即題類增吟料詩苑叢珠。不著撰人，亦不著詩人名姓，惟引書尚標書名，尚可資考證。缺卷六、七、八，凡三卷。

分門纂類唐宋時賢千家詩選十五卷後集五卷

宋刻本，半葉十一行，行二十一字。黑口，左右雙邊。次行題"後村先生編集"，各類標目大字占兩行，上加黑蓋子。宋諱不避。殆宋末坊刻。曹楝亭翻刻本行款正同，而詩題上陰文"唐賢"、"宋賢"、"時賢"諸字概行删去，詩題人名多失載，于是乙詩混入甲作者比比皆是。又一詩而數首者，于人名注明幾首，曹刻亦佚之。曹刻詩中闕字此本皆有之，卷中改正之字亦數百計。至續集五卷則楝亭所未見，因別鈔存之。雖殘帙寥寥，亦孤本秘笈矣。

五百家播芳大全文粹一百十卷　宋魏齊賢　葉棻編

宋書肆刻本。首載紹熙元年（1190）南徐許開序

源流至論前集十卷後集十卷續集十卷　宋林駉撰　別集十卷　宋黄履翁撰

宋麻沙書坊刻本。

分類試齋文膾後集十二卷　不著編輯名氏

宋末書坊刻本。相其版式，乃麻沙舊刻。

東萊集註類編觀瀾文集甲集二十五卷乙集二十五卷　宋林之奇編　呂祖謙集注

宋建安坊刻本。半葉十一行，行十九字，注文雙行二十四字。細黑口，左右雙邊。劉承幹嘉業堂藏。

東萊集註觀瀾文丙集二十卷　宋呂祖謙集注

宋建安坊刻本。半葉十一行，行十九字，注

文雙行二十四字。白口，左右雙邊。僅見殘卷。

新刊諸儒批點古文集成前集七十八卷　宋王霆震輯

宋末麻沙本。半葉十三行，行二十五字。黑口，左右雙邊。題"宋廬陵王霆震亨福選編"。分甲至癸十集：甲集六卷序。乙集八卷記。丙集七卷書。丁集八卷表劄。"丁集"字已挖去。戊集八卷論。己集八卷論。庚集六卷銘。辛集七卷封事、疏狀。"辛集"字已挖補。壬集八卷圖、解、辯、原。癸集九卷辭、議、問答、設喻。每卷標"前甲集"等字，以陰文別之。鈐有"翰林院典籍廳關防"滿漢文朱記，又"建霞秘笈"。後有楊守敬、繆荃孫、吳棠、張元濟跋語。此書選周秦以迄唐宋名家之文，分類輯錄，每文標題，行錄各家評語，篇中加圈點擲，或每段間以批語，為初學便誦計。北京圖書館藏。

二十先生廻瀾文鑑二十卷後集二十卷　宋虞祖南評次

宋建安江仲達刻本。半葉十二行，行十九字，细黑口，左右雙邊。左闌外記篇名。宋諱不盡避，蓋宋末坊本。二十先生者，司馬光、范仲淹、孫復、王安石、石介、汪藻、洪遵、張栻、朱熹、呂祖謙、周必大、楊萬里、劉子翬、鄭湜、林之奇、劉穆元、張震、方恬、戴溪、陳公顯。題"承奉郎連州簽判虞祖南承之評，慢亭虞夔君舉箋注"。目録及二十先生行實後均有木記"建安江仲達刊於群玉堂"。陸心源、丁丙跋。存前集卷十三至二十，後集卷一至八、十四至二十。南京圖書館藏。

新刊精選諸儒奥論策學统宗前编五卷後集八卷續集七卷别集五卷

宋茶陵譚叔端刻。標題下列名心易譚巽中叔剛校正，存理譚金孫叔金選次，桂山譚正叔孫端訂定。三譚皆冠以古雲後學。三人姓名既不經見，古雲亦不知其何地。書林清話稱古雲為茶陵之别名。後集八卷，續集七卷，别集五卷，見四庫存目。云元譚金孫编，全孫字叔全，號存理，自稱古雲人，不知古雲爲何地也。文理冗贅，殆麻沙庸陋書賈所爲。

十先生奧論四十卷　不著編輯者名氏

宋刻本。四庫提要云，不著編輯者名氏，亦無刊書年月，驗其版式，乃南宋建陽麻沙坊本。四庫著錄係天一閣藏宋麻沙刻本，前集、後集、續集各十五卷。

應氏類編西漢文章十八卷

宋末建刻本，半葉十三行，行二十四字，細黑口，左右雙邊。行間有點擲。有錢曾、朱筠藏印。朱錫庚跋。潘宗周藏，現藏北京圖書館。

宋文鑑一百五十卷　宋呂祖謙編

宋麻沙劉將仕宅刻本。半葉十三行，行二十一字。黑口，左右雙邊。宋諱避至廓字。序末有"麻沙劉將仕宅刊行"牌記。收藏有"種玉樓藏書"、"古潭州袁卧雪廬收藏"等印記。北京大學圖書館藏，題新雕皇朝文鑑。

皇朝文鑑一百五十卷　宋呂祖謙編

宋建寧書坊刻本。文字多脫誤。

宋文選三十二卷　不著編輯名氏

　宋建刻本。

新雕聖宋文海一百二十卷　宋江鈿輯

　南宋中期刻本，半葉十三行，行二十二字，白口左右雙邊。存六卷。北京圖書館藏。

文章正宗二十卷續集二十卷　宋真德秀編

　宋麻沙刻本，半葉十行，行二十一字。每卷尾有國子監正奏名蔡公亮校正一行。刻印精絶。

蘇門六君子文粹七十卷　不著編輯名氏

　宋坊肆刻本。

梅亭先生四六標準四十卷　宋李劉撰

　宋刻本，半葉十行，行十九字，黑口左右雙邊。版心陽葉上記字數，下記人名。字體方峭俊麗，是建本之佳者。文分類爲次，如言時政、贄見、薦舉、舉科目、謝座主、賀正、賀冬各門。鈐有"新宫城藏書"。日本内閣文庫藏。台灣故宫博物院藏一部二十四册。

詩家鼎臠二卷　不著編輯名氏

　宋麻沙本。上卷五十八人，下卷三十七人，

人各一、二首。大率晚宋江湖小集中諸家。原本出朱彝尊家，卷首佚去，半葉八行，各家傳本皆然。

壺山先生四家四六　不分卷

宋刻本，半葉十行，行十九字。有張詩舲祥河題字，為汲古閣舊藏，凡六册。

壺山先生四六一卷　宋汪莘撰

臞軒先生四六一卷　宋王邁撰

後村先生四六一卷　宋劉克莊撰

巽齋先生四六一卷　宋歐陽守道撰

格齋四六　南唐四六　梅亭四六三種

宋刻本，半葉十行，行十九字。有毛海虞、毛表奏叔圖書記、汲古閣圖書記、徐健菴白文聯珠印。宋王子俊、趙汝談、李劉撰。皆毛氏故物，而後所散者，其全書名無考，今以建刊列之。

誠齋先生四六發遣膏馥十卷後集十卷續集十一卷別集十卷　題宋楊萬里撰　周公恕編類

存續集六至十卷餘鈔配。

宋刻本，半葉十四行，行二十二字，左右雙

邊。標目大字占雙行。本集標題：誠齋先生楊萬里撰述、廬陵後學周公恕編類”；續集題為楊李二先生四六發遣膏馥，列名：誠齋先生楊萬里廷秀、梅亭先生李劉公甫、廬陵後學周公恕編類、建安三請余卓校梓”，原低半格，別集標題與本集同，列名：誠齋先生楊萬里廷秀廬陵後學陳範李洪”。續集目録後有牌子五行：江西四六前有誠齋後有梅亭二公語對的妙天下膾炙口孰不爭先覩之今採二先生遺藁切於急用者繡木一新便於同志披覽以續膏馥出售幸鑒”。日本帝室圖書寮藏。

精選古今名賢叢話詩林廣記前集十卷後集十卷

宋蔡正孫粹然撰輯

宋刻本。字體秀勁，鋒稜峭厲。

唐本朝中興五七言絕句　宋劉克莊選

宋泉州刻本。

唐五七言絕句　本朝五七言絕句　中興五七言絕句　宋劉克莊選

宋建陽刻本。

文章軌範

宋福建刻本

增注唐策十卷　不著編輯人名氏

宋麻沙刻本。

宋人選青賦箋十卷

宋建安王懋甫書坊刻巾箱本。清乾隆帝題稱"筆法精鑱為宋本之絕佳者"。

新刊宣和遺事　宋不著撰人

宋刻本，半葉十二行，行二十三字。白口，四周雙邊。國立中央圖書館藏。

草堂詩話二卷

宋建安蔡夢弼刻本。半葉十二行，行二十字。

葉石林詩話三卷　宋葉夢得撰

宋末茶陵陳仁子刻本。半葉十行，行十七字。

滄浪詩話一卷　宋嚴羽撰（或稱滄浪吟卷）

宋閩中刻本。

醉翁琴趣外篇六卷　宋歐陽修撰

清初影寫宋刊本。半葉十行，行十八字。鈐曹寅印。袁克文藏。

閒齋琴趣外篇六卷　宋晁元禮撰

清初毛氏汲古閣影寫宋刊本。半葉十行，行

十八字。黑口，左右雙邊。鈐有毛晉、曹寅

汪士鐘、袁克文藏印。

晁氏琴趣外篇六卷　宋晁補之撰

清初影寫宋刊本。半葉十行，行十八字。黑

口，左右雙邊。袁克文藏。袁得此書及影宋

寫本醉翁琴趣外篇、閑齋琴趣外篇，以鷄血

佳石鐫"三琴趣齋"巨印，遍鈐所藏善本，

亦書林佳話，而雲烟過眼，不數年即併所藏

後百宋一廛精華俱歸潘宗周氏。

湖南地區刻書

周官總義三十卷　宋易祓撰

宋衡陽刻本。今衡陽本世已無傳。

中庸集解三卷　宋石䃂編

宋長沙本。

集韻十卷　宋丁度等撰

宋刻本，半葉十行。版心刻工多係長沙人，

有正具、世安、黎美、佺、信、世明、世門

廷、長沙李春、王和、吳良、朱春、寬、吳

昌、文珍、世榮、侯珠、賈阮、張交、張方

湯二日、何秀、劉忠、長沙陳禾、長沙李春

長沙張來、長沙王和、長沙季粉、星城陳廣、長沙陳庚、長沙葉林、長沙吳良、長沙升、邵康、陳正、長沙吳正、具良、長沙劉正、長沙陳升、長沙葉春、長沙王禾、長沙何万、長沙陳子秀等人。宋諱弦、殷、溵、慇、胤、誆等字皆缺筆，表明其于宋宣祖，太祖諱皆避，當是慶曆原刊之舊觀。桓、峘、梡、莞、丸、絙、紈、岏等字不避，于構、媾、購、覯。宋諱至慎字，當是南宋孝宗重刊本。據刻工多係長沙人，知為湖南地區刻本。國內宋本只此一帙，印入古逸叢書三編中。北京圖書館藏。

名臣言行錄前集十卷後集十四卷　宋朱熹撰

續集八卷別集二十六卷外集十七卷　宋李幼武撰

宋明溪刻本。半葉十二行，行二十三字。明溪古名構溪，為湖南縣，蓋五溪之一。○明溪本時代無考。宋麻沙本據明溪本覆刻。

稽古錄二十卷　宋司馬光撰

宋朱熹刻長沙本。

朱熹語略　宋楊與立编
　宋道州蕭一致刻本。
童蒙訓三卷　宋吕本中撰
　宋長沙郡龍溪學録本而訛舛特甚。
是齋百一選方二十卷　宋王璆撰
　宋沔陽郡齋刻本。
寇忠愍公詩集三卷　宋寇準撰
　宋道州刻本。宋龔氏本题忠愍公集。
二程文集十五卷附録二卷　宋程頤　程灝撰
　宋劉珙、張栻刻之長沙。
知稼翁集十二卷　宋黄公度撰
　宋邵陽郡齋刻本。
勉齋集四十卷　宋黄幹撰
　宋衡陽十卷本。
後山集二十四卷　宋陳師道撰
　宋明山本。

湖北地區刻書

資治通鑑二百九十四卷　宋司馬光撰　存二百二十三卷
　宋鄂州孟太師府鵠山書院刻本。半葉十一行

行十九字，注雙行二十三字。白口，左右雙邊。版心記大小字數及刻工姓名，有文炎、王渙、友益、沈顯、李侁、吳進、昌中、胡寧、俊義（張姓）徐友益、徐君、梁貢、許清、許德清、陳琚、潘梓、劉文、劉松、劉康臣、濮梓、鍾興等。卷六十八末葉有牌記"鄂州孟太師府三安撫位刊梓於鵠山書院"楷字二行。此本從廣都費氏進修堂本出。宋諱缺筆至愼字，故知爲孝宗以後刻本。皕宋樓藏書志作北宋本，誤。元至元間魏天祐在福州刻資治通鑑，即據此本重刻。日本靜嘉堂文庫藏。北京圖書館藏內閣大庫舊儲殘帙。

河南程氏遺書　宋朱熹輯　存六卷

宋刻元印本，半葉十行，行十六字。第一葉上面有兩"完"字，並缺筆。又兩魚尾間多刻"庚子重刊"字樣，宋刻元印之證，殆以此故。全書其他宋諱不避，未知何故？考宋淳祐六年趙師耕校刻是書大字本於建寧，爲元至治三年譚善心本從此出。楊氏藏本半葉十行，行二十字。此本僅十六字，頗與建寧大字本相合。此下書口記刻工，上書口刻"黄州"二字，黄州疑為刻書所在地，然則此本絶非建寧本。卷端目録僅存二葉半，他所存卷為一、二下、四、六、十一及附録，凡六卷，然無一完者。

老學庵筆記十卷　宋陸游撰

宋天台郡齋刻本。

南華真經注十卷　晋郭象撰

南宋初荆湖北路刻本。半葉十行，行十五字，注文小字雙行二十字。白口，左右雙邊。版心下記刻工姓名，有俞邦、傅正、傅忠、趙八、趙褒、鄧亮、吳有成、詹元、俞平、張行、張雅、張彬、許和、余中、宋琳、陳祐、伍七、孫奇、閔昱、王彦、吳成、連立、湯祐等。宋諱缺筆至遘字。紹興十八年這些刻工曾為荆湖北路安撫司刻過建康實録，由此可知此書為南宋初年湖北地區所刻，且為宋印本。此書最可貴的是曾用多種現已不存的古本詳加校勘，行間眉上存有大量朱墨筆批注點校文字，非出一人之手。趙萬里先生定爲宋人手校。校記中列有崔本、李本、張本、文成本、江南本、元嘉本、別本等。楊紹和楹書隅錄稱此本"且校語中之張本、文成本、江南本今不傳，藉此得考見異同，以資參訂，彌足珍矣"。除現存少量敦煌唐寫本外，此書乃爲最古，最有校勘價值的莊子版本。是書藏印中"坦庵"陽文篆文界格印，形制印色頗古雅。楹書隅錄稱坦庵印爲宋趙師俠，南宋人鈐。此外鈐有"宋本"、"汪士鍾印"、"三十五峰園主人"、"楊氏協卿平生真賞"、"宋存書室"、"楊保彝印"、"周暹"等印。民國以後楊氏海源閣藏書散出，周叔弢收藏。一九五二年周叔弢捐贈給北京圖書館。周叔弢又藏另一部分章樵赵南華真經注，曾顏其書室曰"南華雙館"。這兩部南華均捐贈給北京圖書館。一九八八年印入古逸叢書三編之三十四種。

東坡先生後集二十卷　宋蘇軾撰　存五卷

宋黄州刻本，半葉十行，行十六字。白口，左右雙邊。版心魚尾上記字數，中縫作"東坡後集卷幾"，間有"乙卯刊"、"庚子重刊"字樣。"庚子重刊"間有陰文，下記刻工姓名，存者有王九、阮圭、吉文三人，餘爲宗、李、明、仁、清、志、森、生、元、熊各單字。宋諱桓、慎、敦三字。版心記庚子重刊者十一葉，記乙卯刊者六葉。此爲黄州本東坡後集。南宋有三乙卯，一爲高宗紹興五年，一爲寧宗慶元元年，一爲理宗寶祐三年。有二庚子，一爲孝宗淳熙七年，一爲理宗嘉熙四年。周叔弢禮堂藏。

東坡先生外制集三卷　宋蘇軾撰

南宋中期刻本，半葉十行，行十六字。白口，左右雙邊。原周叔弢先生藏捐贈給北京圖書館。爲湖北黄岡地區刻。

鄂州小集六卷附録二卷　宋羅願撰

宋劉子澄刊于鄂州本。

寇萊公詩集三卷　宋寇準撰

宋春陵郡齋刻本。

竹隱畸士集一百二十卷　宋趙鼎臣撰

宋趙剛立復州刻本。刊止四十卷而代去。

陳直齋云，本百二十卷。其孫深刊於復州止四十卷。又有載為南宋初趙深刻本四十卷。

乖崖集十二卷附錄一卷　宋張詠撰

陳振孫書錄解題稱：郭森卿宰崇陽刻此集。

四川地區刻書

周禮　漢鄭玄撰　存卷九、卷十，凡兩卷

宋蜀刻本，半葉八行，行十六字，注雙行二十二字。版心有字數及刻工姓名。首行題秋官司寇第五，下題鄭氏注。宋諱殷、敬、恒、桓、貞、構、慎字缺筆。當為宋孝宗時蜀中刻本。即百宋一廛賦中所謂周禮一官者也。

黃丕烈跋二則，每卷有元業古文方印，黃丕烈印、復翁、士禮居、百宋一廛、宋本、汪士鐘印、閬源真賞。靜嘉堂文庫藏。

周禮注疏四十二卷　漢鄭玄撰　唐賈公彥疏

宋蜀大字本，半葉八行，行十六字。

禮記注二十卷　漢鄭玄注

宋蜀大字本，半葉八行，行十六字，注雙行二十一字。白口，左右雙邊。存殘本數卷。

林之奇尚書全解四十卷　宋林之奇撰

孫畊後序，書部自麻沙初刻繼而婺本及蜀本皆有之。

春秋經傳集解三十卷　晋杜預撰

宋蜀刻本，半葉八行，行十六字，注文雙行，行二十一字。白口，左右雙邊。此本疑即九經三傳沿革例著録之蜀學大字本，存卷九至十，凡二卷。蜀大字本群經，傳世尚有黄氏士禮居舊藏周禮秋官二卷，天祿琳琅舊藏禮記殘卷，及四部叢刊影印之孟子，餘經俱佚。字大如錢，墨光似漆，蜀本之最精者。上海圖書館藏。

春秋經傳集解三十卷　晋杜預撰

宋蜀大字本，半葉八行，行十七字，注文雙行，行二十四字。版心有字數及刻工姓名。版式横闊，如所謂眉山七史。有補版，非一次所補，此本刻工草率，多次修補，然字畫古勁，有顔平原法，陸氏定為蜀本，以周禮互證，要不誣也。日本靜嘉堂文庫藏書。

春秋經傳集解三十卷　晋杜預撰　唐陸德明釋

宋刻本，半葉十一行，行二十字，注雙行二

十四字，白口，左右雙邊。首春秋序，卷末有後序。版心間刻有單書單字或二字不識。審視版式雕工字體具有蜀中刊本風氣，疑為南宋中期蜀中刊本。鈐有"宋本"、"甲""毛晉之印"、"毛氏子晉"、"乾學"、"徐健菴"、"崑山徐氏家藏"、"平陵居士"、"竹里館"、"子京父印"等藏印。此本流傳罕見，未見國內文獻著錄，更可貴之處三十卷完整無缺。惜在各拍賣會上單本出售，完書而分四面八方。

春秋經傳集解 三十卷 晉杜預撰 唐陸德明釋文

宋鶴林于氏家塾棲雲閣刻本。半葉十行，行十六字，注雙行三十二字。白口，左右雙邊。版心下記刻工姓名，有田文、周信、翁信之、鄭林、呈主、徐進等。每句加圈。音釋在每卷後，每卷末有木記"鶴林于氏家塾棲雲樓閣鋟梓"。是蜀中刻本，後歸袁寒雲藏。此書字仿顏平原，諱古有敦、恒、敬、殷、弘、匡缺末筆，慎字不缺，當是高宗時刻本。此書北京圖書館藏宋鶴林于氏家塾棲雲閣刻元修本。李盛鐸、周叔弢跋。二十九冊，十行十六至十七字，小字雙行三十二字。白口，左右雙邊。存二十九卷，一至九、十一至三十。周叔弢題曰："宋鶴林于氏刊春秋經傳集解為海內孤本，世所罕見，不僅紙墨瑩潔，光彩奪人為可貴重。丙寅歲余始見四卷，北京翰文齋卷二、卷十七、卷十八、卷二十一，時初從臨清徐氏散出，議價未成，卒為德化李氏所得，時時念之不能忘。而項城袁氏所藏一卷（卷二十六）則輾轉歸廬江劉氏，未之見也。乙亥夏楊君敬夫忽以殘本二十三卷見示，為之驚喜過望，以重值收之。此書楊氏先德，光緒辛丑年得于北京，當時已逸七卷，削櫝時乃預為之地，蓋以期他日之復合也。余于是亟從李氏購藏四卷，其值倍于楊氏。十一月游北京，偶過文祿堂，見第十四卷影片，詢知原書藏石氏，因挽文祿堂主人王晉青圖之，復馳書伯兄上海，乞商劉晦之丈讓所藏第二十六卷。丙子正月以石氏書至，已改易舊裝，而值更高于李氏，若劉氏一卷，則秘爲鴻寶，堅不肯讓。數年來屢以存請，皆拒而不允。其第十卷更無從踪迹，噫，此書或將不能終完耶?! 余前數年收宋岳氏本春秋左氏傳，亦偶然配合，凡歷三年，其第一卷則失之交臂，且聞毁于上海閘北之變，今劉氏書散佚過，劍合珠之願，更不可期；得失聚散，固有定數，非人力所能强，第忠心耿耿，終不能不爲此書深惋惜耳。壬午四月初一日孜翁記于自莊嚴堪"。

春秋集傳纂例十卷　唐陸淳撰

宋蜀刻小字本。

公羊穀梁傳不分卷

宋刻白文小字本。半葉二十行，行二十七字。版心上記字數，下記刻工姓名，有世昌，餘爲單字，卷中眉上附刻音釋。自莊嚴堪（周叔弢）視爲蜀刻。

論語註疏十卷　魏何晏集解　宋邢昺疏

宋刻本，半葉八行，行十六字，注雙行二十五字。白口，左右雙邊。版心下記刻工姓名，可辨者有先、昌二字。宋諱避至敦字止，字體瘦勁，是光宗時蜀中刻本。此本標題無經解二字，與各本皆不同，其式甚古，分卷不作二十，爲元貞本所自出。注疏後附釋文。則尤元貞本及明以來諸本所無，殊可寶貴。日本帝室圖書寮藏書。中華學藝社已影印行世流通。

新刊唐昌黎先生論語筆解十卷　唐韓愈　李翱

宋刻本，半葉十行，行十七字，注雙行。白口，左右雙邊。版心下記刻工姓名，有王朝郭丁、高二、祖四、祖五、李保及于、范單、志、慶等字。鈐有"宣統御覽之寶"。此本每卷標題並列："昌黎韓愈"、"趙郡李翱"，與世行本絶異，蓋書本兩人同注，若僅列韓愈則名實相違。別有目録一葉，著論語二十篇名，今本概予刪去，存此宋刊。使後得觀古書面目，亦一快也。故宫博物院藏題宋蜀刻文讜注昌黎集本。

孟子注十四卷　漢趙岐注

宋蜀刻大字本。半葉八行，行十六字，注雙行二十一字。白口，左右雙邊。單魚尾下記刻工有關西、王朋，全書刻成均出二人之手。亦宋版之僅見。卷中玄、殷、讓、恒、樹、豎、構、慎等字皆缺末筆。此書清宮藏，收入續古逸叢書、四部叢刊中。

重刊許氏說文解字五音韻譜十二卷　宋李燾撰

南宋蜀大字本。半葉七行，行十三字。注文雙行，行二十一字。白口，左右雙邊。單魚尾或上下魚尾。版心上記字數，下有刻工姓名，有文、云、王、玉、公、彭云、方叔、趙、呂、先、龍、元、惠、立、木、詮、榮、益、吉等。宋諱避至慎字為御名，避敬、驚、弘、匡、筐、胤、貞均缺末筆。鈐有“宋本”、“甲”、“汲古主人”、“毛晉之印”、“毛氏子晉”、“毛扆之印”、“斧季”、“謏思重印”、“學山主人”等藏印。又有“五福五代堂古稀天子寶”、“八徵耄念之寶”、“太上皇帝之寶”、“天祿繼鑑”、“乾隆御覽之寶”等五璽。黃麻紙十二册。此書字體刀法似建本而不類蜀本。據李燾後序稱是書由虞仲房刻於遂寧（遂寧屬四川），此書的刻工共二十人，經核其立、榮等字與蜀本古靈先生集相同，據此初步定為南宋蜀刻大字本。此書即為天祿琳琅書目所載之書。中國書店藏書。

爾雅注疏十卷　晉郭璞注　宋邢昺疏

宋蜀刻大字本，單注三卷。半葉八行，行十五、六字不等，小字雙行，行二十一字。清光緒遵義黎氏影宋大字本。

史記集解一百三十卷　漢司馬遷撰　劉宋裴駰集解

宋蜀刻小字本。

史記集解一百三十卷　劉宋裴駰撰

宋蜀刻大字本。半葉九行，行十六字，注文雙行二十至二十三字。白口，左右雙邊。版式闊大，字作顏體，與蜀大字本蘇文定、秦淮海相似。夾雜於劉氏嘉業堂藏淮南路轉運司刻本中。

三國志注六十五卷　晉陳壽撰　劉宋裴松之注

存卷九至十二、十五至三十、五十三至五十五、五十九至六十五，凡三十二卷。又配入

一、二兩卷。

清影寫宋刻大字本。半葉九行，行十六字，注文雙行二十字。白棉紙精寫。此本行款與蜀大字本史記正同，疑即從蜀本出。北京圖書館藏。

三國志注六十五卷　晉陳壽撰　劉宋裴松之注

宋蜀刻本，半葉十三行，行二十五字，注文雙行，行字同。宋諱缺筆至構字。觀字體刀法，知爲蜀本無疑，存魏志九卷。原爲張氏愛日精廬藏書。愛日精廬藏書志稱此書尚有蜀志七卷、吴志六卷，今不知飄墮何所。張志定此書北宋刻本，恐不確。北京圖書館藏書。

續資治通鑑長編五百二十卷　宋李燾撰

宋蜀刻本，視坊本爲詳。

越絕書十五卷　漢袁康撰

宋王文伯蜀中刻本。

續稽古錄□卷　宋龔頤正撰

宋袁說友成都刻本。

蘇文忠公奏議　宋蘇軾撰

宋蜀大字本，半葉九行，行十五字，白口，左右雙邊。版心刻工僅見程柳。故宮博物院善本舊籍總目載有宋眉山大字本蘇文忠公奏議，存二卷。

陶靖節年譜

宋蜀刻本。

國朝會要總類五百八十八卷　宋李心傳編

宋刻於蜀中，其板并被取至金國子監。

建炎以來朝野雜記四十卷　宋李心傳撰

宋成都辛氏刻本。書録解題及宋史本傳均不及之，殆以晚年所輯，書雖成而未出，故世不得見。

太平寰宇記二百卷目録二卷　宋樂史撰　存二十三卷

宋刻本，半葉十一行，行二十字，注雙行。白口，左右雙邊。版心闊大間有字數及刻工姓名，有午又、友又、支再、王才、王良、王定、王朝、田圭、田友、田祖、張全、惠九、惠又、惠先、惠重、才、元、午、友、召、良、定、祖、朔、袁、郭、福、禮、先原等。又字數下方有寫刻工姓名。卷中府縣名以白文別之。宋諱玄、弘、殷、匡、貞、桓、構為字不成，但如敬、恒、溝等字有不缺者。版式橫闊，中縫特為寬展。寫刻工麗，字體豐華，麻紙蝶裝，頗為悅目。此書載日本訪書志，言從官庫借出，校勘一過。其卷一百十三至一百十八刊於古逸叢書中。楊氏記宋本存佚卷數至詳。計完全者三十三卷。茲錄如後：一、二、七、八、九、七十八、（缺第七葉）九十一、九十九、一百一、一百二、一百四、一百七、一百八、一百九、一百十二、一百十三、一百十五、一百十六、一百十七、一百十八、一百二十五、一百三十三、一百三十四、一百三十五、一百三十六、一百三十七、一百四十一、一百九十四（缺一葉）一百九十五、一百九十六、一百九十七、一百九十八、一百九十九，各卷存殘葉，卷三存前十三葉等略。日本帝室圖書寮藏書。

眉山新編十七史策要一百六十卷

宋蜀中刻本，半葉十四行，行二十五字。白口，左右雙邊。字體不甚精整，似二百家名賢文粹。麻紙印，蝴蝶裝，碧絹書衣，猶是宋代原裝。北京圖書館藏。內閣大庫舊儲，存百餘卷。內西漢策要缺數卷，為李木齋所得，現藏北京大學圖書館藏。

孔子家語注十卷　魏王肅撰

南宋蜀大字本，半葉九行，行十六至十八字，白口，左右雙邊。即莫氏所記之蕭敬孚藏本後歸劉世珩，劉氏攜之行篋，在浦口客邸被焚毀，深可痛惜。此書光緒十八年上海掃葉山房已影印行世，刊印頗精。徐敬宜曾誤以為宋刊。清光緒二十四年劉世珩玉海堂亦翻刊行世，然其書式是南宋翻蜀本耳。

顏氏家訓七卷　北齊顏推之撰

宋蜀刻本。

朱子語類一百四十卷　宋黎靖德輯

宋蜀刻本。

公是先生弟子記四卷　宋劉敞撰

宋蜀中刻本。

重修政和經史證類備用本草三十卷　宋唐慎微撰

宋南陵刻本（四川之邑）。

册府元龜一千卷目錄十卷　宋王欽若等輯

宋蜀中刻本，半葉十四行，行二十四字。白口，左右雙邊。宋諱缺筆至貞字。審其行款字體刀法，與二百家名賢文粹如出一轍，知為南宋中葉眉山坊本無疑。此本原出北宋官版，故諱字缺筆多遵之。文字遠勝明崇禎十五年黃國琦刻本，黃本脫文誤字，可據此本訂正。瞿氏鐵琴銅劍樓書目謂係北宋祥符書成最初刻本，絶非事實。

册府元龜殘存情況，北京圖書館存二十五卷，北京大學圖書館存一卷，被美國劫持八十八卷（顯微膠卷一式兩個拷貝，分存北京圖書館和南京圖書館）。日本靜嘉堂文庫存四百七十七卷，共五百九十一卷，除目中重出十五卷外，實存五百七十六卷。日本靜嘉堂文庫所藏宋刻殘本，鈐有汪士鐘、汪士鐘藏等印，知為藝芸書舍故物，後歸陸心源皕宋樓光緒甲午（1894）陸氏去世後，由日本人島田翰多方活動，于光緒丁未（1907）以十一萬八千元，從陸氏之子陸樹藩手中把皕宋樓藏書全部買走，歸日本岩崎氏靜嘉堂文庫。册府元龜亦在其中，皕宋樓藏書志卷五十九儀顧堂集卷二十二"北宋本册府元龜跋"，分别記載了陸氏所藏總卷數和存卷細目，存卷一百二十九至一百六十六、一百七十一至一百八十、一百八十二至二百四、五百五至五百三十八、五百四十五至五百六十五、五百六十七至五百七十七、五百八十三至五百九十九、六百四至六百五、六百八至六百六十、六百六十六至六百七十五、六百七十九至七百一、七百六至七百八、七百十七至七百二十、七百二十六至七百三十二、七百三十七至七百三十九、七百四十二至七百五十六、七百六十一至七百九十一、七百九十六至八百、八百三至八百六、八百十一至八百十二八百十五至八百六十五、八百七十六至九百九百六至九百三十三、九百三十六至九百三

十八、九百四十四至九百四十七、九百五十至九百五十六、九百六十七至一千。共四百七十一卷。實存四百七十四卷。

重添校正蜀本書林事類韻會一百卷　不著撰人
宋刻本，半葉十二行，行二十字。白口，左右雙邊。存二十七卷。海虞瞿氏藏。

南華真經注二十卷附拾遺一卷　宋王雱撰
宋西蜀崔氏書肆刻本。無名序謂得完本於西蜀陳襄之家，以授崔氏書肆命工刊行。

莊子義十卷　宋呂惠卿撰　存卷二至五，均不完，計五十五葉。
宋刻本，半葉十行，行十七字，注雙行二十五字。白口，左右雙邊。標題：呂觀文進莊子內篇義〃，或外篇義。凡五十五葉。宋諱桓慎不避。是書題"呂觀文進"四字。考惠卿至紹聖中始加觀文殿大學士，而書實進于元豐七年，可知刻于紹聖以後。以字體雕工論，當是蜀中刻本。呂書傳世僅海源閣有壬辰重改證呂太尉經進莊子全解。楊氏跋謂為南宋刻本。是書藏蘇聯亞細亞博物館，寄影本贈北京圖書館。

王子安集十六卷　唐王勃撰

宋蜀本二十卷。

張説之文集三十卷　唐張説撰

清朱錫庚家傳寫南宋中期蜀中刻本。半葉十二行，行二十一字。白口，左右雙邊。本書每卷目録接正文。鈐朱錫庚、汪喜孫印。邢之襄藏。此書唐書藝文志爲三十卷，然明以後傳本，以嘉靖龍池伍氏刊二十五卷本爲最古，今已不傳。此本鈐朱氏印記，行款與劉公甗舊藏蜀本唐人集全同，可證即自朱氏自藏蜀本抄出，可補明以後傳本缺憾而復其舊觀，極可寶重。

張燕公集二十五卷　唐張説撰

宋蜀本三十卷。半葉十二行，行二十一字。劉燕庭曾藏。劉燕庭藏宋刻唐三十家文集，如二張、權載之、會昌一品集等皆足本。係劉公甗藏書，並有元翰林國史院官書長印。

曲江集二卷　唐張九齡撰

宋蜀刻本。

孟浩然詩集三卷　唐孟浩然撰

宋蜀刻本，半葉十二行，行二十一字。白口，左右雙邊。集分上中下卷，與明刻本分體編次，他本按題目內容分類都不同。宋諱僅缺驚、恒二字。細審字體刀法，當是南宋中期蜀刻本。黃氏士禮居舊藏，百宋一廛賦著錄。有黃丕烈跋。鈐有元翰林國史院朱記，海源閣佚出之書，歸潘宗周。此本梁溪楊氏曾影印行世。北京圖書館藏書。

漫叟文集十卷拾遺續拾遺一卷　唐元結撰

宋蜀刻本、江刻本。直齋書錄解題謂次山集有蜀本、江本。蜀本有自序及拾遺，江本拾遺文分載卷中，有李商隱序。

劉文房文集十卷　唐劉長卿撰

宋蜀中刻本，半葉十二行，行二十一字。白口，左右雙邊。存卷五至十。海虞瞿氏藏，即黃丕烈舊藏。此書已印入宋蜀刻本唐人集叢刊中。

錢考功集前後集三十卷　唐錢起撰

宋蜀刻本。四庫錢仲文集十卷。

次山集十二卷　唐元結撰
宋江川本。
武元衡集三卷　唐武元衡撰
宋蜀刻本。
孟東野文集十卷　唐孟郊撰　存卷一、二凡二卷
宋刻本，半葉十二行，行二十一字。白口，
左右雙邊。版心魚尾下題孟一、孟二等字。
目録首行題"孟東野文集目録"，次行題"孟
東野文集目録"，次行題"孟郊字東野"。鈐
有"翰林國史院官書"朱文大印。又"百宋
一廛"、"汪士鐘印"、"閬源甫"、"郁
松年印"、"泰峰"各印。楹書隅録著録東
野詩集，中有黄丕烈跋，稱從得北宋蜀本，
每葉二十四行，行二十一字，殘本一至五卷
目十卷全，字體古拙，相傳爲蜀本云。蜀刻
唐人集與此同者甚多，有皇甫持正集、許丁
卯、張文昌、司空表聖、鄭守愚、李長吉、
孟浩然、劉文房、權載之、韓昌黎、張承吉
劉夢得、姚少監、陸宣公、元微之、孫可之
諸家，皆有翰林國史院官書大印。各部敍字

已缺筆。元微之集序言刻於建安，則黃氏所言北宋蜀本者，殆疏於考證而以意想推知耳。

陸宣公文集二十二卷　唐陸贄撰

南宋蜀中刻本，半葉十二行，行二十一字。白口，左右雙邊。存卷一至十二卷。劉體仁舊藏宋蜀本唐人集之一。

新刊權載之文集五十卷　唐權德輿撰

南宋中期蜀刻本。半葉十二行，行二十一字，白口，左右雙邊。鈐元翰林國史院官書朱記。又有劉體仁藏印。爲渠藏藏蜀本唐人集之一。已殘，存卷一至五，四十三至五十，計十三卷。

昌黎先生文集四十卷外集十卷　唐韓愈撰

南宋初刻本，半葉十二行，行二十一字之本，凡數十種，與北宋蜀本每半葉十一行，行二十字。唐人譜並稱最爲精善，因今世流傳絶罕，偶遇之率已損缺，求完帙不易得。卷首冠以趙德文錄序，次李漢序，無注而字句異同，一作云云者，極詳極詳。核中缺二十一卷，補鈔工緻，當由原刻影寫。有元時翰林國史院官書朱文長印。存卷四、十一、十六、

三十二、卷四十之末、卷二十、二十五、三十三之首，凡八卷。此刻時約尚在朱子之前，尤韓集中之最少者可珍。有楊紹和題識。海源閣佚出之書。

新刊經進詳註昌黎先生文集四十卷外集十卷遺文三卷附録三卷　唐韓愈撰　宋文讜注　王儔補注　附録題韓文公志

宋刻本，半葉十行，行十八字。注雙行同。白口，左右雙邊。版心下方記刻工姓名（記首二册）。有張昌、李正、楊定、楊先、張德先、史丙、王公濟、王龜、田正、文來、正伯、姚明、單回、己等。首殿中侍御史杜莘老詳註韓文引大字七行。次文讜進書表，表末結銜題“右廸功郎新授達州東鄉縣尉兼主簿”，乾道二年五月進呈。次讜自序，題“紹興己巳孟春”。次目録。本書第一行題“新刊經進詳補注昌黎先生文卷第一”，旁書“補注附”三字，二三行低六格，題“廸功郎普慈文讜詞源詳註”，“通直郎致仕淡齋王儔尚友補注”。次題類，低一格，文目低二格，起下注低三格。凡補注用白文別異之。宋諱缺筆至構字，愼、廓字不缺筆。字兼顏柳格，瘦勁有骨，刊工有"眉史丙"字，則爲蜀之眉山刻本。收藏鈐有"乾學之印"、"健菴"、"崑山徐氏家藏"、"汪士鐘"、"長洲汪駿昌藏"、"足庭"、"駿昌"、"雅庭"各印記。此書宋以後從未翻版，傳本至罕。卷十二至卷十八原缺，前人據池州刻白文本配補。楊氏海源閣舊藏，楹書隅錄未收。北京圖書館藏。

別本韓文考異四十卷外集十卷遺文一卷　宋王伯大編

宋王伯大刻於南劍州。

詁訓柳先生文集四十五卷外集二卷新編外集一卷　唐柳宗元撰　宋韓醇音釋

宋蜀本無注。楊協卿藏。

重校添注音辯唐柳先生文集　存目錄　唐柳宗元撰　宋宗說　韓醇等注釋

宋蜀刻大字本，半葉九行，行十六字。鈐有"華亭朱氏印"。中國書店收藏。

新刊增廣百家詳補註唐柳先生文四十五卷　唐柳宗元撰　宋童宗說　韓醇等注釋

宋刻本，半葉十行，行十八字。注文雙行，行字同。白口，左右雙邊。南宋諱不缺筆。卷首百家音辯詁訓姓名中有南宋人李燾、李石、馮時行、洪邁、呂祖謙等人。刻工張福孫、文望之、史丙又刻太平御覽、文讜詳注韓文等書，因推知此書確是南宋中葉蜀本。紙墨瑩潔，字畫遒勁，與文注韓文可稱蜀本雙璧。北京圖書館藏。

五　百家注音辯唐柳先生文集四十五卷外集二卷

此亦南宋精雕唐人集之一，即四庫所收之本，與昌黎集版式字數纖毫無殊。四庫提要稱爲槧鍥精工，紙墨如新，是稱善本，良可寶貴。郡齋讀書志載集外文一卷，書錄解題多摭異一卷、音釋一卷，均與此本不同。此本有鈔葉數繙，旁鈐"拙生"小印。疑是陸拙生所鈔。汪、黃二家所校補者，有黃氏太沖梨洲乾學、徐健菴、東海傳是樓、平陽汪氏藏書印、士鐘閬源真賞各印。

白氏文集七十一卷　唐白居易撰
宋忠州刻本，附年譜。瞿志載：「何友諒刊於
忠州」。
白氏文集七十一卷　唐白居易撰
宋蜀刻本，半葉十一行，行二十一、二十二
字不等。存卷十三至十六、二十六至三十四、
五十五至五十八，凡十七卷。爲明金華宋景
濂故物。蕘圃手跋，百宋一廛賦著録。此本
不知下落。直齋書録解題著爲蜀刻本。
劉夢得文集三十卷外集十卷　唐劉禹錫撰
宋刻本，半葉十行，行十八字。細黑口，左
右雙邊。版心上題「劉夢得一」，中記字數，
下記刻工姓名，卷以横线闌斷，無魚尾。刻工
有王了、王氏、王榮、王權、王道、王堪、
王信、王性、王詔、王吟、王祥、單達、家
宗、楊中、張千、張定、呈卞、單隆、任顯、
單升、夏開、任達、張安、王倍、張二、升、
呈、隆、權、夏、氏、單、圭、開、口、下。
每卷首行標題，次子目，目後接正文。前後
序跋已失，文集外集前均有目録。書體遒麗

純仿開成石經，紙墨并妙。董康云：「此書與
東京圖書寮之太平寰宇記、宋景文、王文公、華
陽誠齋等集及吾國京師圖書館之殘文苑英華
昭文瞿氏之白氏文集、定府之徐公文集，可
稱海內奇本」。此書爲日本崇蘭館所藏，武
進董康影印行世。收入四部叢刊。

姚少監詩集十卷　唐姚合撰

南宋蜀中刻唐人集本。半葉十二行，行二十
一字。白口，左右雙邊。鈐元「翰林國史院
官園」朱記。存卷一至五。黃丕烈跋，海虞
瞿氏藏。

歐陽行周文集十卷　唐歐陽詹撰

南宋蜀中刻唐人集本。半葉十二行，行二十
一字。白口，左右雙邊。宋諱缺筆。分體編
次。明弘治十七年莊㮚刻本，即從蜀本出。
此即世傳劉公戩舊藏宋蜀本唐人三十家之一

新刊元微之文集六十卷　唐元稹撰

宋刻本，半葉十二行，行二十一字。白口，
左右雙邊。原書六十卷，存卷一至十四、卷
五十一至六十卷，凡二十四卷。鈐有元「翰

林國史院官書"大朱印、"劉體仁印"、"潁川鎦考功藏書印"。此書明嘉靖三十一年蘇州董氏刻本較通行。董本遇所據底本模糊處，多以己意揣摹填補。此本可正董本誤處甚多。元集，宋乾道間洪適刻於越州。此本稍後於洪本，與洪本為同一系。北京圖書館藏。

皇甫持正文集六卷　唐皇甫湜撰

宋蜀刻本，半葉十二行，行二十一字。版心題正幾，白口，左右雙邊。目錄次行題"皇甫湜字持正"，每卷有目接連本文。鈐有"翰林國史院官書"大朱印。"劉體仁"、"公㦷"、"潁川鎦考功藏印"三印。傅增湘影印行世。北京圖書館藏。

會昌一品集二十四卷　唐李德裕撰

宋蜀刻本。有姑藏集五卷。

李衛公文集二十卷別集十卷外集四卷　唐李德裕撰

明鈔宋本，半葉十行，行十八字。黑口黑格，版心下記刻工姓名，有趙禮、杜彥明、劉大賓、黃通、蔡授、梁文、周雲、王彥、周之貴、劉鏡、張石、李棣、余光祖、王珪、楊永年、苗慶、黄公肩、劉銑、劉貴、胡遷、王清、周云、郭俊民。宋諱缺筆。四部叢刊印本據此本影印。據叢刊書録此鈔本出自蜀本，中縫下方有甲乙等字，以記冊數。

陸魯望集十七卷　唐陸龜蒙撰

宋蜀刻本，十七卷。

長江集十卷　唐賈島撰

宋遂寧刻本。

昌谷集四卷外集一卷　唐李賀撰

宋蜀刻本。

許用晦文集二卷遺篇一卷拾遺一卷　唐許渾撰

南宋中期刊唐人集本。十二行，行二十一字，白口，左右雙邊。有元"翰林國史院官書"朱記。已印入續古逸叢中。直齋書録解題言蜀本有拾遺二卷，當即此本。

丁卯集二卷續集一卷續補一卷詩外詩一卷　唐許渾撰

宋蜀刻本，有拾遺二卷。

張承吉文集十卷　唐張祜撰

宋蜀刻本，半葉十二行，行二十一字。白口，左右雙邊。字近顏体，刻印精美，行格疏朗，古樸大方。宋代四川地區所刻唐人文集有兩個系统。北宋或南宋之際所刻唐人文集，如駱賓王、李太白、王摩诘三人的集子，為每半葉十一行本。南宋初到南宋中葉，眉山地區所刻唐人文集则變成每半葉十二行本。張承吉文集就是南宋初眉山地區所刻的十二行本。現傳世的這種十二行唐人文集除有孟浩然、李長吉、鄭守愚、歐陽行周、皇甫持正、許用晦、張承吉、孫可之、司空一鳴等九種全本流傳外，尚有孟東野、元微之、劉文房、陸宣公、權載之、韓昌黎、張文昌、劉夢得、姚少監等九種殘本流傳。另外王無功、張說之、杜荀鶴三人的文集，亦流傳有序，可能仍在世間。張氏文集的通行本為二卷和五卷本。增訂四庫簡明目錄標注著錄拜經樓吳氏有舊鈔本張承吉集六卷。可見最多亦不過六卷。此宋本為十卷，不但在收詩數量上遠遠超過了通行本，文字上也遠比通行本優勝。

是傳世張氏文集中最早最好的版本，也是傳世的宋刻唐人集中的白眉。元時為官書，鈐有"翰林國史院官書"長方印。明清亦為内閣藏，清初又歸山東劉體仁七松堂藏書，鈐"潁川劉考功藏書印"。劉氏藏書散出後，又幾經輾轉相傳，最後又收歸北京圖書館。此海内孤本已印入續古逸叢書中

温庭筠詩集七卷別集一卷　唐温庭筠撰

清錢曾述古堂寫本。半葉十二行，行二十一字。白口，左右雙邊。左闌外上方有"錢遵王述古堂藏書"八字。南京圖書館藏，已印入四部叢刊初編。此本行款版式與南宋中期蜀中刊唐人集相同，頗疑從宋蜀本出。

孫可之文集十卷　唐孫樵撰

南宋中期蜀中刻本。半葉十二行，行二十一字。白口，左右雙邊。海源閣藏。有黄丕烈跋。又一帙，有元"翰林國史院"朱記及劉體仁印，歸朱文鈞。已印入續古逸叢書中。

司空表聖文集十卷　唐司空圖撰

南宋中期蜀中刻唐人集本。半葉十二行，行

二十一字。白口，左右雙邊。有元"翰林國史院官書"朱記及劉體仁印記，"穎川鎦考功藏書印"。傅增湘藏，現藏北京圖書館。已印入續古逸叢書本。各卷目均題雜著，無詩，不題作"一鳴集"。

鄭　鄭守愚文集二卷　唐鄭谷撰

南宋中期蜀中刊唐人集本。半葉十二行，行二十一字。白口，左右雙邊。序目前題下題雲臺編，與他本逕題雲臺編不同。分卷編次與近本都合。世傳蜀本唐人集有兩個系統。一為十一行本，約刻於南北宋之際，今存駱賓王、李太白、王摩詰三集。一為十二行本，約刻於南宋中期，除上舉孟浩然、李長吉、鄭守愚三全本，孟東野、元微之二殘本外，尚有歐陽行周、皇甫持正、許用晦、張承吉、孫可之、司空一鳴六全本，與劉文房、陸宣公、權載之、韓昌黎、張文昌、劉夢得、姚少監七殘本，總得十九種。此十八種唐人集，元時為翰林國史院官書，清初均為穎川劉體仁藏書。其時聞尚存三十種。其中王無功、張說之、杜荀鶴三集，流傳有自，可能還在人間，容與崇訪之。此書已印入續古逸叢書及四部叢刊續編。北京圖書館藏。

張文昌文集八卷　唐張籍撰

南宋中期蜀中刻本，半葉十二行，行二十一字。白口，左右雙邊。存一至四卷。此本已印入續古逸叢書中。

李長吉文集四卷　唐李賀撰

宋蜀中刻本，半葉十二行，行二十一字。白口，左右雙邊。此本文字與南宋初葉宣城刻本劉改本同一系統，於此可見李詩古本面貌。已印入續古逸叢書。北京圖書館藏。

文泉子集六卷　唐劉蛻撰

宋蜀刻本。

杜荀鶴文集三卷　唐杜荀鶴撰

南宋蜀刻本，半葉十二行，行二十一字。白口，左右雙邊。前景福元年顧雲序。鈐有「殿室王氏家藏子孫其永保用」朱文大印，為宋王灼藏書。又有毛晉、季振宜印記。張幼樵藏、結一廬遺書。現藏上海圖書館。已印入宋蜀刻本唐人集叢中。

笠澤叢書四卷補遺一卷　唐陸龜蒙撰

宋蜀刻本，半葉十二行，行二十一字。

溫國文正司馬公文集八十卷　宋司馬光撰

宋光州刻本。

歐陽文忠公集一百五十三卷　宋歐陽修撰

宋眉山刻本。存一百三十四、一百三十五、一百三十七。即集古錄跋尾卷一、二、四。半葉十行，行十六字，小字雙行同。白口。左右雙邊。版心上有字數，下有刻工姓名。原內閣大庫藏書。北京大學圖書館藏。

嘉祐集十五卷　宋蘇洵撰

南宋蜀刻本。半葉十四行，行二十五字。白口，左右雙邊。南宋中葉蜀刻小字本三蘇文集之一。傳世有東坡應詔集，版式大小正與此同。黃丕烈有跋，百宋一廛賦未著錄。黃氏別藏蔣篁亭校宋本，顧廣圻曾借來錄副，即據此本遂校。篁亭校本不知飄墮何所，顧校本今存北京圖書館。此書上海圖書館藏。已印入古逸叢書三編中。

蘇文忠公文集四十卷後集二十卷奏議十五卷

宋蘇軾撰

宋眉山刻大字本。半葉九行，行十五字，注文雙行。白口，左右雙邊。版心下間記刻工名，有宋彥、朱順、程柳、秦元一、王執、張宣、王万、八義。存文集散葉若干，又十七至十九、三十二至三十三、三十六至四十，後集十六至十七。奏議一至二、六、十、十三至十五。此書出內閣大庫，蝶裝麻紙，然刊印頗晚，版半已模糊，且有修版。分藏各家。此本大字悅目，與之版式同者尚有蘇文定集，亦出內閣大庫紅本袋中。又有淮海集藏海虞瞿氏，陳後山集藏吳縣潘氏滂喜齋。則當時或為叢集刊行，間有署眉山字樣，知為光宗、寧宗間眉山刊本。

東坡集

宋蘇氏眉山功德寺刻大小二本。

東坡先生外制集三卷　宋蘇軾撰

宋蜀刻小字本，半葉十四行，行二十五字。白口，左右雙邊。版心下記刻工姓名，有吾文、信、仁、宗。

集註東坡先生詩十八卷　宋蘇軾撰　趙夔等註

宋中字蜀本，半葉十一行，行二十二字。白口，左右雙邊，注雙行同。前以陰文標"趙云"等字。存卷第四十一。海虞瞿氏藏。

宋小字蜀本，半葉十四行，行二十五字。白口，左右雙邊，注文雙行同。前以白文標"趙云"、"程云"、"補注"、"新添"等字。存卷一至二。海虞瞿氏藏。

東坡全集一百十五卷　宋蘇軾撰　東坡集四十卷　後集二十卷　奏議集十五卷　內制集十卷　外制集附樂語三卷　應詔集十卷　續十二卷合一百十卷。所謂七集。

宋蜀刻大字本四十卷，十行十六字。陳振孫稱東坡集有杭本、蜀本、張景所刊本。吉州本、蜀本，建本無應詔集。麻沙本、吉州本兼載志林雜說之類。姑胥居士英本，少舛謬可貴。

東坡應詔集十卷　宋蘇軾撰

宋蜀中刊巾箱本，半葉十四行，行二十五字。

白口，左右雙邊。有梁清標藏印。

蘇文定公文集五十卷後集二十四卷三集十卷應詔集十二卷 宋蘇轍撰

宋寧宗間眉山刻大字本。半葉九行，行十五字。白口，左右雙邊。此書與蘇文忠公集同刻，均藏内閣大庫，光宣間流出，分藏南北各家。北京圖書館藏四至六、十至十五、二十、二十六至二十七、三十七至三十八、四十一至四十四。後集卷七至十三、十八至二十一。三集卷六至十。應詔集十二卷全。鄧邦述藏卷一至三、十六至十八、卷四十四。刻工有名七、單道一、王慶、趙七、劉念、朱順、馮相、馮施、張彭二、楊祖、王邦、袁次一、王朝。宋諱至慎字。沈曾植藏五卷劉啟瑞藏後集卷四至七。通計五十六卷，即現存蜀大字本之總計。

淮海先生閒居集四十卷後集六卷 宋秦觀撰

南宋蜀刻本。半葉九行，行十五字。白口，左右雙邊。宋諱缺筆至廓字，版式行款與蜀大字本蘇文忠集、蘇文定集如出一轍，知同爲南宋中葉蜀本。卷一首鈐有"眉山文中刊"五字。原四十六卷，現存二十六卷。有元官印、郁松年泰峰田耕堂、虞山瞿紹基藏書印。北京圖書館藏。

巴東集三卷　宋寇準撰

宋巴東縣刻本。寇氏嘗知巴東縣。（湖北、四川均有巴東縣）。

咸平集三十卷　宋田錫撰

宋漢嘉板。

後山詩注六卷　宋任淵撰

宋蜀刻本，半葉十三行，行二十四字。白口，左右雙邊。宋諱缺筆至構字。觀字體刀法，知爲蜀本無疑。刻工可辨者有李彥、甘祖、小甘、張小四、張小五、張小八、小十諸人，又甘、張、李、侯、鄧、梁、馬、楊、中、秋、昇、詮等字。存卷三下至卷六下，凡三卷，分卷與直齋書錄解題合，適當今卷三至卷十二。文字較聚珍版叢書本勝處甚多。

宛邱集七十五卷　宋張耒撰

宋蜀刻本，七十五卷。

盤洲文集八十卷拾遺一卷　宋洪适撰　附錄一卷
　宋蜀中刻本，半葉十行，行二十字。白口，左右雙邊。版心下記刻工姓名，有王古、王宗、王定、王乙、王模、田民、田行、田盈、張海、張祖、張興、趙祖、單正。宋諱避至廓字止。拾遺只存一葉，附錄爲行狀。藏印有“華亭朱氏”、“横經閣收藏圖籍印”、“項元汴印”、“子京父印”、“項墨林鑑賞章”、“天籟閣”、“墨林山人”、“項子京家珍藏”、“項墨林父秘籍之印”、“張敦仁讀過”、“宋本”、“玉峰珍秘”、“乾學”、“徐健庵”、“臣鎬”、“三晉提刑”、“滄葦”、“葉采私印”、“養善堂印”、“季振宜印”。此書諸家所藏均爲鈔本。此本是世間傳本，均以是書爲鼻祖。四部叢刊影印，即從此帙出。北京圖書館藏。

鴻慶居士集四十二卷　宋孫覿撰
　宋蜀刻本。周益公序云，蜀所刊多雜程忠惠文。

忠愍集三卷　宋李若水撰

宋費守樞刊於蜀十二卷本。其子浚淳跋。

蘇門六君子集

宋蜀刻本。六君子即黄庭堅、張耒、陳師道、秦觀、晁補門、李廌。

梅亭先生四六標準四十卷　宋李劉撰

宋眉山刻本。宋嘉定前眉山刻之盛行於世。

九經正文

六經義疏

朱文公訂正蔡九峰書集傳

國朝會要總類

元和姓纂

越絕書

唐史論斷

南陽活人書

元包經

玉皇本行集經

唐藏經音義

岑参詩（宋陸游攝犍為時刊）

元氏長慶集六十卷　唐元稹撰

丹淵集　四十卷拾遺二卷附錄一卷　宋文同撰

以上爲成都路刻書

廣東、廣西地區刻書

呂氏易集解
宋潮州刻本。

春秋集傳或問
宋潮州刻本。

中庸輯略
宋潮州刻本。

孟子説
宋潮州刻本。

朱文公論孟或問
宋潮州刻本。

北溪字義二卷 宋陳淳撰
宋潮州刻本。

新修潮陽圖經
宋潮州刻本。

漢雋十卷 宋林鉞撰
宋潮州刻本。

東萊先生音註唐鑑二十四卷 宋范祖禹撰 呂祖謙註

宋元間刻本，半葉十一行，行十九字，注小字二十四字。低一格，實二十三字。白口，左右雙邊。卷四後有「恩州郡安刊」五字牌記。卷末有永樂二年蘇叔敬購書識語。內閣大庫舊儲。劉啟瑞藏。

備急方
宋潮州刻本。

治未病方
宋潮州刻本。

大積寶經一百二十卷
南宋刻本，梵夾裝。半葉六行，行十七字。版心有「廣東運使曾壽刊」一行。刻工有鄧舉。卷末有葛同印造木記。存第六十八卷，為粵中之刻罕傳者。自莊嚴堪藏。

昌黎先生集四十卷　唐韓愈撰
宋潮州靈山寺刻本。

趙忠簡集
宋潮州刻本。

林賢良草范集　宋林嵒撰
宋潮州刻五十板。

東澗集十四卷　宋許應龍撰

北門集

　宋潮州刻本。

濂溪大成集　宋周敦頤撰

　宋潮州刻本。

儀禮釋宫一卷　宋李如圭撰

　宋桂林郡學刻本。今刻本不傳。惟永樂大典

　全錄其文，別爲一卷。

準齋雜説二卷　宋吴如愚撰

　宋臨川羅愚復刊于廣右漕臺本（廣西）。

脈經十卷　晋王叔和撰

　宋廣西漕司刻本。

無年代、無刻書地區

十三經注疏

宋刻本。每經標題各異。半葉十行，行十八字。注雙行，行二十三、二十四字。白口，雙魚尾。版心上記大小字數，下記刻工姓名，有劉和父、元德山、甫德、甫壽、柏慶諸人。其中有元刻本，半葉十行，行二十字，細黑口，並配元刊九行本。黑口。亦有明補黑口本。原富晉書社藏，經中國書店，歸軍事委員會圖書館藏。

周易注十卷　魏王弼注　略例一卷

宋刻本，無刻書年月。光宗以前諱皆缺筆，每卷詳記經注音義字數。目後有王世貞藏宋本。無刊刻年月，孝宗以上諱筆，定爲乾道、淳熙本。

纂圖附釋重言重意互註周易九卷略例一卷

宋刻本，長三寸一分、幅二寸。半葉九行，行十八字。

周易舉正三卷　唐郭京撰

鄭珍有影宋刻鈔本。

漢上易傳十一卷　宋朱震撰　漢上先生履歷一卷

清初毛氏汲古閣影宋抄本。十八行二十一字。白口左右雙邊。北京圖書館藏。

易傳四卷　宋程頤撰

宋刻本，半葉十二行，行二十二字。天禄琳琅後目有宋刊六卷本。

易通變四十卷　宋張行成撰

宋刻本。

伊川先生點校附音周易二卷　題宋程頤點校

南宋末年刻本。台灣中央圖書館藏。

周易經傳集解三十六卷　宋林栗撰

元影宋鈔本，半葉九行，行二十一字。末有大宋三年八月趙以誠校畢之；元□□三月劉君義手校題記。

（硃校）周易義海撮要十卷　宋房審權編　李衡刪定

宋刻本。加拿大哥倫比亞大學藏。

周易啟蒙四卷　宋朱熹撰

宋刻本，半葉七行，行十五字。

尚書註疏二十卷 題漢孔安國 唐孔穎達撰

宋刻本，半葉八行，行十八字。注雙行，行二十五字。白口雙邊。口上作尚注疏卷幾，又作尚書注疏卷幾。葉數在下魚尾下。阮文達所未見，真驚人秘籍也。適園影摹刊行札記一卷，佳處當爲標出，天一閣藏書。

東萊先生書説十三卷

嚴九能手抄宋本。四庫著録三十五卷，門人時瀾編成二十二卷，又編定原書爲十三卷。而此書下作門人鞏豐，鈔不出時瀾之手，原書宋刻無疑。九能前跋有云，生平手録書計四百餘卷，此書最工整，秘篋行不輕示人。每卷雜記錢校歲月應酬雜事。惜卷九以下缺。

增修東萊先生禹貢圖説 宋呂祖謙撰

宋刻本。

詩經白文（五經白文）

宋刻巾箱本，半葉二十行，行二十七字。周易、尚書合一册。毛詩一册。禮記二册。左傳四册。上附音。有汪印士鍾、閬源真賞二印。此結一廬朱氏藏書。原面有題識。可見郘亭書目中所稱字密如擠者，正是此刻。避諱字如貞、恒、慎缺筆，而殷、樹則不缺筆。刻工整细無一筆苟簡，故是珍。

毛詩四卷

宋刻本，白文。半葉七行，行十六字。黑口，左右雙邊。音訓注於經文側，每行外加小行傍注之，即後來旁訓之式。句讀加小墨圈。鈐有"虞山錢遵王藏書"朱文印。

毛詩訓詁傳二十卷　漢毛萇傳　鄭玄箋　唐陸德明釋文

宋刻巾箱本。半葉十行，行十七字。小字雙行二十二字。白口，左右雙邊或四周雙邊。北京圖書館藏。

毛詩訓詁傳二十卷　漢毛萇傳　鄭玄箋　唐陸德明釋文

宋刻本，半葉十三行，行二十四字。小字雙行同。细黑口，四周雙邊。存卷十八至二十凡三卷。有查慎行、顧廣圻、楊紹和題跋。吴榮光觀款。鈐有"豁莊"、"得樹樓藏書汪喜孫印"、"孟慈喜孫審定"、"江都汪氏問禮堂收藏印”、“秘書監顧廣圻印”、“千里澗顏”、“臣榮光”、“石雲山人”、“阮氏小雲過目”各印。北京圖書館。

詩集傳二十卷　宋朱熹集傳

南宋刻大字本。半葉七行，行十五字，注文雙行同。白口，上有大小字數，下有刻工姓名。白麻紙印，紙白版新，大字悦目。爲海寧吳騫舊藏，後有吳騫拜經樓題識。此書海源閣所藏有南宋刻本，未經注意，以尋常明刻本視之。民國初年海源閣藏書散出，經徐玉森先鑒定，確爲宋刻麻紙精印之本。乃收歸於南京圖書館。

毛詩指説一卷　唐成伯璵撰

宋沈必豫刻本。佳。

新刊直音傍訓纂集東萊毛詩句解二十卷　宋李公凱撰

宋刻本。日本靜嘉堂文庫藏書。

毛詩名物解二十卷　宋蔡卞撰

宋刻本，半葉十一行，行二十字。避宋諱。皮紙精印。

毛詩草木鳥獸蟲魚疏二卷　吳陸機撰

宋刻本。海源閣藏。

慈湖詩傳二十卷　宋楊簡撰

長洲文氏有宋刻本，半葉十行，行二十五字。

東巖周禮訂義八十卷　宋王與之撰

宋刻本，半葉十二行，行二十六字。白口，左右雙邊。北京圖書館藏。

儀禮集釋三十卷　宋李如圭撰

宋刻本。佚。

儀禮釋宮一卷　宋李如圭撰

宋刻本。佚。

附音重言互注禮記二十卷　漢鄭玄注　唐陸德明釋文

宋刻本。存二卷。八行十六字，小字雙行同，白口左右雙邊。北京圖書館藏。

春秋經傳集解三十卷　晉杜預撰

宋刻巾箱本。半葉十四行，行二十三字。小字雙行同。白口，四周雙邊。存二十三卷。北京圖書館藏。

東萊先生吳成公點句春秋經傳集解三十卷　晉

杜預撰　唐陸德明釋文
宋刻本。
春秋集解三十卷　宋呂本中撰
宋末刻本。
纂本附音重言重意春秋傳集解三十卷　晉杜預撰　唐陸德明釋文
宋刻本。存十四卷。上海圖書館藏。
春秋集義五十卷綱領三卷　宋李明復撰
宋李明復刻本。清無錫鄒儀蕉綠堂曾藏此本。
春秋微旨三卷　唐陸淳撰
宋袁楠刻本。袁楠作春秋纂例後序，稱來杭得微旨三卷，乃皇祐間（1049-1053）祚本，蓋其書刻於開封，故南渡之後，遂罕傳本，至袁楠得北宋舊槧，乃復行於世。
西疇居士春秋本例　宋崔子方撰
宋刻本。北京圖書館藏。
春秋五霸列國世紀編三卷　宋李琪撰
宋羅仲行刻本。
春秋公羊疏三十卷　唐徐彥撰
宋刻單疏本。半葉十五行，行二十三至二十八字不等。白口，左右雙邊。存卷一至七。原涵芬樓藏，現藏北京圖書館。

公羊春秋不分卷穀梁春秋不分卷　唐陸德明音

宋刻本，勞健跋。半葉二十行，行二十七字。細黑口，左右雙邊。北京圖書館藏。

春秋名號歸一圖二卷　蜀馮繼先撰　春秋二十國年表一卷春秋圖說一卷

宋刻本，春秋名號歸一圖十一行，大小字不等。細黑口，四周雙邊。春秋圖說十一行，行十八至十九字。袁寒雲藏書，後歸潘氏寶禮堂，現藏北京圖書館。

春秋繁露十七卷　漢董仲舒撰

宋萍鄉本、羅氏蘭堂本、潘景定本。

孝經正義三卷　唐玄宗撰　宋邢昺疏

宋刻本，半葉十行，行十七字。注雙行二十三字。黑口，左右雙邊。南皮張氏藏書。

中庸輯略二卷　宋朱熹撰

宋朱熹刻本。

中庸集解三卷　宋石𡼖撰

宋尤溪本。

論語集説十三卷　宋蔡節撰

宋刻本。

孟子集注十四卷　宋朱熹撰

宋刻本，半葉七行，行十二字。注雙行十五字。宋諱完、殷、敬、慎不避。缺卷三、七、八，存十卷。

孟子集注十四卷　宋朱熹撰

宋刻大字本。半葉七行，行十二字。注雙行十五字。黑口，左右雙邊。鈐"南陽居士"、"百柳堂主人"、"嫏嬛妙景"與中庸版式正同。

孟子集疏十四卷　宋蔡模撰

宋刻本。

論孟精義

宋朱熹刻本。

孟子或問纂要

宋刻本。北京圖書館藏。

七經小傳三卷　宋劉敞撰

宋刻本，半葉十行，行二十字。白口，左右雙邊。清故宮藏書。此書後印入續古逸叢書及四部叢刊續編中。並實非北宋本。

刊正九經沿革例一卷　宋岳珂撰

宋刻本，半葉八行，行十八字。有影印清嘉慶十九年汪氏影宋刻本、民國二年影印擇是居叢書本。

爾雅注三卷　晉郭璞注

宋刻大字本。半葉八行，行十六字。注雙行二十一字。白口，左右雙邊。故宮藏，已收入天祿琳琅叢書中。

說文解字篆韻譜五卷　南唐徐鍇撰

宋刻本。

廣韻五卷　宋陳彭年等撰

宋刻本，前有陳州司法孫愐唐韻序。半葉十二行，小字雙行。宋諱避匡、貞、惇三字。上平聲二十一殷，殷未改欣，又與二十文均注獨用，上聲十八吻。目錄注隱同用，而卷內仍注獨用。蓋猶景祐合併以前，尚未盡失唐韻之舊。楊守敬稱：「廣韻五卷。首題陳州司法孫愐唐韻序，與元至順本同。每卷首有若秋藏書印。此本字體似南宋，蓋不如北宋

之方整，而又非元本圓潤。雖無年月可考，
固一望而知也。藏印有"星吾海外訪得秘
籍"、"楊印守敬"。涵芬樓藏書。

五經文字三卷　唐張參撰

清初席氏釀華艸堂影宋鈔本。半葉八行，行
十四字，小字雙行二十二字。北京圖書館藏。

新加九經字樣一卷　唐唐玄度撰

清初席氏釀華艸堂影宋鈔本。半葉八行，行
十四字，小字雙行二十二字。白口，左右雙
邊。北京圖書館藏。

佩觿三卷　宋郭忠恕撰

宋萬玉堂本。末葉中縫有周潮繕寫萬玉堂太
玄，亦有海虞周潮書，蓋出一手。

新集古文聲韻五卷　宋夏竦撰

宋刻本，半葉六行，行字不等。白口，左右
雙邊。缺卷一配清抄本。海虞瞿氏舊藏，現
藏北京圖書館。

隸韻十卷　宋劉球撰

宋刻拓本。錢大昕、盧焯、錢維橋跋。吳雲
等題款。八冊存九卷，一至三、五至十。北

京圖書館藏。上海圖書館藏殘卷，有秦恩復、江藩、阮元、王敬宗、徐渭仁、趙烈文、楊守敬、諸德彝跋。清吴同甲題款。

增修互註禮部韻略五卷 宋毛晃增注 毛居正重編

宋秀岩山堂刻本。

新編分類增注正誤决疑韻五卷 存入聲屋至三十四之一卷

宋刻巾箱本，每韻前列字畫之誤，音韻之疑兩類。每字下，凡字同音者異，字異義同者，辨正頗爲精審，尤致謹於避諱。其書特備場屋之用，自來無著録者，而宋刊宋印。張金吾續志所記。北京圖書館藏有此書，宋刻本，九行小字行字不等，细黑口，左右雙邊。存卷五。

新增詞林要韻一卷

宋菉斐軒刻本。阮外集云，書中標題則曰詞林韻釋，分十九部，而作平聲、作上聲、作去聲。又各依類分隸於平上去之後，要皆统於平聲十九部之内。其出於南宋無疑。

班馬字類補遺二卷　宋葛剛正撰並篆書注

　清初影宋抄本。湖南省圖書館藏。

字苑類編十卷

　宋刻本，半葉十行，行十八字。注雙行。鈐陳鱣印。顧鶴逸藏書。

漢書注一百卷　漢班固撰　唐顏師古注

　宋刻元明遞修本，中版心。半葉十行，行十九字。注雙行二十六至二十九字。白口，左右雙邊。

後漢書注九十卷　劉宋范曄撰　唐李賢注　志注補三十卷　梁劉昭撰

　宋刻中字本，半葉十行，行十九字。白口，左右雙邊。海源閣藏書。

東觀漢記二十四卷

　宋羅願刻本。

集補後漢書年表十卷　宋熊方撰

　影寫宋刻本，半葉十行，行十八字。前有經進集補後漢書年表序，又進書表，又進狀，均八行十六字。

晉書載記三十卷　唐房玄齡等奉敕撰

宋刻元至明正德六年遞修本。台灣故宮博物院藏。

隋書八十五卷　唐魏收等撰

宋刻本，半葉十四行，行二十五字。注雙行三十字。白口，左右雙邊。每卷小題在上，大題在下，次行題"特進臣魏收上"。志次行題"太尉揚州都督監修國史上柱國趙國公長孫無忌等奉敕撰"。避宋諱極謹，至構字止。存帝紀一至五、志一至四、八至二十一、二十七至三十，列傳一至四十一，共六十五卷。北京圖書館藏。

五代史記七十四卷　宋歐陽修撰　徐無黨注

宋刻元明遞修本，半葉十行，行二十字。白口，上有字數，魚尾下作目一字有人名一字。朗、匡字缺筆為原刻。黑口者皆補刻。收藏有朱徵之、子清兩大方印。

續資治通鑑長編撮要一百八卷　宋李燾撰

宋刻本（卷八至二十九、三十一、六十七至七十九、八十一之三至八十二之三、八十七至八十八配清乾隆八年楊濬抄本）楊濬、蔣重光跋。半葉十三行行二十三字，細黑口左右雙邊。北京圖書館藏。

資治通鑑外紀詳節十卷

宋刻本，十四行二十五字，白口左右雙邊。北京圖書館藏。

路史四十七卷　宋羅泌撰

宋刻本，半葉十行，行二十字。白口，左右雙邊。北京圖書館藏。

貞觀政要十卷　唐吴兢撰

宋刻小字本。

資治通鑑綱目五十九卷　宋朱熹撰

宋刻本，半葉十行，行十六字。細黑口，四周雙邊。版心間記刻工姓名。劉啟瑞藏，内閣大庫佚出之書。

資治通鑑綱目五十九卷　宋朱熹撰

宋刻本，半葉十行，行十六字。細黑口，左右雙邊。左闌外記帝號。海虞瞿氏藏。

宋九朝編年備要三十卷　宋陳均撰

昭文張氏影寫宋刻本，作皇朝編年備要二十五卷，補刊編年備要五卷。昭文張氏云，皇朝編年備要與中興兩朝編年綱目及兩朝綱目備要款式相同，蓋宋時三書合刻。黄丕烈有宋精刊本，宋末初印。少徽、欽二朝，影宋精鈔全。胡心耘藏。

中興兩朝編年綱目十八卷　不著撰人名氏

起建炎元年，訖淳熙十七年。昭文張氏有影寫宋刻本。四庫未收。北京圖書館藏有宋刻元修本。

續編兩朝綱目備要十六卷　□□撰

宋刻元修本。存卷一至五。北京圖書館藏。

皇朝中興繫年要錄　存卷八至十七，凡十卷。

宋刻本，半葉十一行，行二十三字。白口，雙邊。版心上記字數，下記刻工人名。宋諱朗、完、惇皆缺末筆。鈐有“蔡公惠”、“汪士鐘印”、“閬源真賞”，卷尾有幡式長朱記：嘉興崇德鳳鳴世醫蔡濟公惠家無甔石之儲惟好蓄書於藏以爲子孫計因書此傳之不朽又有“寧遠堂記”及汪士鐘藏印。

通曆十五卷　宋孫光憲撰

影鈔宋本。書中“殷”、“敦”字皆缺筆，蓋依宋刻本所鈔。

太宗皇帝實錄

宋理宗時館閣寫本。台灣中央圖書館藏。

南宋館閣錄十卷續錄十卷　宋陳騤撰

宋刻本，半葉九行，行十八、九字。

諸葛武侯傳一卷　宋張栻撰

其集不載，乃宋刻單行本，闡發考證極確。宋刻本，半葉十行，行十七字。白口，左右雙邊。標題作："漢丞相諸葛武~~武~~侯傳"，大字佔雙行。黃丕烈跋。孫廷翰藏，後歸劉承幹。此書字體方整，精美可愛，已印入續古逸叢書中。

皇朝名臣言行類編甲集四卷乙、丙、丁、戊集各十卷共四十四卷　宋鐘堯俞撰

振綺堂有宋刻巾箱本。北京圖書館藏宋刻本三册，十二行，行二十一字，細黑口，左右雙邊。存十一卷（庚集四至七、辛集四至七續刊壬集一至三）。

宗藩慶系錄□□□卷

宋內府抄本。存二十二卷。北京圖書館藏。

仙源類譜□□□卷　宋史浩等纂修

宋內府抄本。存三十卷。五行十五字，四周單邊。北京圖書館藏。現存最早的家譜是宋內府寫本《仙源類譜》。這是一部宋朝皇家趙氏的家譜，趙匡胤的名字便在其上，至今已有一千一百多年。

陶靖節先生年譜　宋吳仁傑撰

宋刻陶靖節先生集本。福建師範學院圖書館藏。

唐相梁公廟碑　宋范仲淹撰

清影宋抄本。半葉八行二十字，白口左右雙邊。鈐有"周紹良印"、"蠹齋"、"蘭溪漁隱"、"八經閣"印。

歐陽文忠公年譜一卷　宋劉阿撰

宋刻本。上海圖書館藏。

東坡紀年錄一卷　宋傅藻編纂

宋刻本。半葉十一行十九字。美國國會圖書館藏。

洪文惠公行狀一卷　宋許及之撰　洪文惠公神道碑一卷　宋周必大撰

明末毛氏汲古閣影宋抄本。北京大學圖書館藏。

朱子年譜一卷　宋袁仲晦撰

宋洪友成刻本。此刻為洪本。閩省別刻者為閩本。

朱文公年譜一卷

宋瑞陽刻本。

朱文公年譜一卷

宋康廬刻本。

三輔黄圖六卷

毛氏宋本，半葉十行，行二十至二十三字不等。卷二建章宫條構字注御名，南宋高宗時刻本，首尾通一卷，合隋志。

輿地紀勝二百卷　宋王象之撰

述古堂有宋刻足本。

六朝事迹編類二卷　宋張敦頤撰

宋刻本，半葉七行，行十六字。每門分卷。佳。

南嶽總勝集三卷　宋陳田夫撰

宋刻本，半葉十行，行二十字。黑口，左右

雙邊。北京圖書館藏。

五代會要三十卷　宋王溥撰

宋刻巾箱本。最佳。

建炎以來朝野雜記四十卷　宋李心傳撰

張目有宋刻殘本。許氏有影宋鈔本。前集十四卷，後集十七卷本，目後有趙琦美跋。

唐律疏義三十卷　唐長孫無忌撰

宋刻大字本。

故唐律疏義三十卷附律音義一卷　唐長孫無忌等撰　音義宋孫奭等撰　校勘記一卷

宋刻本，四部叢刊三編據此影印。音義據影宋鈔本影印。校勘記張元濟撰。

大唐開元禮一百五十卷　唐蕭嵩等撰

影宋鈔本，天祿琳琅後目載。

慶元條法事類八十卷

振綺堂有影宋鈔本。

分門史志通典治原之書十五卷

宋刻本。遼寧省圖書館藏。

集古錄跋尾十卷　宋歐陽修撰

宋刻本。北京大學圖書館藏殘本。

史通二十卷　唐劉知幾撰
　宋刻本十卷，序後接目録。最佳。
六朝通鑑博議十卷　宋李燾撰
　振綺堂有影宋鈔本。
唐鑑二十四卷　宋范祖禹撰　原本二十卷　吕
　祖謙注之乃卷析爲二
　宋刻小字本。
名公增修晋書詳節三十卷　宋吕祖謙撰
　宋刻本。上海圖書館藏。
校正裨正書三卷　唐陳黯撰
　宋朱熹刻本。
荀子二十卷　周荀況撰　唐楊倞注
　宋刻本，半葉十行，行十八字。有顧廣圻跋。
　徐乾學、黄丕烈藏印。聊城楊氏藏書。
中説十卷是題隋王通撰　宋阮逸注
　宋刻本。清葉奕、錢謙益跋。半葉十四行行
　二十六、七字，白口左右雙邊。北京圖書館
　藏。
項氏家説十卷附録二卷　宋項安世撰
　宋刻本，大版心，半葉十行，行十八字。宋

諱缺筆。版心下記人名，與光緒殿本同。

晦庵先生語錄大綱領十卷附錄三卷　門人十三家所錄

宋刻本，半葉十一行，行十九字。細黑口，左右雙邊。每類相目大字占雙行。每類下側注凡若干條或若干段，作白口。鈐有"棟亭曹氏藏書"、"吳郡西崦朱叔英書畫印"、"王蘭草堂圖書"、"袁氏□□"、"吳郡朱叔英西崦草堂印"。孫叔業藏書，現藏北京圖書館。

近思錄十四卷　宋朱熹撰

宋朱熹刻本。

泳齋近思錄衍註十四卷　宋朱熹撰　呂祖謙輯　楊伯嵒衍注

宋刻本，北京大學圖書館藏。

性理羣書句解前集二十三卷　後集二十三卷　宋熊剛大集解

宋刻本。四庫收前集，皕宋樓止收後集。此書為黃梨洲全謝山所未見之書，前後兩集完善無缺，足以寶矣。

大學衍義四十三卷　宋真德秀撰

　宋刻大字本。内府及平津館均有宋巾箱本。

新編儒學樞要六卷　宋□□編

　宋刻本，存卷一至三，上海圖書館藏。

補注蒙求八卷　唐李瀚撰　宋徐子光補注

　宋刻本。清喬年跋，上海圖書館藏。

永城學記

　宋朱熹刻本。

獻壽錄

　宋朱熹刻本。

鄧析子一卷　周鄧析撰

　清影寫宋本二卷。半葉十一行，行十五字。

黄帝内經素問十二卷　唐王冰注

　宋刻本。一九二二年武進惲氏有影印宋本傳世。

素問六氣玄珠密語十卷　唐王冰撰實爲宋人僞托

　拜經樓吳氏有影宋鈔十六卷，八行十六字。

素問入式運氣論奥三卷附黄帝内經素問遺篇一卷　宋劉温舒撰

　宋刻本，半葉十四行，行二十四字。顧鶴逸

藏。

補註釋文黄帝内經素問靈樞各二十卷

宋刻明刻互配本。卷前有于昌遂題識。

靈樞經十二卷

宋刻本。明趙康王翻刻宋因經刻本。天祿琳琅後目有黄帝内經、合素問靈樞四十八卷。宋刻本。

千金翼方三十卷　唐孫思邈撰

宋刻本。黄丕烈藏千金翼方三十卷，半葉十四行，行二十四字。存卷一至五、十一至十五、二十一至三十，計二十二卷。餘用元、明刻本配補。有黄氏三跋並題詩四首。

千金要方九十三卷　唐孫思邈撰

宋黑口本三十卷，半葉十二行，行二十二字。此九十三卷本。

巢氏諸病源候論五十卷

日本影宋鈔本，楊守敬手書題記。台灣故宫博物院藏。

類證普濟本事方十卷　宋許叔微撰

宋王陳梁刻本。

增廣校正和劑局方五卷

宋刻本，半葉十一行，行二十一字。注行字不定。白口，左右雙邊。版心間有刻工姓名。此本與宋史藝文志、陳振孫書錄解題、王應麟玉海所載合，而附紹興續添諸家名方，則雖非汴都之舊本，其烟楮精潔，實為南宋初所開雕。日本聿修堂藏

新刊仁齋直指方論醫脈真經一卷

宋刻本，半葉十四行，行二十四字。

新刊仁齋傷寒類書活人總括七卷

宋刻本，半葉十四行，行二十四字。

十便良方四十卷　宋郭坦撰

宋刻本，半葉十三行，行二十二字。黃丕烈有不全本。

新刊續添是齋百一選方二十卷　宋王璆撰

日本寬政己未（1799）覆宋本。日本靜嘉堂文庫藏。

方氏類編家藏集要方二卷　宋方導撰

日本影宋鈔本。日本小島尚絅題識。台灣故宮博物院藏。

史載之方二卷　宋堪撰

宋刻本，半葉十一行，行十七字。陸心源記行款為每葉二十行，則誤矣。日本靜嘉堂藏書，陸心源故物。

續易簡方論六卷　宋施發撰

影宋鈔本，十行字數不定。

續易簡方後集五卷　宋盧祖常撰

宋刻本。日本京師伊良子氏藏。台灣故宮博物院藏有日本影宋鈔本。

續易簡方脈論一卷　宋王暐撰

影宋鈔本，半葉八行，行十八字。跋稱淳祐甲辰（四年）趙希迺又有與萬茂叔父儔觀此編為之嘉歎二行，（中有庵印）所載係四診論說及證治方劑，而標以脈論未審何物。日本寶素堂藏。

傳信適用方二卷　宋吳彥夔撰

四庫著錄係影宋鈔本。

芝田余居士證論選奇方　宋余綱撰　存四卷

日本傳鈔京師伊良子千之堂藏宋刻本。台灣故宮博物院藏。

芝田余居士證選奇方後集十卷

宋刻本，存卷二、三、四、五餘缺。半葉十行，行十九字。是書世久無傳本。直齋書錄解題有選奇方十卷，青田余綱竟舉撰。日本京師伊良子氏千之堂藏。

龐氏家傳秘寶方□卷　宋龐安時撰

宋刻本。

本草集方十卷　撰人未詳　存卷四、卷十兩卷

宋刻本，半葉十行，行十六字。白口，左右雙邊。版心上記字數，下記刻工姓名，有蘇勝、臧勝、劉喜、萬宥、毛順、毛靖、毛龍、王念、楊森、田欽、黃俊卿、俊英等人。每類病證門用陰文，次列病症，次低三格列藥方，方後低二格，列用方之法。

傷寒論十卷　漢張機撰　晉王叔和撰次　宋林億校正

宋刻本。明趙開美翻宋刻本。一九二五年影宋本。

傷寒總病論六卷音訓一卷　清汪氏藝芸書舍影宋抄本。佚名錄清黃丕烈跋。重慶市圖書館

藏。

傷寒總病論六卷附音訓一卷修治藥方一卷　宋龐安時撰

宋刻本，半葉十行，行二十字。黄氏士禮居重刊即據此本。

傷寒明理論三卷方論一卷　金成無己撰

宋刻本（明理論卷三，方論配清抄本）。半葉十行行二十字，間或十九字，白口左右雙邊。北京圖書館藏。

錢氏小兒藥證直訣三卷附董氏小兒斑疹備急方論一卷　宋錢乙撰

宋刻本，半葉八行，行十六字。白口，左右雙邊。書首冠閻孝忠序，後附董汲斑疹方論一卷、錢乙後序。版心署錢方幾，在上魚尾下間有刻工姓名，因由蝴蝶装改册，故中縫多破損，首尾次六葉，係元人鈔補。中卷則芙川所補足，陳世傑曾以此本重刻，而失去閻序。有錢天樹跋。明屠隆、文嘉、錢穀，清張蓉鏡遞藏。鈐有"錢穀"、"叔寶"、"屠隆"、"緯蕭"、"滄葦"、"張蓉鏡

印"、"虞山張蓉鏡鑒定宋刻善本"、"姚

印婉真"、"芙初女史"、"臣熹私印"、

"越國王孫"、"秀川汪氏子過眼"等印。

陳氏小兒病源方論四卷　金陳文忠撰

阮氏依宋刻影寫進呈。

農書三卷　宋陳旉撰　蠶書一卷　宋秦觀撰

於潛令樓公進耕織二圖詩一卷　宋樓璹撰

明末毛氏汲古閣影宋抄本。河南省圖書館藏。

太玄集注六卷太玄釋四卷附太玄曆一卷　宋司

馬光注

宋鈔本，半葉八行，行十七字，注每行二十

四字。宋諱"貞"、"敬"字皆缺筆。此書世不

經見，是本相傳為南宋人所寫，書法勁正，

前明名人所藏，印記纍纍。卷末有題識云："弘

治乙卯臘月蔚溪邢參觀於皋橋唐伯虎家。"又

有徐禎卿、錢大昕、唐仲冕題識。又有張丑

觀款。有"吳爟"、"周芝補遺"、"長洲陸延之、

陸灼校訂。"鈐有"吳氏家藏"、"吳寬原博"、

"匏翁"、"啓南"、"石田"、"張丑之印"、"王

騰程印"、"王之齊印"諸印記。

潛虛衍義四卷

天水冰山録有宋刻本。

易通變四十卷 宋張行成撰

路小洲有宋刻本。

撼龍經一卷疑龍經一卷葬法倒杖一卷 唐楊筠法撰

宋刻本，半葉十四行，行二十五字。其序題筠松弟子曾文辿作。平津館目有宋刊疑龍經一卷。

黄帝周書秘奥穰法

宋刻本，半葉十七行，行二十五字。此書北京民間藏。

乙巳占三卷 唐李淳風撰

影宋鈔殘本，半葉十行，行二十四字。

太白陰經八卷 唐李筌撰

平津館有影宋鈔本十卷，云四庫本八卷，前缺天無陰陽、地無險阻二篇，又失卷八分野風角鳥情，卷九遁甲，卷十玄女式等篇，此本完全。

易林十六卷 漢焦延壽撰

清嘉慶十三年黃丕烈得宋本十六卷，宋本有注。絳雲樓一炬後，遂失傳。

六壬大占一卷　宋祝泌撰

是書宋志及讀書志未錄。此從宋刊本影寫，前有進書序及六壬起例，謂六壬之說古今不宣其旨，惟周禮哲蔟氏~~在~~掌覆天鳥之巢，以方書日十二辰、十二月、十二歲、二十八星之號。即壬盤之體，三代之壬書，唯此一證。與術家以五行始於水，水生於一，成於六之說異，錄以資參考。

三曆撮要一卷　宋徐應龍撰

宋刻本，半葉十行，行十九字。白口，左右雙邊。錢大昕、瞿中溶、孫星衍觀款。海虞瞿氏藏。選擇家言，以此書為最古。北京圖書館藏。

箋元遁甲句解煙波釣叟歌二卷

宋刻本，半葉十行，句解二十四字，歌十四字。

冥樞會要三卷

宋刻本，半葉十行，行二十字。有朱竹垞、陳青海、李中耆、錢夢廬、蔣伯生、張貫唯手跋。

演禽斗數三世相書一卷　舊題唐袁天綱撰

宋末坊刻帶圖本。每葉行數前後不一，四周單邊。有影印本行世。日本野氏皎亭文庫藏

三辰通載三十卷　宋錢如璧撰

影寫宋刻本。日本靜嘉堂文庫藏。

淮南鴻烈解二十一卷　漢劉安撰　高誘注

宋刻小字本，半葉十二行，行二十二字。注雙行二十五字。即百宋一廛賦中所謂“高解鴻烈，蓋云善哉”之書。錢曾、黄丕烈、顧廣圻、汪士鐘及海源閣楊氏印。海源閣佚出之書，後爲日本人收去。

劉子十卷　或題劉歆　或題劉勰　或題劉孝標

宋刻巾箱本，半葉十一行，行十八字。亦有題宋刻巾箱本，半葉十一行，行二十八字。天祿後目有宋刊本，附注。

化書六卷　唐譚峭撰

宋刻本，半葉八行，行十六字。白口，左右雙邊，蔣汝藻密韻樓藏，後歸涵芬樓，現藏北京圖書館。孤本二册。已印入古逸叢書三

編中。

蘇氏演義二卷　唐蘇鶚撰

宋尤梁溪本二十卷。

墨客揮犀十卷　宋彭乘撰

影宋鈔本。

續墨客揮犀十卷　宋彭乘撰

影宋寫本，半葉九行，行十八字。末有"蔣氏茹古精舍鈔本"，鈐有"蔣維基印"、"子垕"各印。盛昱遺書。

春明退朝錄三卷　宋宋敏求撰

蘇城汪氏有宋刻本。

欒城遺言一卷　宋蘇籀撰

袁豹丞有宋刻本，半葉十二行，行二十一字。

履齋示兒編二十三卷

宋劉氏學禮堂刻本。

唐國史補三卷　唐李肇撰

絳雲樓有宋本。汲古閣有影宋本。

大唐新語十三卷　唐劉肅撰

宋刻本，題世說。

雲溪友議三卷　唐范攄撰

宋刻本，半葉十一行，行二十二字。

意林五卷　唐馬總編

宋刻本六卷。

茅亭客話十卷　宋黄休復撰

宋刻本，半葉九行，行二十八字。末有石京後序。

分門古今類事二十卷　委心子編

宋書坊劉壽卿刻本。振綺堂有影宋鈔本。

陶朱新錄一卷　宋馬純撰

宋刻本，半葉九行，行十八字。

睽車志六卷　宋郭彖撰

汲古閣影宋鈔本。

北堂書鈔一百六十卷　唐虞世南撰

明影宋鈔本。

新刊監本冊府元龜一千卷　宋王欽若等輯

宋刻本，半葉十三行二十四字。北京圖書館藏八卷。

重添校正蜀本書林事類韻會一百卷

宋刻本。清嚴可均跋。十二行二十字，小字雙行二十五字，白口左右雙邊。存二十七卷三至四、五十至五十一、五十三至五十四、五十九至六十一、八十至九十四、九十八至一百。北京圖書館藏。

新编簪纓必用翰苑新書　不著撰人

宋刻本。存六十四册。

法苑珠林一百二十卷　唐釋道世撰

宋張元寫本。馮煦跋。存六十五。上海圖書館藏。

妙法蓮華經七卷　後秦鳩摩羅什譯

宋刻大字本。台灣故宮博物院藏。

妙法蓮華經七卷　後秦鳩摩羅什譯

宋刻兩面印。半葉□行，行□字，兩面印字。孫氏從添藏書記云，宋刻數種中，有釋道二藏經典，刻本行款，非長條即闊本。此本為長條式，自屬釋典通例，惟兩面印刷者，則流傳頗罕。此經慎字缺末筆，字體出於顔平原柳誠懸。明董其昌跋。

妙法蓮華經卷二殘卷五百六十三行

前缺兩版多，有後題。現存五百六十三行，每版二十六行，行十七字。朱漆木軸，出龍泉東大寺雙塔内。"世"字不缺筆，"愍"字缺筆作"㤢"，但不能因此就斷爲唐刻本。宋版佛經"愍"字有時也作"㤢"，臨安賈官人經書鋪刻的妙法蓮華經就是如此。但此經有許多特點，字體既凝重有度，又剛勁有力，柳筋歐骨，和開寶藏字體大不相同。這卷殘經對中世紀雕版史研究上，是一個非常重要的發現。趙萬里南行日記載。

妙法蓮華經七卷　後秦鳩摩羅什譯

宋刻本，五行十四字，上下單邊。存二卷。北京圖書館藏。

妙法蓮華經七卷　後秦鳩摩羅什譯

宋抄本，錢謙益題款。存一卷七。北京圖書館藏。

妙法蓮華經七卷　後秦鳩摩羅什譯

宋刻本，半葉三十六行，行六十六字至七十字不等。微如點蠅，密似行蟻，細書善刻，精妙入神。全書六萬九千字，只用十五頁，宛如袖珍石印本。元人跋語稱"自聖教東流卷帙之簡要者無出此本之奇也"。小字芥納須彌，在我國雕版史上可稱為空前絕後之奇書。今存十三頁，摺裝本，有元至正間數十名和尚題字：釋師訓頌、普慈讚、釋克立、大佑、真淨、處口、福源、傳教、友蘭、志道、道閒、師說、清欽、若舟、普明、萬全、壽寧、本中、至仁、善來、德普、斯蘊、妙玄、宗澄、守仁跋。智勝、希遠、口澤、義元、嗣益、自厚、嗣延、自明題詩。又明洪武時題款，鈐有"乾隆御覽之寶"，北京圖書館藏。

妙法蓮華經玄義二十卷　隋釋智顗撰

宋刻本，六行二十字，上下單邊。存六卷。北京圖書館藏。

妙法蓮華經七喻合文口卷附法華經雙拂義初機訣一卷　宋釋紹才輯

宋寫本。山西曲沃藏。

妙法蓮華經觀世音菩薩普門品一卷　後秦鳩摩羅什譯

宋刻本，六行十一字。北京圖書館藏。

大般若波羅蜜多經六百卷　唐三藏法師玄奘譯

宋刻本。僅存卷第一百九十三卷。版心記刻工，有邵保、丁思等名。其作"丁思刀"者，謂為丁思刀刻。卷末又記"丁慶印造"。末葉題："都勸首住持傳法慧空大師沖真，請主參知政事元絳。"美國國會圖書館藏。

大般若波羅蜜多經　存卷一、一百三十九、一百四十六、一百四十八、三百二十七。

宋刻本，半葉六行，行十七字，梵夾裝六冊。中國書店藏。

大般涅槃經四十卷　北凉釋曇無讖譯

宋刻本，每版三十行，行十七字。存一卷八。上海圖書館藏。

毗尼摩得勒伽□□卷　劉宋釋伽跋摩譯

宋寫本，存一卷六。北京圖書館藏。

大方等大集月藏經十卷　北齊釋那提耶舍譯

宋刻本，六行十八字。上下單邊。存一卷五。北京圖書館藏。

大方廣佛華嚴經八十卷　存卷二、卷二十三

宋刻本，半葉四行，行十七字。注雙行，行二十字。藏經紙梵夾裝二冊。北京中國書店

大方廣佛華嚴經八十卷　唐釋實叉難陀譯
　宋刻本，六行十七字，上下單邊。存一卷十八。
　北京圖書館藏。
大方廣佛華嚴經八十卷　唐釋實叉難陀譯
　宋刻本，每版三十行，行十七字。存一卷十
　五。上海圖書館藏。
大方廣佛華嚴經八十卷　唐釋實叉難陀譯
　宋寫大和寧國藏本。存卷五。北京圖書館藏。
大方廣總持寶光明經五卷　宋法天譯
　宋刻本。上海圖書館藏。
大方廣佛華嚴經普賢行願品別疏　殘本
　宋刻本，半葉八行，行十五字。小字二十。
　存卷下。
大方廣佛華嚴經隨疏演義鈔　存卷五十四
　宋刻本，半葉七行，行二十一字。鈐有"讀
　杜草堂"、"潋懷堂珍藏記"及日本"十無
　盡院"等藏印。中國書店收藏。
大方廣佛華嚴經疏六十卷
　宋刻本。上海圖書館存一卷，上海博物館存
　一卷。

大方廣圓覺略疏注二卷　唐釋宗密撰

　宋刻本，存一卷。五行十二字小字二十字，

　上下單邊。北京圖書館藏。

大乘大悲分陀利經八卷

　宋刻本，每版三十行，行十七字。存一卷八。

　上海圖書館藏。

佛母大孔雀明王經三卷　唐釋不空譯

　宋刻本。存卷下。北京圖書館藏。

佛説大方等集菩薩念佛三昧分經十卷　隋釋達

　摩笈多譯

　宋刻本，每版三十行，行十七字。存一卷四。

　上海圖書館藏。

佛頂心陀羅尼經三卷

　宋刻本，存一卷。北京圖書館藏。

首楞嚴義疏註疏二十卷　宋釋子璿撰

　宋刻本，四行十五字，小字雙行二十字。存

　卷七。北京圖書館藏。

尊勝等靈異神咒二十道一卷　宋釋懷求撰

　宋刻本，半開六行，行十五字。清魏滋伯手

　跋。傳書堂書目載。

四分律删補隨機羯磨疏濟緣記二十二卷　唐道
宣疏　宋釋元照記
宋刻本。狄葆賢跋。上海圖書館藏殘卷。
阿毗達摩順正理論八十卷　唐釋玄奘譯
宋刻本，六行十七字，上下雙邊。存一卷。
北京圖書館藏。
注華嚴法界觀門　唐釋宗密注
宋刻本。山西省博物館藏一卷十三。
正法眼藏　宋釋宗杲撰
宋刻本，半葉十一行，行二十字。版心記刻
工姓名。間有缺葉，正德三年鈔補。每册首
有"天龍金剛藏海印文常住"、"金地院"
兩印記。日本帝室圖書寮藏。
金剛經纂要刊定記七卷　宋釋子璿錄
宋刻本。上海圖書館藏。
金剛記外別解□卷
宋刻本，存一卷。上海博物館藏。
金光明經四卷　北凉釋曇無讖譯
宋刻本。浙江博物館藏。
瑜伽師地論□□卷　唐釋玄奘譯

宋刻本，半葉六行十七字。存卷二十四，黄麻紙。中國書店藏。

入楞迦經十卷　北魏釋菩提流支譯

宋刻本存二卷，沈曾植跋。上海圖書館藏。

法界觀　唐釋宗密注

宋刻本。

法華文句記三十卷　唐釋湛然撰

宋刻本，六行二十五字，上下單邊。存卷五至十。北京圖書館藏。

法華文句科□□卷　唐釋湛然撰

宋刻本，存二卷四至五。北京圖書館藏。

摩訶止觀文科□卷　唐釋湛然撰

宋刻本，存二卷。北京圖書館藏。

肇論中吳集解三卷　宋釋淨源撰

宋刻本，五行十五字，小字二十字，上下單邊。存一卷一册。北京圖書館藏。

永明智覺禪師方丈實錄一卷　宋釋元照撰

宋刻本，九行十七字，白口左右雙邊。北京圖書館藏。

寶峰雪菴真淨禪師語錄二卷偈頌一卷　宋釋福

深輯

宋刻本，半葉十一行，行二十字。細黑口，左右雙邊。北京圖書館藏。

佛國圜悟真覺禪師心要二卷

宋刻本，半葉十一行，行二十字。有季振宜藏印。

悅禪師初住翠巖語錄一卷 宋釋文悅撰 釋齐曉輯

宋刻本。華東師范大學藏。

洪州分寧法昌禪院遇禪語錄

宋刻本，半葉十行，行十八字。白口，左右雙邊。北京日報載我國古籍哈佛失竊。

南院首山葉縣神鼎承天石門六禪師語錄

宋刻本，半葉十二行，行二十一至二十四字不等。首列小傳六則。南院名慧顒，承天名智嵩，鄉貫姓名俱不載。神鼎名洪諲，襄水人，姓名不載。首山名省念，萊州人，姓狄氏，葉縣名歸省，冀州人，姓賈氏。石門名蘊聰，南海人，姓張氏，皆臨濟宗南院第三世，首山第五世，葉縣以下均第六世。石門語錄有光溥序云成编二卷，集號鳳巖故首行題鳳巖集與他卷題語要語錄者不同。有季振宜藏書朱記。

北磵語錄一卷

宋刻本，半葉十行，行二十字。序目及般若院語錄至惠日禪寺語錄係鈔補。首有"藥雲"印記。日本帝室圖書寮藏。

廣弘明集三十卷　唐釋道宣撰

宋刻本，半葉十三行，行十六字。版式甚大。

大藏經綱目指要錄八卷　宋釋惟白撰

宋刻本，四行十八字或二十字不等。小字雙行，上下單邊。北京圖書館藏。

大藏經音釋

宋刻本。一册。中國書店藏。

大宋新譯三藏聖教序

宋刻本。藏經紙，梵夾裝一册。

一切經音義二十五卷　唐釋元應撰

宋刻本。

老子道德經古本集注二卷　宋范應元撰

南宋初道士王洞應刻本。

莊子南華真經注疏十卷

宋末刻本。

列子八卷　周列禦寇撰　晋張湛註

宋刻巾箱本。

周易參同契考異一卷

宋朱熹刻本。

陰符經考異一卷

宋朱熹刻本。

太上老君八十一化圖說（舊稱化胡經）

宋刻本。明嘉靖十一年（1532）遼寧閭山天妃宮摹刻宋本太上老君八十一化圖說，以連續八十一幅插圖，表現道教的神話故事。此書舊稱《化胡經》，曾為元朝政府焚毀，說它是道士的偽作。

新雕白氏六帖事添注出經□□卷　唐白居易輯

宋刻本，半葉十二行，二十三字，小字雙行二十三或二十四字，左右雙邊。存卷十七至二十。北京圖書館藏。

小學五書五卷　宋張時舉編

清初毛氏汲古閣影宋鈔本。十行二十字，白

口，左右雙邊。

管子弟子職注一卷　唐房玄齡撰

女誡一卷　漢班昭撰

呂氏鄉約一卷　宋呂大鈞撰

鄉儀一卷　宋呂大鈞撰

居家雜儀一卷　宋司馬□撰

北京圖書館藏。

楚辭　楚屈原等撰

宋姚廷輝本。黄伯思以武林、吴郡本讎校。

楚辭八卷　宋朱熹集注

宋刻本（卷一、三、四配清影宋抄本）八行十六字。白口，左右雙邊。北京圖書館藏。

楚辭補注十七卷　宋洪興祖撰

天祿後目宋刻本。

曹子建集十卷　魏曹植撰

宋萬玉堂刻本。

曹子建集十卷　魏曹植撰

宋刻大字本，旁有"陳思王"三字。

陶淵明集八卷　晋陶潛撰

南宋末年刻本。附晋書本傳。見天祿琳琅後

箋註陶淵明集十卷　宋李公煥撰

宋刻本，半葉九行，行十六字，大小字同。細黑口，左右雙邊。版心雙魚尾，書名署匋寺幾卷，或匋幾寺幾。卷首梁昭明太子序，卷末補注陶淵明集總論，題廬陵後學李公煥集錄。是全書箋注，亦當出李氏之手，先以己意疏釋，附於各句之下。復采前賢議論，列於各篇之末。桃花源記欣然規往，不誤規往。宋諱避朗、匡、恒、貞、樹、桓、慎等字。藏印："金氏不窺園珍藏"、"金石"、"太史氏"、"他山居士"、"虞卿"、"三橋居士"、"河東"、"明益私印"、"英蘇私印"、"陸開鈞印"、"恩福堂藏書"等印。原涵芬樓藏。四部叢刊據宋刻巾箱本影印。此書北京圖書館審定為元刻本。

鮑參軍集十卷　劉宋鮑照撰

宋刻本，半葉十行，行十六字，小字不等。

東皋子集三卷　唐王績撰

宋刻五卷本。汲古閣有影宋鈔本。

李太白文集三十卷　唐李白撰

宋高宗時刻本。日本存。

宗玄集三卷附錄一卷玄綱論一卷內丹九章經一卷 唐吳筠撰

宋刻大字本。

劉隨州集十一卷 唐劉長卿撰

宋刻本，半葉十二行，行二十二字。作劉文房集，詩九卷文一卷。

黃氏補注杜詩三十六卷 宋黃希原本其子鶴成之

宋刻本，半葉十一行，行十九字，小字雙行二十五字。結銜前劍南節度使參謀宣義郎檢校尚書工部員外郎賜緋魚袋杜甫撰，臨川黃希夢得補注，臨川黃鶴叔似補注，與元本異。

門類增廣集註杜詩二十五卷 唐杜甫撰 宋趙次公等注

宋刻本，存一卷。十三行二十二字，小字雙行三十字，白口左右雙邊。北京圖書館藏。

張司業詩集八卷 唐張籍撰附錄一卷

清初影宋鈔本。清傅誠跋。九行十七字，白口左右雙邊。北京圖書館藏。

杼山集十卷　唐釋皎然撰

　傅沅叔有汪閬源藏影宋本。題晝上人集，半葉十一行，行二十字，注雙行字不均。口上作皎然集，前有湖州牒文。

權文公集十卷　唐權德輿撰

　天祿琳琅後目有宋刊本四卷。

昌黎先生文集四十卷外集十卷　唐韓愈撰

　宋朱熹校刻本。半葉七行，行十五字。

新刻詁訓唐昌黎先生文集十五卷　宋韓醇撰

　宋刻十二卷本。

韓集舉正十卷外集舉正一卷敘錄一卷　宋方崧卿撰

　清影宋抄本。十一行二十字無格。北京圖書館藏。

白氏策林四卷　唐白居易撰

　明翻宋刻本。半葉十行，行二十一字。首原序，序後接目錄，目卷幾下注凡若干道。此書序內搆字注犯御名，知從宋本出。

呂和叔文集十卷　唐呂温撰

　清鮑氏知不足齋影寫宋刻本。半葉八行十六

字。紙墨精妙。鈐有翰林院印。南陵徐乃昌

積學齋藏書。

王右丞文集十卷　唐王維撰

宋高宗時刻本。張本，日本存。

李商隱詩集三卷　唐李商隱撰

清影宋抄本。徐乃昌跋。上海圖書館藏。

高常侍集十卷　唐高適撰

清初影宋抄本。十行十八字，白口左右雙邊。

北京圖書館藏。

晝上人集十卷　唐釋皎然撰

清影宋抄本。清佚名批校。上海圖書館藏。

李文公集十八卷　唐李翱撰

天禄琳琅後目有宋馮師虞刻本。

昌谷集四卷外集一卷　唐李賀撰

宋京本。宋鮑欽止家本，此最完善。

丁卯集二卷續集二卷續補一卷外集遺詩一卷

唐許渾撰

宋沈氏刻本。

宋曾氏刻本。

宋賀方回刻本。

元英集八卷　唐方干撰

宋刻本。題元英先生家集。

經進周曇詠史詩三卷　唐周曇撰

宋刻本。半葉十二行，行二十字。注雙行三十字。細黑口，四周雙邊。首行題"經進周曇詠史詩卷之一"，次行低七字題"守國子監臣曇撰進"，三行低二格題"唐虞門"，又低六格題"吟叙"二字，均加黑蓋子，系以小黑圈，以下凡後題皆在前詩注下。遇宋諱皆缺末筆。卷尾有"泰興季振宜滄葦氏珍藏"墨書一行。鈐有"五福五代堂寶"、"八徵耄念之寶"、"太上皇帝之寶"、"天祿繼鑑"、"乾隆御覽之寶"、"天祿琳琅"、"季振宜藏書"、"口吉夫氏"。

雲臺編三卷　唐鄭谷撰

天祿後目有宋刊唐周曇詠史詩三卷，亦自唐虞至隋，以人系題，得七言絶句二百三首。每首題下注大意，詩下引史，而以己意論斷之，當時進講體式如此。揭銜守國子直講臣周曇撰，槧式與書儀相似，乃宋本之最佳者。

唐風集三卷　唐杜荀鶴撰

清影宋鈔本，半葉十行，行十八字。白口，左右雙邊。北京圖書館藏。

韓内翰別集一卷　唐韓偓撰

涵芬樓藏韓林院集一卷，半葉十行，行十八字。次行題全銜，翰林學士承旨行尚書户部侍郎知制誥上柱國萬年韓偓字致堯。繆藝風云，是宋本。

唐英歌詩三卷　唐吳融撰

天祿琳琅後目有宋刻本。

河東集十五卷　宋柳開撰　附録一卷　張景撰

韓氏有影宋本。

南陽集六卷　宋趙湘撰　趙抃編

傅沅叔有影宋鈔本。十一行二十字。有蔣長泰藏印。

河南穆公集三卷　宋穆修撰　遺事一卷

清初錢曾述古堂影寫宋刻本。半葉十行，行十八字。遺事末有"錢遵王家藏照宋抄本"一行。此本已印入四部叢刊。

文正集二十卷別集四卷補編五卷　宋范仲淹撰

宋刻小字本。

宋刻大字本。

新雕徂徠石先生文集二十卷　宋石介撰

明鈔宋刻本。半葉十行，行二十八字。前有總目，每卷目連正文，遇宋帝提行空格。源出宋刻本。鈐瑞露堂印。

鐔津文集二十一卷　宋釋契嵩撰

宋刻本，半葉十行，行十八字。白口，左右雙邊。

蘇魏公文集七十二卷　宋蘇頌撰

季滄葦書目有宋刻本。

元豐類稿五十卷　宋曾鞏撰

楊協卿藏宋刻大字本。

元豐類稿五十卷　宋曾鞏撰　存卷四十三之五十五至五十八葉，計四葉。又卷三十一、三十二兩卷。

宋刻本，半葉十二行，行二十至二十五字不等。白口，左右雙邊。版心上記字數，魚尾下記"南九"二字，下魚尾下記葉數，下方記刻工姓名。張之中墓誌題下夾註云："此文有兩篇，意同文異，一篇附於本卷末”十六字。其文中有異字旁注“某一作某”，刻之行間，此亦宋本之僅見者。南豐集宋本久不傳，此殘本只寥寥四葉而異同乃如此，滋足異矣。卷三十一、三十二兩卷，許寶蘅藏

伊川擊壤集二十卷　宋邵雍撰

宋刻配元刻本，又鈔配卷七至十四，又補明刻卷十一至二十，類似百衲本。宋本十行，行二十一字。細黑口，四周單邊。口上署壤十，壤字在上魚尾下，葉數在下魚尾下，刻工有名無姓。字畫挺秀，為宋刻中佳品。元刻行款同，則大黑口。收藏有“六山居士”、“周印公瑕”、“玉蘭堂”、“竹塢”、“古吳王氏印”、“毛扆之印”、“華伯氏印”、“汲古閣”、“季振宜藏書”、“嚴蔚”、“嚴蔚豹人”、“黃丕烈”、“丕烈”、“虞山張氏鑑定宋刻善本”、“蓉鏡珍藏”、“姚婉真”、“芙初女史”。有黃丕烈、孫原湘、胡静之、錢天樹、邵淵耀題跋。

河南程氏文集十二卷　宋程顥　程頤撰

宋刻本。八行十四字。此本存《明道文》四卷，《伊川文》四卷。北京圖書館存此八卷。《直斋書錄解題》卷十七載《河南程氏文集》十二卷。《解題》云："二程共為一集，建寧所刻本。"書題正合，則本為十二卷，惟不知為建寧刻本否耳。刻工有朱桂、江榮、林良、林祐、范才、范中夫、鄧生、鄧玉等。卷端載朱熹所撰《伊川先生年譜》，而"慎"字不避諱，殆為紹興間所刻歟？卷內鈐"蘇印書印"、"汲古閣"等印。

元公周先生濂溪集十二卷年表一卷　宋周敦頤撰

宋刻本，八行十七字。白口。左右雙邊。北京圖書館藏。

濂溪先生集不分卷　宋周敦頤撰

宋刻本，存家譜、年譜、太極圖。九行十八字。白口左右雙邊。北京圖書館藏。

樂全先生文集四十卷　宋張方平撰

宋刻本，半葉十二行，行二十二字。白口。左右雙邊。存卷十七至三十四，計十八卷。此為孝宗時刻，"慎"字作"今上御名"，"構"字作"太上御名"。北京圖書館藏。

范忠宣公文集二十卷奏議二卷遺文一卷附録一
卷補編一卷　宋范純仁撰

宋刻本，半葉十三行，行二十字。

蘇老泉先生集十四卷　宋蘇洵撰

題宋刻本，半葉八行，行十六字，中版心，
不避宋諱，薄紙印甚精。此即天祿琳瑯書目
所載之書，疑爲宋末坊本。顧麐士藏。

東萊標注老泉先生文集十六卷　宋蘇洵撰

宋刻本，半葉十四行，行二十五字，注小字
同。篇中有評點。存卷四、五兩卷。

廣陵集三十卷拾遺一卷　宋王令撰

宋刻十二卷本。

宋刻二十卷本。

潁濱先生大全文集一百三十七卷　宋蘇轍撰

宋刻宋印本。日本存。

欒城集五十卷後集二十四卷三集十卷　宋蘇轍

宋刻殘本，存前集卷三十三至三十七、三十
九、四十、四十二。後集卷五至二十一。半
葉十一行，行十八字。宋諱佶字缺筆，而敦

字不缺，當為光宗前刻本。舊藏士禮居黄氏，
每卷有"安節耕野朱之藩印"等諸印記。

豫章先生遺文十二卷　宋黄庭堅撰

清影宋鈔本，八行十五字。白口，左右雙邊。
北京圖書館藏。

山谷老人刀筆二十卷　宋黄庭堅撰

宋刻本，半葉十二行，行十九字。末卷後有
天啟花朝石齋老人題跋云："蘇黄尺牘雖有刻
本，然未見豹，適於肆中見山谷刀筆而遺缺
甚多，乃適覓鈔錄遂成完本亦一快也"。並
"石齋"印（即明漳浦黄忠端公別號）。卷
首有圖書三，曰存雅堂、曰雲間、曰卧子。
手鈔確是明青浦陳忠裕公印記。有楊紹和跋。

山谷先生詩集三十九卷詩集注二十卷別集二卷
外集十七卷　宋黄庭堅撰

宋刻本，半葉九行十三字，小字雙行十六字，
黑口左右雙邊。清光緒二十年陶子麟倣以做
宋刻。

唐先生文集二十卷　宋唐庚撰

宋刻本，十一行，行二十字。白口，左右雙

邊。北京圖書館藏。

唐子西集二十四卷　宋唐庚撰

宋番江刻本。見清波雜志。

梁溪先生集一百八十卷　宋李綱撰

宋刻本，半葉九行，行二十字，白口，左右雙邊。有黄丕烈跋，即百宋一廛賦所云"裂梁谿之卅八"者也。有乾隆六年二十六世孫李枚跋。存卷十三至十四、卷四十一至五十二、卷六十三至七十、卷九十一至九十五、卷九十七至九十八、卷一百、卷一百四十八、卷一百六十一至六十三。卷中宋諱均小字雙行書某廟御諱、某廟嫌諱、"光宗廟諱"等。卷四十八第十一葉上"口至明而在位，攬長轡以馭臣"口作"今上嫌名"。則爲寧宗時刻本。

龜山集四十二卷　宋楊時撰

宋刻三十五卷本。

頤堂先生文集五卷文集又一卷頤堂詞一卷　宋王灼撰

清影宋抄本。上海圖書館藏。

盤洲文集八十卷　宋洪適撰

清嘉慶十九年（1814）洪振安影宋抄本。清洪振安跋。中山圖書館藏。

侍郎葛公歸愚集二十卷　宋葛立方撰

宋刻本。清黃丕烈跋。存九卷。上海圖書館藏。

默堂先生文集二十二卷　宋陳淵撰

清影宋抄本，十一行二十二字。有紹興十七年（1147）沈度序，淳熙五年（1178）楊萬里序。

西渡集二卷補遺一卷　宋洪炎撰

佳趣堂目有宋校一卷。

畫墁集□卷　宋張舜民撰

宋刻本。

水心先生文集二十九卷拾遺一卷　宋葉適撰

宋趙汝讜序刻本。

省齋集十卷　宋廖行之撰

宋廖謙刻本。此本久佚。

簡齋詩集十五卷　宋陳與義撰

清錢謙益絳雲樓影宋抄本。四册。臨猗縣圖書館藏。

增廣箋注簡齋詩集三十卷無住詞一卷胡學士續添簡齋詩箋正誤一卷簡齋先生年譜一卷　宋陳與義撰　胡穉箋

宋刻本。四部叢刊據宋刻本影印。

苕溪集五十五卷　宋劉一止撰

清影宋鈔本。杭州大學藏。

鄱陽集四卷　宋洪皓撰

宋洪景伯本。題忠文集十卷。

道鄉集四十卷　宋鄒浩撰

宋刻本。振綺堂有宋刻本。有宋末已毀。

鴻慶居士集四十二卷　宋孫覿撰

宋刻孫尚書大全集七十卷本。

後山詩注十二卷　宋任淵注

宋刻本。黃丕烈云：「後山詩注從未見有宋刻，得此一卷，勝逾百朋。」蕘翁僅得卷第六，若此所據果為全宋本，尤足珍矣。

後村先生大全詩集十五卷　宋劉克莊撰

宋刻本。清黃丕烈、孫原湘、邵淵耀、曉真、錢天樹、王芑孫、單學傅跋。存十一卷，一至四、九至十五。上海圖書館藏。

程端明公洺水集六十卷內制類稿十卷外制類稿二十卷　宋陳亮撰

宋程景山編刻，其本久佚。明嘉靖間裔孫元昞等得足本，重編卷第，跋而刻之。

勉齋先生黃文肅公集四十卷附集一卷語錄一卷年譜一卷　宋黃幹撰

宋刻本，半葉十行，行十八字。字畫清勁，體似顏、柳，為宋刻中致佳本。

亞愚江浙紀行集句詩七卷　宋釋紹嵩撰

清初毛氏汲古閣影宋抄本。八行十六字，白口左右雙邊。北京圖書館藏。

豫章羅先生文集十七卷　宋羅從彥撰

宋刻本。　卷一至十九。見黃目。

拙齋文集二十卷　宋林之奇撰

宋刻本二十八卷。九行十九字。

東萊集四十卷　宋呂祖謙撰

宋刻巾箱本。見天祿琳琅書目。

北山集三十卷初集十二卷中集八卷　宋鄭剛中撰　後集十卷　宋鄭良嗣編

宋鄭良嗣刻，凡千二百四十篇。

文定集二十四卷　宋汪應辰撰

　宋刻本作濮陽衍慶集。

默堂先生文集二十二卷　宋陳淵撰　沈度编

　四部叢刊三编據宋抄本影印。

平菴悔藁十五卷續六卷　宋項安世撰

　宋刻残本。趙魏编輯成二十一卷。

剪綃集二卷　宋李龏撰

　清初毛氏汲古閣影宋抄本。十行十八字，白口左右雙邊。北京圖書館藏。

梅花衲一卷　宋李龏撰

　清初毛氏汲古閣影宋抄本。十行二十字，白口左右雙邊。北京圖書館藏。

西山文集五十五卷　宋真德秀撰

　宋刻本，半葉十行，行十八字。卷八至十一、二十五至二十八、五十二至五十七皆鈔補，五十一全缺。黄蕘圃藏。

鶴山全集一百九卷　宋魏了翁撰

　黄丕烈有宋刻鶴山全集一百十卷，中缺二卷。半葉十一行，行二十字。

中庸子集五十一卷　宋釋智圓撰

趙氏小山堂有宋刻本。

得全居士集十卷　宋趙鼎撰

宋曾孫趙璧刻刊其詩，附以樂府為三卷。文集名為忠正德文集，收入四庫。直齋書錄解題皆作十卷，久佚不傳。

艮齋餘稿四卷　宋梅應發撰

影寫宋刻本，半葉十一行，行二十字。此書宋以後無刻本。宋本藏嘉善曹氏，海內孤本。傅增湘藏影寫宋刻本。

雪磯叢稿五卷　宋樂雷發撰

宋羅季海刻本。

梅亭先生四六一卷　宋劉公甫撰

宋刻本十行十九字。凡有《賀表》、《謝表》、《慰表》、《賀牋》、《慰牋》六類，持較今本《四六標準》才得十一，且文字不同，復有刪節。此當為《標準》未刻以前之祖本。卷內鈐"毛奏叔氏"、"叔鄭後裔"等印記。北京圖書館藏。

南唐先生四六一卷

宋刻本十行十九字。原題："古汴趙汝談。"鈐

〃海虞毛表奏叔圖書記〃、〃乾學〃、〃徐健菴〃等印記。北京圖書館藏。

格齋先生三松集一卷　宋王子俊撰

宋刻本。十行十九字。按《四庫全書》本，朱彝尊所跋本當並從此本出。朱氏謂所據為宋刻，諸家亦認此為宋本。然卷内不避宋諱，且與南塘、梅亭同一版式，其為宋元間同時同地所刻無疑。當時凡刻若干家，今不可考，茲由此三家推之，的是選節之本，則無疑。王重民先生疑其選刻於元初，然無確據，故乃題為宋本。鈐〃虞山毛氏汲古閣收藏〃、〃虞山毛表奏叔家圖書〃、〃毛表之印〃等印記。北京圖書館藏。

八唐人詩十冊

李目有宋本。杜審言、馬戴、司馬札、許棠、于鵠、儲嗣宗、唐求、鄭谷。

唐三十家詩

劉燕庭有宋本，李目亦有之。曹鄴、劉駕、姚鵠、儲嗣宗、劉威、鄭巢、李建勳、張喬、許棠、司馬札、孟貫、韓群、殷文珪、于鵠、羅虬、劉兼、劉滄、周賀、章孝標、皇甫曾、顧非熊、薛能、嚴維、包佶、秦隱君、項斯、李山甫、曹松、楊凝、李嘉祐。

唐百家詩選二十卷　宋王安石輯
宋刻遞修本，存八卷。中國科學圖書館藏。

一百三十二家唐人詩集一百五十二册
清葉樹康手抄影宋本。一百五十二册。見孫從添《上善堂宋元板精抄舊抄書目》。

高氏三宴詩集三卷附九老詩一卷　唐高正臣編
宋刻本。

三謝詩　宋唐庚輯
宋刻本。日本橋川影印宋本。

觀瀾文集甲集二十五卷乙集七卷　宋林之奇編
清嘉慶間阮元進呈影宋舊鈔本。八册。臺灣故宮博物院藏。

詩苑衆芳　宋劉瑄編
宋刻本，無序目卷數，凡詩二十四家。首長樂潘氏，終古汴吳氏。署吳郡梅溪劉瑄伯玉敖編。各家書目所未載。九行十五字。黄丕烈藏。

麗澤集□□卷　不著撰人名氏，傳呂祖謙編
　宋刻本。半葉十二行，行二十二字。四周雙
　邊。存卷一至三十五皆詩。瞿氏鐵琴銅劍樓
　藏書。

續增歷代奏議麗澤集文十卷附關鍵增廣麗澤集
　文一卷　題宋呂祖謙編
　宋刻本四冊，十二行二十二字，白口，左右
　雙邊。北京圖書館藏。

古文集成全集七十八卷　宋王霆震編　甲集六
　卷、乙八卷、丙七卷、丁九卷、戊八卷、己
　八卷、庚八卷、辛七卷、壬八卷、癸九卷
　四庫著錄宋刻本。在袁漱六處，即浙採遺目
　所進，高宗屢旨將原書發還，館中仍不能如
　詔，蓋以備繕本覆對之用，而中飽乾沒者亦
　不少矣。

中興閒氣集二卷　唐高仲武編
　影寫宋刻本，十行十八字，白口，左右雙邊。
　清末黃念慈擬以覆刻，即莫氏目所記之近人
　仿宋刊本。述古堂影宋鈔本。

松陵集十卷　唐陸龜蒙編

明末毛氏汲古閣影宋寫刻本。十二行，行二十二字。即自毛扆、何焯所據校之宋本影出。近陶湘涉園已覆刻行世。

重廣草木蟲魚雜詠詩集□卷　失撰輯人名氏
宋元間刻本，半葉十行，行二十一字。黑口，四周雙邊。存卷六至七、卷十一至十八，共十卷。鈐朱彝尊印記。

標題三蘇文粹六十二卷　宋蘇洵、蘇軾、蘇轍撰
宋刻本，半葉十五行，行二十一字。白口，左右雙邊。存三十四卷。北京圖書館藏。

重廣分門三蘇先生文粹一百卷　宋蘇洵、蘇軾、蘇轍撰
宋刻本。日本宮内廳書陵部藏。

重廣分門三蘇先生文粹七十卷　宋蘇洵、蘇軾、蘇轍撰
宋刻本（卷十三至十五、五十配宋婺州吴宅桂堂刻本）。清翁同龢、韓德鈞跋。上海圖書館藏。

東萊標註三蘇文粹五十八卷　宋蘇洵、蘇軾、蘇轍撰　呂祖謙輯

宋刻本，半葉十五行，行二十七字。白口，左右雙邊。存五十一卷。北京圖書館藏。

謹依眉陽王大宋眞儒三賢文宗　宋口口輯

宋刻本。

文心雕龍十卷　梁劉勰撰

宋刻本。多隱秀一篇。此書宋刻本，明錢允治曾見之，明末已佚。

文章緣起一卷　題梁任昉撰

宋邱中刻本。

雲莊四六餘話一卷　宋王銍撰

宋刻本，半葉十一行，行十九字。各目不載，惟述古堂有鈔本，四庫未收。黄蕘圃藏。

樂章集一卷　宋柳永撰

吳興陸氏藏宋刻本。

東坡詞一卷　宋蘇軾撰

宋刻十二卷本。季滄葦藏。

宋刻二卷本。傳是樓藏。

淮海詞一卷　宋秦觀撰

宋刻本。

片玉詞二卷補遺一卷　宋周邦彦撰

宋刻陳元龍注十卷本。半葉十行，行十七字。

初寮詞一卷　宋王安中撰

汲古閣影宋精鈔本。

酒邊詞二卷　宋向子諲撰

宋刻本二卷。

東浦詞一卷　宋韓玉撰

汲古閣影宋精鈔本。

嬾窟詞一卷　宋侯寘撰

汲古閣影宋鈔本。

海野詞一卷　宋曾覿撰

汲古閣影鈔宋本一卷。

龍川詞一卷補遺一卷　宋陳亮撰

汲古閣影鈔宋本。

竹屋癡語一卷　宋高觀國撰

汲古閣影宋精鈔本。

散花菴詞一卷　宋黄昇撰

明影宋刻本。

風雅遺音二卷　宋林正大撰

清影寫宋刻本。半葉九行，行十八字。錄有黄丕烈跋。繆荃孫藏。此書四庫存目。

尊前集二卷　不著編輯者名氏

毛晉跋，以爲顧梧芳作。宋鈔本。明初影宋鈔本。

梅苑十卷　宋黄大輿編

汲古閣影宋本。

類編草堂詩餘四卷　不著編輯者名氏

宋刻本。

唐宋諸賢绝妙詞選三卷　宋黄昇輯

清初毛氏汲古閣影宋鈔本。十行十七字，白口，四周單邊。北京圖書館藏。

遼代刻書

龍龕手鏡四卷　遼釋行均撰

遼統和十五年(997)刻本。半葉十行，行大小三十字不等。原名手鏡，宋刻改為鑑。有燕臺憫忠寺沙門智光字法炬序，題統和十五年丁酉七月。收字二萬六千餘，佛經及民間俗字亦被收入。每字注反切音和字義，注凡十六萬餘字，網羅繁富，文字排列亦有創新。

史記　漢書

遼咸雍十年(1094)頒定。

皇朝實錄七十卷　遼耶律儼修

遼天祚帝(乾統至保大)1101—1125時刻。元初耶律楚材家所藏，早已無存。

蒙求三卷　唐李翰撰

遼刻本。白文無註。現存七葉，每葉二十行，行十六字。白麻紙，蝶裝。第一葉及第九葉後半葉缺。第二葉版心有污殘。全册現存七葉半。現存文字自"燕昭築臺"起至卷終。卷後音義存八行。版心刻有葉數。楷書，字體整齊，略顯呆板。此書雖無刻印題記和年月，但從遼代六十一件雕版印刷品中，有七件避遼諱。釋摩訶衍論通贊疏卷第十、釋摩訶衍論通贊疏科下均爲遼道宗"咸雍七年十月□□日燕京弘法寺奉宣教勘雕印流通"的"光"、"明"、"賢"、"真"四字皆缺筆避諱。其餘五件刻版和八件遼人寫經或四字均避，或僅避其中一二字。蒙求明顯避"明"、"真"，如"甄後出拜"（甄、真同音）"離婁明月"之明字，"周鎮滿船"之鎮字，"淵明把菊、真長望月"、"許慎無雙"、"慈明八龍"之明、真、慎均缺筆。音義中甄、真亦缺筆。清錢大昕云："遼人謹於避諱"。由此可證，蒙求爲遼刻無疑。據同出刻經推斷，此書刻印時間應不早於道宗時期。此本早於南宋徐子光補注蒙求近二百年，是目前世存最早的刻本，也是世所僅有的遼刻版書籍。注：避諱"光"（太宗耶律德光）"明"（穆宗耶律璟，後更名明）"賢"（景宗耶律賢，小字明扆，故亦諱明）"真"（興宗耶律真）。在諸刻經中，凡有聖宗統和、太平紀年者，皆無諱，凡有道宗，咸雍七年紀年者，四字俱諱，明字諱兩筆。此書山西應縣木塔發現。

脈訣 卷 太醫直魯古著

遼刻本。明代仍有傳本。

脈訣鍼灸 遼直魯古撰

遼刻本。明代仍有傳本。

精選百一方 宋王璆撰

遼刻本。

肘後方□卷 晉葛洪撰

遼乾統間（1101—1110）刻。即葛洪所謂"皆單行徑易，約而已驗，籬陌之間顧盼皆藥，家有此方，可不用醫者也"。

星命總括 遼耶律純撰

遼刻本。有清抄本傳世。

大蘇小集

遼范陽書肆刻本。刻蘇東坡詩數十篇，名《大蘇小集》。

契丹藏 五千四十八卷

遼統和二十年至重熙七年（1030—1038）刻印。

五百七十九帙，五千四十八卷，文字卷軸本。

一九七四年在山西應縣木塔發現十二卷契丹藏，千字文編號分别为：垂一109、愛一113、首一116、在一131、女一161、靡一181、欲一190、情一264、第356、刻527、勿一564。

一九七四年，在山西應縣木塔發現世所罕見的遼代珍品，绝大部分為遼代印刷品。計有契丹藏十二卷。遼代刻經三十五件。雜刻七件。版刻佛像六件。寫經、雜抄三十件。這批印刷品，雕版工整，字體雋秀，紙墨精良，印刷優美，更為可貴的是紙質堅韌、光潔，秘藏塔內近千年，無一蟲蛀痕迹，可見入潢避蠹之功効。遼藏和零刻經中均有題記，標明其雕印年代、地點、書手、雕工、校者、督造等，彌足珍貴。

契丹藏十二卷如下。

大方廣佛華嚴經卷第四十七　東晋天竺藏佛陀跋陀羅譯

千字文編號垂一109，坐朝問道、垂拱平章。

版式每纸均刻有小字：華嚴四十七”，板碼

及垂字。每纸背面均有一長方形陽文楷書"寶嚴"戳記。四周單框，每纸二十七行，行十七至十八字。卷首畫為护法天王像。本卷為六十卷本。無諱，硬黄纸，卷軸裝。

大方廣佛花嚴經卷第二十四　唐釋實叉難陀譯

愛一113愛育黎首、臣伏戎羌。每纸均刻小字"大花嚴經二十四"，板碼及愛字。上下雙邊框。每纸二十八行，行十五字。本卷為八十卷本。存部分，無諱，硬黄纸，卷軸裝。

大方廣佛花嚴經卷二十六　唐釋實叉難陀譯

愛一113愛育黎首、臣伏戎羌。每纸均刻有小字"大花嚴經二十六"，板碼及愛字。上下雙邊框。每纸二十八行，行十五字。本卷為八十卷本。存二纸，無諱，硬黄纸，卷軸裝。

大方廣佛花嚴經卷五十一　唐釋實叉難陀譯

首一116愛育黎首、臣伏戎羌，每纸均刻有小字"大花嚴經五十一"板碼及首字。上下雙邊框，每纸因無整纸，故不知每纸行數，每行十五字。本卷為八十卷本，存八、九、十、十一各纸残片。硬黄纸，卷軸裝，無諱。

妙法蓮花經卷二　姚秦三藏鳩摩羅什譯

在一131鳩鳳在竹、白駒食場。每紙均刻有小字"第二"及板碼。四周單邊框。每紙二十行，每行十七字。存五至十五紙。硬黃紙。卷軸裝。無諱。

稱贊大乘功德經一　唐三藏法師玄奘奉詔譯

遼統和二十一年（1003）燕京刻契丹藏本。女一161女慕貞潔、男效才良。每紙均刻小字板碼。四周單邊框，每紙二十八行，行十六至十七字。是發現刻經中最完整的一卷。卷尾有題記："燕臺聖壽寺……時統和貳拾壹祀癸卯歲季春月冀生五葉記，弘業寺釋迦佛舍利塔主沙門智雲書。穆咸寧、趙守俊、李存讓、樊遵四人同雕"。遼統和二十一年，當為北宋咸平六年（1003），晚於開寶藏而早於國內其它任何大藏經。歷代藏經考略云之開寶藏殘卷，皆印於崇寧、大觀（1102-1110）。此卷雕印於遼統和年間的契丹藏，即是國內現存最早的大藏經刻本。卷軸裝，軸杆縹帶皆系原物，硬黃紙共五紙。無諱。

大法炬陀羅尼經卷第十三　隋天竺三藏闍那崛多等譯

靡181罔談彼短，靡持己長。每紙均刻小字"大法炬陀羅尼十二"、板碼及"靡"字。每紙背面均蓋有長方形雙邊楷書"神坡雲泉院藏經記"朱印，四周單綫邊框。每紙二十七行，行十七至十八字。卷首畫為弥勒菩薩法圖。

大方便佛報恩經卷第一

欲190信使可覆，器欲難量。每紙均刻有小字"報恩經一"板碼及"欲字號"。四周單綫邊框。每紙二十七行，行十七至十八字。《閱藏知津》卷九云："出後漢書》。無譯者。

中阿含經卷第三十六　東晉罽賓三藏瞿曇僧伽提婆譯

清264臨深履薄，夙興溫清。每紙均刻有小字"中阿含經三十六"，板碼及"清"。每紙背面"蓋有長方形陽文楷書"神坡雲泉院藏經記"朱印。四周單綫邊框。每紙二十七行，行十七字。卷首存一殘邊。

阿毗達磨發智論卷第十三　尊者迦多衍尼子造

唐三藏法師玄奘奉詔譯
弟一356孔懷兄弟、同氣連枝。每紙刻有小字
“發智論第十三”板碼及“弟字號”。四周
單邊框，共二十紙，無諱，硬黃紙，卷軸裝。
卷首存一殘邊。
佛說大乘聖無量壽决定光明王如來陀羅尼經一
卷　西天中印度摩伽陀國那爛陀寺傳教大師
三藏賜紫沙門臣法天奉詔譯
刻一527策功茂實，勒碑刻銘。每紙均刻有小
字“大乘聖無量壽陀羅尼經”板碼及刻字。
四周單邊框，每紙二十七行，行十七字。卷
首畫殘，僅存一殘邊，共六紙，硬黃紙，卷
軸裝。
一切佛菩薩名集卷第六
勿一564俊乂密勿，多士寔寧。每紙均刻有小
字“佛菩薩名集六”板碼及勿字。四周單邊
框。每紙二十八行，行十二至二十一字。存
五紙，無諱，硬黃紙，卷軸裝。
以上契丹藏十二卷，全部用漢字書寫雕版，
大字楷書，工整有力。每版印成一整紙，由

数纸至数十纸粘成一卷，每卷各纸行数、每行字数基本一样，行格疏朗，排列整齐，版式统一，均为硬黄纸，纸质极好，光洁坚韧，入潢避蠹，未见蠹蛀。不避讳与其它辽刻经不同。其中三卷，卷首有精美的木刻佛画，一卷仅存残画边。可知契丹藏经每卷首多有精致的佛画。

应县木塔辽刻佛经三十五卷列下：

妙法莲花经卷一　姚秦鸠摩罗什译

每纸均刻有小字"一"及板码，上下双边框，内有金刚杵及宝珠文饰，有音义七行。每纸二十六行，行十五至十六字。卷尾经名上方有朱绘宝珠，下有朱书"在"字，可能为补入契丹藏所加。无避讳字。存十至二十四纸，硬黄纸，卷轴装。

妙法莲花经卷一　姚秦鸠摩罗什译

每纸均刻有小字"一"及板码。上下单边框。每纸二十八行，行十七字。无避讳字。存三纸，硬黄纸，卷轴装。

妙法莲花经卷一　姚秦三藏鸠摩罗什译

每紙均刻有小字"一"及板碼。上下單邊框。每紙二十八行，行十七字。本卷發現時，已由卷軸裝改為册裝，書口用紙粘連，書脊右上方用一繩子串連。無避諱字，麻紙入潢，卷子改册，存二至十八紙。

妙法蓮花經卷第三　姚秦三藏摩鳩羅什譯

每紙均刻有小字"三"及板碼。品名下均一結跏趺座佛像。四周雙邊框，内有金剛杵及祥雲纹飾。每紙三十行，行十六至十七字。每紙三十行，行十六至十七字。無避諱字。卷軸裝，硬黄紙，存十四紙。

妙法蓮花經卷第三　姚秦三藏鳩摩羅什譯

每紙均刻有小字"三"及板碼。品名下有一結跏趺座佛像。四周雙邊框。内有金剛杵及祥雲纹飾，每紙三十行，行十六至十七字。卷首畫爲"妙法蓮花經窮子喻"、"妙法蓮花經藥草喻"、"迦葉授記得名曰光明如來"三品經變圖"。無避諱字，麻紙入潢，卷軸裝，有卷首畫，存十四紙。

妙法蓮花經卷四　姚秦三藏鳩摩羅什譯

每紙三十至三十二行，行十七至二十字。四周雙邊框。內有金剛杵及祥雲紋飾，有音義五行。每紙均刻有小字“二”“四”及板碼，經名下均有一結跏趺座佛像。卷首畫爲十六王子和五百弟子說法及經變佛。卷尾有“燕京雕曆日趙守俊并長男次弟同雕記”。硬黄紙，卷軸裝，有卷首畫。此卷同稱讚大乘功德經卷尾題記中之雕工：“燕京趙守俊”應爲一人，顯同時同地同一人參加雕刻。

妙法蓮花經卷第四　姚秦三藏鳩摩羅什譯

遼聖宗太平五年（1025）刻本。每紙二十六行，行十六字。四周雙線邊框。每紙刻有小字“四”及板碼，內有金剛杵及祥雲紋飾，有音義五行。卷尾有題記：“攝大定府文學龐可昇書，同雕造孫壽益、權司辰、趙從業、弟從善雕。燕京檀州街顯忠坊門南頰住馮家印造。經板主前家令判官銀青崇祿大夫檢校國子監祭酒兼監察御史武騎尉馮文柚（抽）己分之財特命良工書寫雕成妙法蓮花經壹部印造流通。伏願承此功德，回施法界有情，同霑利樂。時太平五年歲次己丑八月辛亥朔十五日乙丑記"。經名上方有朱繪摩尼寶珠，硬黄紙，卷軸装。存二十二紙，無諱。燕京馮家印造。此卷字體秀美，為遼代書法之佳作。考其龐可昇系遼代大書法家，遼聖宗太平五年寶坻廣濟寺碑，即龐可昇所書。

妙法蓮花經卷第四　姚秦三藏鳩摩羅什譯

每紙均刻有小字"二四"數處及板碼。每紙背面均有方形楷書陽文"寶集講院"朱印。每紙二十八行，行十七字。卷首畫僅存城門、人物，左下角有"樊紹筠雕"。卷尾經名下有一朱書"珪"字。無避諱字。硬黄紙，有卷首畫。

妙法蓮花經卷第五　姚秦三藏鳩摩羅什譯

每紙均刻有小字"五"及板碼。四周單邊框，每紙二十八行，行十七至二十字。卷尾經名下有朱書"大姐經"三字。經名上方有朱繪摩尼寶珠。硬黄紙，卷軸装，存二至二十四紙。

妙法蓮花經卷第七　姚秦三藏鳩摩羅什譯

每纸均刻有小字〃七〃及板碼。每纸二十八行，行十五至十八字。無避諱字。硬黄纸，卷軸装，存五纸。

妙法蓮花经卷第八　姚秦三藏鳩摩羅什譯

每纸刻有小字〃八〃及板碼。上下雙邊框，内有金剛杵及祥雲纹飾。有音義五行。每纸二十八行，行十六至二十字。無避諱字。硬黄纸，卷軸装，存十三至二十纸。

妙法蓮花经卷第八　姚秦三藏鳩摩羅什譯

每纸均刻有小字〃八〃及板碼。四周單邊框。每纸二十八行，行十七至十八字。卷首畫有佛説法及諸經變圖，題榜十三處。無避諱字。硬黄纸，卷軸装，存六纸。

妙法蓮花经卷第八　姚秦三藏鳩摩羅什譯

每纸均刻有小字〃八〃及板碼，四周單邊框。每纸二十八行，行十七至十八字。卷首爲佛説法及諸品經變圖，題榜十三處。畫内容同上卷，但非同版。無避諱字，硬黄纸，卷軸装，有卷首畫，存二十纸。

妙法蓮花经卷第一　姚秦三藏鳩摩羅什譯

每板心均有小字"第一"葉碼。四周雙邊框。
每紙十六行，行十六至十七字。卷首畫僅存
半葉。無避諱字。硬黃紙，蝶裝，卷首畫殘
大方便佛報恩經優婆離品第八　失譯者
經名下有一字"六"。僅存一紙，上半部字
九行，白麻紙，卷軸裝，無避諱字。
佛說大孔雀咒王經卷上　大唐三藏法師義淨奉
詔譯
每紙均刻有小字"一"及板碼。上下單邊框。
每紙三十行，行十六字。無避諱字。硬黃紙，
卷軸裝，存三紙。
佛說八師經一卷　吳月支優婆塞支譯
每紙均刻有板碼。四周單邊框。每紙十四行，
每行十八字。卷尾題記"李韓氏奉為亡夫應
夢雕施大昊天寺福慧樓下成造"。據元一統
志曰：大昊天寺建於遼道宗清寧五年，秦越長
公主舍棠陰坊第為寺，道宗施五萬緡以助。在
遼燕京城內建成此大昊天寺。據北京廟宇通
檢，大昊天寺系遼道宗清寧五年，秦越大長
公主舍棠陰坊第為寺，在西便門大街西。此

经似應雕印於遼道宗時期，麻纸入潢，蝶装。

佛説觀世音经

每纸均有小字板碼。四周单邊框。每纸二十八行，行十八至二十一字。無避諱字，硬黄纸，卷軸卷軸装，存四纸。

高王觀世音经一卷

第二纸有板碼，第三纸有"高王经"及板碼"三"。四周单邊框，每纸二十六行，行十六字。卷首畫為经變圖。卷尾題記十四字。無避諱字。白麻纸，卷軸装，卷首畫残。

佛名集

板心有葉數，上下单邊，左右雙邊框。每纸十行，行七至十一字。無避諱字。白麻纸，蝶装，存四葉半。

大方廣佛花嚴经疏卷四下　清凉山大花嚴寺沙門澄觀撰

每纸均刻有"花嚴疏四下"及板碼。四周单邊框。每纸三十四行，行二十四至二十五字。第六十六、六十八、六十九、七十、七十一、七十三纸背面有方形篆書陽文"福慧邑記"

朱印。無避諱字，白麻纸，卷軸装，存三十六至七十五纸。

大方廣佛花嚴经隨疏演義鈔卷第一上　清凉山大花嚴寺沙門澄觀撰

每纸均刻有小字"花嚴抄一上"及板碼。四周单邊框。每纸三十行，行二十字。避諱"光"、"賢"、"真"缺一筆，"明"缺兩筆。唯二十七纸之"如来眉間放光照"之"光"字未缺筆。卷尾有朱書"涿州寶嚴寺僧、可敉"字樣。知本卷當經涿州寶嚴寺僧可敉點讀。细皮纸入潢，卷軸装，存三十四纸。此刻经之諱字缺筆者"光"（太宗耶律德光）、"明"（穆宗耶律璟，後更名明）。"賢"（景宗耶律賢，小字明扆，胡名諱明）。"真"（興宗耶律宗真）。

大方廣佛花嚴经隨疏演義鈔卷第一下　澄觀撰

每纸均刻有小字"花嚴抄一下"及板碼。四周单邊框。每纸三十行，行二十字。避諱"光"、"真"缺一筆，"明"缺二筆。唯第二纸"三寶皆依真"的"真"字未缺筆。每纸背面均有朱印[illegible]。

大方廣佛花嚴經隨疏演義鈔卷五上半

每紙均刻有小字"花嚴抄五上半"及板碼。四周單邊框。每紙三十行，行二十一至二十二字。本卷可能為清涼山大花嚴寺沙門澄觀撰。白麻紙，卷軸裝，存三十六紙。

大方廣佛花嚴經隨疏演義鈔卷五上

每紙均刻有小字"花嚴抄五上"及板碼。四周單邊框。每紙三十行，行二十字。避諱"光"、"真"字缺一筆，"明"字缺兩筆。卷尾經名下刻有"顯處嚴竟"四字。細皮紙入潢，卷軸裝，存十七紙。

大花嚴經卷第一上

四周雙邊框，磁青紙，僅存包首，經文無存。原與經文銜接處有粘附印本"大方廣佛花嚴經"殘紙一條，卷軸裝。

上生經疏科文一卷 燕臺憫忠寺沙門詮明改定

每紙均刻有板碼。每一小經題上均有朱繪摩尼寶珠。每紙約十四行，行約二十五字。卷首題刻為"燕臺憫忠寺沙門詮明改定"，詮明"二字上有朱文押記。卷尾題記曰："時統和八年（990）歲次庚寅八月癸卯朔十五日戊午故記，燕山仰山寺前楊家印造。所有講贊功德回施法界有情"。白麻紙，卷軸裝，十四紙。此為遼代北京最早的印刷品。燕臺憫忠寺，即今北京宣武區法源寺，為燕京名剎。燕京仰山寺，永樂大典卷4650有記載，在遼金故城歸厚坊，佛殿起梁為遼穆宗應曆十一年（961）八月十五日。

釋摩訶衍論通贊疏科卷第十　守臻述

每紙均刻有小字"通贊疏十"及板碼，四周單邊框。每紙二十八行，行十八字。卷尾有題記："燕京弘法寺奉宣校勘雕印流通"。"遼咸雍七年（1074）燕京雕印"。避諱"光"、"賢"，"真"缺筆，"明"缺兩筆。第十四紙有"宣賜燕京"朱印。每紙接縫處均蓋有"應州文書"朱印。白麻紙，卷軸裝，存三至三十七紙。

釋摩訶衍論通贊疏科卷下　守臻述

第八紙至十五紙均刻有小字"通贊科下"及

板碼。每紙二十八行，行十二字至二十三字。卷尾有題記："咸雍七年（1074）十月日燕京弘法寺奉宣校勘雕印流通"。"殿主講經覺慧大德臣沙門行安勾當、都勾當講經詮法大德臣沙門方矩校勘，右街天王寺講經論文英大德賜紫臣沙門志遠校勘，印經院判官朝散郎守太子中舍驍騎尉賜緋魚袋臣韓資睦提點"。避諱："光、賢、真"缺一筆，"明"字缺兩筆。第十四紙有"宣賜燕京"朱印。硬黄紙。存七至十七紙。

釋摩訶衍論通贊疏卷第十、釋摩訶衍論通贊疏科卷下，此為刻經中最優秀的兩卷經，紙質、雕板、印刷均屬上乘。兩經版式、紙質、字體、卷尾題記都完全相同，為同時同地所刻。

成唯識論述記應新抄科文卷第三

全卷皆用連綫表示科文。每紙均刻有小字"科三"及板碼。（三十紙無）四周單邊框，每紙三十行，行字數不等。各紙均有施紙人和雕工姓名，有的當時粘連時裁去。無避諱字。

细皮纸入潢，卷轴装，三十七纸。

法華玄贊會古通今新抄卷二

遼刻本，四十七纸，每纸三十二行，行二十至二十二字。四周单边框。每纸均刻有小字"法抄二"及板码。卷尾题記中有"四十七纸三司左都押衙南甫二十二纸孫守節等四十七人同雕"。無諱字，皮纸卷轴装。此新抄向無傳本，極爲珍貴。

應縣木塔遼代雜刻如下：

法華經玄贊會古通今新抄第六

遼刻本，每纸二十六行，行二十至二十三字。四周单边框。每纸均刻有小字"法抄六"及板码。卷尾题記"五十六纸雲州節度副使張齋一纸李壽三纸許延玉五纸應州副使李胤兩纸趙俊四十五人同雕，伏願上資聖主下廣四生聞法衆流多聰勝龍花同遇覺道齊登法界有情增益利樂"五行。無諱字，白麻纸，卷轴装，存十七至五十六纸。此"新抄"卷二、六，向無傳本，極爲珍貴。雲州於重熙十三年（1044）升爲西京，節度行改爲西京留守，知此經應刻於重熙十三年前，即北宋慶曆四年以前。

涅槃義記第八

每紙均刻有小字"第八"及板碼。四周單邊框。每紙二十六行，行二十至二十三字。白麻紙，卷軸裝，存五至八十紙，總長三三三一．四厘米。

八師經報應記

每紙十二行，行十八至十九字。四周單邊框。經文中"明"字缺筆避諱，大明咒的"明"字未缺筆。此記描述嘉祐二年（1057）劍州人陳晦之"凌轢平民，強污良家"，得惡報的故事。

以上遼刻佛經三十五種，其中"法華經玄贊會古通今新抄卷二"、"法華經玄贊會古通今新抄卷六"、"釋摩訶衍論通贊疏科卷十"、"釋摩訶衍論通贊疏科卷下"、"上生經科文"等六卷，疏科文，更是向無傳本，極為珍貴。這批遼代刻經，字體秀麗，書法圓潤有力，行款疏朗，紙墨精美，大部分在遼的南京書寫雕印，有題記可證。這批遼代印刷品的發現，使久已失傳的遼刻本，再現於世，填補了我國印刷史上的空白。

遼代雜刻如下：

燕臺大憫忠寺新雕諸雜贊一策

白麻紙，蝶裝，書皮為麻紙入潢，貼有墨框雙紙簽，簽內木刻墨印楷書"新雕諸雜贊一策"。文內每葉二十行，行字不等，四周雙邊。楷書工整有力。第一行題目"燕臺大憫忠寺常住院內新雕諸雜贊隨名各列如後"。在烏絲欄內，上有黑魚尾"燕臺大憫忠寺常住"八字，較下邊字體稍大，疑為舊板剜補，共六行，十八贊，一百十八會。共列六十四贊，二百七十四會。燕臺大憫忠寺，即今北京宣武區的法源寺，此雖未標明年代，但從元一統志憫忠寺條下記載了"咸雍六年表寺額，始加大字"，知為咸雍六年以後雕印。

玉泉寺菩薩戒壇所牒

首題為"菩薩戒壇所牒"，二行為"受菩薩戒弟子"。三至十一行為駢體牒文。牒文後印有“统和年月日”。末行為傳戒僧押署扁形宋體字“永安山玉泉寺傳菩薩阿闍梨弘教大德賜紫釋通述牒”。此牒完整，原折疊存放於牒封內。從牒內容知為佛家十戒等。從牒後年款知印於遼末天祚帝乾统年間(1101-1110)未添寫年月日，知尚未使用。麻紙，板刻墨印，字體工整有力。

玉泉寺菩薩戒壇牒封

下部有污残，該封成紙套形，上下開口，俗稱筒子封。正面無文字，背面封合處蓋有傳戒僧押署，為扁形宋體字“永安山玉泉傳菩薩戒阿闍梨弘教大德賜紫釋通述封”。玉泉寺菩薩戒壇所牒，原折疊存放此牒封內。麻紙。從戒牒和牒封傳戒僧押署知傳戒僧為永安山玉泉寺僧，永安山，即馬盂山，因中峰形類馬盂而得名，位於遼中京，今承德地區。

菩薩戒壇所牒

此牒為板刻墨印，單邊框，字體工整。残存文字為：第一行“菩薩壇所牒”。第二行“受菩薩戒圓囝”。第三行“伏聞如來秘藏……”。

第四行："非舍那釋加無……"。第五行："具議所以離怙……"。第六行："轉持學於嶦……"。第七行："如觀牖隙……"。第八行："摸有則羯……"。第九行："漸學於心……"。第十行："聖主以鴻闡……"。第十一行："天慶……牒"。末行傳戒僧押署："壇主傳菩薩戒阿闍梨弘大德賜紫……"為扁形宋體字。從"天慶"二字知此牒印刷於遼末天祚帝天慶年間（1111—1120）。麻紙，中部短，下部殘。此牒為板刻墨印，單邊，字體工整。

菩薩戒壇所牒封

呈紙套形，上下開口，俗稱筒子封。正面無文字，背面封合處蓋有傳戒僧押署："壇主傳菩薩戒阿闍梨弘教大德賜紫釋牒封"，扁形宋體字。封内無牒，菩薩戒壇所牒似應存放在此牒封内。以上四件戒牒和牒封為佛家僧尼的身份證，或稱通行證，均未曾啟用，即做為佛家瑰寶，珍藏於應縣木塔内。

講經啟

殘缺較重，僅存："五臺山称子欲（峪）下水院講經律論沙門口口”，其左兩行小字為“大康年囗回”，“靴人……僧果”等字。從文字內容上看，似為某某沙門講解經律論的通知單或告示。五臺山松子欲（峪）係指當時遼境內薊州附近的小五臺山。“大康”為遼道宗年號（1075-1094），本書講經律論日期，知尚未使用。麻紙，木刻墨印。

卜筮書殘葉

僅存半葉，下部和右側殘缺。原為蝴蝶裝，現存半葉，計十六行，有行格及單邊框。由於上部文字缺，從殘存文字看，係用五音及“木奴”、“天牛”、“玉犬”等占卜吉凶，以求吉利。麻紙。

板刻印刷佛像六件：

熾盛光九曜圖

縱九十四·六厘米，橫四十五·九厘米。麻紙原為挂幅，天杆地軸已佚，畫身多處傷殘。內容為佛與九曜星宿。原有題榜，殘存“降九”字樣。四周有雙綫邊框，刻工精細，綫條遒勁，是我國古代木刻立軸中的優秀作品。

這是迄今為止，我國發現的最大立幅木印着色佛教畫幅。

藥師瑠璃光佛說法圖

木刻墨印，朱膘、石綠兩色塡法。上部有十二大願相，下部為十二葯叉大將相。縱七十七厘米，橫三十六・五厘米。二件，兩軸尺寸略等，系同板所印，均有傷殘。麻紙。

南無釋迦牟尼佛像三件

縱六十五・八，橫六十二厘米。絹地，似木刻彩印（一說為絲漏彩印）。原折疊存放，為佛說法圖，佛及弟子面部及其它细部，均用朱、墨兩色描繪開光。全幅系木刻半板，折疊印刷。原板邊側上方有楷體陰文"南無釋迦牟尼佛"七字，三件為同板所印。此種遼代絹本，水印红、黄、藍三色版畫，在我國目前還是首次發現，在雕板印刷史上有着重要意義。

遼寫經、雜抄三十件

成唯識論第一卷

千字文編號：盡。每紙二十行，行十六、七

字，烏絲欄，經背有"應州延福寺藏"朱印。無諱，歐體字，剛勁古樸，與遼經同一風格。硬黄紙，卷軸裝，十七紙。

佛頂心觀世音菩薩大陀羅尼經

每紙十五、六行，行十八、九字。硬黄紙，卷軸裝，存十紙。

佛頂心觀世音菩薩大陀羅尼經

存十三紙，麻紙入潢，卷軸裝。

佛說大乘聖無量壽决定光明王如來陀羅尼經

法天奉詔譯

諱光、明二字。皮紙，卷軸裝。

梵網經手記卷第二

存二十七紙，烏絲欄，無諱。除録經外，為疏抄手記，廣徵博引。麻紙入潢，卷軸裝。

法華經手記第七

存四十三紙，無諱。卷尾題"重熙十年八月八日寫終記聖壽院門人奉能"。麻紙，卷軸裝。

守臻集略示戒相儀　孝思集毗奈耶藏近事優婆塞五戒本等合卷

存二十六紙，諱"賢"字。題記有"燕京永嘉寺崇祿大夫守司徒通慧大師賜紫沙門守臻集"。"覺花島海雲寺崇祿大夫司空輔國大師賜紫沙門孝思集"。從字體看全卷為一人抄寫，書法隽秀，爲寫經中的精品。薄麻紙卷軸裝。

十戒

麻紙，卷軸裝，無諱。

大乘八關齋戒儀

避"明"、"賢"二字諱。有"天慶二年(1112)歲次壬辰四月十一日寶宮寺第八壇"題記。麻紙，卷軸裝。

摩訶般若薩十無盡戒儀

"明"、"賢"二字避諱。有"應州寶宮寺四月十一日發風"等字。麻紙，卷軸裝。

受戒發願文

麻紙入潢，卷軸裝。

大方廣佛花嚴經隨疏演義鈔卷第一并序

麻紙，綫裝成冊

大方廣佛花嚴經隨疏演義抄序

避“明”字諱。麻纸线装成册。

大方廣佛花嚴经演義鈔講義

避“明”字諱。麻纸，卷軸装。

大方廣佛花嚴经隨疏演義玄鏡記第三上半

存一、七兩葉，麻纸，线装成册。

大方廣佛花嚴经答問

避“明”、“真”二字諱。麻纸，卷軸装。

大方廣佛花嚴经十迴向品疏

卷背有经解，麻纸，卷軸装。

九聖院僧圓吟澄鑒講捉念誦

文内奉獻對方有“天祚皇帝飛（妃）”、“州尊大師”、“現資政大師”等。末纸有“應州花嚴院”題字。天祚皇帝當為1101-1125年，即遼代末期。

圓教四門答問

麻纸，卷軸装。

科判文（经名不詳）

“明”字避諱。原為烏絲欄，後改科判墨线，麻纸，卷軸装。

科判文（经名不詳）

避"明"字諱。麻纸，卷軸装。

大乘雜寶藏经及唱詞合册

结語有"奉為国主燕王千秋萬歲文武宰寮祿壽無穷"等字。麻纸，线装成册。

经疏雜抄

烏絲欄，麻纸，卷軸装。

经疏雜抄

麻纸，卷軸装

天新菩薩第一論及雜抄

麻纸，卷軸装。

雜講

正背面皆有文字。無諱。麻纸入潢，卷軸装。

僧典章為賣常住十畜狀

遼乾統二年（1102）寫本，無諱。麻纸，修復成卷。

勸信佛唱詞

麻纸，修復成卷。

菩薩戒壇消文卷中包首

麻纸入潢，有竹篾天杆，墨書簽條，经文無存。

佛說延壽經

麻紙入潢，烏絲栏，寫经格，存十四行，行十八至二十字。

佛母大金孔雀明王经三卷　唐釋不空譯

遼刻本，存一卷。山西應縣木塔文物保管所藏。

仁王護國般若波羅蜜多经科文一卷

遼寫本。山西應縣木塔文物保管所藏。

略示戒相儀一卷　遼釋守臻撰

遼寫本。山西應縣木塔文物保管所藏。

發菩提心戒本一卷

遼天慶二年（1112）寶宮寺寫本。山西應縣木塔文物保管所藏。

菩薩十無盡戒儀一卷

遼應州寶宮寺寫本。山西應縣木塔文物保管所藏。

應州當寺沙門祈福願文一卷

遼寫本。山西應縣木塔文物保管所藏。

契丹藏小字本五千餘卷

遼景福元年至清寧十年（1031－1064）契丹皇帝曾

下令雕印大藏经。此藏细字刻鏤精巧，不滿千册小本。高麗僧密菴"丹本大藏慶贊疏"記錄契丹藏存在一種小字本云："念茲大寶，來自異邦，帙簡部輕，函未盈於二百，紙薄字密，册不滿於一千。殆非人功所成，似借神功而就。"這部由五百多帙五千餘卷，壓縮不到二百函一千册的大藏，自然非密行细字不可，而刻鏤工巧，似借神力。可見遼代刻書之藝高强，惟尚未發現實物。一九八七年在河北豐潤縣天宮寺發現極為罕見的小字本契丹藏如下：

佛說大乘聖無量壽口定光明王如來陀羅尼经

卷軸裝，首尾已被蟲蛀，残長二百一十厘米有餘。通卷三紙，每紙長52.54厘米，宽23.97厘米。全卷共八十一行，（其中三十行至四十一行為梵文），每行十九至二十二字。

佛說阿弥陀经一卷

卷軸裝，全長250.11厘米，宽30.04厘米，全卷共四紙，每紙長54厘米，版宽21.42厘米，每版二十八行，行十七至十八字，共一百十二行。卷首有護法神像，卷尾題："年七月二十日記雕板人吳浚景印造。"

佛頂心觀世音經一卷

卷軸裝，首尾已被蟲蛀，殘長279.09厘米，寬29.54厘米。全卷共四紙，每紙長50.51厘米，版寬22.14厘米。每紙二十九行，行十九至二十字，共一百二十四行。

梵漢合璧佛經散葉（葉數不詳）

版高11.9厘米，版寬6.8厘米。每版六行梵漢相間，每行十三至十六字不等。四周雙邊，有版心，版心題佛經簡名和葉碼，并保留千字文序號"鄉"。

金光明最勝王經一冊

似為經過改裝的包背裝。共一百十八葉，高20.6厘米，半葉寬12.3厘米，每版上下邊，左右單邊，版高15.7厘米，寬9.9厘米。每版十三行，行二十四字。上下邊框內又飾以金剛杵等圖案。冊尾有題記："左街仙露寺秘特大師賜紫比丘尼靈志，雕造小字金光明經板一部，祈集勝，先願上資聖宗皇帝、太皇太后、興宗皇帝仙駕御靈，速生樂國。更願皇太后、皇帝、皇后遐延聖壽，皇太叔與妃、諸王、公主，永納殊禎，法界有情，同沾利樂。清寧五年歲次己亥（1059）六月甲子朔十三日丙子雕畢流通。"

金剛般若波羅蜜經一冊

蝴蝶裝，封面左側上方粘貼經簽"金剛般若波羅蜜經"。扉葉有釋迦佛法會及八金剛，四菩薩像，全書共二十三葉，框高二十厘米，版寬十三厘米，每版九行，行十八字，左右雙邊。版心印有經題及葉碼。文內"真"字缺末筆，書尾題"乙卯歲施"。

大乘本生心地觀經一函

蝴蝶裝，版高23.1厘米，寬14.3厘米，每版二十行，行二十字。第一冊六十三葉，第二冊四十三葉，第三冊五十二葉。三冊均有千字文號"壁"。第一冊封面葉內有題記："咸雍六年（1070）十一月奉宣雕印。殿主講經覺慧大德臣沙門行安；都勾當講經法大德沙門萬矩；印經院判官朝散郎守太子中舍驍騎尉賜緋魚袋臣韓資睦；汝州團練使檢校太傅兼御史中丞上柱國；隴西郡開國侯食邑一千户實封壹佰户提點官李存寅。"

諸菩薩名集一函六册

蝴蝶裝，版高23.1厘米，版寬12.9厘米。每版十二行，行三十二字。第一册存六十一葉；第二册存六十一葉；第三册存五十六葉；第四册存五十六葉；第五册存五十六葉；第六册存四十四葉。書内有敘："大大藏教諸佛菩薩名號集序，覺花島海雲寺崇禄大夫守司空輔國大師賜紫沙門思孝奉詔撰。"卷尾題記："皇朝七代歲次癸巳重熙二十有二年(1053)律中大吕蓂生十葉午時序說。"

大方廣佛花嚴經一函八册

蝴蝶裝訂線裝，版高23.9厘米，寬15厘米。每版十行，行三十字。全書共八百五十葉。每卷有千字文號，依次為"平"、"章"、"愛"、"育"、"黎"、"首"、"臣"、"伏"。一、二、五、六、七册後有題跋："大契丹國燕國長公主奉為先皇御靈，冥資景福，太后聖壽，永保遐齡，一人陰戴斗之尊，正後葉齊天之算。太弟公主，更祈脈於銀黄；親王諸妃，長分陰於玉葉。次及有職，後逮含情；近奉慈尊，運城佛道。特施淨財，敬心雕造小字大花嚴經一部，所冀流通，悉同利樂。時重熙十一年歲次壬午（1042）孟夏月甲戌雕印記。”“燕京左街僧録大夫檢校太保演法通慧大師賜紫沙門瓊煦提點雕造。”

大乘妙法蓮華經一函八册

蝴蝶裝訂綫本，版框24厘米，寬13.5厘米。每版六行，行十六字。第八册經尾有題記：“佛弟子沁州團練使檢校太傅兼御史中丞上柱國開國侯食邑一千户實封壹佰户隴西李存愈，銜詔命，庚止燕都弘法蕭藍，實正司於提點昊天經剎，乃兼職於興修，自愧庸愚，幸叨任使，徒切悚銘之素，罔知報恩之由，匪集殊因，難酬聖德，是念白蓮與金、口極談愛，募工徒用鏤方板，俾印募而有期，闡佈以無窮，所積勝緣，敬伸回向，伏願太皇后、皇帝、皇后延聖於剎塵，皇太子、妃主、王公等遐龄於劫石，百執永绥於吉祿，兆民咸樂於熙辰，共趣一乘，速超三界。時咸雍五年（1069）十月十五日記。燕京弘法寺都勾當詮法大德沙門方矩；提點雕造天王寺文英大德賜紫沙門志延校勘。

大乘中興三藏聖教一册

册葉装，高二十一厘米，寬十三厘米。封深藍色，損壞嚴重。

神變加持經義釋密鈔　遼釋覺苑撰

遼大康三年（1077）刻印。覺苑序稱"會於前冬詔赴行在，面奉進呈，敕令雕印"。

續一切經音義十卷　遼釋希麟撰

遼刻本。解釋佛經的音義，收入遼藏中。

大般若經六百卷

大華嚴經

金光明經

妙法蓮華經

遼聖宗統和至太平間（983—1030）雕造。

大日經義釋演密經　遼釋覺苑撰

遼清寧五年（1059）道宗敕令雕印。

觀彌勒菩薩上生兜率天經疏　唐沙門窺基撰

又名觀彌勒菩薩上生兜率天經贊　彌勒上生經瑞應疏

遼刻本，存卷上，皮紙，卷軸裝。卷首殘，且斷爲兩截。卷首起於第二十版，卷尾全，通卷存十六紙，總長805.6厘米。上下單邊，每紙三十行，行二十字，間有十九至二十一字不等。每版端小字刊板印號，末紙文後刊"上三十五"，説明本卷上印板之數，共爲三十五紙。經卷有尾題："燕京憫忠寺講唯識論法華經釋詮曉定本。"卷内經文起首處，經疏起首處，都有硃筆符號標識。卷内又多處有校讀、注釋的文字。詳審視本卷的版刻風格，可見小字密行，手寫上板，字體版刻風格頗近山西應縣木塔發現的遼代秘藏，其爲遼代刻本當信無疑。此卷遼刻當爲今存窺基上生疏最早刻本。民間收藏。

釋摩訶衍論鈔　遼釋志福撰

遼道宗時(1055–1100)刻本。道宗作序稱："爰剞章而陳達，欲鏤板以傳通。"

一切佛菩薩名集三卷

遼重熙二十二年（1053）刻本。河北豐潤文物保管所藏。

妙法蓮華经七卷 後秦鳩摩羅什譯

遼咸雍五年（1069）釋方矩等刻本。河北豐潤文物保管所藏。

大方廣佛花嚴经八十卷 唐釋實叉難陀譯

遼重熙間（1032—1054）僧瓊煦金泥寫本。

经卷

遼重熙十八年（1049）寫本。经文首爲“南無清淨法身毗盧遮那佛……”每行约十五字。一九八九年巴林右旗遼慶州釋迦佛舍利塔出土。巴林右旗博物館藏。

焚椒録一卷 遼王鼎撰

遼道宗时（1055—1100）刻本。

金代刻書

金藏

金皇统八年至大定十三年（1148—1173）刻。每版二十三行，行十四字。卷軸裝。此藏自来公私書俱未著録。相傳為女子崔法珍斷臂募刻，據開寶藏與一部分北宋官版為藍本，經三十年始告成。創刊約在金皇统九年前後，即紹興十九年，竣工約在金大定十三年前後，即宋乾道九年。施主大部分都是平民，總其成者為解州天寧寺開雕大藏經版會。因刻於金代，故稱金藏。又因原藏山西趙城縣東南四十里廣勝寺，故又稱趙城廣勝寺藏。金藏究有若干卷，已不可考。據一九三六年支那内學院蔣唯心調查，金藏按千字文编號，始天終幾，估計金藏應有七千卷，其時尚存有四千九百餘卷。一九四二年八路軍駐趙城附近部隊，在陳賡、薄一波兩同志領導下，打退日本侵略軍隊，從廣勝寺搶救出四千三百三十卷。一九四九年由華北人民政府撥交北京圖書館保藏。其後北京圖書館又有零星收購，截止最近為止，北京圖書館共藏四千五百四十一卷。此外上海圖書館、故宮博物院、南京博物院、北京大學圖書館均藏有少數零卷。山西省博物館藏一百五十二卷。

附廣肘後方□卷　宋楊用道撰

金皇統四年（1144）刻。汴京國子監博士楊用道據遼乾統年刻葛洪肘後方加以補充，成為附廣肘後方，下監俾更加雕次，且為之序而刊行之，末題皇統四年十月。

妙法蓮華經品前記□卷

金皇統八年（1148）寂昌、李宇忠刻本。曲沃縣圖書館藏五卷。

大方廣華嚴經合論第六　唐李通玄論　李寧厘經合論

金皇統九年（即天德元年1149）刻本。一冊，卷尾下方刊有四周雙邊長方欄，欄內刊"涂川刀"。末刊有"皇統九祀歲次己巳孟秋七月四日記"。山西省圖書館藏。中國印刷史著為金皇統九年太原府榆次縣小蕇村刻。摺本二冊。近年新發現存卷六、四十一，兩冊，搨本。山西省圖書館藏。

補三史藝文志

金天德三年（1151）國子監印定。

佛説生天經

金貞元三年（1155）刻本。搨本半葉四行，行十二字。有扉畫佛像。：長命村信佛弟子劉友張氏奉小为亡父母乞後世聰明智慧近十善不邪見之家下生自發肯心刁生天經板印造盡形散施願天下人安樂。貞元三年三月　日散施。。此經與金城藏卷子本行字有異，當為金河南路民間刊印零本佛經，字體工整。美國新發見的金刻佛經。

祖庭廣記二十卷　孔環編

金正隆元年（1156）鏤板流傳。

道德經全解

金正隆四年（1159）亳社時雍刻。有道藏本。

傷寒明理論三卷　金成無己撰

金正隆四年（1159）刑台好事者刻。

傷寒類證三卷　金宋雲公撰

金大定三年（1163）宋元公命工開版。

聖濟總錄二百卷　宋徽宗趙佶敕撰

　金大定重刻，有大定四年（1164）焦養直序。

古清涼傳二卷　唐釋慧祥撰　廣清涼傳三卷

　宋釋延一撰　續清涼傳二卷　宋張商英等撰

　廣續二篇

　金大定四年（1164）刻。僧正明淨盡出粟帛，

　趙统以酒官視局台山（五台山）捐金。藏書

　家多未著錄，惟古傳見宋志。

尚書十三卷

史記一百三十卷

漢書一百卷

　金大定四至六年（1164-1166）以女真大、小

　字譯尚書，又譯史記、漢書均頒行。

大般若波羅蜜多經六百卷　唐釋玄奘譯

　金大定六年（1166）鏤板印造。百萬和尚舊

　故鄉同州朝邑，鏤板印施大般若經數千卷。

貞觀政要十卷　唐吳兢撰

　金大定九年（1169）南京路都轉運使梁肅出

　公府之資命工鏤板。為天祿琳琅唯一之金板，

　有乾隆題詩。刻印精良，字宗顏體，流傳甚

少。

道德真經取善集　宋李霖撰

金大定十二年（1172）王寶刻。"俾好事者免繕寫之勞"。有道藏本。

傷寒論注十卷附明理論三卷論方一卷　漢張機撰　晉王叔和编　金成無已注

金大定十二年（1172）王鼎刻本。此書被稱爲"萬全之書"。小學教師王鼎得到它，無力刊行，出謁故人，以千所费，一出而就，大定十二年刊版河内。

續附經驗奇方不分卷　李日普輯

金大定十二年（1172）家塾刻本。遼寧省圖書館藏。

壬辰重改證吕太尉經進莊子全解十卷　宋吕惠卿撰

金刻本，半葉十二行，行二十三字至二十七字不等。注文雙行，行二十八字至三十字不等。白口，左右雙邊。觀紙墨版式刀法，當是金時平水重翻北宋本，壬辰爲金世宗大定十二年，即宋孝宗乾道八年。此書除張掖黑水城出北宋残本外，此為傳世最古之本。楊氏海源閣舊藏，楹書隅錄定為宋本，恐不確。趙萬里據潘氏滂喜齋藏雲齋廣錄，定為金平水刊本。鈐有明黃姬水、文彭、吳元恭、清季振宜、徐乾學諸印。海源閣遺書，現藏北京圖書館。海内孤本。已印入古逸叢書三編中。

大明曆

金大定十三年（1173）刻。宋陳振孫以為"甚術疏淺無足取"。

佛說高王觀世音經

金大定十三年（1173）刻本。摺本半葉十四行，行十三字。有扉畫佛像。"洪洞縣令耶律承信并妻大氏……謹啓誠心印造高王經一十卷散施僧俗集斯妙利追薦亡靈伏願超升天界及見存家眷增延福壽永保安康四恩五友同登彼岸大定十三年六月　日承信校尉行洪洞縣令耶律珪敬施"。此經與金城藏卷子本行字有異，當為金河南路民間刊印零本佛經，字體工整。此經為美國新發現的金刻本佛經。

謝虎詩文　金完顏勗撰

金大二十年（1180）世宗命刊行。

女真字孝經

金大定二十三年（1183）以女真字孝經千部，分賜護衛親軍（女真字譯本约十五種）。

西嶽華山志　金王處一撰

金大定二十三年（1183）刻本。有道藏本，為我國古代山志之一。

重校正地理新書十五卷　宋王洙撰

金大定二十四年（1184）平陽畢履道刻本。

素問病機氣宜保命集三卷　金張元素撰

金大定丙午（二十六年 1186）刻本。有劉氏序。舊作劉完素撰，四庫全書總目改題金張元素撰，以為舊題劉完素者誤。

傷寒直格三卷　金劉完素撰

金大定二十六年（1186）太原書坊劉生刻本。此書無名氏序云："今太原書坊劉生，鋟梓以廣其傳，洋有益於世。如宵行冥冥，迷不知徑，忽遇明燈巨火，正路昭然"。

新刊補注銅人腧穴鍼灸圖經五卷　宋王惟一撰

金大定二十六年（1186）書軒陳氏刻本。半葉十行，行二十字。首有夏竦序，序末署旹大定丙午歲上元日。序後有「書軒陳氏印行」六字。宋仁宗天聖五年（1027），醫官院上所鑄腧穴銅人式二件，詔令一置醫官院，一置大相國寺仁濟殿。同時仁宗因鍼灸之法傳述不同，腧有差，遂命醫官王惟一纂集舊聞，訂正有差，撰成銅人腧穴鍼灸圖經五卷，翰林學士夏竦序，摹印頒行。顯然書軒陳氏本出自北宋天聖五年國子監本。

水雲集二卷　金譚處端撰

金濬州王琮輝等鏤板印行，廣傳四方。大定丙午（二十六年1186）濬州大水漂沒，其板散亡。此為第一次刻印。

水雲集　金譚處端撰

金大定二十七年（1187）掖水長生子劉公重於東萊全真堂。此為第二次刻本。

水雲集二卷　金譚處端撰

金山陽城西庵高友及妻孟常善又三次鏤板印行。

釋書品次錄　唐僧從梵撰

金刻本。藏書家陳振孫有大定丁未（二十七年1187）黎陽張翚跋唐僧從梵《釋書品次録》。

重陽全真集　金王重陽撰

金大定二十八年（1188）東萊劉長生又開板印行。京兆刻板印行後，而東州奉道者衆，路遥不易傳，東萊劉長生命人化緣，又開板印行。

新修絫音引證群籍玉篇三十卷　金邢準撰

金刻本，半葉十四行，行二十一字。注文雙行，行三十八字。白口，四周雙邊。初汶陽王太據玉篇並以他書，增加三萬九千餘字，編爲增廣類玉篇海一書。大定二十八年滄州邢準又取切韻、廣韻、集韻等書，增補前併爲此書三十卷。可稱當時最完備的分部字典。觀紙墨刀法與刻工稱謂，純係金末平水風格。北京圖書館藏。

重刊增廣分門類林雜説十五卷　宋王朋壽撰

金大定二十九年（1189）李子文刻本。唐于立政類林，平陽王朋壽增廣至一百門，較舊書多三倍，即是書十五卷。其鄉人李子文以此書無施不可，願爲刊行，以廣其傳。今存。

起李行至禽獸、魚蟲，其徵引史書，今多亡佚。

大定新編便覽二卷

金大定間（1161—1189）刻本。北京大學圖書館藏。

大方廣佛華嚴經八十卷　唐釋實叉難陀譯

金大定間（1161—1189）晋陽威德院僧明玘刻。數年而成，以新經千部施。

周易參同契簡要釋文　金鄭大通撰

金大定間（1161—1188）刻本。

崐崘文集

周易參同契簡要釋文　金鄭大通撰

金大定間（1161—1189）真定刻本。

崐崘文集　金鄭大通撰

金大定間（1161—1189）刻本。

大金玄都寶藏六千四百五十五卷　六百零二帙

金章宗明昌元年（1190）命提點孫明道主持對殘缺經版進行補刻成藏；既又搜訪遺經，得一千零七十四卷，除去重複部分，重新編排，補雕經版，詮次為六千四百五十五卷，題名為大金玄都寶藏。這實際上是在萬壽道藏的基礎上補綴完成的。這項補續版工作，前後共歷時兩年，補版和新雕版兩萬一千八百餘塊，舊板有八萬三千一百九十八塊，列庫四區，設架一百四十保藏。泰和二年（1207），天長觀大火，全部經板均被焚毁。福州天寧萬壽觀雕造的中國第一部道教全藏最早經版至此，蕩然無存。

黄帝陰符經注　金劉處玄注

金明昌二年（1191）濟南畢守真刻本。

重校正地理新書十五卷　宋王珠等撰

金刻本，半葉十七行，行三十字。前大定二十四年平陽畢履道題，又明昌壬子（三年1192）歲古戴禍夫張謙謹啟。又翰林侍讀學士王珠等序。國立中央圖書館藏此書。

河防通議

金明昌間（1190—1195）都水監頒印。

重校正地理新書十五卷　宋王洙撰

金明昌間（1190—1196）古唐書籍鋪刻本。

重校正地理新書十五卷　宋王洙撰

金明昌間（1190—1196）蒲阪書籍鋪刻本。

重校正地理新書十五卷　宋王洙撰

金明昌間（1190—1196）東門書籍刻本

重校正地理新書十五卷　宋王洙撰

金國子監刻本。

捕蝗圖

金章宗明昌間（1190—1195）詔頒。可說是最早防治農業病蟲害的圖書。

明昌辭人雅制　金趙秉文等七人詩

金明昌後，天興前刻本以傳。

李賀歌詩編四卷　唐李賀撰

金承安元年（1196）刻本。半葉十行，行二十字。白口，中縫無魚尾，下方有一"王"字，爲刻工姓。後有"丙辰秋日碣石趙衍題"。丙辰爲金章宗承安元年。當宋光宗慶元二年。集外詩九行，行十八字。刻工有仝介、劉恭。

無量壽經一萬卷

金承安二年（1197）印。金章宗子病急風，疾愈，印無量壽經一萬卷。

舊五代史一百五十一卷目錄二卷　宋薛居正等撰。

金承安四年（1199）南京路轉運司刻本。

春秋集傳纂例十卷　唐陸淳撰

金泰和三年（1203）平陽府刻本。（未詳何家）。

魏全死節

金泰和六年（1206）送史館，鏤板頒諭天下。

三昧華鮮經

金泰和六年（1206）玉田縣大泉村忠武校尉通州稅務都監李彪重刻。此經解放後發現，現不知藏於何處。

重修政和經史證類備用本草三十卷　宋唐慎微撰　曹孝忠校勘　寇宗奭衍義

金泰和六年（1206）提舉醫學曹孝忠刻小字

丹淵集四十卷拾遺二卷附錄一卷　宋文同撰

金泰和丙寅（六年1206）晦明軒張宅刻本。

泰和五音新改併類聚四聲篇十五卷　金韓道昭

金泰和八年（1208）刻元修本。半葉十三行，黑口，左右雙邊。北京圖書館存十卷。故宮博物院善本舊籍總目載存十冊，題崇慶間刻元修本。

磻溪集三卷　金丘處機撰

金泰和八年(1208)棲霞太虛觀丘氏門徒録本。

重編改併五音篇八卷

金泰和間(1201—1208)刻本。

重編補添分門字苑撮要□□卷　存十卷六至十五

金刻本，半葉十三行，行約二十字。注文雙行，行約三十二字。白口，左右雙邊。全書分類編次，從各書中摘錄歷代事實，後附散對，備科場擬文之用。原書卷數與編輯人均無考。存十卷。觀紙墨刀法與刻工稱謂，知是平水刻本。

五經

金泰和間(1201—1208)寧晋荆氏後齋荆祐刻本。

廣韻五卷

金泰和間(1201—1208)寧晋荆氏後齋荆祐刻本。

泰和律義篇

金泰和間(1201—1208)寧晋荆氏後齋荆祐刻本。

增節標目音注精議資治通鑑一百二十卷　宋呂祖謙輯

金泰和間(1201—1208)晦明軒刻本。半葉十五行，行二十五字。

崇慶新雕改併五音集韻十五卷　金韓道昭撰

金崇慶元年(1212)洨川荆珍刻本。半葉十三行。注文雙行，行約四十一字。白口，左右雙邊。此書以守溫三十六字母各分四等排比漢字。所收之字，多以廣韻爲藍本；增入之字，則以集韻爲藍本。崇慶元年改併編成，洨川荆珍爲之開版。洨川即洨水，出獲鹿西南井陘山，東流至寧晉，入寧晉泊。洨川蓋即寧晉别名。寧晉荆氏，金時以刻五經等書世其家。金末荆祐字伯祥，貞祐間元兵南下，取家刻泰和律義篇、廣韻等書版，埋藏土中，亂定修補復完。此書版片，疑即在荆浩埋藏修復之列。存十二卷。北京圖書館藏。國立故宫博物院藏十五卷，題金崇慶元年刊元修補本十册。

重修政和經史證類備用本草三十卷　宋唐慎微

撰　附本草衍義二十卷　宋寇宗奭撰
金貞祐二年（1214）嵩州福昌縣夏氏書籍鋪刻本。海虞瞿氏藏金刻本。題經史證類大觀本草三十一卷　宋唐慎微撰。金刻元明補修本，十二行，行二十字。注小字二十五字。黑口，四周雙邊。牌子係影補，文曰：經史證類大全本草三十一卷附本草衍義二十卷

揚子法言微旨　金趙秉文撰
金元光元年（1222）古澤陳氏購工板行，以廣其傳。

孔氏祖庭廣記十二卷　金孔元措撰
金大正四年（1227）刻本。此書成於金大正四年（1227），並鐫版於金都南京（今河南開封），初版久佚。此後蒙古乃馬真后元年（1242）曲阜孔氏又有重刻本。（當爲宋淳祐二年）。

道德寶章一卷　宋葛長庚撰
金正大五年（1228）平水王文郁中和軒書坊刻本。

陰符經注　金唐淳注
金正大六年（1229）瑩然子周至明刻本。

水雲集二卷　金譚處端撰

金正大六年(1229)道士蕭某刻本。此為第四次刻本。

新刊韻略五卷　金王文郁撰

金正大六年(1229)中和軒王宅刻本。王文郁校定，精加校讐，又稍添注語，既詳且當。

北京圖書館藏有清影金抄本，一册。十三行，小字雙行，無格。存兩卷。

草書韻會五卷

金正大八年(1231)王家刻本。此書明洪武刻本，卷前有金哀宗正大八年(1231)閑閑居士趙秉文序，序末有"見住燕京縣角頭鄭州王家雕印"一行。卷末有正大辛卯歲季夏望日樗選老人跋。

如庵小稿□卷　金完顏璹撰

金天興間(1233-1235)完顏璹自刻本。

大佛頂如來密因修證了義諸菩薩萬行首楞嚴經十卷　題唐釋般剌密帝譯

金天興三年(1235)前板鬻遍天下。

九經

金國子監雕印。

易　用王弼　韓康伯注

書　用孔安國注

詩　用毛萇注　鄭玄箋

春秋左氏傳　用杜預注

周禮　用鄭玄注　賈公彥疏

禮記　用孔穎達疏

論語　用何晏集注　邢昺疏

孟子　用趙岐注　孫奭疏

孝經　用唐玄宗注

尚書注疏二十卷　題孔安國　唐孔穎達撰　唐陸德明釋文　新尚書纂圖一卷

金刻本，半葉十三行，行二十六字。注雙行三十五字。白口，左右雙邊。版心上記字數，下記刻工姓名，有張一、何川、鄭恩、古一、楊三，多橫寫。刻印精美絕倫。金刻書疏，瞿氏鐵琴銅劍樓及北京圖書館皆有殘本。合二家本計之，尚缺卷三至六，計四卷。

尚書注疏二十卷

金劉敏仲平陽刻本。書中有十九幅精美插圖。

一幅插圖的右下角題有“平水劉敏仲版”。此本與瞿氏鐵琴銅樓及北京圖書館所藏残本，是否相同，不詳，故而録之。

周禮十二卷 漢鄭玄註 釋音一卷 唐陸德明

金刻本，半葉十一行，行二十二字。小字雙行二十八至三十字不等。白口，左右雙邊。北京圖書館藏。

十七史

金國子監刻印。金代監本，經、史多爲北宋京城舊板。十七史即史記、漢書、後漢書、三國志、晋書、宋書、齊書、梁書、陳書、後魏書、北齊、周書、隋書、新唐書、舊唐書、五代史、新五代史。

草書韻會

金刻本。金代韻書考試時可帶入考場，因此刊刻較大。

資治通鑑

金板一百二十卷，五十册。

通鑑詳解

金板五十册。

資治通鑑目錄三十卷　宋司馬光撰

金刻本，書表式行數字數不等。序八行，行字不等。白口，單邊。上有字數，下有人名。翻北宋本，紙墨均似平水金人翻刻與金版，世尤罕見。收藏印有"汪士鐘曾讀"、"宋本"印。

校補兩漢策要

金崇化刻本。王大鈞序云："先是吾鄉同孝修宅取舊本兩漢策要，摹搭刊行於世，其間錯謬及有不載者，僅數十篇，殆為闕典。孝修痛恨遺脫，嘗欲增廣，方經營間，不幸早逝，今二孫克家，不墜箕裘之緒，皆業進士，乃承意繼志，遂再為編次，時何者遺脫，一一校正，添補附入，命工鋟本，用廣傳布"。

國語二十一卷　吳韋昭注

金刻小字本。

東坡奏議十五卷　宋蘇軾撰

金國學刻本。

大金弔伐錄不分卷

清呂晚村家影寫金刻本。後歸查初白慎行。

卷中四太子郎君等字皆提行，以校守山閣本、
聚珍本均善。

補正水經

金蘇伯修刻本。

山林長語□卷 金劉迎撰

金國學刻本。無傳。

三子書

金國子監雕印。三子書即老子 唐太宗注疏。
荀子 楊倞注。揚子 晉李軌 宋咸 柳宗
元 吳祕注。

潛夫論十卷 漢王符撰

金刻本。此書傳塘棲勞氏丹鉛精舍有金刻本。
錢氏東潤舊藏，今已無可蹤迹。

黃帝內經素問二十四卷 唐王冰注 宋林億等
校正 孫兆改誤 亡篇一卷 存九卷

金刻本，半葉十三行，行二十六字，注文雙
行，行三十字。白口左右雙邊。版心上記字
數，下記刻工姓名。北京圖書館藏。

素問玄機原病式一卷 金劉完素撰

金孫執中刻本。

新刊圖解素問要旨論八卷　金劉完素撰

清有金板影寫本。

孫真人千金方

金刻本。俄羅斯科學院東方學研究所聖彼得堡分所藏。

本草集方　不著撰人

金刻本。半葉十行，行十六字，小字雙行同，白口左右雙邊。版心上記字數，下記刻工姓名。存卷一至三、卷五至九。台灣故宮博物院藏。

病機氣宜保命集三卷　金張元素撰

金末楊威始得其本刊行。

張子和醫書十二卷儒門事親三卷直言治病百法二卷十形三療三卷撮要圖一卷華扁病機論三法六門方一卷世傳名効神方一卷治法雜論一卷

金刻本，半葉十一行，行二十三、四字不等。黑口，左右雙邊。書名大字占雙行。此書刻工號古有遠致。金刻本最爲少見。明刊則妄意改易卷第。日本靜嘉堂文庫藏書。

新雕注疏珞琭子三命消息賦三卷　宋李仝　東

方明撰　附新雕李燕陰陽三命二卷

金刻本，半葉十一行，行大字二十，小字二十九。陰陽三命半葉十四行，行三十二字。有唐寅題款，並黄丕烈跋二則。此書已收入續古逸叢書。北京圖書館藏。

六壬課秘訣

金刻本。俄羅斯科學院東方學研究所聖彼得堡分所藏。

四美圖（正名稱爲隨朝窈窕呈傾國之芳容）

金平陽姬家刻印。是用墨板印在一張高二尺五寸，横一尺有餘的黄紙上。四美圖上有"隨朝窈窕呈傾國之芳容"。内容是描繪我國歷史上有名的四位美人。一位是漢成帝時宫中女官婕妤，後來立爲皇后；一位是體態輕盈，能歌善舞的趙飛燕；一位是懷抱琵琶，出塞和親的王昭君；一位是才華出衆，繼班固~~完~~完漢書的班昭；一位是晉朝石崇的愛妾綠珠。趙飛燕、綠珠居前，王昭君、班昭在後。綠珠面左朝正，其餘三人均面左朝正。但衣裙都向左飄斜，因而使畫面的視線既集中，而又仿佛都在微風中款步徐前。人物背後又佈置有玉階、欄楯、牡丹、假山，并細繪花邊，飾以鸞鳳，因此畫面又顯示出貴夫人深居宮苑的莊重及興致蕭然的氣氛。鏤刻精致又微，敷墨協調自然。畫中有"平陽姬家雕印"六字。是我國木刻版畫中帶有劃時代意義的傑作，也是金代刻版印刷高超水平的代表作，為現存最早的年畫。此圖於二十世紀初為俄國黑水城探險隊柯兹洛夫所掠走，現藏於前蘇聯。

義勇武安王位（年畫）

金平陽府徐家雕印。此版畫是印刷史和版畫史上的重要作品，是版畫脫離書籍形式而走向單幅年畫的肇端。現藏彼得堡冬宮博物館。

東方朔盜桃版畫

金平水刻印。一幅。金平陽版畫現存於國内的僅此一幅，即陝西省博物館。

關羽像（招貼畫）

金徐氏刻印。畫面生動，是富有藝術價值的版畫傑作。

琴辨

金苗君瑞刻本。

新雕文酒清話

金刻本。俄羅斯科學院東方學研究所聖彼得堡分所藏。

百斛珠

金刻本。這是我國最早出版的謎語書。惜已不傳。

湖海新聞夷堅續志

金刻本。涵芬樓藏，善本書錄載。

新編詔誥章表機要□□卷

金刻本。一冊。半葉十四行，行二十餘字。黑口，四周單邊。存一卷。北京圖書館藏。

新雕雲齋廣錄□卷 宋李獻民撰

金刻本。半葉十五行，行二十五字。白口，左右雙邊。國立中央圖書館藏。原滂喜齋藏

妙法蓮華經七卷 後秦釋鳩摩羅什譯

金曲沃縣裴長官莊吉贊、吉用刻。今存一卷。

禪苑蒙求□卷 僧志明撰

金刻本。有日本寬文九年（1669）刻本。

觀彌勒菩薩上生兜率陁天經

金刻本，共八版，每版二十三至二十八行不等，行十七字。上下單邊。卷內刻有"隰州張德雕板"六字。殘缺首版。山西民間藏。

觀音偈一卷　部山偈一卷

金刻本。半葉十行，行十六字。白口，四周雙邊。北京圖書館藏。

雲笈七籤一百二十卷　宋張君房撰

金刻本，每版三十行，行十七字。左右雙邊，行間無闌道，右方闌外上方記千字文編號，中記雲笈七籤幾，下記葉數篇名。無版心，中有折縫，似分爲陰陽兩向者。內閣大庫出殘葉，白麻紙。字體雕工與趙城金藏相類，或以爲即蒙古宋德方平陽刊道藏本。

七真要訓（全真教主王重陽《全真集》、馬丹陽《微語集》、《金玉集》、譚長真《水雲集》、劉長生《仙樂集》、丘長春《磻溪集》《鳴道集》、王玉陽《雲光集》、郝廣寧《太古集》。總名：七真要訓）

金刻本。元俞琰云："北方有刊本。"所指的是金刻本。

重陽傳真集　金王重陽撰

金京兆道家聚財發槧印行。此爲首次刻本。

箋註評點李長吉歌詩四卷外集一卷　宋吳正子箋註　劉須溪評註

金刻袖珍本。胡心耘有藏。

南豐曾子固先生集二十四卷　宋曾鞏撰

金刻本，半葉十五行，行二十五字。白口，左右雙邊。此書版式刀法紙墨與潘氏滂喜齋舊藏雲齋廣録如出一轍。蓋同爲金中葉平水坊本。周密志雅堂雜抄稱此類書爲北本。平陽府臨汾有平水，見金史地理志，平水即臨汾別名。紹興二十二年榮六郎刻本抱朴子，據北宋汴梁坊本重刻，與此書版式類似。此本源出北宋舊槧，可以想見。字畫剛勁，世無二帙，可稱平水上乘。曾集宋刻只存殘葉，完書以此爲最早。孫本六册。北京圖書館藏，已印入古逸叢書三編中。

王狀元集百家註分類東坡先生詩二十五卷　宋蘇東軾撰　王十朋纂集

金刻本。僅存卷十六第十五至二十共六葉。半葉十四行行二十字，白口左右雙邊。西安文物管理委員會藏。

蕭閑老人明秀集注六卷　金魏道明撰

金刻本，半葉十二行，行二十三字。注文雙行，行三十字。白口，左右雙邊。蔡松年字伯堅，真定人，金時官尚書右丞相，寓汴都，其第曰蕭閑堂，因自號蕭閑老人。元好問選其詩入中州集，並云：百年以來，樂府推伯堅與吳彥高，號吳蔡體。此書為金末平水本蔡氏樂府，魏道明作注。道明易州人，詩及事蹟並見中州集。原六卷，現存前三卷。清光緒間王鵬運四印齋刻本，即據此帙翻刻。北京圖書館藏。

滏水文集二十卷　金趙秉文撰

金平水中和軒王宅刻本

滏水文集二十卷　金趙秉文撰

金平陽張存惠（魏卿）晦明軒刻本。或稱平陽張存惠堂，或稱晦明軒張宅。

棲霞長春子丘神仙磻溪集三卷　金丘處機撰

金刻本，半葉九行，行十七字。白口，左右雙邊。版心記"磻溪一"、"二"等字。前有大定丙午五月中條山玉峰老人胡光謙序，行書半葉七行，字撫顏平原，體格端嚴，鐫工古勁。語涉金帝皆提行空格。詩中所記歲月至大安元年己巳，刻梓當在大安之後。鈐有"沈與文印"、"姑餘山人"、"毛氏子晉"、"汲古主人"、"乾學之印"、"健菴"、"東武劉喜海燕庭所藏"、"燕庭藏書"諸印。歷藏明沈氏野竹齋、毛氏汲古閣、徐氏傳是樓、劉氏味經書屋。後為傅增湘藏。

窺豹集

金濟南李德元刻本。李德元金代濟南人，以教授小学為生，為刻印圖書，家貧，不惜出利借貸，刻印先人遺著窺豹集。

重陽教化集

金朱抱一刻本。

教化下手遲　分梨十化　好離鄉

金大定二十三年(1183)靈真子朱抱一募工鏤板。

教化下手遲　分梨十化　好離鄉

金　闕中鏤板印施。

中州集十卷　金元好問編

　清朱文游有金板。此書以詩存史，各列小傳，為研究金代之重要史料。

劉知遠諸宮調

　金刻本。半葉十二行，行二十字。白口，左右雙邊。清光緒三十三年張掖黑水城出土。同時又出平陽姬氏刻四美人圖，平陽徐氏刻義勇武安王位。觀紙墨刀法，此書當是金時平水坊本。原書十二卷，存五卷四十二葉。敘劉智遠投軍發迹，其妻李三娘磨房產子種種苦難經歷。後來南戲白兔記，即演同一故事。諸宮調為宋、金、元三朝民間說唱文學，藝人邊說邊唱，頗受群衆歡迎。此書與董解元西廂記齊名，為傳世諸宮調兩種最古脚本。文物出版社印本，即據此帙影印。蘇聯國家對外文化聯絡委员會移贈。

西夏刻書

周易卜筮斷　斡道冲撰

西夏刻本。西夏文。無傳。

論語

西夏刻本。西夏文譯本

論語小義　斡道冲撰

西夏刻本。西夏文。無傳。

爾雅

西夏刻本。西夏文譯。無傳。

五聲切韻（西夏自撰）

西夏刻本。黑水出土。

番漢合時掌中珠　西夏骨勒茂纔編

西夏乾祐二十一年（1190）刻本。此書可分爲甲、乙兩種版本，皆爲蝴蝶裝。四周雙欄，每面以界格分爲三竪柱，每柱自上而下多寫三個或五個詞語，每個詞語四行，中間二行字體略大，半葉十二行。版口最爲複雜，上部有的無魚尾，有的黑魚尾，無書名；下部以漢文標寫葉碼，有陰刻，陽刻兩種，有的陽刻葉碼上下有界格，個别葉碼上有小魚尾。乙種本的西夏文、漢文九類對照標題，除"地體上"以外，其餘八個標題都是陰刻，上覆荷葉，下托蓮花，形象逼真，不僅突出了題目，裝飾效果很強。葉面空白較多處有時設置菱形圖案，起撑印紙作用。書中漢字、西夏字書法工整，標準，有很深的功力。掌中珠的版本形式適合了該書的內容，其書籍的編輯方式和版本形式都具有獨創的意義。此序末記載時間為乾祐二十一年（1190），此書也非一次出版，中間也有修訂。現在所見至少有兩種版本，在第七葉有"此掌中珠者三十七面更新添十句"。可見這是一個增補本。此書封面書名下部有：口坊角面西張……"。這部書可能是張氏某人開設的刻字作坊所刻。此書是分類的西夏文字典。

要集

西夏刻本。西夏文，是分類的西夏文字典。

文海寶韻　羅端智忠編

西夏刻本。西夏文。蝴蝶裝，存一百一十葉，四周單栏，白口，上下皆無魚尾，上部有西夏文名"文海寶韻"的簡稱"文海"二字，以及標志本葉屬刻書平聲部分，雜類部分的簡稱標志"平"，"雜類"字樣；下部有西夏文葉碼。半葉七行，行間有界格。被解釋大字占滿格，解釋字在格中印雙行小字，首以四字詮釋字義，最後以二字反切注音，若是同音字組，則只在第一字注音，并標明同音字數。每韻前有韻類代表字，字上冠魚尾，下書韻號。字體端莊，刻印清晰。刻本以宋代公文紙背面印書，其中一葉背面有漢文"建炎二年"字樣。可知傳世的刻本，在宋建炎二年（1128）以後，時在西夏中期。此書仿廣韻編的字典。黑水城遺址出土。

文海雜類

西夏刻本。西夏文。是字典文海寶韻的續編。

音同

西夏刻本，西夏文。現存的幾種刻本，皆爲蝴蝶裝，甲種本全書共五十六葉。左右雙欄，版心白口，上部爲西夏文書名"音同"，下部爲葉碼。半葉七行，行間有界格，被解釋文字占滿格，解釋字爲雙行小字，同音字之間以小圓圈相隔。乙種本四周雙栏，卷首目錄和九品音題目爲陰文。甲種本字體清秀，乙種本（梁據養校勘本）字體凝重，刻印都很清晰，是西夏字的楷模。

德行集　曹道樂編譯

西夏活字印本。蝴蝶裝，共二十六葉，面七行，行十四字。前有序文四葉，首尾俱全。四周單栏，版心白口，上有書名簡稱"行"，下有葉碼，有的爲西夏文，有的爲漢文。書卷末題款爲"印校發起者番大學院擇明學士訛則信照，印校發起者番大學院正學士米奴文佩，印校發起者番大學院學士節親文高"。據書前序言知此書形成在西夏桓宗時期（1194至1205）。黑水城出土。

三國志

西夏刻本。西夏文譯本。

十二國

西夏刻本。西夏文譯本。十二國是春秋時期（公元前722—公元前487年）魯、齊、魏等十二國史。是中原佚書。

貞觀要文

西夏刻本。西夏譯文本，節譯貞觀政要。

新律（西夏自撰）

西夏刻本。黑水城出土。

豬年新律（西夏自撰）

西夏刻本。黑水城出土。

官階封號表分七品

西夏刻本。西夏文卷裝本，共兩殘紙，表中央有一縱貫上下的竪格。中間刻字，依次有太上皇帝、皇帝、皇太子、上品、次品、中品、下品、末品、六品、七品，竪格兩側爲橫格，自上品以下每品左右橫格中有一對或數對對書的封號。又一表中央也有一縱貫上下的竪格，竪格中間無字，竪格兩側爲橫格，格内文字有順寫者，有對寫者，也有竪寫者。前殘，始存十二行封號，後依次有太后位、皇妃位、帝女位、諸王位、師位、中書位、樞密位、諫師位、權位、巫位、史位。這種規定嚴格的西夏官位封號的刻本，有復雜的表格，文字有横刻，竖刻，且有大有小，不便折叠，是特殊形式的官刻本。黑水城出土。

天盛改舊新定律令二十卷

西夏刻本。西夏文本。現保存约為全書的六分之五，共七百多葉。蝴蝶裝，上下單栏，左右雙栏，版面大小不一。版心白口，上部為西夏文書名簡稱"律令"二字和卷數，如第一卷中刻：律令一第"即"律令第一"），下部有時以漢字標記葉碼，有時用西夏文標記葉碼，書名和卷次上下有界格，葉碼上下時有界格。半葉九行，足行為十六、十七字，行間無界格。文字非一人所刻，總的字體端正耐看，俏勁有力清晰。化空白較多處刻有圖案，以撑墊印纸。黑水城出土。

曆書殘葉

西夏漢文活字印本。據考證殘曆時期為西夏神宗光定元年（1211），可稱作"西夏光定元年（1211）辛未歲具注曆"。此曆書残葉為表格式，其中多為活字版，曆書印面文字有明顯的活字印刷特徵，表格的横竖线往往不相交，系以相應長度橫竪线的活字木條排版所致。特别有的文字倒置，如"吉日"二字中的"日"字，"白虎"二字中的"白"字倒置，更證明為活字版印刷。残曆書中多處諱"明"字，且出土於西夏管轄的黑水城，可推斷為西夏印刷的曆書，曆書的印刷年代應是西夏襄宗皇建元年（1210）年。據此可知，當時西夏已经使用活字印刷具注曆書了。在過去出土的文獻中還没有見到有明確年代的早期漢文活字印刷品。上距活字發明印刷術的北宋慶曆年間約有一百六十年，是目前所知最早的有確切年代的漢文活字印刷品。

欽定義海（西夏自撰）

西夏刻本。黑水城出土。

慈孝紀

西夏刻本。黑水城出土。

莊子注 晋郭象注

西夏刻本。残帙。黑水城出土。

莊子解 宋吕惠卿注

西夏刻本。黑水城出土。

漢文典籍摘譯

西夏刻本。西夏文譯本，有列子、左傳、孔子家語等。

三才雜字

西夏刻本。西夏文。有初刻本，有乾祐十八年（1187）復刻本等多種。刻本皆蝴蝶裝，其中一種存十七葉，四周雙栏，每面八行，行間有界格，一般行六個詞，每詞二字，共十二字。漢姓一姓一字，在書中也要二字排成一組；有的叙事部分本為四言一句，也要分成二字一組。版心白口，版口上部有書名簡稱西夏文"雜字"二字，下部以漢字標寫葉碼，"雜字"二字和葉碼上下有界格，每類前標出小類題目的字陰刻，方框上覆荷葉，下托蓮花，使題目鮮明。有的版本則以西夏文標寫葉碼。黑水城出土。

雜字（嫁娶、生育等方面内容）

西夏刻本。殘存兩個半葉。半葉八行，每行十二字，四周雙邊。一九七二年，甘肅武威縣張義公社小西溝峴發現。

四言雜字

西夏刻本。西夏文譯本。無傳。

義同一類（西夏自撰）

西夏刻本。黑水城出土。

孫子兵法三注（魏曹操、唐李筌、杜牧三家注

西夏刻本。蝴蝶裝，西夏文譯本。

孫子傳

西夏刻本，西夏文譯本。

六韜　舊題周呂望撰

西夏刻本。西夏文譯本。

黄石公三略三卷

西夏刻本。蝴蝶裝，西夏文譯本。

貞觀玉鏡統

西夏崇宗貞觀（1101—1113）刻本。西夏文，爲軍事法典。

類林十卷　唐于立政編撰

西夏乾祐十二年（1181）刻本。西夏文。蝴蝶裝。原爲十卷，今存卷三、四、六、七、八，残卷二、五、九、十，卷一缺。共二百十九葉，四周單邊或左右雙邊，上下單邊。面七行行

十五字至十七字不等；版心白口，上部題書名"類林"和卷次的漢文數字，中部是刻工姓名，下部是表葉碼的漢字，書名和卷次，刻工姓名、葉碼有的上下有界格，刻工姓名有的陰刻，有的葉面折叠處刻有细线，成為小黑口。所記刻工有王信、息天、善寶、慧敢、時德明、寶四、五松、千塔、柴草、榮州、善樂、德二、賢山等人。卷四末題記"乾祐辛丑十二年六月十二日刻字司印"。此書中原地區漢文原書失傳。西夏文本的發現，并轉譯成漢文本，恢復了古漢文類林本，起到了類林失而復得的作用。黑水城出土。

治療惡瘡要論（西夏自撰）

西夏刻本。黑水城出土。

妙法蓮華經七卷

西夏人慶三年（1146）刻本。漢文經摺裝。現存卷一至卷七。卷一有八十三葉，每葉八行，行十六字，上下單栏，卷首有佛法圖和因果報應故事畫四葉，圖畫四周雙栏。佛面後雙行刻西夏仁宗尊號。後有"妙法蓮華經弘傳序》。卷二末有刻工王善(惠)。卷四末有刻工郭苟埋。卷五末有刻工賀善海。卷六末有刻工王善圆。卷七末有一篇人慶三年(1164)的施經發願文:"今有清弟子雕字人王善惠、王善圓、賀善海、郭苟埋等,同為法友,特露微誠,以上殿宗室御史台正直本為結緣之首,命工鏤板,其日費飲食之類皆宗室給之。雕印斯經一部,普施一切同欲受持。"黑水城出土。

妙法蓮華經七卷

西夏刻本。西夏文,經摺装。

妙法蓮華經觀世音菩薩普門品一卷

西夏刻本。漢文本。

妙法蓮華淨經提婆品卷三

西夏刻本。卷首扉畫或中間插畫。北京圖書館藏。

金剛經 般若經 華嚴經普賢行願品 阿彌陀經 共五萬卷

西夏天慶三年(1196)皇太后羅氏又於仁宗去世後三年的"大祥之辰",散施番漢金剛經、般若經、華嚴經普賢行願品、阿彌陀經五萬卷。

金剛普賢行願經　觀音經

　西夏刻本。各印五萬卷，發願文中有"滅佛奥理，鏤板斯經"之語。

金剛經

　西夏刻本。小開本折子裝。版畫畫面兩折面。

金剛般若波羅蜜多經

　西夏天盛十六年(1164)刻本。西夏文。

金剛般若波羅蜜多經

　西夏天盛十九年(1167)刻本。西夏文。

金剛般若波羅蜜多經

　西夏天盛二十年(1168)刻本。西夏文。

金剛般若波羅蜜多經

　西夏乾祐二十年(1189)刻本。末題：大夏乾祐二十年歲次己酉三月十五日正宫皇后羅氏謹施。

金剛般若經抄

　西夏刻本。黑水城出土。

大方廣佛華嚴經八十卷

　西夏刻本。一説爲西夏木活字本。

大方廣佛華嚴經　卷四十五、七十一

西夏刻本。卷首扉畫或中間插畫。北京圖書館藏。

大方廣佛華嚴經八十卷

西夏刻本。經摺裝。版面大小差别較大，大者高三十二.五厘米，寬十二.五厘米。小者僅高九.五厘米，寬六厘米。小本的版面爲大本的七分之一。

大方廣佛華嚴經普賢行願品

西夏乾祐二十年（1189）刻本。尾題稱："大夏乾祐二十年歲次己酉三月十五日正宫皇后羅氏謹施"。黑水城出土。

大方廣佛華嚴經普賢行願品

西夏刻本。西夏文。蝴蝶裝，版心白口，上部有經名簡稱"大"字，下部爲西夏文葉碼。

大方廣佛華嚴經入不思議解脱境界普賢行願品

西夏刻印漢文本。

大方廣佛圓覺修多羅了義經略疏

西夏漢文刻本。字類柳體，運筆遒勁，清健俊拔，印刷清晰，墨色均匀，是優秀刻本。寧夏賀蘭縣拜寺溝方塔廢墟中清出。

大方廣佛圓覺多羅了義經略疏

西夏刻本。西夏文。經摺裝。

金光明最勝王經十卷

西夏刻本。西夏文，經摺裝。

金光明最勝王經　存卷一、三、四、五、六、七、八、九、十

西夏刻本。卷前都鐫刊精细的版畫。卷九首尾完整，經文凡四十二葉半，前刊佛像二葉，像一葉半。該經爲經摺裝，上下雙欄。圖像構圖複雜，人物、桌案、建築、樹木、神獸等。安排錯落有致，衣皺、髮髻、雲紋、瓦壠等线條鐫雕十分流暢，圖中還有二十一條西夏文竪行或横行的長方形條記。北京圖書館藏。

金光明最勝王經契

西夏乾祐十六年（1185）刻本。題"白下大夏國仁尊聖德口皇帝"又"奉天顯道耀武宣文神謀睿智制義去邪惇穆懿皇帝謹施"。

維摩詰所説經三卷

西夏活字印本。經摺裝五册。三百三十餘面，

面七行，行十七字，上下單栏。有西夏仁宗尊號题款："奉天顯道、耀武宣文、神謀睿智、制義去邪、惇睦懿恭。"黑水城出土。武威市亥母洞遺址也出土了西夏文活字本維摩詰所説经下卷，共五十四面，形制黑水城出土相同，都有西夏仁宗尊號题款。仁宗有此尊號時為仁宗大慶二年（1141）。這一時間可定為此经上限。是目前世界上現存最早的活字印本，有泥活字印刷的特點。

維摩詰所説经三卷

西夏刻本。西夏文。经摺装。

佛頂心陀羅尼经

西夏刻本。西夏文。经摺装。

佛説阿彌陀经

西夏大安十一年（1084）刻本。西夏文。经摺装。此经有多種版本。黑水城出土。存卷末六面，末葉有刻款三行，譯文意為：大白高國大安十一年（1084）八月八日記，譯经證義講经律論道忱僧人善普施，寫者僧人馬智慧，雕者李釋德、劉奴家。

佛説阿弥陀经

西夏刻本。西夏文，经摺装，存十一面，面十行，行十五字。卷前有説法圖，圖兩邊各有西夏文五字，譯為：“釋迦佛阿弥陀经契説處”。圖左為经题，後為梁太后和惠宗皇帝校经题款，譯文為：“天生全能，禄番佑聖，式法皇太后梁氏御譯，就德主世，增福正民，大明皇帝嵬名御譯。”

佛説阿弥陀经

西夏刻本。西夏文，蝴蝶装，前有经圖一幅，有仁宗校经题款，譯文為：“奉天顯道，耀武宣文，神謀睿智，惇睦懿恭，皇帝御校”。版心白口，上有经名簡稱，西夏文“弥陀”二字，下部是西夏文葉碼。

佛説阿弥陀经

西夏刻漢文本。

佛説大乘三歸依经

西夏乾祐十五年（1184）仁宗於本命之年印施番、漢文佛説大乘三歸依经的御制發願文：“仍敕有司，印造斯经番漢五萬一千餘卷，彩畫功

德大小五萬一千餘幀，數字不等五萬一千餘

字，番施臣吏僧民，每日誦持供養。"

佛說濁散節下經

西夏刻本。西夏文，經摺裝。

佛說調伏災經

西夏刻本。西夏文，經摺裝。

佛說父母恩重經

西夏刻本。西夏文。西夏天盛四年（1152）印施。

發願文："因發願令雕印板，先已印一千卷。"

佛說聖母般若波羅蜜多經

西夏刻本。西夏文，經摺裝。

佛說聖星母陀羅尼經

西夏刻本。西夏文，經摺裝。

佛說聖佛母般若心經誦持要論

西夏刻本。西夏文，經摺裝。

佛說觀世音經

西夏刻印漢文本。

佛說聖大乘三歸依經

西夏刻本。西夏文，經摺裝。

佛說百壽解結怨陀羅尼經

西夏刻本。西夏文，经摺装。

佛說無常经

西夏刻本。黑水城出土。

佛說寶雨经

西夏刻本。西夏文。據藏文譯本重新加以校訂。現有存藏。

佛說大孔雀王咒经

西夏刻本。

佛說轉女身经　仁王经　行願经

西夏天慶二年（1195）刻本。羅氏皇太后發願："散八塔成道象淨除業障功德共七萬七千二百七十六幀番、漢轉身经、仁王经、行願经共九萬三千卷"。末題："天慶乙卯二年皇太后羅氏發願謹施"。

佛說佛母出生三法藏般若波羅蜜经

西夏刻本。其中兩幅版畫，高麗有兩款西夏文和漢文題記，內容完全一樣"一切諸佛母"。

佛說聖母出生三法藏般若波羅蜜经

西夏刻本。版畫占四葉半，版畫左部分用横线分成三栏；一、上部中間蓮座上是尼泊尔風格的佛，佛下面有榜題。（大部分已不清楚），佛兩側各八個神和僧侶。二.在中部是有條帶裝飾的塔，兩面各有五個身像，每個像旁有一個橫式榜題，最後的字是"波羅蜜"。三、下部在供桌上有三座光輪環繞的塔，其兩側各有一個大神和十三個小神，無榜題。

高王觀世音經

西夏乾祐二十年（1189）刻本。末題："大夏乾祐二十載次己酉三月十五日正宮皇后羅氏謹題"

密咒圓因往生集（漢梵對照）

西夏天慶七年（1200）庚申雕印流通。

仁王護國般若波羅蜜多經

西夏刻本。西夏文，經摺裝。

西方淨土十疑論

西夏刻本。西夏文，經摺裝。

十一面神咒經

西夏刻本。西夏文，經摺裝。

大乘聖無量壽經

西夏刻本。西夏文，經摺裝。

大乘默有者道中入順大寶聚集要論上卷

西夏刻本。西夏文，卷装。

大乘百法明鏡集卷九

西夏活字印本。原经摺装，現已攤平為一紙四面的十張纸。前残，卷尾有经名。每纸三十二行，第十纸僅存十二行。原每面八行，行二十三字，上下單栏。黑水城出土。

大密咒受持经

西夏刻本。西夏文，经摺装。

大寒林经

西夏刻本。西夏文，经摺装。

大智度論

西夏刻本。西夏文，经摺装。

经律異相卷第十五

西夏刻本。卷首扉畫或中間插畫。北京圖書館藏。

太上洞玄靈寶天尊説救苦经

西夏刻本。黑水城出土。

頂尊相勝總持功德依经録

西夏刻本。西夏文，经摺装。

神咒王陰大孔雀明王经

西夏刻本。西夏文，經摺裝。

吉祥皆至口和本續（西夏文佛經）

西夏活字印本。共九册，其中有《吉祥皆至口和本續》卷三、四、五。《吉祥皆至口和本續之干文》一卷，《干文》最後一葉有題款，譯文是："印本勾管為者沙門釋子高法慧"。《吉祥皆至口和本續之障疾文》、《吉祥皆至口和本續之解生喜解補》第一、第二、第三、第五。共四百四十九面，皆蝴蝶裝。白麻紙，完本有封皮，扉葉左上側貼有刻印的長條書簽。書名外環以邊框。書籍版式寬大，無魚尾。上部為書名簡稱，下部為葉碼。葉碼有漢文、西夏文，西夏文、漢文混用三種形式。面十行，行二十二字。寧夏文物研究所藏。寧夏賀蘭縣拜寺溝方塔廢墟中清出。

阿毘達磨順正理論卷五

西夏刻本。卷首扉畫或中間插畫。北京圖書館藏。

菩薩地持經

西夏刻本。西夏文，經摺裝。

菩提心及常作法事

西夏刻本。西夏文，經摺裝。此經雕印為上乘之作。

地藏菩薩本願經

西夏活字印本。共八紙，經摺裝，上下雙栏，面六行，足行十六字。敦煌研究院在敦煌北區發現。

如住賢劫千佛名經上卷

西夏刻本。卷首扉畫或中間插畫。北京圖書館藏。

現在賢劫千名經

西夏活字印本。約二十餘面，面六行，上下單框。襯紙有大方廣佛華嚴經卷第七十一，經後有譯校者題款：漢本大唐三藏法師玄奘譯，奉天顯道、耀武宣文，神謀睿智，制義去邪，惇睦懿恭，皇帝嵬名御譯；仁宗皇帝題款下部有朱色寶塔或梵文押捺印記。此經印制粗糙，有活字本特點，類似黑水城、武威出土的泥活字維摩詰所說經，應是泥活字本。北京圖書館藏。

現在賢劫千佛名經

西夏刻本。西夏文，經摺裝。此經不下十多個版本。

達摩大師觀心本母

西夏刻本。西夏文，蝴蝶裝。版心白口，上部爲經名簡稱"觀心"二字，下部爲漢字和西夏文葉碼。

等持集品

西夏刻本。西夏文，蝴蝶裝。上下單栏，左右雙邊。每面七行，行十四字。

淨土十疑論

西夏刻本。西夏文，經摺裝。雕印爲上乘之作。

悲華經卷九

西夏刻本。卷首扉畫或中間插畫。北京圖書館藏。

慈悲道場懺法　存卷一、四、六、八、九

西夏刻本。首尾完整，圖像、佛名俱存。懺文凡四十八葉，卷首鐫印扉畫。經摺裝。扉面四周花栏，凡兩葉，首爲佛説法圖，左似爲慈悲道場佛圖，佛説法圖凡刻畫人物二十有三。釋迦牟尼佛端座中間，長眉過目，慧眼發光，佛光繚繞，瑞光徐升，從容説法。長老須菩提跪伏於地，虔侍恭聽。其餘亦各具神態，栩栩如生。左圖凡刻畫人物十九，五級台階，階上是殿堂。佛坐堂內，有善男信女侍立兩旁，有天王護衛。衆官員恭立階下，神態謙恭。接下兩葉是千佛像，每佛均坐菩提樹下，佛下鎸西夏文佛名。爲上下花欄，左右雙邊。北京圖書館藏。

正法念處經

西夏刻本。西夏文，經摺裝。

法華經

西夏刻本。黑水城出土。

聖如來一切之頂冠中出軒白佛傘音者無大竭誦大陰王一最德日

西夏刻本。摺子裝。共有二十一幅插圖。

聖大乘守護大千國土經

西夏活字印本。黑水城出土。

聖大乘守護大千國土經

西夏刻本。西夏文。此經雕印爲上乘之刻。

聖勝慧集頌經

西夏刻本。經摺裝，西夏文。

聖勝慧到彼岸功德寶集偈

西夏刻本。西夏文，經摺裝。上、中、下三卷。面六行，行十三字。卷末有發願文："詮教法師，番漢三學院并偏袒提點，賜美則，功德師司副使、賜卧英，沙門周慧海奉譯，演義法師沙門路贊訛，則賞則，沙門遏阿難捺吃哩底梵譯，天竺大鉢彌怛，五明顯密國師，講經律論，功德司正，賜乃將，沙門拶也阿難捺親執梵本證義，賢覺帝師，講經律論，功德司正，偏袒都大提點，賜卧勒，沙門波羅顯勝，奉天顯道，耀武宣文，神謀睿智，制義去邪，淳睦懿恭，皇帝詳勘。"黑水城出土。

聖六字增壽大明陀羅尼經

西夏天慶七年（1200）衰子仇彥忠等印施漢文聖六字增壽大明王陀羅尼經，印施此經六百餘卷。

聖妙吉祥真實名經

　西夏刻本。此經版畫中部是一尊大神像（殘存環邊沿）。保存四個僧侶像和五個戴印度式王冠的神像。

聖勝慧彼岸到德用寶集頌目

　西夏刻本。版畫占兩折面。主要是神像，大部分是星宿符號從宋朝傳入西夏。

頂髻尊勝佛母像

　西夏刻本。殘一幅，高五十五，寬十八厘米。畫面由寶蓋、佛像和底座三部分組成。寶蓋兩側流蘇下垂，帷幔上有梵文六字真言，佛像居中，三面八臂，結跏趺坐，兩手作說法印，其餘六手各執法器，周圍排列梵文經咒。寧夏博物館藏。

業障清淨總持和令懇趣淨順總持

　西夏刻本。西夏文，經摺裝。

瑜伽師地論　唐釋玄奘譯

　西夏刻本。西夏文，經摺裝。

種咒王陰大孔雀經

　西夏刻本。西夏文，經摺裝。此經有多種版

本，版刻大小有别。

尊者文殊師利结集

西夏刻本，蝴蝶装。有两面版畫，右面是佛像，頭光呈圓形，坐在蓮花寶座上。左面是文殊師利菩薩，坐在模擬印度風格有幾何圖案的蓮花寶座上。

諸密咒要論

西夏活字印本，散葉蝴蝶装，四周雙栏，一葉分兩面，中間版口中有葉碼。有時用西夏文，有時用漢文，每面七行，行十五字。字體方整，類隸書。從葉面看是很典型的活字印本。此經文字清晰端正，版面舒展大方，是早期活字印刷品的上乘之作。敦煌一二一窟出土。

諸説禪源集都序干文（佛教禪宗著作）

西夏刻本。因卷中有圖表不宜折疊，變通用卷装。以多紙粘連，每紙二十五行，上下單栏，卷末有題款一行：雕字者甲行王。卷尾有左右栏线，卷末有軸。卷中有複雜的圖表，有多層次的横竪連线，佈局巧妙，清晰易讀。

名的寺廟大度民寺作求生兜率內宮彌勒廣大法會，主要散施西夏文、漢文觀彌勒菩薩上生兜率天經十萬卷。此經共六十六面，面六行，行十三字。卷首有經圖，占經摺裝八葉，在這大型木刻中有栩栩如生的佛、菩薩、天王、神、僧人等像一百餘身，形象各異。人物生動，衣紋流暢。圖的最後一面反映社會生活圖景，十分難得。圖中有華麗的宮殿，簡樸的房舍，一柱一石，構圖精美，雕刻細致，綫條清晰。圖中多處以文字注明場所或人物的名稱。經圖後有經名，後有題款三行："天生全能，祿番佑聖，式法皇太后梁氏御譯，就德主世，增福正民，大明皇帝嵬名御譯，奉天顯道，耀武宣文，神謀睿智，制義去邪，淳睦懿恭，皇帝驗定。"後有發願文二十六行，"謹於乾祐己酉二十年九月十五日，恭請宗律國師、淨戒國師、大乘玄密國師、禪法師、僧眾等人，就大度民寺作求生兜內宮彌勒廣大法會，燒結壇，作廣大供養，奉廣大施食。并念佛誦咒，讀西番、番、漢藏經及大乘經文字寫刻俱佳，是優良的刻本。黑水城出土。

藥師琉璃光七佛之本願功德經

西夏刻本。西夏文，經摺裝。

觀彌勒菩薩上生兜率天經

西夏乾祐二十年（1189）刻漢文本。經摺裝，共五十面，面六行，行十八字。上下雙欄，卷首有經圖，占經摺裝八葉，畫面與西夏文相近。經文每五面一紙。經末有長篇發願文二十六行，內容與西夏文版本同。此經還有別種刻本，共四十一面，面六行，行十八字。上下雙欄。每五面一紙。卷末也有內容相同的長篇發願文。在黑水城出土的該經中從字體、版框得知至少有四種版本。其中有兩種相同的發願文，都是乾祐二十年（1189）在大度民寺的大法會上印施十萬卷觀彌勒菩薩上生兜天經的一部分。可見當時因印施佛經數量太多，僅刻一種經版不敷應用，於是為印同一種不得不雕刻幾種版本。

觀彌勒菩薩上生兜率天經　十萬卷

西夏乾祐二十年（1189）刻西夏文本。仁宗在着

典，說法，作大乘懺悔，散施番漢觀弥勒菩薩上生兜率天經一十萬卷、漢金剛經、普賢行願經、觀音經各五萬卷。暨飯僧、放生、濟貧、設囚諸般法事，凡七晝夜……奉天顯道耀武宣文，神謀睿，制義去邪，淳睦懿恭，皇帝謹施"。此經不僅字體舒展優美，刻工刀法也很精細純熟。經外有封套。西夏文、漢文兩種版本皆黑水城出土。

觀弥勒上生兜率天經

西夏乾祐十六年（1185）刻本。發願文題："白下大夏國仁尊聖德口皇帝"。文："奉天顯道，耀武宣文，神謀睿智，制義去邪，惇穆懿恭皇帝謹施"。此經印至十萬卷，有西夏文、漢文兩種。武威發現的刻書中有此殘帙，紙墨精良，鐫藝精美。

降魔要論（西夏自撰）

西夏刻本。黑水出土。

雕印佛畫

西夏刻印。板畫殘葉六片。圖中有一大蟒，殘損不堪，或系中央別有一像，今已佚去，而圖中大蟒疑為居重要的部分。圖作一宮庭之狀，庭中鋪以花磚。圖左方有一柱及後雜的畫棟。柱左二黃門，柱右一宮女。柱外別有官員四人。黃門、宮女之前尚有一人，疑為王者，今已裂毀，只餘衣袂。有的已裂成四片，免強拼湊，猶可辨認。大蟒之右，數人執笏拱手與左方四人相向而立，執笏者後復有一菩薩、一比丘。大蟒上有西夏字一行。全圖結構，雕刻佳妙。黃麻紙，甚脆，保存尚好。見何達《斯坦因氏黑水所獲西夏文書略目》。

雕板畫殘片

雕板畫殘片。原系板畫一大張，今只餘右半。上有結跏趺坐像三十四尊，俱面向左，若對一尊者瞻禮之勢。三十四像俱有圓光，及其他法相，前列有三人，一執蛇，一執劍，一抱琵琶。第二列一人頭上以四馬為飾。更後祥雲繚繞，天花飛揚。像中有剃度作比丘狀者，有頭上高髻峨峨并無裝飾者。像左有一窣堵波。像中有小牌子四，上俱書以西夏字。

雕刻尚佳，而略嫌板滯。畫作西藏風。黃麻紙，甚佳。見伯達《斯坦因氏黑水所獲西夏文書略目》。

雕板畫殘葉

雕板畫殘葉，有西夏字。右端近頂處一立菩薩像，面目全露，手執長杖，柱於右方。右手握杖齊肩，左手握杖與胸平。像淺黑面短，着廣博衣，褪於兩肩，衣端置左肩上。全圖用單純線條構成。像後作粗率之波紋形曲線。……此圖右端作一龕形，環以弧形線繞城之圖寫。龕下則有花紋。弧形外之建築情形以及龕內俱不甚可辨。右角全毀。飾県下有西夏字三行。底部裝飾之左，自上至下又有西夏字三行。最外一行中央一寺，寺頂尖聳，破裂不堪。黃麻紙，極韌。見伯達《斯坦因氏黑水所獲西夏文書略目》。

雕板畫殘片

雕板畫殘片四枚，有西夏字。紙上端五佛像作一列，筆致甚劣。用紅黃黑灰諸色為之塗飾。佛像俱着紅袈裟，內作黃色，灰色身光。

頂上圓光作白色，外緣作紅色。圓光尖端一傘，相間飾以紅黄諸色。傘系繪成者。圓光之後作黄地紅光线形。寶座上蓮花作雙线，亦用紅色。纸已揉皺起毛。見向達《斯坦因氏黑水所獲西夏文書略目》。

雕板書六葉殘片

雕板書殘片，俱為西夏文，首葉有板畫，凡繪菩薩及天魔像十三。每一像俱有西夏文字牌。像首莊嚴，飾具各不同。雕刻甚佳。纸已殘損，上端略存邊栏，餘具不見。見向達《斯坦因氏黑水所獲西夏文書略目》。

聖立義海

西夏乾祐十三年（1182）刻本。西夏文蝴蝶装。存卷一、卷二、卷五共四十九葉。上下單栏，左右雙栏。半葉七行。被解釋詞語為大字，下面的解釋字為雙行小字，字數多少不等。葉面空白較多處有多種裝飾圖案，有四小菱形組成的菱形，有四花菱形組成的菱形，有花朵，有圓花等，起撐整印纸作用。葉面版口比較複雜，版心上部是書名簡稱西夏文“立”

字和表卷次的漢文數字，上下有界格；中部是刻工姓名，有的橫寫，有的豎寫；下部是葉碼，上下有界格。書名簡稱和卷次數字，刻工姓名，葉碼都有陰刻，陽刻兩種。刻工姓名有急天、善寶、慧敢、永州、寶四、玉松、千塔、時善德、阿四、百哥、九月、驢驢等。刻工雖多，但雕刻風格十分接近，可見西夏刻工水平之高超，配合之默契。卷一末有題款："乾祐壬寅十三年五月十日刻字司人新行印刷"。證明此書由國家管理印刷的機構雕板，以前已有刻本問世。

新集錦合辭　梁德養編

西夏乾祐間（1170—1193）刻本。西夏文，蝴蝶裝，三十一葉，上下單栏，，左右雙栏。每面七行，因諺語內有三言至九言至十數言不等。版面設計比較複雜；三言和四言者，每行三句，五言至九言者，每行兩句；十言以上者，每行一句；少量十七字以上者，兩句之間空一字。葉面版心上部是書名簡稱西夏文"妙辭"（音"道理"二字。下部是西夏文頁碼，陰刻陽刻兩種。通篇刻字整齊，版面疏朗，字體端莊遒勁表現了極好的寫刻水平。黑水城出土有此書乾祐間刻本，基本完整。

三代相照言集文

西夏活字印本。共四十一葉，八十二面。蝴蝶裝。每面七行，行十六字，四周雙邊，白口，版心內有西夏文葉碼，惟最後四十、四十一葉版心葉碼"四"字爲漢文，"十"、"十一"用西夏文。首尾俱全，卷末有道慧和慧照發願文三葉半二十二行。發願文末尾有三行題款譯文是："清信發願者節親主慧照，清信發願沙門道慧，活字新印者陳集金。"此書系佛教禪宗著作。黑水城出土。

三世屬明言集文

西夏乾祐間（1170-1193）刻本。刻工有楊金。

賢智集　沙門寶源撰

西夏乾祐十九、二十年（1188-1189）刻本。西夏文。爲佛教勸善詩文。

到賢

西夏刻本。西夏文。爲佛教勸善的詩文。

月月娛詩（西夏自撰）

西夏刻本。西夏文。黑水城出土。

西夏詩集

西夏乾祐十六、十七年（1185—1186）刻印司刻本。

大理國刻書

佛說長命經一卷

大理國刻本。是中國印本書中過去聞所未聞，見所未見的，雖未注明年代，當然是（1253）年蒙古滅段興智大理國以前的刻本，相當南宋版。比過去所知雲南刻書起於明初，要提早一二百年。雲南省博物館藏。

金光明最勝王經疏一卷

大理國保安八年（1052）釋道常保安寫本。當於北宋皇祐四年。雲南省歷史研究所藏一卷。